U0933624

★ 二战将帅传记丛书 ★

NIMITZ's BIOGRAPHY

尼米兹全传

林葳 著

華中科技大学出版社
http://press.hust.edu.cn
中国·武汉

图书在版编目(CIP)数据

尼米兹全传 / 林葳著. -- 武汉 :华中科技大学出版社, 2017.9(2023.7 重印)

ISBN 978-7-5680-3123-3

Ⅰ.①尼… Ⅱ.①林… Ⅲ.①尼米兹(Nimitz, Chester William 1885-1966)-传记 Ⅳ.①K837.125.2

中国版本图书馆 CIP 数据核字(2017)第 155847 号

尼米兹全传
Nimizi Quanzhuan

林葳 著

选题策划:亢博剑
责任编辑:康 艳 沈剑锋
封面设计:今亮後聲 HOPESOUND 2580590616@qq.com · 小九 白今
责任校对:张 琳
责任监印:朱 玢
出版发行:华中科技大学出版社(中国·武汉) 电话:(027)81321913
武汉市东湖新技术开发区华工科技园 邮编:430223
印 刷:鑫艺佳利(天津)印刷有限公司
开 本:710mm×1000mm 1/16
印 张:21.25
字 数:350 千字
版 次:2017 年 9 月第 1 版第 1 次印刷 2023 年 7 月第 1 版第 2 次印刷
定 价:88.00 元

本书若有印装质量问题,请向出版社营销中心调换
全国免费服务热线:400-6679-118 竭诚为您服务

【序言】

海上骑士

从某种程度上说，美国成为世界帝国，从一个小国变成超级大国是从海权开始的，因此也可以说，美国海权的发展史就是超级大国美国的发展史。

在近代数百年间的帝国博弈中，美国以其200多年的历史见证了海权帝国的兴衰与变迁。现如今，美国的军事力量几乎遍布全球，在全球拥有数百个军事基地（3个战略区、14个基地群），驻军数十万，并牢牢控制着8大海区，建立起了全天候打击“敌国”的海洋帝国。

当然，作为一个脱离“日不落”帝国——英国的殖民地的小国家，美国的崛起之路并非一帆风顺，其中既有幸运之神的眷顾，也有自强不息的努力。事实上，在19世纪90年代之前，美国海军十分弱小，甚至连地处南美洲的小国海军都比不上（当时美国有些地方连正式的海军基地都没有）。这一方面源于美国建国后实力不强且发生了内战，消耗了不少实力；另一方面则是受美国孤立主义的影响。

在这种情况下，美军与世界霸主，也就是它的老主人大英帝国争夺霸权根本无从谈起，在1812年与英国发生的战争中，美国处于弱势地位，甚至在与美洲强敌智利交手时，美国海军也是屡战屡败。

战事的失利使美国颜面尽失，但也激发了不少美国人的反思与探索。1890年，高喊着“谁控制海洋，谁就控制世界”的马汉出版了震撼世界、影响人类历史进程的《海权论》。正所谓知耻而后勇，这以后，美国借助经济高速发展这个引擎，花费巨资打造海军。

随着国家实力的增强，美国的目光不再局限于美国本土，而是放眼整个美洲，乃至于世界其他地区，并由此制定了由近及远的全球战略。它建立海军基地，掌控巴拿马运河，驱逐欧洲势力，控制加勒比海和中南美洲地区；发动美西战争，占领菲律宾、夏威夷，取代了西班牙在拉丁美洲的地位，将势力扩张到太平洋；还组建了大西洋舰队，企图实现自己在大西洋的战略目标。

如果说在19世纪90年代以前，美国成为强大的海权国家只是痴心妄想，那么19世纪90年代以后，美国逐步走向海权强国则成了必然，美国已经成功地从陆权国家转变为海权国家。截至第一次世界大战爆发，美国已经牢牢掌控了美洲地区的战略要地，掌控了美国通往大西洋和太平洋各交通要道的钥匙，其全球海洋战略体系的雏形已成。

不过，美国在这个时候只能算是地区强国，其军事实力还远远无法与大英帝国分庭抗礼，英国依然是世界霸主。但随着第一次世界大战（以下简称“一战”）的到来，各方力量此消彼长，美国在战争中成了笑到最后的人。这一期间，美国海军大获全胜，海军人数从宣战时的约6.7万人发展到1918年的约50万人。而“一战”给美国海军带来的好处远不止于此。因为“一战”，“日不落”帝国元气大伤，在未来几十年间逐渐衰落，美国乘机填补了部分权力真空，在爱尔兰、北海、希腊、法国等国家和地区建立了海军基地，成为在大西洋地区和太平洋地区拥有较大话语权的强国。

俗话说，瘦死的骆驼比马大。大英帝国虽然衰弱，但还没有丧失最后的霸主地位。而美国海军的实力也一时无法取代拥有数百年海战经验的英军，称霸世界。更何况美国海军还两面受敌，既有世界霸主英国海军，又有近在眼前的海权强国日本。

为此，在两次世界大战期间，美国想方设法扩充海军，比如通过确立“凡尔赛-华盛顿体系”获得与大英帝国平等的地位，比如实施“橙色计划”保障美军在太平洋地区对日本的优势，但依然没有成为世界霸主。

第二次世界大战爆发后，这种暂时平稳的局面马上被打破了。美国海军虽然没有参战，但也在厉兵秣马，只可惜遭到日本暗算，以致未战先败，折戟珍珠港，所幸有能人力挽狂澜，最终打垮了不可一世的日本海军，并超越英军，成为世界上首屈一指的海军。

……

在美国海军独占鳌头的过程中，美国海军将士作出了坚持不懈的努力和巨大牺牲，也涌现了不少杰出的将领，其中最引人瞩目的便是美国十大五星上将之一尼米兹。可以说，尼米兹见证了美国海军从海军弱国转变为世界海军强国的全过程。

尼米兹和许许多多的美国人一样，根源于欧洲。他出生于得克萨斯州的一个普通的德裔移民家庭，没有人会想到，他日后会与美国的命运紧密相连，跟美国海军走向巅峰息息相关。

由于父亲早逝，家境贫困，尼米兹很小就开始兼职挣钱贴补家用。然而，穷困没有阻挡住他奋发向上的脚步。三百六十行，行行出状元。在人生的十字路口，他一心想要进入西点军校。但是，人生无法事事如愿，他最终考入了美国海军军官学校。对于命运所给予的一切，尼米兹照单全收。后来的战争表明，陆军伤亡最大，海军伤亡较小，而尼米兹的同级校友有数十人立下了赫赫战功。

当然，迈向辉煌的道路是漫长而曲折的。在居无定所、四海为家的军旅生涯中，尼米兹秉持工匠精神，兢兢业业地工作，厚积薄发，从美国西海岸到夏威夷潜艇基地，再到菲律宾，都留下了他的足迹。而十年如一日的工作，也使他的能力大大提升，个人价值得到彰显。

正所谓时势造英雄，虽然尼米兹已经成为柴油发动机专家，但时代显然还没有为他准备好发挥自身才华的机会。有不少民营企业出高价挖他过去，他却始终不为所动，宁愿拿着相对微薄的薪水，履行一个军人的职责。

1941 年 12 月 7 日，珍珠港事件爆发了，这时尼米兹已经到了知天命之年，为了挽救太平洋海军的命运，他临危受命，出任美国太平洋舰队总司令。在敌强我弱、反击的感性声音大于理性声音的艰难处境中，他以泰山压顶而面不改色的精神，镇定从容地采取各种措施稳定军心，制定战略战术，不断地吞噬强大的日本海军。珊瑚海海战、中途岛之战、瓜达尔卡纳尔战役、吉尔伯特群岛战役……每一次的较量，都是血与火、正义与邪恶的对抗。在尼米兹的运筹帷幄下，美国海军以弱胜强，最终击垮了不可一世的日本海军，成为太平洋上的霸主。

军事历史学家艾德温·帕尔玛·霍利说：“哈尔西能在一场海战中取胜，斯普鲁恩斯能在一场战役中取胜，而尼米兹能在一场战争中取胜。”

在近代海战中，如果说纳尔逊是日不落帝国海军的战神，那么毫无疑问，美国海军的骑士非尼米兹莫属。

目　录

Contents

第一章　人穷志大

勇闯孤星州的祖辈

公元1840年春，德国有一批撒克逊日耳曼人向北美洲迁徙。他们在巴伦·冯·穆泽巴赫男爵的带领下，从德国汉诺威出发，穿越半个欧洲，然后渡洋跨海前往新布朗费尔斯[①]。

冯·穆泽巴赫男爵是世袭贵族，其父辈的爵位介于伯爵和男爵之间，曾是穆泽巴赫家族的族长。尼米兹的先祖就属于这一族。据说，尼米兹的远祖以传播基督教为生。那时传教往往要先依靠武力征服，然后再到被征服地区教化民众。日耳曼骑士十分强悍，他们仗剑骑马打天下，早在13世纪初就占领了波罗的海东岸的利沃尼亚地区[②]。1621年，瑞典国王古斯塔夫·阿道夫[③]举一国之兵侵入北利沃尼亚地区，尼米兹家族的一些成员加入了瑞典军队，跟随古斯塔夫东征西讨，先占据波美拉尼亚[④]，后回到日耳曼尼亚[⑤]，不少人因立下战功，得以封官进爵。厄恩斯特·冯·尼米兹曾是瑞典军队中的少校。二十几年后，即1648

---

① 新布朗费尔斯：位于美国得克萨斯州境内。

② 利沃尼亚地区：中世纪后期波罗的海东岸地区，即现在的爱沙尼亚以及拉脱维亚的大部分领土的旧称。

③ 古斯塔夫·阿道夫（1594—1632）：瑞典瓦萨王朝的第六代国王，17世纪欧洲卓越的军事改革家、著名的军事统帅，被称为“北方雄狮”。

④ 波美拉尼亚：中欧一个历史地域名称，现在位于德国和波兰北部，波罗的海南岸。

⑤ 日耳曼尼亚：古代欧洲的一处地名，位于莱茵河以东，也包括被古罗马控制的莱茵河以西地区。

年，《威斯特伐利亚和约》[①] 的签订，使得战争得以结束，尼米兹家族过上了相对安定的生活，他们在离汉诺威不远的日耳曼尼亚北部定居下来，从此结束了半流亡半军旅的生涯。他们中有一部分人开始经商，积累了丰厚的家产，但也有一部分人游手好闲，成为浪荡子。

随着时间的推移，尼米兹家族的一部分人不再受政府重视，世袭罔替的爵位名存实亡。只有像穆泽巴赫男爵这样的少部分人，才继续保有贵族称号——冯。

尼米兹家族到了卡尔·海因里希·尼米兹这一代，原本还算富裕的家业渐渐败落了，因为卡尔·海因里希对经商毫无兴趣，只热衷于打猎和跳舞，而且他还有 4 个儿子，家大口阔，日子越过越艰难。后来，他不得不托人在一艘商船上谋得一个职位——商务负责人，实际上是做商队的后勤服务管理工作。由于薪水有限，他最小的儿子小卡尔·海因里希从 14 岁开始就跟随他在商船上做工，这不仅可以赚钱补贴家用，也让小卡尔·海因里希增长了不少见识。

经过多年海上漂泊、冒险生活的磨炼后，小卡尔·海因里希反而不太适应陆上安定而平淡的生活了。他向往有一天能远走天涯，开创属于自己的新生活。1840 年前后，冯·穆泽巴赫男爵听说了有关北美洲移民淘金、开拓西部边疆、兴建农庄的种种事迹，决定带领一批族人前去闯荡。这正对小卡尔·海因里希的胃口，于是他与男爵同行。

这支移民队伍全都是劳动者打扮，年轻男士大多数穿着羊毛衬衫、牛皮或羊皮做的紧身背心，外面挎着皮吊带，脚穿高筒靴；有钱人戴着高顶礼帽，穷人则戴着卷边草帽，颇有几分美国西部牛仔的样子。女人们穿着大摆幅的裙子，头上戴着平顶宽檐帽，行动起来很是不便。尽管如此，她们也不愿意舍弃这一穿着习惯。

他们沿大西洋海岸航行，三个多星期后到达墨西哥湾，在印第安诺拉登陆，然后再从那里步行到预定目的地——新布朗费尔斯。一路上，

---

① 《威斯特伐利亚和约》：是象征 30 年战争结束而签订的一系列和约，它确定了国际关系中应遵守的国家主权、国家领土与国家独立等原则，对近代国际法的发展具有重要的促进作用。

他们的所见所闻并没有想象的那么美好。到达目的地时，绝大部分人已经身无分文，随身携带的物品也都变卖或丢失殆尽。未来的命运无人能够预测，但他们个个充满信心和希望，相信自己一定能在这片荒芜的土地上找到属于自己的一片天地。

当时北美洲南部、西部的生活和生产条件仍然很落后，得克萨斯州很大部分还是未开发的处女地。该地区原为科曼奇、基奥瓦、乔克托、奇卡索、库沙塔和阿帕切等印第安人部族的居住地。“得克萨斯”在印第安语中是“友谊”之意，但在16世纪后300多年的历史中，该地战乱频仍，曾被西班牙和法国长期占领，1821年后成为墨西哥的一部分。1836年，得克萨斯宣布独立。1845年，它成为美国第28个州，州府设在奥斯汀。得克萨斯位于美国东南部，属于偏远地区，别名“孤星之州”。

小卡尔·海因里希和一些同伴在新布朗费尔斯一带定居，靠伐木、开荒垦地等笨重的体力劳动为生。由于食物匮乏，没有住房，加上阴雨绵绵的天气，许多人不是死于霍乱就是活活累死。不过，那时美国经济建设的重点已经开始不断地由东向西、由北向南转移。信仰基督教的小卡尔·海因里希在传播教义的同时，除了开垦牧场，还在一个柏树木材公司当了一段时间的簿记员。1848年，他与同来的一个移民的女儿索菲亚·多西娅·马勒结婚。他们一共生了12个孩子，但只有4个儿子存活下来，其中一个叫切斯特·伯纳德·尼米兹，他就是海军名将尼米兹的父亲。

后来，由于美国南北矛盾日益激化，战争随时都有可能爆发，双方都在加紧备战，致使这一带的居住人口和往来商农越来越多。于是，冯·穆泽巴赫男爵于1846年建立了一个城堡，并以当时的普鲁士王子弗雷德里克·威廉三世名字中的弗雷德里克为镇名。也许是因为信奉基督教的缘故，他在不久之后改了名，不再用“冯”了。他与当地的科曼奇印第安人关系处理得还算不错，所以在这里杂居的不同种族的人都能和平相处，至少在南北战争爆发前，这里是平静、安定的。

小卡尔·海因里希也改名为查尔斯·亨利。1852年，他在城堡梅恩街东头建了一家小型旅馆，专门接待经过这里的农场工人、士兵和商人。这个街镇虽小，却是西去的旅客在印第安诺拉和圣地亚哥[①]之间的唯一落脚处，因此旅馆的生意很兴隆。不久，查尔斯·亨利把原来只有6间砖坯房的小旅馆扩建成一座大旅社，包括45间客房、1间餐厅、1间大厅和1个可做舞厅和戏院的娱乐场，后面还有熏制间、酿酒间和澡堂。他还在旅店前面增添了像船篷一样的门框，接着又增设了走廊和一个船桅，使旅馆看起来像一艘汽船的样子。这一创意来源于他对大海的热爱，毕竟他在海上生活了好几年。

汽船旅店的特色经营，很快使查尔斯·亨利一家走出了贫困。由于查尔斯为人随和，善于言辞，能给客人宾至如归之感，所以很多人对这家旅店印象深刻，念念不忘。罗伯特·爱德华·李上校便是旅店的常客之一，他在这家旅馆有一个专用房间。另外，菲尔·谢里登、詹姆斯·朗斯特里特、柯尔比·史密斯等人也是旅店的贵宾。小说《查帕拉尔王子》中提到的“夸里曼旅馆”，据说就是以汽船旅店为原型的。由此可见，查尔斯在当地已小有名气，算得上是移民中的佼佼者了。

爷爷种下的海上之梦

1861年，美国南北战争爆发。新布朗费尔斯一带的驻军大都调走了，这里的治安成了一个大问题。查尔斯一度拿起来福枪[②]，组建了一支小小的自卫队。这支自卫队名叫吉莱斯皮来福枪队，主要负责当地的安全保卫工作，并有权处理地方上的一些行政事务。居民们对好斗的印第安人总有些担心，因为他们虽然不至于有组织地进行暴力攻击，但抢劫、盗窃却是常有的事。

其实，作为弱势群体，印第安人往往也是受害者。他们不仅缺衣少食，还饱受白人歧视。他们时常担心白人会突然闯入他们的驻地，毁掉

① 圣地亚哥：位于加利福尼亚州境内，南距墨西哥较近。
② 来福枪：枪管内有膛线的步枪。

他们的帐篷，夺走他们的财物。

这段时间，查尔斯接触地方政府官员的时间比接触日耳曼移民的时间还要多，甚至与老朋友的关系都生疏起来了。不过，他的旅店生意并未因此而萧条，相反异常兴隆。

查尔斯有几分幽默，也爱吹牛，常常将自己的经历编成故事讲给别人听，以至于很多人搞不清他讲的东西哪些是真的哪些是假的。他的日耳曼血统中似乎缺乏应有的严谨和严肃，而更像自由随性的得克萨斯人。他经常搞一些恶作剧，比如把旅店的银器偷偷藏在离店客人的行李中，然后组织一群人把“贼”抓回来“审讯”。

有一次，一位喜欢挑毛病的客人来品尝旅店中有名的烟熏香肠，查尔斯主动陪客人吃饭。在桌席上，他给客人讲了一个离奇的故事：

某年夏天，在当地自卫队的一次射击训练中，一个身份不明的人不幸被打死了。在检查死者的遗物时，他们发现死者的妻子住在纽约。于是，查尔斯给她发了一份电报，征求她对尸体的处理意见。那个妇女回电说，她要亲自前来认尸。当时正是8月，天气酷热，查尔斯无法用冷冻方法来保存尸体，只能把尸体和香肠一起放在烟熏房里。由于从纽约来的火车走得很慢，死者的妻子花了很长时间才到达弗雷德里克斯堡，这时她丈夫的尸体已经被熏透了。她看到尸体后立即抗议说，死者绝不可能是她的丈夫，因为她的丈夫是白人。

为了尽快处理这个麻烦，查尔斯就吓唬她说，要是不承认这是她丈夫，她将无法拿到保险金。这样一来，她才匆匆地把尸体认领回去。

查尔斯的故事还没讲完，那个爱吃烟熏香肠的客人便脸色大变，落荒而逃。

查尔斯在快乐与恐惧交织的生活中度过了20多年，他的4个儿子都已经长大成人。其中，只有三儿子切斯特·伯纳德·尼米兹的性格与他截然不同。切斯特有一头柔软的浅黄色头发，清澈的蓝眼睛更像他的母亲。他胆小而又沉默寡言，乖巧温顺，像一个文静、仁慈的传教士。

糟糕的是，他的身体实在太差，患有风湿性心脏病，以至于医生告诫他，为了健康地活着，不要从事担惊受怕的工作，甚至不要结婚。但切斯特内心十分坚强，想了不少办法来增强体质，除了从事一些较重的体力劳动外，他还一度做了赶牲口的商人，跟着别人把牛从得克萨斯赶到内布拉斯加①去放牧。

正值青春年华的切斯特，毫不在乎医生对自己提出的忠告，爱上了一位名叫安娜・亨克的女孩。安娜也住在梅恩街，她的父亲叫亨利・亨克，在美国内战期间是南部同盟军运货的车把式，战后成了一个屠夫，开了一家肉食店。这是镇上第一家肉食店。亨利在后院宰杀牲畜，处理完鲜肉后，便在石砌的小房子门口售卖。安娜一共有兄弟姐妹 11 人，由于人丁兴旺，她的父亲只得用小石灰石加盖了一间斜屋顶的长方形房子，看上去像个军营。安娜不但是镇上有名的漂亮女孩，而且精明能干、富有责任感，像她父亲一样具有坚强果断的性格。在众多追求者中，她选择了切斯特。尽管他们从相恋到结婚走了一段艰辛的路，但种种挫折都没能阻止他们一起生活的决心。他们于 1884 年 3 月结婚，当时切斯特已经 29 岁，而安娜只有 20 岁。令人遗憾的是，5 个月后，切斯特的身体就支撑不下去了，还没见到他们的孩子出生，就恋恋不舍地离开了人世。安娜悲痛万分，但为了腹中的孩子，她勇敢地接受了现实，把希望寄托在未出世的孩子身上。她回到相对安静的娘家，住在一间比较小的石灰石房子中。

1885 年 2 月 24 日，当太阳快要落山的时候，安娜临产了，产婆利赛特・米勒来给她接生。她顺利产下了一个跟切斯特一样，有着浅黄色头发的男孩。安娜欣慰地流下了热泪，给孩子取名为切斯特・威廉・尼米兹。

安娜一家人都为这个孩子的降生感到高兴，因为他们相信当地的俗话，在情人节前后出生的孩子是“圣瓦伦丁孩子”，所以安娜也格外自豪地称威廉・尼米兹为“我的圣瓦伦丁孩子”。

---

① 内布拉斯加：美国中西部的一个州。

当然，最高兴的还是爱开玩笑的查尔斯，他把这个孩子的出生时间与华盛顿总统联系起来，兴奋地说，威廉·尼米兹与总统的生日正好相差2天，这不仅容易记，而且还有很多令人浮想联翩的空间。也许是因为这个原因，查尔斯格外疼爱这个小孙儿。按照基督教的传统习惯，威廉·尼米兹的洗礼应该在教堂进行，但查尔斯坚持孙儿的洗礼要在他的汽船旅店举行，认为“这才是受洗的地方”。整个活动十分热闹，住店的旅客也加入其中，包括几个准备执行任务而中途在此停留的海军上尉。

查尔斯耐心地等待牧师举行完规定的仪式，同时也在默默地祈祷。尽管他祈祷的具体内容外人不得而知，但是，他的一番祝酒词却暴露了他的心迹。他一祈祷完就转身面对舞厅的客人，高举酒杯，以一种异乎寻常的豪迈声音喊道：“朋友们，为美国海军未来的将军——我的孙子干杯!”当时大家都认为这只是句玩笑话，没想到几十年后竟然成为现实。

查尔斯以这一愿望为出发点，从小开始塑造威廉·尼米兹的性格，而他自己的海上经历就成了最好的教材。他时常编造一些稀奇古怪的动人故事，不厌其烦地讲给儿孙们听。小孩子只觉得有趣，听了还想听，要他多讲几个。于是，查尔斯的故事经过他一次又一次的修改，变得越来越生动，以至于孩子们都以为他当过商船船长和商船队长，并深为他的冒险精神所折服。然而，当孩子们把敬慕的眼光投过来时，他却表示：“我再也不出海了，我开始讨厌海了。”他还告诫孩子们：“一旦你厌恶了海，你就不能去海上旅行；大海会惩罚你，把你吞掉的。”

孙儿们听了，都以为爷爷真的不喜欢海了，当他又一次坐船去纽约的时候，孩子们都为他担心，祈祷“爷爷不要被海吞掉”，而查尔斯早就忘了自己讲过的话。当他安全返回后，孩子们心神不宁地问他用什么办法制止了大海的惩罚，他说：“我乞求上帝饶恕，答应把我的一个孙子献给海洋，去当海军上将。”

作为弗雷德里克斯学校校董事会董事，查尔斯很受当地人的尊敬。

1891 年，查尔斯又成为奥斯汀的得克萨斯立法机关的成员。不过，他平时并没有多少公务可做。同时，他把旅馆交给二儿子查尔斯·小亨利经营，从而有了更多时间和孙儿们在一起。在老伴去世后，他把安娜母子接到汽船旅店来住，以享受天伦之乐。

查尔斯对孙儿的启蒙教育也是很特别的。尼米兹刚上小学的时候，查尔斯让他赤着脚去上学，身上的穿着也十分滑稽：一件长袖衬衣配着挂吊带的短裤，头上戴着一顶圆形礼帽，看起来像是马戏团的小丑。尼米兹一向敬佩爷爷的才智，因而没有提出任何异议。但他一进校门，便引来了一些高年级学生的哄笑和围观。几个淘气的学生抢走了他的帽子，然后扔着玩儿。尼米兹羞愤难当，脸涨得通红，大声喊着："住手！还我帽子，还我帽子！"他一边喊着，一边与那些孩子奋力争夺，"战争"就此爆发了。激战之后，尼米兹受了伤，鼻青脸肿，但最终还是把帽子夺了回来。这对于势单力薄的尼米兹而言，无疑是一次不小的胜利。回家后，他得意地对爷爷说："我戴着圆礼帽去上学，又把它戴回来了。"

查尔斯没有表扬他，但对他的自卫精神却表示了鼓励。后来，每当孩子们打架受了轻伤回来，他都会拿出一枚硬币放在孩子的伤处，然后说："你把这个镍币放在痛处，等不痛了就拿开，然后到糖果店去。"这时孩子们往往会破涕为笑。

尼米兹 10 岁那年，学校里有个男孩总是找碴儿向他挑衅，几次故意撞他，想把他撞倒。开始时，尼米兹采取了退让的态度，尽量避免与对方发生身体接触，不料这个男孩变本加厉地对他施威。一天下午放学后，尼米兹对爷爷说起这件事，爷爷问明事情的前因后果和那个男孩的姓名之后，对他说："他并不比你高大，要想改变处境，你只有跟他打一架，不仅要打，而且要打赢。这样，他就不会再欺负你了。"

尼米兹还是有点胆怯，问道："我什么时候去呢？"

爷爷回答说："晚饭前任何时候都可以。"

于是，尼米兹沿着一条小巷飞快地冲向那个正站在路口说话的男孩，用拳头狠狠地教训了这个顽皮的家伙。对方冷不防遭到袭击，完全被尼米兹突如其来的气势震慑住了，连连求饶。挨打后，那个男孩终于表示愿意握手言和，尼米兹爽快地握住了对方伸出来的手。

尼米兹回到家时，爷爷正在等他。“你准备吃饭吗?”查尔斯问。

“是的，先生!”他答道。于是，爷爷不动声色地递给他一盘饭菜。

这件事让尼米兹明白了一个道理：保护自己的最好办法不是躲避，而是积极面对，勇敢地迎接挑战。

多年以后，已成为海军五星上将的尼米兹站在凉风习习的战舰甲板上，感慨地说：“我不熟悉我的父亲，因为他在我出生前已经去世，但我有一个极好的白胡子爷爷，他就是在得克萨斯州弗雷德里克斯堡定居的查尔斯·亨利·尼米兹。他建了一座外形酷似汽船的旅馆。在做家务和作业的间隙，我常常睁大眼睛听他讲述青年时代在德国商船上的故事。他对我说，‘大海像生活一样，是个严格的考官。要想在海上或生活中有所成就，最好的办法就是努力学习，然后尽力去做，不要忧伤，特别是不要为还无法掌握的事物而忧伤。’”

双重教育下的童年生活

在教育尼米兹的问题上，尼米兹的母亲安娜和查尔斯爷爷的想法并不一致。安娜希望尼米兹像他父亲一样，做个文质彬彬的人，工作细致，对人宽容，能够坦然面对艰难的处境。而爷爷则希望他像个男子汉，多些阳刚之气，有勇敢的斗争精神。他们在为人处世、性格习惯方面的不同指引，恰好使尼米兹得到了全面发展。

尼米兹在弗雷德里克斯堡有许多伙伴，有时他们一起跑很远的路去瓜达卢佩河游泳、钓鱼，或是在克里克镇附近的山上打猎，如抓兔子和鸽子。当然，假期中最精彩的活动是爷爷和他邀上几个小朋友出去参加为时一周的露营。他们驾着四轮大篷马车，愿意到哪里就到哪里，有时一直跑到北部的拉诺河。抵达目的地后，爷爷就开始搭帐篷和做饭，孩子们则去打猎、钓鱼或在树林里玩耍。

尼米兹有一个表哥叫卡尔，比他大 2 岁。平时，尼米兹很想跟卡尔一块玩游戏，但卡尔觉得他太小，不爱理睬他。尼米兹非常郁闷，于是向爷爷诉苦。爷爷直截了当地对他说："你要习惯这一点，他毕竟比你大 2 岁，对此你无法改变，所以必须习惯。"尼米兹对爷爷的回答很不满，但也无可奈何，只得悻悻离去。爷爷想了想，感觉自己的话并没有让尼米兹明白，于是又把他叫回来，语重心长地说："孩子，可能你还无法理解我刚才说的话，因为你还小——我的意思是，年龄是我们无法更改的。你必须学会区分两种事情，一种是永远不会改变的，比如你与卡尔的年龄之差是无法改变的，他永远大你 2 岁；另一种则会随着时间的推移而发生变化。10 年以后，你们的年龄差别就会变得无足轻重，你们之间的关系将因此而改变。只有承认这一点，你才能使将来变得更为有利。"

查尔斯爷爷说的道理很简单，就是接受那些不能改变的事实，努力改变那些能够改变的。不过，这对当时的尼米兹来说还是太深奥了。他感兴趣的仍然是爷爷那些总是给人带来新鲜感的游戏。

尼米兹在旅馆里经常能够"欣赏"到爷爷精心导演的一些滑稽剧。其中，爷爷最拿手的好戏叫做"双人枪杀"。这是既逼真又惊险的戏码：两个"陌生人"站在柜台前佯装争吵，然后几乎同时拔枪向对方射击，射击者双双倒地，来客不明真相，纷纷躲藏。稍过片刻，射击者突然又活了过来，来客这才知道上当。查尔斯爷爷对此有一个标新立异的解释："当人们住进汽船旅店时就像在海上航行，若是初来，就如同乘船过赤道一般，他们必须获得跨越赤道的感觉。"

每当类似的好戏上演，尼米兹都是最热心的观众，因为可以看到不同客人的反应，但安娜却不太欣赏查尔斯爷爷的游戏，总是叫尼米兹回去做事——尼米兹很小就开始帮母亲揉面做面包。

不过，每当尼米兹沉浸在游戏中时，他就会对母亲的呼唤置之不理。这时，安娜便会过来一把揪住他的衣领，强行将他带走，并气冲冲地用德语责骂他。客人们见状，不禁爆发出一阵嬉笑声。

尼米兹羞恼地红着脸，极不情愿地随母亲来到厨房。因为母亲还是他的"指挥官"，他不仅不能抗命不遵，还要时常想办法讨好"上司"。

他用闪烁的目光看着母亲，用德语说："妈妈，你鼻子上有面粉。"这时，安娜无法再板起面孔，当她捂着脸掩盖表情时，愠怒的眼神就变得温和了。不管儿子说的是不是真的，她都会利用这个机会恢复自己的情绪，直到自己的火气消了，才把尼米兹推到案板前，然后以母亲特有的亲昵方式下达命令："别废话，快点干活！"

尼米兹在母亲面前很温顺，但对那些故意嘲弄他的客人就不怎么客气了。尼米兹长着跟父母一样的浅黄鬈发，住在汽船旅店里的客人因为不知道他的名字，就给他起名为"狮子头"。尼米兹对这个绰号非常反感，每当客人这样叫他时，他都会怒目而视，然后愤然离去。有一次，一个客人叫他"狮子头"，而且一连叫了几次，他气疯了，像狮子一样用尽全身力气，朝这个客人的腿肚子踢去。

安娜知道后用巴掌教训了他。尼米兹对母亲的惩罚深感不满，认为这对自己不公平，但又没有机会申辩，于是就用怪异的行动来发泄自己的情绪。他悄悄跑回屋里，找来一罐封好的绿色油漆，然后溜进厨房的鱼肉熏制间，打开罐子的封条，用刷子蘸上油漆将自己的头发染成绿色。为了避免别人干预，他又跑到阴暗的澡堂里待了近 3 个小时，一直等到头上的油漆凝固后才出来，嘴里还喃喃自语："他们再也不会叫我'狮子头'了。"

安娜对尼米兹的举动大吃一惊，而爷爷却笑眯了眼睛，大声说道："这小子才真正是尼米兹家族的人，敢于不顾一切地表达自己的想法。"

安娜又好气又好笑，不得不对尼米兹的"狮子头"重新处理。但是，普通剪刀已经无法剪去尼米兹头上沾着油漆的簇簇头发，她只好找来一把剪羊毛的大剪刀，费力地剪去这些怪异的绿色头发。剪完后，尼米兹成了一个小秃头。

安娜觉得儿子的自我意识越来越强了，那个即使戴着滑稽礼帽上学也毫不在意的儿子，开始重视自己的形象了。于是，她用一种比较特别的方式来为孩子正名。当尼米兹头上渐渐长出金黄色的头发后，她专门请来摄影师为他拍照，并毫不掩饰对其金黄色头发的赞美。查尔斯也告诫在旅店消闲的客人，以后不要再叫小孙子的绰号，并告诉客人们孙子的全名——切斯特·威廉·尼米兹。就这样，尼米兹以独特的抗争方式赢得了最后的胜利。

大约 11 岁时，尼米兹离开了汽船旅店，和母亲随继父，也是他的亲叔叔威利·尼米兹到另一小镇居住。事实上，安娜已经改嫁给威利·尼米兹好几年了。他们是在 1890 年圣诞节结婚的。在度过了快乐而又短暂的新婚时光后，他们的日子渐渐地暗淡下来。后来，安娜与威利生了 2 个孩子，1895 年生了多拉，2 年后又生了奥托。

威利在伍斯特理工学院[①]获得了理工科学士学位，可以说是当时弗雷德里克斯堡中最有学问的人。但是，他的工程技术在弗雷德里克斯堡这样偏僻的小镇全然派不上用场，因此，怀才不遇的他整日无所事事。女儿多拉出生后，威利的生活负担越来越重。

威利的姐姐见他五六年都没有稳定的工作，便让他到得克萨斯州克维尔市的圣·查尔斯旅店去当经理。这家旅店是她婚后拥有的家产，实际上只是一栋凌乱的两层白色木板建筑，仅比一个装修了门面的供膳寄宿处大一点。客人多为农牧场主、行商和来得克萨斯山区休养地疗养肺结核的病号。就这样，威利带着家人从相距 38 千米的弗雷德里克斯堡搬到了克维尔市。

当上旅店经理后的威利依然“不求上进”，每天不是坐在门口与客人聊天，就是到处闲逛。他唯一发挥了专长的事情是义务帮忙设计市商业区的人行道。而安娜除了做饭、监厨和指使一两个用人清扫、整理房间外，还担负了旅店的大部分管理工作。

查尔斯爷爷很后悔花这么大笔钱送威利去上大学，他经常说：“上帝啊，我从商店买衣服给这孩子穿，送他去学习，想让他学会怎样才能生活得更好，没想到这样做反倒毁掉了一个好水手的前途。”安娜则认为“这是上帝的旨意”。显然，这只是她用来宽解自己疲惫的心灵，并且尽量在孩子面前表现出积极乐观态度的“借口”。母亲很忙，尼米兹

---

① 伍斯特理工学院：美国最早的理工学院之一，是一所位于美国马萨诸塞州伍斯特市的世界知名私立研究型大学，是“全美最绿色的院校”之一。

也没闲着。他从 8 岁开始，便在舅舅经营的肉店里帮忙送肉，每星期挣一美元，另外还能得到一些当地人不怎么吃的牛肝和做汤的骨头，他将钱和物品全部交给家里。

生活虽然艰苦，但尼米兹同样表现得乐观、随和和自信。他待人友善，但有点倔强，爱发脾气。同时，正由儿童向青少年过渡的他，也时常抑制不住与人打架的冲动。一旦遭到无故挑衅，他便会毫不迟疑地予以反击，不管对方有多么强大。有一次，一对孪生兄弟在闹市区拦住他，并当众辱骂他。他以一对二，毫不怯懦，把他们打跑了。他回家时嘴唇上流着血，脸上带着抓痕，但看起来神态自若。安娜见状，又心疼又生气地责备道："你又和别人打架了，瞧你被抓得……"听了母亲的唠叨，他忍不住说："你应当去看看那个人是什么样子。"安娜气得浑身发抖，但也无可奈何。此后，附近街区的男孩开始称尼米兹为"山大王"。尼米兹的妹妹多拉后来回忆说："我认为他决不会找机会打架，但也决不会在别人打他时逃跑。他是否输在谁手下，我可记不清了。"尽管尼米兹有时会让母亲担惊受怕，但在大多数时候，他是一个明事理的孩子，对含辛茹苦的母亲有着异乎寻常的孺慕之情。

尼米兹最喜欢的节日是圣诞节，他几乎每天都在期待这个节日的到来。因为不绝于耳的音乐、热闹的集体舞会以及外祖母做的茴香饼，都令他难以忘怀。更重要的是，节日期间，母亲可以暂时摆脱一年的辛劳，轻松愉快地欢度节日。看到母亲欢乐是尼米兹心中最大的快乐，也是他如此热衷于圣诞节的根本原因。12 岁那年的圣诞节，他和爷爷一起从附近的山上拉来一棵大杉树，把它装饰得璀璨夺目。过完这个圣诞节，他的童年就一去不复返了。

圣诞节这天，尼米兹格外听话地牵着母亲的手，到教堂听母亲和唱诗班唱赞美诗和圣诞歌曲，他最喜欢母亲在教堂里唱的《平安夜》。他向来认为，母亲长得最漂亮，歌也唱得最好。童年生活是清苦的，但对他来说却又是丰富多彩的、幸福的。

穷人的孩子早立志

在三个孩子中，尼米兹是安娜最喜欢的一个，尽管她从未亲口承认过。她深爱尼米兹，除了因为他少年老成和具有坚韧、刻苦的品质之外，还可能因为他是长子，也可能因为她曾经爱过他的亲生父亲。不管怎样，这是母亲和儿子都能体会到的某种感情。她把对前夫切斯特·伯纳德·尼米兹的爱，全部倾注到尼米兹身上。她担心尼米兹的身体会像他父亲那样羸弱，所以经常告诫他注意锻炼身体，支持他参加各项运动。

尼米兹从小就爱好跑步、爬山、打猎、游泳等多项运动。克维尔附近地区都是旷野，不仅有很多兔、鹿和火鸡等猎物，而且河水清澈，是钓鱼的好地方。搬到新家后，跑步成了尼米兹每天的功课。有时候，他会从新家徒步到查尔斯爷爷的旅馆，路程差不多 40 千米，中途免不了要一路小跑。此外还有一项很特别的活动，使尼米兹成了短跑健将，那就是在山野里追赶兔子。尼米兹小时候多次患过肺炎，但通过各种锻炼，他长成了一个健壮的小伙子。

由于克维尔的新家远远无法与汽船旅店相比，加上威利不擅长经营，且对生意不怎么上心，一家五口的生活依然贫困。与当地德裔牧场主的孩子相比，尼米兹是个地地道道的穷小子，甚至还不如印第安人的孩子，但是尼米兹不自卑、不抱怨，乐观地面对现实，以自己的勤奋来为父母分忧。从 15 岁起，尼米兹就成了圣·查尔斯旅店的兼职员工。他每天上午 9 点到下午 4 点到学校上课，在校学习刻苦，成绩优秀。回到旅店后，他便修整旅店周围的草坪、劈柴，为 10 多个炉子和壁炉生火。晚饭后，他一直工作到晚上 10 点，负责处理一些旅店业务，如有空余时间就抓紧学习。旅店老板也就是他的姑母，每月支付给他 15 美元，并提供食宿。课外勤工俭学，不仅使他凭借个人的力量改善了生活条件，打工期间遇到的各式各样的人物和事情，更是丰富了他的见识和阅历。

尼米兹不仅勤劳，为人也很善良。小镇上的很多人都认识他，有事请他帮忙，他从不拒绝。镇上的妇女大都喜欢这个 10 多岁的男孩。安娜也高兴地对儿子的善行给予了良好的评价，她对一个朋友说："他激起了她们的母性，他跟他爸爸的性格一样淳朴。"

镇上有位名叫苏珊·蒂维的女士，是当地知名人物约瑟夫·蒂维上校的姐姐。约瑟夫·蒂维是克维尔市第一任市长，曾创建蒂维中学。他去世后，为了纪念他，人们将他落葬的山脉称为蒂维山。

苏珊是位独居的老处女，和一只叫做赫尔曼的白猫相依为命。她性情古怪孤僻，轻易不与人来往。有事时她往往求助于尼米兹，而尼米兹总是热情地给予帮助，直到她满意为止。

失去弟弟约瑟夫·蒂维后不久，苏珊向来视如亲人的白猫赫尔曼也不幸死亡，她为此悲伤不已。她对尼米兹说："我需要你的帮助。我在几年前已为它做了一副很好的棺材，但我无法忍受埋葬它的痛苦。它活了 15 年，我现在不愿意亲手埋掉它。"

尼米兹没想到这只白猫竟与自己同年，他毫不犹豫地接受了掩埋白猫的任务。他想，这只白猫是苏珊最大的精神寄托，那么它的葬地也不能太差，一定要为它找到一个理想的安息之地。他想来想去，最后想到位于蒂维山旁的蒂维墓地。约瑟夫·蒂维上校和他的一个姐姐都葬在那里，还有一处墓穴是留给苏珊的。既然苏珊把白猫当成家庭成员，那么把它葬在那里，苏珊一定会满意的。

尼米兹做事一向严谨，凡事力求完美。他带着小棺材翻山越岭地来到蒂维墓地。仔细掩埋好白猫之后，他仍觉得有所不足，于是又在白猫的坟头立起一块木牌，并在木牌上面烧制出"蒂维的白猫"几个字，最下面一侧是白猫的名字"赫尔曼"。

苏珊得知尼米兹掩埋白猫的经过后，既感动又意外，没想到他办事如此认真、周全、严谨。她相信这个孩子将来做什么事情都会是可靠的、令人放心的。她流着眼泪亲吻他，向他表示由衷的感谢。

尼米兹渐渐长大了，少年的心也开始骚动不安。他学习成绩优异，知识面广，对未来的向往使他有点心神不宁。显然，狭小的山城已经无法容留一颗勃勃向上的雄心。无论是查尔斯爷爷的汽船旅店，还是继父的圣·查尔斯旅店事业部，抑或亨克外祖父的鲜肉店，都对他没有半点儿吸引力。他对做生意毫无兴趣，他之所以经常到这几个地方工作，一是为了更多地和亲人们待在一起，享受家庭的温暖和快乐；二是凭自己的劳动获得适当报酬，解决生活中的一些困难。他渴望在广阔的天地里凭自己的聪明才智一显身手。通过倾听外地旅客的谈话，他了解到了很多新鲜事。有一次，圣·查尔斯旅店住进来一队勘测队员，他们向尼米兹表示，可以雇用他作为背测杆和链条的学徒，教他使用测量仪器。尼米兹认为这是自己实现旅行和继续接受教育的一个途径。他一度为之心动，打算中学一毕业就投入这一走南闯北的行业。

与此同时，他又很喜欢从圣安东尼奥来的两个推销员萨姆·米勒和卡尔·皮卡德，他们完全是商人模样，每次都带着许多货品，这些货品分放在平底大车上的大箱子里，由两匹马驮着。他们还有自己的赶车人，这些人也负责装卸箱子。商人通常比较节俭，很多事都亲力亲为。他们在车子前座的后面支起一块像帐篷似的防风雨帘，下面的空间就是他们晚上睡觉的地方。萨姆和卡尔是圣·查尔斯旅店的常客，但很多时候他们都是自己安排食宿。尼米兹对他们的印象很深刻，相信跟随他们能学到不少东西。

尼米兹之所以关注这些来往的客人，是希望能从中发现机会。但他自己也不知道到底想得到怎样的机会，他对自己的前途依然感到迷茫。

1900 年夏季的一天，尼米兹在圣·查尔斯旅店见到了刚从西点军校[①]毕业的两位年轻军官，克鲁克香克少尉和韦斯特维尔特少尉。他们使尼米兹第一次对自己的前途产生了信心。这两位少尉隶属于圣安东尼奥城外桑·休斯敦军营的第 3 炮兵联队 K 炮连，正从克维尔开赴山区参加打靶训练，中途将经过瓜达卢佩河。当晚 K 炮连就地宿营，军官大多住在圣·查尔斯旅店。尼米兹对克鲁克香克和韦斯特维尔特少尉的第一印象特别好。他们十八九岁，身着陆军军官服装，脚蹬神气的高筒

① 西点军校：美国最先建立的军事学校，位于纽约州西点。曾与英国桑赫斯特皇家军事学院、俄罗斯伏龙芝军事学院以及法国圣西尔军校并称为“世界四大军校”。

靴，腰束闪亮的武装带，英姿飒爽，潇洒大方，谈吐中也显露出他们的见多识广，这让尼米兹顿生羡慕之情。

作为东道主，尼米兹热情地招待了这两位年轻军官，主动找机会跟他们攀谈，得知他们是因为家里穷困而选择上军校的，因为到军校读书不仅免费，而且有补助金。他们以优异的成绩毕业后，成了基层军官。韦斯特维尔特还特意告诉尼米兹："进入西点军校要通过各种严格的考试，并非易事。而且考取是一回事，能够留下并顺利毕业又是一回事。如果你进去了受够苦头，也许你会感到失望。但一旦成功，你会觉得付出的代价都是值得的。"

尼米兹听后暗自下定决心，一定要像这两位少尉一样考入西点军校，成为一名优秀的陆军军官。他不怕吃苦，充满勇气和信心。但是，要进西点军校不仅要考试成绩合格，而且必须有所在选区议员的推荐。为此，尼米兹托人向参议员詹姆斯·斯莱顿提出报考西点军校的请求。但斯莱顿说他为军事院校推荐学员的名额已满，并暗示以后几年他也没办法帮忙，因为他的选区有好几个军营，那些军人的子弟和贵族子弟都在排队等着进入西点军校。

尼米兹沮丧地跑回汽船旅店，向见多识广的爷爷请教。然而，对于涉及人生奥妙和前程的问题，爷爷也不可能给他一个明确的答案。尼米兹向爷爷表明了自己的志向，也诉说了眼下的困难，并千方百计寻根问底，希望爷爷给他指条明路。爷爷虽然感到为难，但仍给了他一些启示：人生的答案存在于一连串的未知事物中，要以自己的方式去碰运气。如果一个人对自己的梦想永不失望并继续为之努力，运气迟早会到来的。

爷爷一根一根地捋着自己的白胡须，两眼盯着尼米兹，显得亲切和蔼，但他讲话的语气却很坚定："我一直认为，机会得自己去寻找，怎么寻找我说不好，但至少你要制订一个合适的计划。譬如航海，必须预先制订包罗万象的详尽计划。我倒希望你对海产生感情，也许这是一个不错的选择。"爷爷见尼米兹还没有完全明白自己的意思，又语重心长地说，"我早就希望你去航海，或者成为一名海军士兵。也许上帝保佑，你有成为海军将军的机会。现在你也许没有这个想法，但你肯定可以试试。"

海军？是啊，不是还有海军学校吗？尽管海军学校在当时默默无闻，但毕竟也是晋升军官的阶梯。尼米兹一心想要成为一名陆军军官，从未考虑过做一名海军战士，如今，爷爷的提醒使他确定了自己的梦想：成为军人，而非一定要成为陆军军官。他知道，只有先成为一名士兵，才有成为将军的可能。

尼米兹又重新燃起了希望。他直接去找斯莱顿议员，满怀期待地说出了自己的愿望。斯莱顿看着一脸认真的尼米兹，笑着说："这事倒是不难办到，只要你考试合格，我就推荐你进美国海军军官学校①，只是结果可能不会像你想象的那么美好。"议员的意思是，海军学校还没有受到军队的重视，可能并不是他的理想选择。但尼米兹还是决定抓住这个受教育的机会，他坚定地说："我一定努力，无论付出多少代价！"

尼米兹说到做到，他每天凌晨3点就起床，学习两个半小时，而后做旅店里的日常杂务——点灯、生火炉并叫醒需要早起的客人，早饭后跑步到学校。下午放学回家做完旅店的工作后，再继续学习一会儿。他的继父威利也觉得这是尽父亲之责的关键时刻，于是像对待亲生儿子奥托那样，帮助尼米兹补习过去没有学过的几何科目，并尽量减少他在旅店的工作时间。克维尔城里与尼米兹熟识的几个热心人，也都尽力帮助这个年轻人：教员苏珊·穆尔为他补习代数、几何、历史、地理和文法；梯威中学校长约翰·格雷夫斯·托兰也抽空给他辅导。他们的热心帮助，令尼米兹终身难忘。

---

① 美国海军军官学院：位于马里兰州首府安纳波利斯，因此又称"安纳波利斯军校"，是美国海军培养初级军官的一所重点学校。

第二章　投身海军

海军军官学校“魔训”

在尼米兹考前的冲刺阶段，几乎是全镇总动员，大家都在为这个满怀激情和梦想的少年提供力所能及的帮助。尼米兹从来不乏刻苦学习和顽强竞争的信心与勇气，加上天资聪颖，1901 年 4 月，他在当地海军军官学校的招生考试中名列第一。

查尔斯爷爷闻讯欣喜若狂，于 5 月 5 日在汽船旅店为可能成为将军的孙子举办了庆祝会。这是弗雷德里克斯堡的第一次集体啤酒宴会，规模和规格都是空前的。宴会上，威利鼓励尼米兹说：“你已经全力爬上比蒂维山更高的山峰，这是你遇到的第一个障碍，前面还有许多难以逾越的山巅，跨越这些山巅需要时间。在你到达顶峰前，也许会受到挫折，但我确信你能够到达顶峰。全家人都在等待你把旗帜插到最高点。”

是的，征途还没有真正开始！同年 7 月，尼米兹告别亲友，与参议员斯莱顿一起坐火车前往安纳波利斯，准备参加 8 月底的全国性考试。圣路易斯的联合车站令尼米兹目瞪口呆，他从没见过如此高大宏伟的建筑。斯莱顿议员见他一脸困惑，问道：“孩子，你对它有什么想法?”尼米兹摇摇头，喃喃地说：“它比蒂维山还大呀!”途中，尼米兹还首次看到了首都华盛顿，但并没有时间逗留。

之后，尼米兹一直在韦思泽预备学校紧张复习。功夫不负有心人，一个多月后，他再战告捷，顺利通过了竞争激烈的考试。这年秋天，这个16岁的少年终于冲出了孩提生活的狭小天地，从瓜达卢佩河的小船上迈向锦绣前程。查尔斯爷爷与尼米兹告别时情绪非常激动，似乎看到自己的梦想将要变成现实。而尼米兹却依依不舍，蒂维山和瓜达卢佩河在他的泪眼中凝聚成了一幅定格图像，珍藏在记忆的深处。

1901年9月7日，尼米兹来到马里兰州的历史名城安纳波利斯，如愿以偿地迈进了美国海军军官学校的大门，宣誓成为美国海军军官学校的学员。

美国海军军官学校是培养海军舰艇部队、海军航空兵部队和海军陆战队初级军官的一所院校。

19世纪中期，由于债务负担、战争消耗，以及政治上的改组和国内资源的开发，美国海军的发展受到了各种限制。1878年美国海军总人数不超过6万人，其综合实力仅居世界第12位，排在中国、丹麦和智利之后。美国海军军官学校成立于1845年，成立后一直处于死气沉沉的状态。为了扭转海军20多年来的颓势，一些有远见和有责任感的海军军官聚集在美国海军军官学校，呼吁进行改革。他们通过论坛和杂志，渐渐营造了有利于海军正规化建设的舆论。一些议员也倡议向海外展示美国的力量和威望。得克萨斯州的民主党参议员塞缪尔·B. 马克西大声疾呼："世界上哪有作为一等强国而没有海军之理！"克利夫兰①于1893年再度当选总统后，便把海军的改革与扩建当作重要的执政目标之一。没多久，美国海军的综合实力很快跃居世界第5位，应征入伍的人数大大增加。随着舰船和武器装备的日趋完善，美国海军军官学校有关的教育培训计划也得到了极大的改善。

几年后，即1898年2月15日，美国战列舰"缅因"号在古巴哈瓦那港爆炸，舰上官兵大多丧生。美国指控占据古巴的西班牙为这一事件的主谋，想向西班牙海军实施报复。有人认为，美国是想借此机会向世

---

① 格罗弗·克利夫兰（1837—1908）：美国第22、第24任总统，是美国历史上唯一一个在不同时期两次竞选成功的总统，也是内战后第一个当选总统的民主党人。他领导下的美国政府缺乏干劲，既没有在国内推出重要政策，也没有在外交领域取得多大成功。

人展示一下海军的实力。2 月 25 日，海军部次长西奥多·罗斯福[①]电令亚洲分舰队司令乔治·杜威[②]率 6 艘新型装甲蒸汽战舰和 5 艘辅助舰只，向菲律宾进发。4 月 27 日，杜威的舰队在马尼拉湾以突袭方式重创泊于菲律宾海岸的西班牙舰队，西班牙 7 艘军舰全被击沉，伤亡 381 人，美军仅轻伤 8 人。7 月中旬，杜威指挥美海军舰队全歼西班牙著名的塞韦拉舰队，封锁海面。7 月底，美陆军麦里特将军率领远征军第 8 军 1.5 万人从美国开赴菲律宾。8 月 13 日，美军向马尼拉发起总攻。西班牙守军略做抵抗后便缴械投降。

与此同时，美军在古巴战场投入 2.5 万兵力，准备与西班牙一决胜负。5 月 19 日，西班牙舰队成功采取避实击虚的战术，避开美舰的封锁，逃抵圣地亚哥港。他们凭借蛛网般的水雷阵进行掩护，并得到岸防火炮支援，准备抗击美军。5 月 28 日，美国北大西洋分舰队（7 艘作战舰只，司令为 W. T. 桑普森）驶抵圣地亚哥港外，几天后与另一支美国舰队会合，舰艇共有 24 艘，再次形成严密的封锁，并以炮火掩护，加强陆军的岸上攻势。在陆军激战之时，西班牙舰队企图突围。7 月 3 日，在圣地亚哥湾，美国海军以 24 艘舰艇对西班牙海军的 9 艘舰艇展开了一场混战。4 个小时后，西班牙海军的 9 艘舰艇中，7 艘被击沉、2 艘被俘，阵亡 160 人，舰队司令 P. 塞韦拉及 1800 名官兵被俘。美军仅有 2 舰轻伤，死伤各 1 人。

此时的西班牙已经衰落，不仅在国际上陷于孤立，而且古巴和菲律宾两地人民强烈反对西班牙殖民统治的武装斗争也牵制着大量西班牙军队。同年底，美国海、陆军又乘胜追击，将西班牙近 20 万军队击败，战后美西签订协议，西班牙承认古巴独立，将波多黎各、菲律宾、关岛割让给美国。

---

① 西奥多·罗斯福（1858—1919）：美国第 26 任总统，人称老罗斯福。曾任美国海军部副部长，参加美西战争。1900 年当选副总统，次年因总统威廉·麦金莱遇刺身亡而继任总统，时年 42 岁。他的独特个性和改革主义政策，使他成为美国历史上最伟大的总统之一。

② 乔治·杜威（1837—1917）：美国海军特级上将，曾参加南北战争和美西战争，后担任海军总委员会主席，在美国海军中厉行改革，组编了符合美国海外利益的太平洋舰队和大西洋舰队。

两战皆胜，创下了美国海军成立以来的最好战绩，极大地鼓舞了美国海军的士气。这一战绩博得了美国民众的热情赞扬。美西战争之后，美军海陆联合作战被作为战例载入史册。

在这一背景下，美国国会决定，从1898年至1921年，每年至少建造一艘战列舰，同时决定在美国海军军官学校用花岗石和灰砖建一座富丽堂皇、气势宏伟的法国复兴式教学大楼。1899年，学校新的建筑群正式开始兴建。

但是，毕业于美国海军军官学校的阿尔弗雷德·塞耶·马汉中校并不那么乐观，他发表评论说："但愿美国今后再也不会同西班牙海军这样的弱者交战！"他认为，虽然战争的胜利渲染和强化了美国海军的作用，但是美国海军的基础建设远没有达到预期目标。这位军衔较低的海军军官提出了名噪一时的"海权论"，"谁控制了海洋，谁就将拥有整个世界"的核心观点，极大地刺激了美国军方，为美国大力发展海军提供了重要的理论依据。

尼米兹进入军校时，正是学校改革教学体制和快速发展的时期，当时学校已经启用了部分新教学楼和宫廷式宿舍，但因扩招，宿舍仍不够用。尼米兹和班上的一些同学不得不挤在临时性的木屋里，条件十分艰苦。这种房子难以保持清洁，缺乏必要的洗澡设备，而且夏天酷热难当，冬天寒冷彻骨。不过，这对于来自贫困山区的尼米兹来说并不算艰苦，而是全新的开始。

尼米兹在新学员大班上课，全班共有313名学员，是学校创建以来人数最多的一个班。由此可以看出，美国海军有大力发展的势头。军校的生活是机械枯燥的，但尼米兹很快便适应了。同时，他延续了以前的学习和生活习惯，每天早晨四点半起床，跑步半小时，然后一直学习到吹起床号。他的勤奋好学很快在班里出了名。

在班里，同学们都叫尼米兹为"纳丘"或"纳蒂"，这带有戏谑的味道。不过，此时的尼米兹已经不像在意"狮子头"那样在意这个外号了。在同班学员中，尼米兹与同屋的艾伯特·丘奇最要好，两人性格也极为相似。他们有不少的共同话题，从儿时打兔子、钓鱼等趣事，到一个人怎样改变生存环境、树立什么样的理想，几乎无话不谈。

丘奇来自爱达荷州，那里大部分是丘陵峡谷，他偏爱狩猎。而尼米兹来自得克萨斯山区，虽然在山野逮兔子的次数远多于钓鱼的次数，但他更喜欢钓鱼。对此，丘奇解释说："我们家不怎么钓鱼，我们觉得买鱼比抓鱼要容易得多。"尼米兹闻言大笑道："钓鱼可以磨炼我的急躁性子。再说，我们买不起鱼，即使买得起，我无论如何也得去钓鱼，对我来说，钓鱼是一件很有趣的事。"不管怎样，这两件事有一个共同点，那就是都需要耐性。此外，他们还有一个最大的共同点是学习成绩都很好，以至于不少同学心生忌妒，要求把他们分开。教官接受了多数人的建议，于是，尼米兹只好挑选了来自肯塔基州的约翰·森普特为伴，并努力让他也养成清晨学习的习惯。

尼米兹在学习上富有主动精神，而且自学能力很强。他常常抽出时间阅读大量课外读物，丰富自己的知识。更重要的是，他几乎是在按自己的计划领会教学内容，并以自己的思维方式来解答问题。

学校的教学正处于改革阶段，提倡启迪学员主动思考。教员几乎每天都要用没有讲过的参考教材来考学员，然后再进行纠错、评分和讲评。尼米兹对此很感兴趣，不时有突出表现。有一次，他被叫到在黑板上演算习题，他没有按书本上的方法，而是按自己设想的方式计算出了正确答案，这使老师十分惊奇。

查尔斯爷爷听说孙儿在军校进步很快，深感欣慰，写来一封信祝贺他，并将尼米兹家族的家谱作为生日礼物送给他。尼米兹收到这份特别的生日礼物，非常兴奋，他已经把自己的奋斗和尼米兹家族的荣耀紧紧联系在一起了。他继承了爷爷开朗活泼的个性，广交朋友，乐于助人。他经常跟朋友们在一起讲笑话。他的笑话大多与得克萨斯州的故事有关，只是在其中加入了一点幽默，甚至还有一些黄色的内容。他的口才很好，这也是他大受欢迎的原因之一。

在校园橄榄球联赛赛季，尼米兹认识了比他高一年级的小威廉·弗雷德里克·哈尔西[1]。哈尔西虽然比尼米兹高一年级，但很多事情都会请教尼米兹，因为尼米兹是个爱动脑筋的人。

一天傍晚，哈尔西练完球后找到尼米兹，请他为自己遇到的麻烦出谋划策。哈尔西说："我们穿工作服练球被海泽上尉发现了，海泽给我们4个违反规定的人记了黑点。我已经被记3次了，再有1次，就要在星期天被圈起来练球了。如果我不打算在星期天练球，就得在星期六前把3个黑点去掉。"

尼米兹知道，海泽上尉作风严谨、铁面无私，凡事喜欢循规蹈矩，想让他改变主意很不容易。但他仔细分析了一下海泽上尉的私人资料，认为正好可以利用上尉的"循规蹈矩"做文章，他从小时候看过的恶作剧中得到启发，很快想出了一个捉弄人的方案。

海泽上尉是一个三十出头的单身汉，一心为发展海军出力。由于两次任期内都没有获得提升，他内心十分恼火。但他不仅是个精明能干的军官，私人生活也非常有规律，每逢星期三他便不管学员的操练，因为他要在这天下午去市镇购物，每次回来经常抱着大包小包的物品从军人人行道回单身军官宿舍。学校的东门是乘坐公用车辆下车的地方，这里有一条军人人行道通往学员和未婚军官的宿舍，浓密的树木像篱笆那样遮掩着这些房屋，房屋前面有5英尺[2]高的铁栅栏，通向各座房屋的军人人行道在每座房屋前二三十米处，从宿舍楼出来的人在人行道上是看不见的。

这个星期三下午，海泽上尉从市镇购物回来，当他走到人行道第一段路时，一个学员快步出来向他敬礼，按照规定，他必须还礼，他只好小心翼翼地放下东西还礼。随后，他抱起东西继续往前走，刚走到第二段路又发生了同样的事情。第三段、第四段路也是如此。到第五段路

---

① 小威廉·弗雷德里克·哈尔西（1882—1959）：美国海军五星上将，"二战"期间在太平洋地区指挥多次战役并获得胜利。因作风勇猛而获绰号"蛮牛"，又因为人随和而被称为"水兵的海军上将"。

② 1英尺≈30.48厘米。

时，他气得大吼一声："稍息！"

到下一个星期三，海泽上尉回来时没有带东西，结果他走在路上也没有人过来给他敬礼。海泽上尉觉得有些奇怪，今天怎么会一个学员也没遇到？然而，再过一个星期，当他双手又捧着一大堆东西回来时，学员们又对他敬礼，而且是每走不到 50 米就遇上一位学员。此后，不管他有没有带东西回来，学员们都站在各个路口等着。海泽上尉终于明白了这是学员们的"阴谋"，他扬言要开除他们，这才制止了这场闹剧。但学员穿工作服练足球的事也就不了了之了。

事后，尼米兹得意地对哈尔西说："海泽上尉手上抱满了东西，本来可以不还礼的，但我根据他的性格分析，预料到他不会违反条例。"哈尔西大笑道："我就说过，你的高招会解决我的问题的。"

每年夏天，尼米兹所在的班级都要离校实习，进行军事科目训练。他很快意识到，最有价值的经验并不是书本中能学到的，实训更重要，能让他更好地发挥自身的主观能动性，为明确的奋斗目标而学习，有针对性地删繁就简，领会实质。

但有些教官认为实训课正是他们最能展示威严的时候，可以乘机刁难不听话的学员，还有个别教官喜欢故弄玄虚，故意把一些简单的问题搞得十分复杂、神秘。尼米兹对这些做法非常不满。

有一次，教官故意为难学员们，把学员的队列打乱、颠倒，然后要求学员发出 6 次口令把队列恢复到原来的位置。几个学员试了几次，都没有成功。教官非常傲慢，讽刺学员们没脑子。这时，尼米兹站了出来，他准备摆脱教官的思路，运用极为简单而又巧妙的方式解决这个问题。

他自信地说："报告长官，我只需要两次口令就够了。"

教官看了他一眼，轻蔑地说："你，两次？那么你就证明这一点吧！"

学员们已经立正站好，尼米兹发出第一个口令："解散！"他们照此做了。接着，尼米兹发出第二个口令："面向我整队集合！"学员们迅速排列成原来的队列。

尼米兹认为，一个教官的威信来自明晰、简洁、正确的指令，而不是想方设法让学员盲目地依从。他的勇气和聪明才智，得到了同学和部分教官的认可。

影响人生的求学逸事

在军校学习期间，尼米兹报名参加了学校划船队，并当上了指挥全船划桨速度的主要划桨手。每个星期六早晨，尼米兹和其他学员都要乘铁帆船去海上训练。他们常乘的一艘船叫“切萨皮克”号，船长是水手系的主任，是尼米兹的好友哈尔西的父亲威廉·弗雷德里克·哈尔西海军中校。作为一名划桨手，尼米兹比不上哈尔西，但他的热情还是很可嘉的。这可能与他爱好户外运动有关，他一向重视体育锻炼，在不参加竞技性运动比赛的情况下，也坚持散步、跑步或游泳等运动。

尼米兹在美国海军军官学校第一个夏天的远航，是乘“切萨皮克”号铁帆船出海的。出发前，他仔细看过马里兰州的地图，上面有奎文河和切萨皮克湾，但他不知道海湾的范围究竟有多大，只知道这片广阔无垠的水域仅仅是大海的一小部分。他希望自己将来成为大海的主人。

“切萨皮克”号顺切萨皮克湾而下，穿过弗吉尼亚角进入大西洋。面对大海波涛滚滚、水花飞溅、奔腾汹涌的壮观景象，尼米兹激动不已，他真实地感受到了大海的博大宽广。他开始接触到他所要探索的伟大世界的成就和奥秘，仔细观察海涌、风向与航速变化，并做了大量记录。然后，他与学员水手组一起回到缅因州的哈伯湾，受到了来这里避暑的富裕主人的热情款待。从这时起，尼米兹就像爷爷一样开始热爱大海并研究大海了。

就在尼米兹一年级即将结束的时候，“桑普森 - 施莱事件”给他带来了不小的影响和触动。这是一件有损美国海军声誉的事情，事件的起因是：当时埃德加·麦克莱的《美国海军史》第三卷出版了，被选为海军军官学校的教材。书中谈到美西战争中的一次海战，作者对参战的海军将官——温菲尔德·斯科特·施莱准将在加勒比海海战中的行为做了严厉批评，指出他不服从命令，缺乏进取精神，延误了对敌人的封锁。最后下结论说，施莱准将在圣地亚哥港的战斗中是个十足的懦夫。

那么，实际情况是怎样的呢？在美西战争中，美国为了对西班牙舰队进行封锁，做了长达一年的准备。在古巴主战场，执行封锁任务的是北大西洋分舰队，共有 7 艘作战舰只，司令官为 W. T. 桑普森。西班牙政府派出了加勒比海舰队，共 6 艘战舰，由 P. 塞韦拉指挥，主要任务是增援波多黎各，而且该舰队突破了美海军外围封锁线，进入圣地亚哥港。美北大西洋分舰队与另一支美舰队会合后，立即对该港实行严密封锁，并要求陆军配合，全歼港内的加勒比海舰队和原驻守舰队（仅 3 艘作战舰）。美、西作战舰的实力对比为 24∶9。

战斗开始时，美国舰队司令桑普森海军少将正在他的旗舰上与从岸上来的美陆军将军商谈事情，把指挥封锁圣地亚哥港的任务交给了施莱准将。

双方交战之初，西班牙舰队抓住时机，突然冲出港口并以密集火力射击，突破美军封锁线，沿古巴海岸向西逃去。此事实在出人意料，因为西班牙舰队无论数量还是装备，都不及美国舰队。尽管西班牙舰队最后全军覆没，但在实施封锁的过程中，美海军肯定有什么地方出了差错。

对此，麦克莱在书中明确指出施莱的“布鲁克林”号巡洋舰有问题。当时，除了施莱的“布鲁克林”号巡洋舰外，所有的美国舰只都向西追击敌军。令人莫名其妙的是，“布鲁克林”号巡洋舰听从施莱的命令向东航行，几乎与“得克萨斯”号相撞，在兜了一个大圈子后才跟上大部队进行追击。麦克莱认为，这是“一艘美国战舰的可耻洋相，它虽有优于敌人的兵力支援……却故意夹着尾巴逃跑”。

如果这本书只是牢骚性的议论也就罢了，偏偏它是美国海军军官学校的教材，麦克莱的指责不可能不受到人们的关注。消息传开后，全国舆论一片哗然。人们曾把杜威、桑普森、施莱当做战胜西班牙的美国海军英雄加以崇拜，其海战战例甚至成为教官们援引的典范。人们无法相信施莱会是一个指挥无能、犹豫不决的懦夫。美国公众对此难以接受，他们的民族自尊心受到了伤害，而施莱将军更是怒不可遏，要求美国海军军官学校不要采用麦克莱的《美国海军史》第三卷作为教材。美国海军军官学校同意了他的要求，出版商也收回了没有卖出的全部书籍，并要求作者对有关段落做必要的修改。

但是，媒体的传播速度实在太快了，报刊上引用书中的有关段落已造成很大的负面影响。为了挽回名誉，施莱将军要求法庭调查。在舆论的重重压力下，军方组成了以杜威将军为主席的临时法庭处理这一事件。案件审查历时40天，证据和调查材料有2000多页，但是案情却越来越复杂。对作者和出版商的起诉，变成了臭名昭著的“桑普森-施莱纠纷事件”。诉讼双方各有支持者和反对者，他们在法庭内外为谁是圣地亚哥真正的胜利者而争吵不休。随着时间的推移，人们开始厌倦了这场闹剧，《华盛顿邮报》用近乎可笑的漫画对法庭审理此事进行了描绘。这样下去对谁都没有好处，只会进一步影响急需大力发展的海军的声誉，于是，继任总统不久的西奥多·罗斯福下令法庭调查和争论就此结束，他说：“无论哪方都没有理由再对这个不幸事件进行任何争论。”

桑普森-施莱纠纷案慢慢平息了，但这件事在海军人员的心中却留下了阴影，对于刚刚爱上海军事业的尼米兹来说，就像是受到了一种难以言喻的创伤。他感到荣誉对军人来说比任何东西都重要，并发誓假如自己有朝一日处于有权的地位，将不再让这类公开评论海军长短的事情发生。后来他担任要职后，的确是处处维护海军声誉，坚持以大局为重，尽可能地预防和避免一些公开争论，特别是那些涉及人身攻击的争论。他尽一切努力维护部属的感情和名声，即使他们没有完成任务。

当尼米兹第三个假期结束返校时，高年级的学员都搬到了新宿舍。宫廷式的班克罗夫特大楼是当时最好的学生宿舍楼，作为高年级班的一名学员连长，尼米兹自然也住进了新楼。不过，这栋楼还没有全部竣工，于是，那些遮网就成了一些胆大的学员进行秘密活动的掩体。

尼米兹向来喜欢户外活动，1904 年 9 月的一个周六下午，他和班里的一些同学决定组织一次屋顶晚会。他的任务是买啤酒。海军军官学校的管理很严格，一般是不允许学员喝酒的。当时尼米兹正负责督促服装店赶制毕业服，因此他们班被允许在课余时间“自由出入”军校大门，尼米兹曾回忆说：“我们充分利用了这个特权。”

那天，他身着袖上缀着三条杠、领上挂着三颗星的军服，拎着空行李箱，若无其事地走到军营大门。卫兵认出他是可以随便出入的老学员，只粗略扫了一眼，尼米兹因此得以顺利走出大门。

但随后却发生了一点小小的意外，让尼米兹担惊受怕了好一阵子。当时，距学校只有几条马路远的一家服装店为了照顾一些“特殊”顾客，经常为他们代购啤酒。当尼米兹把两打冰啤酒装进行李箱时，发现店主身旁站着一位长相英俊、黑头发的先生，他下意识地多看了对方几眼。店主怕引起麻烦，未将穿军服的尼米兹介绍给那位先生。尼米兹拎着装满啤酒的行李箱，有些后怕地快步溜出服装店。回到学校门口时，他心里还有些打鼓，但他并没有受到盘查，很顺利地通过了门口。

星期六晚上在屋顶举行的啤酒晚会十分成功。周一上午，尼米兹带着组里的同学去上领航课。一走进教室，他几乎惊呆了，他发现周六下午站在服装店店主身边的那位绅士穿着军服，正坐在教员的座位上。原来，这位先生是利瓦伊·卡尔文·贝托利特海军少校，是海军军官学校 1887 级的学员，最近才调来任教官。尼米兹心里七上八下的，心想，如果课后教官找他谈话，那么他的海军之梦可能要因此而破灭。

然而，接下来的几天风平浪静，尼米兹担心的事情并没有发生。不知是有意还是无意，贝托利特似乎并没有特别在意尼米兹，又或许他认为此事无关紧要，决定网开一面。难道他不记得那个买啤酒的人了吗？尼米兹立即否定了这个判断，陷入深思。他写信向爷爷说起这件事，爷爷以他一贯的宽容和风趣的口吻说：“孩子终归是孩子，我希望那是德国啤酒。”

若干年后，尼米兹提起这事时说："这次越轨行为给我上了一课，使我知道以后在（美国）海军军官学校的日子该如何做，同时它也使我懂得了宽容的作用。对待初次违反纪律的人，应该采取宽容的态度，期待他们自己觉醒，因为几年后，这些人可能会成为优秀的指挥官。"后来，尼米兹非常希望有机会在部队中见到贝托利特，对他采取的"宽容和谅解"表示由衷的感谢。遗憾的是，直到 1912 年贝托利特去世，尼米兹都没有和他见上一面。

每当有出海的实习项目，尼米兹都特别积极和兴奋，他渴望有更多的机会在海上锻炼，在实践中掌握更多的本领。他曾和同学们乘坐在海军中服役的第一艘潜艇"霍兰"号潜入塞文河底。很多同学对这条 54 英尺长、航速缓慢的潜艇产生了种种不安情绪，尼米兹却觉得舰艇的味道特别好闻。

不久，尼米兹又先后乘美西战争中的老战列舰"马萨诸塞"号、"印第安纳"号以及一艘驱逐舰出海航行。"马萨诸塞"号是一艘于 1896 年服役、排水量近万吨的主力战舰，为印第安纳级战列舰的二号舰，也是美军第一艘以马萨诸塞州为名的军舰。"印第安纳"号于 1895 年服役，与"马萨诸塞"号属同一级别。它们是尼米兹特别钟爱的大型主力战舰。他在凉风习习的战舰甲板上深呼吸，挺胸而立，为具有光荣战史的大型战舰感到骄傲，他也热切盼望自己能早日以一名正式的海军战士的身份登上战舰。

然而，就在这次返航途中，尼米兹的身体遇到了点麻烦。在转乘一艘小驱逐舰后，他的耳朵出现脓肿，当务之急是消炎。由于驱逐舰上没有医生，舰长只得采取非常措施——用一个可能没有消毒的喷油器将硼酸注射到尼米兹发炎的耳朵里。炎症倒是控制住了，但尼米兹的听力有点受损，很可能与这次脓肿有关。他觉得舰艇上的声音不是那么吵了，甚至别人小声说话也有点听不太清楚，因而他不得不通过观察别人说话时的口形变化，来弥补自己听力上的缺陷。这对于一个军人来说，是一个不小的麻烦。

邀东乡平八郎喝酒

由于海军规模迅速扩大，军官人数不足，尼米兹这个年级的学员都提前 6 个月结束在校学习，进入海军部队实习。

1905 年 1 月 30 日，尼米兹以该届 114 名毕业学员中第 7 名的成绩毕业。他擅长的科目是现代语言（法文和西班牙文）、兵工学、数学和航海术。这是一个相当不错的成绩。一个学员在 1905 年美国海军军官学校年鉴中撰文赞扬尼米兹，说他“具有荷兰人勇往直前、从容不迫的性格”，并情不自禁地引用英国著名诗人华兹华斯的诗句，形容尼米兹是“一个对昨天感到愉快，对明天充满信心的人”。

与尼米兹同届毕业的学员中，后来共有 16 人先后获得海军少将以上军衔，其中包括比尔·哈尔西、哈罗德·斯塔克、赫斯本德·金梅尔①、罗亚尔·伊森·英格索尔、罗伯特·戈姆利等，真可谓人才济济、将星璀璨。

当然，刚从军校毕业的学员还不能获得军衔（属委派见习军官），他们至少要在船上实习 2 年才能正式获得军衔。在此期间，他们服役的档案由海军军官学校保存，并定期由学术委员会评审。只有表现良好，各项考核合格，方能授予少尉衔（任命军官）。那一年尼米兹 20 岁，意气风发，雄心勃勃。他和其他学员一样，身着蓝色的海军军官制服，精神抖擞，按捺不住心头的喜悦，怀着一颗遨游四方的浪漫之心憧憬着美好的未来。

到部队报到之前，尼米兹回了一趟老家。这是他离家 4 年后第一次探亲，尽管春寒料峭，但他心里却暖洋洋的。再次见到默然矗立的汽船旅店，须发斑白的查尔斯爷爷，依然乐观开朗、一脸慈祥的母亲安娜，他兴奋不已，无法抑制内心的激动。查尔斯的身体虽然日渐衰弱，但当

---

① 赫斯本德·金梅尔（1882—1968）：“一战”期间历任战列舰、巡洋舰的军械官，太平洋舰队枪炮官，助理海军部长罗斯福的副官。1941 年由美国海军少将直接晋升为海军上将，任太平洋舰队总司令和美国舰队总司令。珍珠港事件后被解职。

他看到曾经许给大海的孙子归来时，脸上抑制不住扬扬得意的神情。安娜寡言少语，只是用行动表达着对儿子的爱。她吻过尼米兹后，便到厨房去准备吃的。午饭后，尼米兹身着戎装与家人合影留念。

尼米兹还抽空遍访亲朋故旧，重登了蒂维山，之后又特意乘坐皮筏游了瓜达卢佩河，重温童年的记忆，他将这里的一切更深刻地铭记在脑海中，包括爷爷那个美好的愿望，并从中汲取了新的力量。

短暂的假期很快过去了，尼米兹与同班学友布鲁斯·卡纳加约定一起从圣安东尼奥乘坐火车前往西海岸，去旧金山“俄亥俄”号战列舰报到。尼米兹的海上生涯正是从“俄亥俄”号战列舰开始的，他的锦绣前程也由此拉开了序幕。

“俄亥俄”号是1898年美国国会根据扩充海军计划批准建造的4艘战列舰之一。机缘巧合，该舰是缅因级战列舰的三号舰，同时也是第三艘以“俄亥俄”命名的军舰。它的排水量是1.2万吨，相比老一代战列舰，它大很多，舰上的设施也很先进，属缅因级的新型舰。它装有两级主炮：4门12英寸和16门6英寸的火炮。它的最大航速为17节①。舰长莱维特·C.洛根海军上校是美国海军军官学校1867届毕业生。

“俄亥俄”号战列舰刚刚结束验收试航，就迎来了一批朝气蓬勃的年轻实习军官。尼米兹这年刚满20岁，但看上去却比其他人老成。他们上舰不久，“俄亥俄”号便作为美国亚洲舰队的旗舰，向远东出发了。尼米兹在战列舰上的表现是突出的，舰长洛根上校在向海军军官学校学术委员会做的第一季度报告中写道：“学员尼米兹在‘俄亥俄’号舰上的表现很好。”第二季度末，尼米兹在洛根上校的关照下，担任过舰艇官和舰面助理军官。对此，洛根上校的评语是：“学员尼米兹是一个优秀的军官，我很高兴地把他推荐给学术委员会，请给予最优先的考虑。”

在校学习时，尼米兹一直把日本当作潜在的敌手来研究，并把太平

---

① 节（kn）：以前是船员测船速的，每走1海里，船员就在放下的绳子上打一个结，以后就用节作为船速的单位。1节（kn）=1海里/小时。

洋作为模拟战场，在蓝色的海洋图上展开想象的翅膀，排兵布阵。美国海军舰队的演习也大都以日本海军舰队为对手，因为当时日本已拥有世界上首屈一指的海军力量。

这次远东之行是十分惬意的，也是一次难得的机会，对尼米兹来说终身难忘。

当“俄亥俄”号驶抵远东海域的时候，一场战争爆发了——日俄两国在朝鲜半岛和日本本州之间的对马海峡进行了一场海战。交战的主角是日本海军战将东乡平八郎①指挥的联合舰队与俄国海军罗杰斯特文斯基指挥的俄国第2太平洋分舰队。

1905年5月初，俄国第2太平洋分舰队在罗杰斯特文斯基的率领下，从波罗的海起程，开往远东，挽救被日军围困在旅顺和海参崴②的太平洋舰队，解救在旅顺口被日军包围的俄军。然而，俄军万万没有想到，他们这次经过1.8万海里的航行，竟是一段走向覆灭的死亡之旅。

日本联合舰队司令东乡平八郎根据俄国舰队的补给供应情况，断定俄国舰队将通过对马海峡③直接前往海参崴。5月20日，他下令联合舰队进入战备状态，等待俄国舰队的到来。

5月25日，俄国舰队从台湾附近出发，于26日到达上海附近。5月27日清晨4时45分，日本辅助巡洋舰“信浓丸”号发现了俄国舰队，迅速向司令部发出电报：“发现敌舰！”东乡平八郎立即指挥舰队主力按预定计划在对马海峡布阵，其作战部署是以对马海峡附近岛屿为依托，凭借舰只新、舰速快、地形熟等有利条件，在对马海峡设置一个

---

① 东乡平八郎（1848—1934）：日本海军元帅，侯爵，与陆军的乃木希典并称日本军国主义的“军神”。他在对马海战中率领日本海军击败俄国海军，成为近代史上东方黄种人打败西方白种人的先例，并因此得到“东方纳尔逊”之誉。

② 海参崴：城市名，现称符拉迪沃斯托克，位于俄、中、朝三国交界之处，三面临海，拥有优良的天然港湾，地理位置优越，是俄罗斯在太平洋沿岸最重要的港口，也是俄罗斯太平洋舰队司令部所在地。

③ 对马海峡：是朝鲜海峡的一部分，是北太平洋西缘、日本群岛西南端、对马岛与壹岐岛之间的水域，是从日本通往中国东海、黄海和进出太平洋的要冲，交通战略位置十分重要。

严密的连环阵。当发现俄国舰队接近对马海峡时，东乡平八郎立即派出4 艘驱逐舰作为疑兵，引诱俄舰队进入伏击圈。

清晨5 时05 分，在朝鲜半岛马山附近的镇海湾内，待命中的日本联合舰队得到了全体出港的命令。

一个小时后，东乡平八郎根据俄国舰队的行进路线判断俄军进攻的时机，让舰队尾随俄国舰队前进。整个上午，日本舰队始终像幽灵一样尾随着俄国舰队，给俄国官兵带来了极大的精神压力，本就不高的士气更加低落。

日俄对马海战中的日军士兵

当天接近正午的时候，日本联合舰队第3 战队在冲之岛附近与俄国舰队接近。俄舰抢先试探性开火，但日舰没有还击，继续跟进。此时俄国舰队的队形是：第 1、第 2 装甲舰大队在右翼，第 3 装甲舰大队和巡洋舰大队在左翼，运输船队居中。舰队司令罗杰斯特文斯基终于按捺不住了，他命令舰队成战斗队形，第 1、第 2 大队加速到 11 节，行驶到第 3 大队前面，由于他没有同时下令第 3 大队减速，结果整个俄国舰队的阵形陷入混乱。13 时 30 分，日俄双方相距 10 海里①，此时俄国舰队尚未把混乱的阵形调整到位。13 时 55 分，东乡平八郎模仿特拉法尔加海战时的纳尔逊，发出“皇国兴亡在此一战，各员奋勇努力”的信号，命令主力第 1、第 2 战队航速加到 18 节。不久，日本舰队利用其航速优势压向俄国舰队正前方，逼迫俄国舰队偏离原航向。14 时 05 分，为获得有利的攻击阵位，东乡平八郎毅然下令舰队敌前大转向，即著名的“东乡转弯”（也称“U”形转弯）。

由于日舰定点转弯时为俄军提供了一个固定射击靶，而且日舰在转弯时无法开炮，所以第 1、第 2 战队的每艘舰在转弯点上都受到了炮火的攻击。14 时 08 分，罗杰斯特文斯基抓住有利时机，令“苏沃洛夫公爵”号向日本舰队开火，东乡平八郎的旗舰“三笠”号中炮起火，2 艘装甲巡洋舰“出云”号和“浅间”号受伤。

但是，东乡平八郎冒着“苏沃洛夫公爵”号的猛烈炮火，利用 16 分钟时间完成了 U 形转弯，采用抢占“T”字横头的战术穿过俄国舰队，并向俄国先头战舰发起攻击。即日本舰艇排成“T”字的一横，而俄国舰艇排成“T”字的一竖。如此一来，日方所有的炮都可以轰击俄方的先头舰，轰沉第一艘后便继续轰击第二艘……而俄舰每个纵队只有先头战舰可以主炮攻击。双方主力舰在 4 海里的距离内开火。日舰第一排炮就击伤了“苏沃洛夫公爵”号，第二排齐射后，“苏沃洛夫公爵”号损伤严重，罗杰斯特文斯基和舰长双双负伤，炮塔失灵，无线电被击坏，被迫退出战列。

俄国舰队失去指挥后，变得更加混乱：俄第 2 分队的旗舰“奥斯利亚比亚”号遭到 6 艘日本军舰的集中轰击，被重创，不久其舰艏吃水线

---

① 1 海里 = 1.852 千米。

附近被炸开一道裂口，海水不断涌入，舰艏开始下沉，15 时 10 分左右沉没，全舰 900 名官兵仅 300 余人幸存。随后，“亚历山大三世”号、“博罗季诺”号、“鹰”号、“西索依 – 维利基”号也先后遭到重创。

在战列舰交战的同时，双方的巡洋舰也在激烈交锋。巡洋舰交火大概从 14 时 45 分开始，主要是在日本第 3、4 战队和俄国巡洋舰分队之间展开。战斗中，日本 3 艘巡洋舰被重创，俄国数艘辅助船发生火灾。

至 16 时左右，俄国舰队败局已定，前往海参崴的航道也被封锁。由于双方舰队在烟雾中经常失去联系，航线混乱，双方开始混战。16 时 45 分，日本第 5、第 6 战队投入战斗，不久，俄国巡洋舰“斯维特拉娜”号被击沉，另一艘旧式巡洋舰“顿斯科伊”号顽强地抵抗 6 艘日本巡洋舰的围攻，并击伤了“浪速”号和“音羽”号，后为避免被俘而由舰员自行凿沉。“奥列格”号、“阿芙乐尔”号、“珍珠”号及其他几艘驱逐舰、辅助舰，向北突围不成，便急转南下逃往菲律宾。

18 时许，东乡平八郎的主力舰追上了北逃的俄国舰队。激战之后，日舰击沉、击伤多艘俄舰。19 时许，被打得千疮百孔的“亚历山大三世”号战列舰沉没，舰员全部遇难；10 分钟后，“博罗季诺”号弹药库被日舰“富士”号击中，弹药库被摧毁，并引起锅炉爆炸，当即下沉，全舰官兵仅一人获救。在海上漂浮的旗舰“苏沃洛夫公爵”号依然遭到日方炮击，俄军驱逐舰“狂暴”号冒险靠近旗舰，接走舰上伤员，其中包括舰队司令罗杰斯特文斯基。19 时 20 分，日本驱逐舰发射鱼雷将“苏沃洛夫公爵”号击沉，全舰仅幸存 20 人。

19 时 30 分至次日凌晨 5 时，日方 21 艘驱逐舰、37 艘鱼雷艇向残余的俄国舰艇发射鱼雷，俄国第 3 分队因接受过反鱼雷进攻训练，大都幸存下来。而第 2 分队的舰只则大部分被击沉，“西索依 – 维利基”号、“海军上将纳西莫夫”号、“纳瓦林”号先后被鱼雷击沉，旧式装甲巡洋舰“莫诺马赫”号在舰艏被鱼雷炸掉的情况下，仍顽强击沉了向它发射鱼雷的日本鱼雷艇，后因伤势严重，于凌晨 5 时由船员自行凿沉。

5 月 28 日清晨 5 时后，残余的俄国舰队朝海参崴方向行驶。上午 9

时，28 艘日舰对残存的 7 艘俄舰进行了包围攻击，担任俄国战列舰队司令的海军少将涅博加托夫决定投降。10 时 53 分，“尼古拉一世”号、“海军上将阿普拉克辛”号、“海军上将谢尼亚文”号、“鹰”号 4 艘战列舰投降。但日本舰队在看到俄方的投降信号后，依然进行不人道的炮击，直到俄国军舰挂出日本旗为止。随后，载有舰队司令罗杰斯特文斯基的“狂暴”号也向日方投降。其余的俄国舰艇或进行抵抗后被击沉，或成功逃走。“海军上将乌沙科夫”号看到日军的劝降信号后，毅然用炮火做了回答，最后为了不让这艘用俄国著名海军将领命名的战舰落入敌手，舰长下令自行凿沉。巡洋舰“绿宝石”号在逃往海参崴的途中触礁，被船员炸沉；余下几艘分别逃往上海、马尼拉、马达加斯加等中立国港口，最终逃回海参崴的只有巡洋舰“金刚石”号及驱逐舰、运输舰各 1 艘。对马海战至此宣告结束。

在这场战斗中，38 艘俄国战舰被击沉 21 艘，被俘 7 艘，阵亡 4830 人，被俘 6106 人；日军仅损失 3 艘鱼雷艇，阵亡 117 人，伤 587 人。日军之所以能够取得这次海战的胜利，除了指挥得当、计划周密之外，舰艇的装甲、航速以及火炮的威力、射速都明显优于俄方，充分显示了现代科技在军事应用上的威力及其对战争所起的作用。对马海战的胜利奠定了日本在这一轮日俄战争中的胜局，日本陆军趁势占领了中国旅顺港，俄国则被迫接受美国总统西奥多·罗斯福的斡旋调停，承认失败。

为了纪念对马海战的胜利，日本政府把 5 月 27 日定为海军节，东乡平八郎也因此威名远扬。

为庆祝胜利，日本天皇在御花园举办了一个露天晚会，款待以东乡平八郎为首的日本海陆军官兵。出于礼貌，日方也邀请驻泊在东京湾的“俄亥俄”号战列舰的美国海军官兵参加晚会，但舰上的高级官员对赴宴不感兴趣，于是委派包括尼米兹在内的 6 名代表出席。

皇宫花园里摆了二三百张桌子，每张桌旁都高朋满座，笑语喧天。由于交通问题，尼米兹等人迟到了，只好坐在靠近出口的位置上。当然，对于几个默默无闻的小兵来说，这个位置安排是恰当的。

不一会儿，人们的热情被香槟酒推向高潮，宴席上发出阵阵欢呼声。宴会临近尾声时，几个美国士兵看到东乡平八郎正朝他们这边走来，准备离席退场。年轻的美国水兵借着酒兴，决定邀请他们仰慕已久的东乡平八郎将军一起喝酒。这一突发奇想的主意来自尼米兹，因而他也理所当然地被推举为拦截者。这确实是一个大胆的念头，将军或许会对他们冒失的举动感到不快，拒绝接受邀请。出乎预料的是，东乡平八郎愉快地接受了他们的邀请。他和尼米兹等人一一握手，喝了一口香槟酒，然后用流利的英语与他们亲切交谈。

对尼米兹来说，这是一个值得铭记一生的夜晚，当然，这不是因为宴会有多热闹，而是因为他见到了自己敬佩的将军。他对东乡平八郎显赫的战绩和平易近人的作风充满了敬意，可惜东乡平八郎如日中天之时，他才初出茅庐，两人最终没能成为对手。二十几年后，尼米兹遇上的对手是日本海军不可一世的海上巨霸——山本五十六。但是，他对东乡平八郎仍充满了怀念之情。

第三章　菲律宾践习

能干的海军少尉

国际关系如风雨雷电，变化多端。对马海战之后，美国和日本之间长期存在的友善关系变得十分紧张。虽然《朴次茅斯条约》① 结束了战争，但并未允许日本为恢复受战争破坏的经济而索求赔款的要求，因而激怒了日本人。日本政府认为，西奥多·罗斯福有意偏袒俄国，美日矛盾由此显现。

在这种背景下，西奥多·罗斯福总统决定把美国的主要舰艇撤出远东地区。1906 年 9 月中旬，“俄亥俄”号起程返回本国港口。而见习军官，包括尼米兹和卡纳加在内的一批才能突出的人则留在远东基地，被调到隶属亚洲分舰队、曾在杜威将军指挥下参加 1898 年马尼拉湾海战的“巴尔的摩”号巡洋舰上。“巴尔的摩”号具有光荣的战史。尼米兹相信，留在远东的美国官兵都是比较优秀的人才，所以他很乐意留在距美国数千里之遥的菲律宾。当然，他也很想念亲人及家乡，时常与家人通信联系。他几乎在每封信中都会谈到自己在舰队的感受，尤其是在给爷爷写信时，总少不了抒发自己的情感，并满怀信心地写上一些豪言壮语。

1906 年 12 月 12 日，尼米兹来到菲律宾群岛的甲米地②，在这个贫

---

① 《朴次茅斯条约》：1905 年 9 月 5 日，日、俄两国在美国经过长达 25 天的谈判，正式结束了在中国领土上进行的日俄战争。

② 甲米地：吕宋岛南部港市，在马尼拉湾东南端，扼马尼拉湾的入口。

瘠孤寂的岛上，他给爷爷写了一封对未来充满美好憧憬的信。他在信中写道：

> 我告诉过你，这里将增加一艘炮艇。上级已经通知我，一旦“帕奈”号炮艇正式编入现役，就让我去当艇长。它从现在算起还有两个星期就可以服役了，将在南部菲律宾岛屿间巡航。看这个地区的大地图，你就知道它包括的范围很大。这些小艇被正式编入现役后，就可以任意选择访问的港口。我的艇上除了我自己，还有另外一个军官和我一起出航，他叫麦凯因，是比我低一级的同学。据说艇员约有 30 人，允许我自由挑选。实际上，全部艇员都是择优选来的水兵，因此我将带领一批能干的人工作。

他还肯定地说，他参加了少尉军衔的考试，过关没有问题，他正在努力争取独立指挥一艘战舰。

事情的发展也正如他所愿，1907 年 1 月 31 日，尼米兹和卡纳加被正式委任为海军少尉。也就是说，他们的见习生活结束了，将正式以海军军官的身份执行任务。不久，尼米兹负责指挥“帕奈”号炮艇离开甲米地，卡纳加指挥“巴拉圭”号也出发了。“帕奈”号炮艇是前西班牙的旧炮艇，只有 92 英尺 8 英寸长，乘员 30 人，但尼米兹毕竟是一艇之长，“可以在小艇上更好地练习操艇、航海等技术，还能因之增加我的信心和勇气”，所以，他心里乐滋滋的。他们的任务是在岛屿周边巡逻，按他们的理解就是向被征服的菲律宾人和苏禄群岛上的莫罗人“炫耀武力”。这两艘炮艇经常在一起巡航，两个年轻的海军少尉享受着天天驶向陌生地方的乐趣。

除了炮艇外，尼米兹还负责管理一个驻有 22 名海军陆战队队员的小型军港——棉兰老岛①的波洛克。尽管港口也没有什么活可干，但尼米兹还是兢兢业业地工作，并觉得颇有乐趣。他在家信中写道：“那些

---

① 棉兰老岛：菲律宾境内仅次于吕宋岛的第二大岛，岛上山地、高原广布。

日子过得挺有意思，我们没有电台，没法寄信，没有新鲜食物，但打猎的时间很多。有一个水兵曾说，有朝一日在这个海嘴子里将再也看不到一只野鸭了。”

然而，尼米兹等人在波洛克港的田园生活因美日矛盾加剧而被打破了。由于大批日本退伍军人涌向加利福尼亚寻找出路，冲击了西海岸的劳务市场，引起了旧金山等地民众的不满。与此同时，战争的阴影渐渐笼罩美国的亚洲舰队，一直扩展到棉兰老岛。美国总统西奥多·罗斯福发布命令，对海军现役的战列舰布局进行调整。这显然是针对日本舰队的。如果日本想对美国采取军事行动，时间必然会选择在大西洋舰队调往太平洋之前，而首当其冲的进攻目标自然是亚洲分舰队。

不久，尼米兹接到命令，“帕奈”号炮艇调回甲米地海军基地，执行新任务。

尼米兹觉得形势很紧张，以至于他在炮艇驶进马尼拉湾之前，曾计划派登陆小分队作为前导，去侦察一下美军是否仍占领着那块地方。所幸情况并没有他预想的那么糟糕，基地司令部没有任何迁移的迹象。尼米兹终于放下心来，身着白色制服，挂着佩剑，向基地司令官尤赖亚·罗斯·哈里斯海军少将报到。哈里斯是一个铁面无私、不苟言笑、纪律严明的人，见到尼米兹后没有任何客套，而是用比较粗暴的态度发布命令，让他去指挥一艘退出现役、等待调到奥隆阿波干船坞去的驱逐舰“德凯特”号。尼米兹觉得这是一个非同寻常的任命。因为他知道，即使在紧急情况下，上级也绝少让一个年仅 22 岁的海军少尉去指挥驱逐舰。他正疑惑时，哈里斯脸上却露出了难得的微笑，并让他火速前往“德凯特”号任职。

尼米兹的首要任务是在 48 小时内把这艘驱逐舰弄到 60 海里以外的奥隆阿波干船坞去，修缮待命，做好航行的一切准备。他没来得及回“帕奈”号取衣物就被一只快艇载到“德凯特”号上。在驱逐舰上，他受到了几个菲律宾看守卫兵的欢迎。

尼米兹在驱逐舰上巡视一周后，发现“德凯特”号状况很糟糕，一些重要设施丢失了，而且舰上没有粮食、油和淡水。对此，他没有丝毫气馁，因为他是一个善于迎接挑战的人，从来都把解决难题当做发挥自己才干的良机。

尼米兹做过全面检查后，其他官兵才陆续前来报到。他对这些人一无所知，很难判定他们中有无行家。不过，他相信修复该舰还是有几成把握的。“德凯特”号是与“俄亥俄”号同期建造的高质量舰艇，只是因为久未使用，零部件出了问题。

尼米兹站在舰上，望着茫茫无际的海面，心情像波涛起伏的海水一样无法平静下来，他感到孤立无援。突然，他想起在“帕奈”号炮艇上通过打牌结识的几位准尉军官，于是登门拜访了他们。他们表示将尽力帮助尼米兹解决困难，为他提供一切方便。很快，尼米兹带领水手们用驳船将大批装备、煤和水运到了“德凯特”号上。经过一昼夜不停的工作，他们终于使舰上的一个锅炉冒汽了。尼米兹大大地松了口气，当他搭乘运送水手的汽艇返回海岸时，脸上洋溢着乐观、自信的神情。

次日，尼米兹决定让这个庞然大物发动起来，他下令开动蒸汽主机，把军舰从浮标那里往后倒。但就在他下令以四分之一挡速倒开时，军舰却往前行驶；而当他下令全速向前时，军舰却往后猛跑。原来是那些“土专家”把传令钟装反了。尼米兹立即命人修好传令钟，并再次启动，这次他们成功了。这艘老舰很听使唤，尽管发生了一些意外，又遇到了一场大雨，而且缺少海图，但尼米兹和他的舰员们仍按时把“德凯特”号驱逐舰开到了奥隆阿波干船坞。两个星期后，这艘老舰焕然一新，又有能力随时投入战斗了。经过这次历练，这位年轻的驱逐舰舰长丰富了自己的经验。

事实表明，政治斗争是最没有规则可讲的游戏。当美国军队尤其是太平洋舰队厉兵秣马，大西洋舰队浩浩荡荡地开回旧金山时，日本政府审时度势，向美国抛出了橄榄枝，将他们在太平洋活动的舰队变成了访问美国海军的友好代表，战争的阴云一扫而光。

精明的西奥多·罗斯福总统借坡下驴，乘机把 16 艘战列舰集结起来，组成了一支强大的“大白舰队”。之后，美国政府派遣战争部部长威廉·霍华德·塔夫脱[①]作为和平友好使者，进行包括美国西海岸和日本水域在内的环球访问。不过谁都清楚，以友好的方式绕这么一个大圈子，实际上是在向世人展示美国海军的实力。

尼米兹主要负责塔夫脱的舰队在菲律宾附近海域的导航、勤务工作。执行这次任务时，他擅长交际的才能发挥得越发淋漓尽致，他不仅一视同仁地对待下级军官，而且也显示出能友好地与任何政治派别的在职官员打交道的高超本领。塔夫脱是个一脸白胡子、体重达 300 磅[②]、肚皮隆起的大胖子，为了让他在“德凯特”号的甲板上过得舒适些，尼米兹专门制作了一张特殊的躺椅，还特意为他准备了一些“难以置信的得克萨斯的故事”。尼米兹的口才一点也不亚于他的爷爷，他讲述的精彩故事把塔夫脱给迷住了，觉得得克萨斯是个不错的安居之地，甚至想到退休后去那里定居。

塔夫脱在马尼拉度过了愉快的 4 天之后，便起程前往海参崴。尼米兹圆满完成了为部长舰队导航和提供后勤服务的工作。

“德凯特”号搁浅事件

和平安逸的生活给人的感觉是时光如梭，转眼间，尼米兹在远东海军基地服役已近 3 年，他希望能调回国内，即使不能，至少也找个机会回家乡去看看。他本有机会搭乘“缅因”号或“亚拉巴马”号战列舰回国的，但这两艘战舰临时接受了新任务，已经脱离“大白舰队”，正以缓慢的速度绕远道驶向美国东海岸。而“大白舰队”仍在访问之中，计划巡访新西兰、澳大利亚、日本和中国，之后才能返回美国，按时间推算，最快也要到 1909 年 2 月底才告结束。

尼米兹仍在“德凯特”号上安心工作。“德凯特”号在一个时期内成了美国驻群岛总督罗杰斯上校的旗舰。1908 年春天，“德凯特”号在

---

① 威廉·霍华德·塔夫脱（1857—1930）：美国第 27 任总统，“金元外交”的炮制者，劳工运动的对头。卸任后，被哈定总统任命为美国最高法院的首席法官。

② 1 磅≈0.4536 千克。

例行巡航之后，来到了号称“东方巴黎”的西贡港①。这次航行十分圆满，尼米兹深感满意。他在给查尔斯爷爷的信中写道：

那里的法国人对我们很友好，我们受到了盛情款待。他们对“德凯特”号很感兴趣，十分羡慕它的庞大。他们最大的鱼雷驱逐舰只有“德凯特”号的一半大。在从西贡返航途中，我第一次碰到了真正的台风，希望这也是最后一次。虽然舰很大，机器运转得很好，但我们度过了非常不舒服的3天，军舰倾斜成50度并不停地摇晃，海浪一会儿在前，一会儿在后。我想它真有可能像英国从前的一艘驱逐舰那样，在狂涛怒浪中拦腰断成两截。然而，我们只晚几个小时便安全回到马尼拉。

当“德凯特”号驱逐舰到达苏禄群岛的一个村庄后，为了吸引当地居民的注意，它用速射炮放了几发炮弹。结果，炮声引得当地莫罗部族的酋长前来投诉。他像在法庭辩论一样，向罗杰斯上校汇报了尼米兹存在的问题及对该舰的意见，所幸罗杰斯上校没有小题大做，尼米兹才没有招来更多麻烦。

此事让尼米兹懂得了一个道理：要想工作顺利，必须先处理好人际关系。为此，他广交朋友，无论是部队官兵还是当地官员和百姓，只要有可能，他都想方设法把他们变成自己的朋友。他结识了一个名叫达图·皮昂的莫罗酋长，彼此关系很密切，直到第二次世界大战后，酋长的儿子、菲律宾宪兵队的达图·贡贝·皮昂，还把他父亲留下的一把莫罗人的短刀送给尼米兹留念。几十年时间的考验，说明尼米兹是一个重情义的人。

在忙于各种事务的同时，尼米兹多次产生了回得克萨斯探亲的念头，但因路途遥远，一直未能成行。除非等“大白舰队”返航，否则恐怕再难找到恰当的机会。

---

① 西贡港：位于越南胡志明市西贡江，是越南最大最热闹的港口。

但这年7月7日发生了一起意外事件，使尼米兹回家的愿望提前实现了。7日晚上，“德凯特”号在进入马尼拉湾南面八打雁港时，尼米兹疏忽大意，没有测方位，只是估计了一下舰位，也没有检查是涨潮还是落潮，结果出事了。一个舰员大叫起来：“长官，舰艇不能动弹了！”起初，尼米兹以为是推进器出了问题，后来才发现是驱逐舰在泥岸上搁浅了。这让他十分懊恼，因为舰只因机械故障抛锚与指挥失误搁浅是两码事。他立即采取应急措施，想把舰艇退回去，但种种努力均未成功。在这个漆黑的晚上，乌云遮住了满天繁星，也遮住了尼米兹的希望。他站在舰上，看着无边的夜色，又一次感到孤立无援。这时，他耳边仿佛响起了爷爷的声音：“对你还无法预料的事情不要忧虑。”那好，不如先安逸地睡上一觉。于是，他什么也不想，在甲板上安了一张帆布床睡觉了。

第二天黎明，一艘碰巧路过的汽艇扔过来一条缆绳，把“德凯特”号从泥滩上拉入深水。尽管此事完全可以掩饰得如同没有发生一样，然而，诚实而敢于担责的尼米兹向上司做了详细的汇报。按照海军条令，造成舰艇搁浅要进行调查，必要时要对肇事者和舰艇负责人给予处分。因此，尼米兹以“在执行任务中犯有失职罪”，被传讯到“丹佛”号巡洋舰上出庭受审。

鉴于尼米兹能够主动交代问题，又是初犯，而且还有八打雁港口海图不详等客观原因，法庭决定对他从轻处罚，由美国驻菲海军司令以“疏于职守”之错给予当众警告处分。亨普希尔海军少将在诉讼结束时写道：“法庭公布调查材料和判决，这一行动本身就构成法庭所判的当众警告处分。”

由于当众警告处分不必写入档案，因此对尼米兹的前程几乎没有造成什么影响。同时，由于这一意外事件，他回家探亲的时间反而提前了。因为他被解除了“德凯特”号的指挥职务，以少尉衔待命，这样他就不用等“大白舰队”来到菲律宾海域，而是在宣判后两个星期内就踏上了返乡之途。

尼米兹乘坐炮艇“突击者”号回国，同行的还有海军军官学校

1905 届的 3 位毕业生，分别是格仑・欧文・卡特、约翰・H. 牛顿和亚历山大・沃兹沃思。这艘古老的炮舰是训练舰，舰上没有什么真枪实炮，航行期间也不需要进行战斗操练。它的航速才 9 节，不过 4 位年轻少尉都很高兴，感觉就像在进行一次惬意的旅行。几年之后，卡特回忆说："尼米兹、牛顿、沃兹沃思和我做了一次真正有意义的旅行，但那次旅行的时间比我们想象的少了一半。花了 3 个月零 1 周的时间，从马尼拉回到波士顿，对于那样一艘旧舰来说是很不简单的，何况途中我们仍能腾出时间去新加坡、科伦坡、丕林岛、赛得港、那不勒斯、维尔弗朗什（我们对那里的印象永远难忘）、直布罗陀、马德拉群岛和百慕大等地参观。"

1908 年 12 月初，"突击者"号抵达波士顿，思家心切的尼米兹立即转乘火车前往得克萨斯。

对于这位年轻少尉来说，回家确实是一件乐事。但这一次的感受与上次大不相同，尼米兹发现爷爷的健康状况越来越差，医生说他患的是关节炎。不过，虽然已经是 80 多岁的老人，笑声也没有原来那么洪亮了，但查尔斯爷爷一直在与这种疾病做斗争。他在床头上方接了一根绳子，以便用它把自己拉起来，然后下床拖着腿在房间里四处走走，有时他还走出旅馆。尼米兹很难过，他现在离爷爷寄予的希望和目标还有很长一段距离，而且自己刚刚受过处分，这也许会让爷爷失望，但他还是跟爷爷谈到了这件事。

查尔斯爷爷并没有因为衰老而改变乐观的心态，孙子的来访给他注入了新的生命活力。他听完"德凯特"号搁浅事件后，淡然一笑说："你是幸运的，孩子，有神灵保佑，未来一切都会一帆风顺的。"尼米兹被感动了，他对爷爷说："您已经为我求得了神灵的保护，谢谢您，我会加倍努力的。"

这是一次不同寻常的见面，谁也没有想到，这是祖孙俩的最后一次见面。查尔斯爷爷没能等到他的愿望实现的那一天，于 1911 年 4 月 26 日安然去世，终年 85 岁。当时尼米兹正在海上执行任务，未能回去参加葬礼。但这位幽默风趣、自信坚强的老人给尼米兹的人生树立了路标，他质朴而又深刻的思想一直影响着这位具有远大目标的年轻军官。从尼米兹的性格可以看出，他继承了尼米兹家族的活泼豪爽和母亲勤劳坚强的禀性。

1909 年 1 月 25 日，尼米兹结束探亲之后，被调到海军潜艇第 1 支队任职。尼米兹对潜艇似乎没有什么好感，这是因为潜艇大部分时间都在水下航行，艇员的工作不仅辛苦，而且没有补贴。按尼米兹自己的话讲，“在那些日子里，潜艇是一种非驴非马的东西”，只能干一些偷偷摸摸的事情。在当时，潜艇作为攻击性武器的特殊作用还远远没有显示出来，而战列舰对年轻的军官来说是最具吸引力的，在战列舰上服役被认为是青云直上的阶梯。尼米兹曾多次要求到任务繁多的战列舰上工作，但均未获得批准。

尼米兹毫不掩饰自己的失望之情，但他的可贵之处在于，当意识到有些事情无法改变时，就在自己力所能及的范围内全力发挥。他很快平复了自己的情绪，克服失望、停止抱怨，全心全意地投身到潜艇工作中，并从中获得了一个有益的经验：不论是什么工作，不管多么乏味，只要专心致志，刻苦钻研，就一定会取得有趣、有益的收获。

重返大海 18 个月后，尼米兹被提升为上尉，直接越过中尉这一级，成为潜艇第 1 支队的一名大队长。他不仅出色地指挥过“潜水者”号、“甲鱼”号、“独角鲸”号潜艇，而且对潜艇动力设备等进行过一些大的改革，其中最成功的一项是将潜艇的汽油发动机改为柴油发动机。他认为，汽油发动机既排泄毒气又易于爆炸，因而主张拆除潜艇上的汽油发动机，改用新的柴油发动机。他的努力获得了成功，他本人也被公认为潜艇柴油发动机的权威。

第四章　双 喜 临 门

不期而遇的爱情

在担任“独角鲸”号潜艇指挥官的时候，尼米兹认识了将成为他终身伴侣的凯瑟琳，那一年他 26 岁。在那个时代，尼米兹的爱情应该说是姗姗来迟了。

在此之前，尼米兹的感情生活比较单调。上中学的时候，尼米兹偶然结识了一位刚来镇上的女孩——伯莎·赖利。因为她，他这位一向懂事听话的孝子竟“忘情”过了头。一天放学后，他没有回旅店帮母亲干活，而是借用朋友路易斯·施赖纳藏在桥桩下的一条小船，与伯莎沿河而下，向一片灌木丛林划去。

安娜见尼米兹迟迟未归，十分着急，便四处寻找，最后从路易斯那里了解到此事，生气地沿着河岸去寻找“迷途”的儿子，并在河湾处找到了坐在船中的尼米兹和伯莎。据路易斯回忆，安娜为此动手打了尼米兹，但尼米兹的妹妹多拉在 1980 年接受记者访问时否认了这一说法，她肯定地说：“妈妈从来就没有打过尼米兹。”后来尼米兹身着将军制服回到家乡时，路易斯还拿此事开他的玩笑。

尼米兹真正的，也是唯一一次恋爱是从 1911 年开始的。这年 11 月，时任“独角鲸”号潜艇海上指挥官兼第 3 潜艇分队司令的尼米兹接到命令，要他经由波士顿海军船厂到马萨诸塞州①昆西市的福尔河造

---

① 马萨诸塞州：位于美国东北，是新英格兰地区的一部分。

船公司，监督安装“跳鱼”号潜艇柴油机并出任该潜艇指挥官。途中，他遇到了海军军官学校时的朋友普伦蒂斯·巴西特海军上尉。巴西特见到尼米兹后很高兴，热情邀请尼米兹到他家吃晚饭，他和他母亲就住在附近的沃拉斯顿。吃饭前，巴西特建议沿街散散步，顺便去拜访弗里曼一家，结识一下这位当地的知名人士。

弗里曼的父亲里查德·弗里曼先生是一家商店的经纪人，待人热情，见两位年轻的上尉军官来访，便邀请他们晚上到家里玩牌。

弗里曼有两个女儿，大女儿伊丽莎白 25 岁，小女儿叫凯瑟琳，年方十九，玩牌没有派上她。凯瑟琳虽然和姐姐一样漂亮，但性格却截然不同，比较文静的她相当讨厌那些爱慕她姐姐的海军军官，他们常把屋子弄得乱糟糟的，她只希望能够多和自己的朋友在屋子里玩。巴西特特意向尼米兹介绍了伊丽莎白的情况，说伊丽莎白很善于交际，是镇上有名的妙龄女郎，追求她的人很多，其中包括一些海军军官。尼米兹表示愿意见见她。

伊丽莎白原本要陪客人玩克里拜吉牌①的，而且弗里曼的父亲老弗里曼先生以爱好桥牌出名，然而，伊丽莎白正好有事外出不在家，牌桌上便出现了三缺一的局面，于是凯瑟琳理所当然地代替伊丽莎白陪同两位上尉喝茶和玩牌。

也许是天作之合，凯瑟琳很快注意到尼米兹有些与众不同。她后来在回忆录中写道：“下午，当我们坐着喝茶的时候，我仔细端详了普伦蒂斯带来的这个年轻先生，心想，他是我一生中见过的最美的男子。他的鬈发由于在海上待了好几个星期，没有机会去理，显然有点长了。我一直在想，这真是一个可爱的人——他眉清目秀，对母亲笑容可掬。”

就在这个晚上，凯瑟琳被尼米兹宽厚温和的性格深深打动了。多年以后，她依然记得，普伦蒂斯情绪高昂，“高谈阔论，跟切斯特上尉开玩笑，但切斯特似乎只是一笑了之，满不在乎”。这是一个意义非凡的晚上，不仅使克里拜吉牌成为尼米兹的终身爱好，而且突如其来的恋情

---

① 克里拜吉牌：一种纸牌游戏。

也改变了他日后的生活。

在打牌的过程中，尼米兹也细心观察着凯瑟琳的举止，发现她是一个腼腆内向、不爱出风头的女孩。而从她出牌的方式来看，她又具有内在的坚定性和判断力。这一点令尼米兹十分欣赏。他心动了，很快喜欢上了凯瑟琳。

尼米兹在海军军官学校时的另一个老熟人是克拉伦斯·欣坎普海军上尉，此时正在昆西市监督即将由他指挥的“鲟鱼”号潜艇的安装工作。尼米兹和他一起住在年久失修、污秽不堪的格林利夫旅馆里，一起到蹩脚的饭馆吃饭，两人的关系日渐密切。尼米兹称呼他为“海因尼”，有时约他一同前去弗里曼家吃饭，品尝弗里曼太太做的可口菜肴。欣坎普的交际能力也不错，事实表明，他们是一对讨人喜欢的伙伴，对于能在这样一个舒适的人家共进美餐，他们都表示十分感激。弗里曼太太经常邀请他们到家里来，两人很快成了弗里曼家的常客，最初只是吃饭，后来甚至在弗里曼家度过整个周末。对弗里曼家的两个女儿来说，1911 年冬天的那几个周末是令人难忘的。

除了享用美食外，他们还常常和伊丽莎白、凯瑟琳一起散步，玩地滚球，看演出。两位年轻的军官都认为，开朗活泼的伊丽莎白能让她的小妹妹跟他们一块玩是很开明的，这显然是姊妹之间的一种骨肉之情。不过，伊丽莎白也时常提醒妹妹该做什么和不该做什么。她总是把凯瑟琳看成还不太懂事的小女孩，对她履行着做姐姐的责任。

日子一天天地过去，很多人都发现尼米兹已经不再把凯瑟琳看成小女孩了，他的言行表明他已经成了这位年轻姑娘的保镖。大家也都非常知趣，在牌局上故意表现得越来越“糟糕”，使桥牌不成局，目的是让尼米兹有更多的时间与凯瑟琳独处，而伊丽莎白也渐渐明白自己已经成了局外人。

在工作和生活中，尼米兹是一个兢兢业业、态度认真的人；在爱情和家庭问题上，他也是踏踏实实、按部就班地进行，没有太多的浪漫情怀。他的恋爱正如他的职务提升那样，来得十分自然而又顺理成章。

不久，“跳鱼”号和“鲟鱼”号潜艇的安装任务按期完成，正式进入试航阶段。在尼米兹和欣坎普的指挥下，两艘新潜艇一起驶往南方的切萨皮克湾。这时，尼米兹和凯瑟琳已经进入热恋阶段。离别期间，尽管有时任务繁重，他总是保证每天给凯瑟琳写一封信，有时虽然只是寥寥数语，但从未间断。

有一天，他在一封信上写道："昨天我不得不下水游泳，水非常非常冷。"凯瑟琳不明白他为什么要在如此冷的天气里游泳，但随后她便收到了欣坎普写来的解释信，替尼米兹说明了事情的原委。原来，尼米兹的短信实际上掩饰了一个惊险感人的故事。

在汉普顿锚地，"跳鱼"号潜艇上的一个水兵不幸失足落水，被卷入激浪之中，情况十分危急。尼米兹见他不会游泳，在水中挣扎，立马跳入寒冷的海水里。由于他没来得及脱衣服，既要救人又得抵御寒冷的海水，因此弄得精疲力竭，双双被卷入大海里去了。所幸"北达科他"号战列舰上的观测手发现了他们，赶紧派出一艘快艇把他们营救上来。

一个上尉军官冒着生命危险去救一名士兵，这一壮举受到了众人的称赞，也使尼米兹在早期的工作中赢得了爱护部属的美誉。事后，战争部颁给尼米兹一枚银质救生奖章，他十分珍视这枚奖章，并告诉凯瑟琳，他之所以如此重视这枚奖章，是因为它不是由于杀人，而是由于救人获得的。

1912 年春，尼米兹应邀到海军战争学院讲授潜艇课。尽管他已经有了 3 年指挥潜艇的经验，但对一个 27 岁的海军上尉来说，授课还是有难度的。他把这一任务视为一种特殊的荣誉，认真备课，最后来到罗得岛州的新港。6 月 20 日，在位于新港的海军战争学院的讲堂上，他做了题为"潜水艇的防御和进攻战术"的条例讲座，受到学员们的好评。授课内容属军事秘密，但在同年 12 月，讲稿的非保密部分在《海军学会文件汇编》上发表了，赢得了军事学术界的广泛注目和赞誉。尼米兹的讲稿成为有关潜艇理论研究的新锐之作。其中，他预见到潜艇是摧毁商船的强大武器，并满怀信心地提出"一种有助于迫使敌人撤离某些地区，并使其增加进入潜艇危险区可能性的计策”：舰队快速侦察舰“可以扔一些涂上颜色的标桩，使其漂浮在水面，像潜艇的潜望镜一样”。

1912 年夏，尼米兹的潜艇大队停泊在科德角顶端的普罗文斯敦港，几个老朋友又聚集在一起了。新婚不久的普伦蒂斯·巴西特被分配在该地区的一艘舰上工作。他和妻子在海角上有一所房子，邀请欣坎普和弗里曼姐妹来他们家玩一个星期。这样，三对伴侣——尼米兹和凯瑟琳、欣坎普和伊丽莎白以及普伦蒂斯夫妇，就可以在一起玩个痛快了。

凯瑟琳觉得自己已经长大了，不喜欢姐姐事事管着自己，但出于对姐姐的尊敬，她又不敢当面反对。有一天，他们在普伦蒂斯的舰上吃午饭，尼米兹、凯瑟琳和朋友们坐在一张桌旁，伊丽莎白和别的人坐在另一桌。当酒端上桌时，伊丽莎白从她的座位上站起来，跑到凯瑟琳坐的地方大声说：“不要喝酒，不许你喝酒。”

凯瑟琳感到很窘迫，把脸转了过去。尼米兹看在眼里，站起来以平静而坚定的语气对伊丽莎白说：“伊丽莎白，我在认真地照顾你的妹妹，我不会让她多喝酒，不过，喝一杯总可以吧。”

伊丽莎白终于认可了尼米兹和凯瑟琳，并决定把照顾凯瑟琳的职责完全交给尼米兹。自此，凯瑟琳与尼米兹的恋爱关系更加明确了。不过，他们还需要更多的支持者。1912 年 8 月 28 日，尼米兹给远在得克萨斯州克维尔的母亲写了一封信：

我亲爱的妈妈：

如果你疼爱我的话，我要恳请你为我庆贺。我已和马萨诸塞州沃拉斯顿的凯瑟琳·B. 弗里曼订婚。我们将在 1913 年四五月间我调离潜艇等候岸勤工作时结婚。弗里曼家的情况我已详细告诉你了，想必你也看到了他们一家人的照片。去年 12 月到今年 1 月期间，我经常和他们在一起生活。我将在今年 12 月圣诞节前回家去看望你。我希望那时你能告诉我，我做得对还是不对。你可以责怪我没有把心里话告诉你，因为两年前我曾想同另外一个人结婚。是的，两年的时间相当长，现在我不再像那时一样糊涂了。关于弗里曼家的具体情况，因我已经多次在信上告诉过你，这里就不再多谈。奥托小弟曾经见过他们，可向他打听。如果你想让我高兴，就请你看在我的面子上，给这位姑娘写一封友好的信。我不会在没有准备好的情况下去结婚的。到明年4月，我将有1500美元的存款，足够开始新的生活，一点也不需要别人的资助。祖父留给我的所有东西无条件归你所有。我还不清楚我的陆上工作是什么，也不知道要到什么地方去。但去什么地方我都无所谓，我将经常写信把详情告诉你。你如同意我的计划，请写信告诉我，因为你一定记得我不再是乳臭未干的年轻人了，你的儿子一年比一年更成熟，也更老练了。

向全家问候，希望很快能收到你的来信。

你的儿子 切斯特

尼米兹还没有收到母亲的回信，就升任为大西洋潜艇分队司令，率领“跳鱼”号（相当于旗舰）和包括欣坎普指挥的“鲟鱼”号在内的几艘潜艇向南开进。他们将在古巴海域度过整个冬天。

有情人终成眷属

寒冷的冬天把时间变得很漫长，坠入爱河的一对情侣忍受着相思之苦，同时又无限憧憬着越来越接近的幸福，他们只能靠书信来倾诉彼此的思念之情。尼米兹和凯瑟琳后来被公认为一对恩爱夫妻，虽然他们一生中常因公事而分离，聚少离多，但他们兴趣相投，爱好一致，甚至有时想法都是一致的，只要不在一起，他们总是每天互通一封信，并已养成习惯。

这段时间他们的通信内容已不仅是倾吐心声，还在信中商讨他们的婚姻大事。这些书信比军事文件更有效率，短时间内他们就把结婚的准备工作和婚礼仪式安排得有条不紊。尼米兹的母亲也赞同这门婚事，她用一封短信向儿子表示了祝福。

婚礼前一天，尼米兹返抵沃拉斯顿，与凯瑟琳来到登记处办理结婚手续。1913 年 4 月 8 日，他们的婚礼在弗里曼家中举行。房子里除了几盆盛开的水仙花外，再没有其他特别的装饰，完全是海军式的简朴婚礼。除了弗里曼的家人，其他来客全都是潜艇上的军官。主持仪式的是街上一位长满胡须的神教派牧师。伊丽莎白担任女傧相，她长相美丽、性格开朗，却终身未婚；尼米兹在海军军官学校的室友乔治·斯图尔特海军上尉担任男傧相。因时间仓促来不及通知，尼米兹家族没有人来参加婚礼。

在弗里曼家的一些新英格兰邻居中，有些人不知道该对尼米兹说点什么才好。他们有点羡慕他那洁白的海军制服，觉得他是在一个神秘世界中长大的，因为他们都不太了解南部的得克萨斯。他们好奇地问了尼米兹一些奇怪的问题，比如："你见过印第安人吗?""你当过牛仔的朋友吗?"

还有一位妇人很有意思，她微笑着说："上尉，我听说你是从很远的西部地区来的，是真的吗?"

尼米兹爽朗地答道："是的，夫人，我正是从神奇而美丽的得克萨斯来的。"

这妇人又笑着说："我也一直住在很远很远的西部地区。"

尼米兹问道："是在西部什么地方？西部真是个大地方啊。"

"克利夫兰市。"她笑着对尼米兹说。

尼米兹觉得，他与那些邻居很快就会成为朋友。不过，他在沃拉斯顿并没有待多久，几天后，他就和凯瑟琳乘火车去了纽约。对于这对新婚爱侣来说，旅途中的一切似乎都是美妙而神奇的，他们享受着每一个幸福的时刻。凯瑟琳过去只离开过马萨诸塞州一次，这次旅行对她来说是一次极有意义的经历。他们在纽约第七街，当时算是新式的麦卡尔平旅馆里租了一间高层房间。入夜，他们看到窗户对面的高楼顶上挂有一块赖利牌留兰香口香糖的霓虹灯广告，是一个巨大的女孩像，整夜都在向他们眨眼，这让他们感到异常兴奋。后来，凯瑟琳在回忆录中写道："当时我们都认为那番情景实在太美了。"

在纽约，尼米兹和凯瑟琳大部分时间是在逛马路，悠闲地边走边欣赏五花八门的橱窗展示和纽约市容。他们并没有把新婚之旅当做一种奢侈的享受，而是把钱花在更有意义的事情上。尼米兹当时的月薪是 215 美元，每月须给母亲寄去 25 美元，而且他还计划回得克萨斯省亲，因此不得不节省开支。不过，相爱的人不会太看重物质的享受，对于陶醉在幸福中的人来说，彼此拥有对方的心，一切都显得富足而美好。

在回得克萨斯途中，尼米兹想，如果爷爷还健在的话，一定会热情地欢迎这位漂亮的孙媳妇，并把最美好的祝福送给他们。令他意想不到的是，得克萨斯之行竟然是这次新婚之旅中最不愉快的一次经历。

不知为何，母亲安娜在热烈欢迎这位来自马萨诸塞州的儿媳妇到来之后，就再也没有露过面。而亨克家族和尼米兹家族的叔叔、婶婶们，在接待凯瑟琳时也显得不够热情。尼米兹知道，日耳曼移民比较看重自己的血统和家族荣誉，按照家族传统，他应该娶弗雷德里克斯堡移民的后裔为妻。即使不能如此，至少也得娶一个南部女孩为妻。他们并不乐意让这个美国东北部的女孩加入这个家族。但尼米兹觉得这些都不应该成为他们不欢迎凯瑟琳的理由，他有些尴尬和失望，对家人和乡亲们的态度十分生气。

他离开克维尔多年，内心已不再认为自己是美籍日耳曼移民、得克萨斯人或南方人，而是一个完完全全的美国公民，血统和战争所产生的隔阂在他心中早已荡然无存。所以，当一位婶婶问他："切斯特，如果南方和北方再打起来，你站在哪一边?"那位婶婶说话时特意看了凯瑟琳一眼。凯瑟琳疑惑不解，她从小就认为内战已经结束，南北之间的旧怨早已被人们淡忘，不知道在这种场合提出这个问题是何用意，是故意给她这个来自北方的媳妇难堪吗？尼米兹也听出了婶婶的话外之音，他明确地回答道："我当然会站在联邦这一边。"

不过，经过几天的相处，尼米兹的家人们从凯瑟琳的言行举止看出她是个非常有教养的姑娘，聪明善良，温顺诚挚，是个能干并值得信赖的人，肯定会成为一个贤妻良母。因此，在探亲结束之前，他们对这对新婚夫妇的看法和态度有了很大的转变。在得克萨斯整个部族中，安娜对凯瑟琳最亲热。她告诉儿媳："我们这里人的性格是含蓄的，对陌生人不轻易表示好感，但你已经得到了他们的承认和支持。"

尼米兹的外祖母也从弗雷德里克斯堡赶到克维尔来看望他们。她身材不高，一对黑眼珠闪耀着喜悦的光芒。凯瑟琳希望和她见上一面，亲近一下这位老人，这不仅是因为人们常常谈论她，而且她对弗里曼家族来说颇为神秘。凯瑟琳与尼米兹热恋期间，尼米兹在向弗里曼太太介绍他外祖母家的情况时说："我的亨克族外祖母96岁了，她真了不起。"他还煞有介事地说："你知道，我有一个舅舅比我还年轻，外祖母最小的儿子刚刚26岁。"凯瑟琳不太相信尼米兹说的话，他总是把关于得克萨斯的故事讲得很传奇。在见到外祖母之后，凯瑟琳更加坚信老太太没有96岁。于是，她壮起胆子，打算进行一次小小的冒险。她靠近外祖母，悄声问道："外婆，你多大年纪了？"老太太眨了眨眼睛，毫不犹豫地答道："69啦。"凯瑟琳暗自发笑，她并非想证明什么，只是觉得尼米兹式的幽默实在是太有吸引力了，当时竟然没有让她察觉出不妥。凯瑟琳设法告诉亨克老太太，她的外孙向弗里曼太太所介绍的情况，老太太听了不禁捧腹大笑。那天下午，外祖母一次又一次地看尼米兹和凯瑟琳，接着又一阵大笑。得克萨斯人嘛，谁没有几个幽默细胞呢？这让小两口的新婚之旅又多了几分快乐。

赴德国深造

蜜月假期结束后，尼米兹夫妇回到了华盛顿。

由于尼米兹在潜艇上装配柴油发动机的创举已得到普遍认可，海军部决定在几艘大舰艇上试装柴油机。但美国还缺乏建造和安装大型柴油机的技术，为此，纽约海军船厂决定派两名文职人员去学习相关技术，一个是制图员，名叫艾伯特·克洛本伯格；另一个是工程师，名叫欧内斯特·得尔波斯。海军部同时还指派享有柴油机专家盛名的尼米兹一同前往。

于是，尼米兹夫妇借道英国，先在伦敦潜艇工厂了解有关小柴油机的发展近况。1913 年 5 月末，他们乘“凯瑟琳·奥古斯塔”号客轮前往德国汉堡[①]，德国政府安排尼米兹在汉堡布洛姆 – 福斯造船公司[②]学习。

汉堡是一座美丽的海滨城市。尼米兹夫妇住在汉堡市中心区一幢带有漂亮阳台和美丽花园的楼房里。闲暇时间，夫妇俩便一起到附近的湖上荡舟。不过，尼米兹的时间通常安排得很紧，他每天早晨 7 点 30 分左右离开住所去布洛姆 – 福斯造船公司上班，晚上 7 点才回家。德国军官向来骄傲自大，不大理会来自异国的学习人员，但公司的行政人员还是为尼米兹一行提供了方便，尤其在知道尼米兹为海军现役军官之后，对他更为尊重。

其间，尼米兹给母亲写了一封信，讲述了自己在德国的生活与见闻，信中写道：

我们现在住在汉堡市中心区的奥森阿尔斯特尔，这是一个好地方。我们住在两间有着漂亮阳台的房间里，可以看到外面美丽的花园。休息时，我们去湖上划船。汉堡是一个漂亮的城市，我认为它比我到过的任何城市都美。我们的城市的确还不能和它相比。这里有更多的花园、公园一类的地方，还有不少啤酒店，就像巴伐利亚人喝啤酒的厅堂之类的场所。我生平没有见过这么多人喝啤酒，就连小女孩吃早饭也要坐下来喝上半升。凯瑟琳和我都喜欢喝啤酒了。我们不时地学一点德语，因此，我对每样东西都比较容易理解了，她也开始入门了。我不能把这里的所有事情都告诉你，但我将把我们访问过的这些地方的画册寄给你，让你自己去欣赏。

从信中可以看出，尼米兹对在德国的学习和日常生活都是满意的。

---

① 汉堡：德国三大州级市（柏林、汉堡、不来梅）之一，是德国最重要的海港和最大的外贸中心，德国第二金融中心。有着“世界桥城”的美称。

② 布洛姆 – 福斯造船公司：德国造船及工程公司，现隶属于蒂森克虏伯海洋系统。

1913 年 6 月上旬，德国开始庆祝德皇威廉二世[①]即位 25 周年，人们像过节一样沉浸在欢乐的氛围之中。庆祝活动将在德皇登基的纪念日——6 月 15 日进入高潮。作为节日庆祝的一部分，汉堡市的庆祝还有另外一层意思，布洛姆 – 福斯造船公司建造了一艘大军舰，正在船坞上等着在 6 月 14 日下水。这艘军舰以“伟大的英勇善战的骑兵将军”乔治・冯・得尔夫林格尔男爵的名字命名为“得尔夫林格尔”号，实际上是战列舰级别的大型主战舰。

这对于关心军舰的 3 个美国人来说，也是一次难得的学习机会。尼米兹目睹了仪式的全过程。

这天，德军第 17 军团司令奥古斯特・冯・麦肯森将军站在巨型巡洋舰的平台上，向一队海军官兵宣告：“我把人们双手创造的骄傲产物交给你们分队。”他号召全体官兵学习乔治・冯・得尔夫林格尔将军的英雄事绩，然后用一瓶葡萄酒撞击舰艏，紧接着，仪仗队举枪致敬，乐队高奏德国国歌《德意志高于一切》，上千名军官立正敬礼。

这是一个激动人心的时刻。工人们敲开了支撑巡洋舰的木头，伴随着隆隆巨响，巡洋舰挪动了 10 英寸左右。但它很快停了下来，再也挪不动了，出现的冷场让人们局促不安。这时，布洛姆 – 福斯造船公司的一位官员红着脸宣布，由于海水正在落潮，当天军舰的下水活动不得不取消。

这次小小的挫折让尼米兹感到非常败兴和失望。3 个美国人在贵宾退席之前，一溜烟走出了造船厂。

盛夏时节，尼米兹和凯瑟琳前往纽伦堡做短期旅行，他们住在“红公鸡旅馆”。这个两层楼的小旅馆风景如画，幽雅别致，但当地的风俗习惯在美国人看来有些古怪。尼米兹夫妇要找浴室，服务员却让他们穿上浴衣，跟着服务员下了小楼，在众目睽睽下穿过大厅。尼米兹说：“唉，这可能是个最好的旅馆，但我们受不了。”当天，他们搬到另一

---

① 德皇威廉二世（1859—1941）：末代德意志皇帝和普鲁士国王，霍亨索伦家族首领，也是第一次世界大战的发起者、“闪击战”计划的创始人。

家更为普通的大旅馆，租了一间带有洗澡设施的小房间。

不过，即便是旅游，尼米兹也没有忘记自己的工作，他借机在那里的内燃机工厂工作。直到月底，他和凯瑟琳才回到汉堡。这时，那个庞然大物——“得尔夫林格尔”号巡洋舰还停在船坞上。尼米兹想，德国的技术也不是无懈可击，舰船要改进的地方实在太多了。

由于怕有人看笑话，德国政府在 7 月 1 日“得尔夫林格尔”号巡洋舰下水时，没有再大造声势，因而尼米兹也错过了这次机会。

不过，尼米兹随时都在寻找学习的机会。他特意去了奥格斯堡，参观了鲁道夫柴油机公司，这家公司早在 16 年前就成功生产了第一部商用柴油发动机。整个夏天尼米兹都在进行技术调查，包括布鲁日和基尔柴油机厂。另外，他还去了布鲁日的交易会场，在那里花了 3 天时间仔细研究放在拍卖台上的一台大型新式柴油机，并做了详细记录。

秋天到来之后，尼米兹以访问基尔柴油机厂结束了自己学习的蜜月，然后经丹麦和瑞典回国。

拒绝 2.5 万美元年薪的专家

尼米兹在欧洲学到的东西很快便派上了用场，他被分配到纽约海军船厂的机械部门工作，任务是监督在“莫米”号新油轮上建造和安装两台 2600 匹马力的柴油发动机，油船的船体是在西海岸造好后拖到纽约来的。

尼米兹和凯瑟琳在布鲁克林的华盛顿大道 415 号附近租了一套公寓，这套公寓包括起居室、餐厅、厨房、洗澡间和 3 间卧室，每月房租 50 美元。这儿既是他们的爱巢，也是他们接待宾客的“旅馆”。凯瑟琳受尼米兹的感染，也变得热情好客起来。每逢周末，他们家中常常高朋满座、笑语喧天。这里离纽约港很近，潜艇上的那些老朋友总能找到借口到他家里撮一顿，并把这里视为朋友聚会的乐园和借宿的旅馆。

尼米兹夫妇很欢迎他们来做客，但以一个上尉的薪金来招待这么多能吃的年轻人却是一个不小的负担。后来，他们想了一个简单的办法，在市场上花 90 美分买一大块羊肩肉，剔除骨头，加上佐料炖一炖，然后涂上酱放入烤箱烘烤，用来待客。

这里对尼米兹最具有纪念意义的是，凯瑟琳怀孕了。第二年，即 1914 年 2 月 22 日，他们的女儿凯瑟琳·万斯出生了，与尼米兹的生日仅差两天。

又过了一年，即 1915 年 2 月 7 日，小切斯特·尼米兹也在布鲁克林出生了，一生出来就很像他爸爸。小切斯特是个很好动的孩子，总是“事故”频发，比如从建筑物上跌下来摔破头，在裸露的电线上把脚后跟严重烧伤等，于是，人们送给他一个雅号“小祸害”。

尼米兹在学生时代就患有轻度耳聋，这个毛病一直困扰着他，以至于在很多场合，他只能靠辨认嘴形来弥补听力上的不足。在布鲁克林油轮上工作时，他又受伤了。有一次，他站在围在发动机旁高高的木台上，台架意外地倒塌下来，他被砸昏过去，埋在木头堆里。值得庆幸的是，他没有骨折，也没有受重伤，但之后几天他都感到浑身剧烈疼痛，并且在许多年后，背上仍经常隐隐作痛，可能与这次被砸有很大关系。更糟糕的是，在后来的工作中，他失去了无名指。有一次，为了接待全国工程师大会的一个参观团，他决定穿上白色制服。为了避免在演示时手上沾上润滑油，他戴了一双白手套。

参观团来了，尼米兹边讲解边开动机器演示，参观者听得聚精会神。一位参观者突然打断他的话问道：“怎么能知道排气装置是否干净呢?”

尼米兹边回答边指着说：“你看这个地方……”

他正说着，演示的一只手不小心伸到了旋转的齿轮上，两个齿轮绞住了他的手套，接着卷进去一个指头。幸好他手上戴着一只毕业戒指，该戒指卡住了转动的齿轮，他才得以将手抽出来。人们马上把尼米兹送到海军医院。一个年轻的水兵拾起尼米兹丢在地上的血手套，从里面掉出来一节轧断的手指，险些把他吓昏过去。

在海军医院，医生把尼米兹被轧断的无名指洗净，缝合了伤口，尼米兹说：“谢谢你，现在可以回去了吗？参观的人还在等着我呢!”

“先等一等，”医生回答说，“不要着急。”

医生见尼米兹一副着急的样子，又说："我告诉你，你先进屋待一个小时，再视情况而定。"一个小时以后，尼米兹因疼痛休克在病床上。

后来，尼米兹的妹妹多拉在回忆这件事时说："我们是同母异父，但他对我格外关心爱护。他毕业回家时，我看到了他手上的毕业戒指，执意想要，他十分珍视，却还是让我戴上了。当他结婚时，他告诉我，他惦念这只有着特殊意义的戒指。我不想还给他，但我知道他心里不好受，所以还是马上取下来还给了他。幸亏还给了他，否则他的海军生涯在这个时候就会结束。"

不久，尼米兹和凯瑟琳从华盛顿大道搬到了弗拉特布什。他不仅是一个研究柴油机的专家和勤奋的工作者，也是一个相当称职的父亲。每个星期天清晨，他都会把孩子放到手推车里，然后像许多年轻的父亲那样，带孩子到附近的公园游玩。公园里竖立着大音乐家汉得尔、海顿、莫扎特的半身塑像，还经常播放美妙的音乐。清早出现在这条街上的大多是爱好音乐的德国人和犹太人，欧洲风情浓郁。多数时候，尼米兹用推车推着小切斯特，拉着跟在后面小车里的凯瑟琳·万斯，在公园里晒太阳、看风景、听音乐，凯瑟琳则留在家里做饭。他和孩子们在公园一直玩到中午才回家，这时，凯瑟琳也将丰盛的午餐准备好了。这一切构成了和平时期一位海军军官尽享天伦之乐的悠闲画面。

而工作的时候，尼米兹则是一个严谨、认真、负责的专家，是一个公认的海军柴油机专家。他负责监督柴油发动机的设计和计划安排，并专心致志地投入安装工作的每一个环节中。

在当时的美国市场上，柴油发动机是高科技产品，供不应求，很多柴油机制造商都在打尼米兹的主意。圣路易斯的布希·萨尔泽兄弟柴油机公司为争取尼米兹为他们服务，曾派专人前往布鲁克林，试图以高薪劝诱他离开海军。

那是1915年的一天，有个人来到尼米兹的办公室，自我介绍说是圣路易斯一家柴油机公司的代表，专门前来雇用尼米兹，承诺可以给尼米兹2.5万美元的年薪，并建议签订5年合同，而且不用交个人所得税！当时尼米兹的月薪仅为240美元。

面对诱惑，尼米兹从容不迫地回答说：“不，谢谢你！我不想离开海军。”那人还不死心，提出了更为优厚的条件，他说：“无论如何，钱对我们来说没什么问题，你要价好了。”然而，尼米兹停顿片刻，坚决地说：“不，我不能离开海军。”那人见尼米兹态度如此坚决，只好悻悻地走了。

1916 年秋天，“莫米”号油轮的发动机安装完毕，经过试航，性能优越。圣诞节期间，油轮停泊在港内，尼米兹和凯瑟琳以及孩子们在布鲁克林欢度节日。假期还没有过完，尼米兹就被委任为“莫米”号油轮的副船长兼总工程师。这艘油轮作为大型军用运输船于同年 10 月 23 日投入现役，由亨利·迪杰少校担任船长。12 月 28 日，“莫米”号载着 45 名船员驶向古巴，他们到古巴的第一个任务是在古巴南海岸深凹的瓜卡纳亚博湾设置航标，这一地区是美国海军大西洋舰队演习时的临时锚地。“莫米”号将留在海湾，为驱逐舰、战列舰等各种型号的舰只补充油料和淡水。每经过一段时间的航行，尼米兹都要亲自检查油轮发动机的性能，在实践中积累了不少数据资料。

在此期间，凯瑟琳带着两个孩子回了一趟得克萨斯。对于上次受到的冷遇，她仍心有余悸，但她还是很自信地决定再访得克萨斯。和上次相比，她的德语进步不小，尽管她与婆婆安娜联系很少，却相信这次跟婆婆用德语交流肯定会有不同的效果。果然如凯瑟琳所料，当她带着孩子来到克维尔后，受到了尼米兹家人的热情欢迎。安娜见到自己的儿媳妇和孙儿、孙女后，十分高兴。

这时，“莫米”号恰好在得克萨斯的阿瑟港加油。从阿瑟港到克维尔，乘坐火车只需三四个小时，但尼米兹没有时间离开。安娜得到消息后，劝说凯瑟琳单独去阿瑟港看望尼米兹。

尼米兹此番过家门而不入，心有不安，因为几个月后便是母亲的生日，为此他在返回古巴途中，给母亲写了一封生日贺信。

亲爱的妈妈：

我希望在你的生日来临之际能及时收到这封信，但愿我能回家与其他人一道为你祝贺。不管怎样，凯瑟琳和两个孩子将代表我祝贺你的生日。凯瑟琳可能已将阿瑟港之行的一切情况告诉你了。遗憾的是，我在那里停留的时间太短，没能回克维尔去。

我们是昨天一早离开的，到现在为止，这次往返的旅行是顺利的。凯瑟琳此刻可能正在开往克维尔的火车上。她不在的时候，孩子们乖吗？希望不要累坏你。凯瑟琳带来的照片非常漂亮。你可以理解为什么我为我的家庭感到如此骄傲。

阿瑟港可能是加油的好地方，但蚊子猖狂，我的脖子和脚踝周围都被咬了……凯瑟琳将代表我们的小家为你订购一份生日礼物，希望能使你感到满意。附去25美元支票一张，作为凯瑟琳和孩子在家里的费用。我不希望给你增加额外的负担，如果钱不够，请告诉我……

希望你们保重身体，不要感冒。如果孩子们还在家里住几天，就太麻烦你了。他们是很难管的。亲爱的母亲，信就写到这里。向父亲和多拉问好。

我将在2月14日庆祝你的生日，祝你长寿。我的孩子们代我吻你。

你的儿子　切斯特

当“莫米”号回到古巴的时候，第一次世界大战的阴云已经笼罩了整个欧洲，尼米兹对参战既充满忧虑，又似乎满怀渴望，但美国政府仍在犹豫徘徊中。

第五章　崭露头角

珍珠港建潜艇基地

自 1914 年 7 月第一次世界大战爆发后，美国一直保持中立。1917 年春，为彻底击溃协约国①，德国宣布实行无限制潜艇战。德军的潜艇部队在事先没有警告的情况下，击沉了几艘美国商船。威尔逊②政府于当年 4 月 6 日向德国宣战。

尼米兹是在地中海和大西洋的部分水域度过第一次世界大战的。美国参战之后，“莫米”号奉命开往格陵兰以南 300 海里的北大西洋，为开赴爱尔兰的美国驱逐舰加油。那里冰山重重，浮冰漂流，寒风凛冽，风平浪静的日子很少。但“莫米”号就是在这样艰苦的条件下为美国海军船只进行海上加油的。

第一批在航行中加油的是陶西格海军中校指挥的第 8 分队的 6 艘驱逐舰。这也是第一次世界大战期间，美国海上参战的第一批战舰。1917 年 4 月 24 日，舰队从波士顿起航，没想到碰到了狂风巨浪。受恶劣天气的影响，“莫米”号无论在驱逐舰的哪一边都无法按计划加油。无奈之下，他们只好进行限制，一次只给一艘驱逐舰加油，让驱逐舰靠在背

---

① 协约国：指第一次世界大战中以英国、法国、俄国为主的国家联盟。它与以德国、奥匈帝国为中心的同盟国集团形成了第一次世界大战的对立双方。

② 托马斯·伍德罗·威尔逊（1856—1924）：美国第 28 任总统。曾任普林斯顿大学校长、新泽西州州长等职。他是理想主义的重要代表人物和理想主义外交政策的实际施行者。1919 年获诺贝尔和平奖。

风的一边，航速减至 5 节。结果进展很顺利，第 8 分队的船只不到一天就完成了加油，加速驶向爱尔兰的昆斯敦，5 月 4 日抵达后立即参与了反潜巡逻。到这年 7 月，共有 34 艘美国驱逐舰到达昆斯敦，全部由“莫米”号在海上进行加油。

在“莫米”号完成第一批舰队加油后的检修期间，尼米兹等人研究了驱逐舰上的舱面设计图，了解了输油阀、导缆器、系缆柱和拖曳用的坚固铁柱的位置，为此设计了专门的拖具，拟订了航行中加油的计划，并把计划发给每一艘需要加油的驱逐舰。实践证明，尼米兹首创的海上加油方法是可行的，它为大舰队在海上进行后勤补给提供了宝贵经验。

除了后勤补给外，尼米兹还有一项重要工作：向增编的舰队传授技术和经验。大战期间，美国海军扩充迅速，“莫米”号和其他老舰只一样，为了给新扩编的后备力量传授技术，船上的专业水手大部分被调走了。到 1917 年年底，“莫米”号仅剩下少数几个用于培训新手掌握大柴油发动机的老水手，这些老水手都成了临时教官。因专业水手紧缺，“莫米”号不得不启用新手，但他们完全不会保养和维修机器。等尼米兹教会他们后，他们又被调到新舰上去。这样一来，“莫米”号的机器反而无法正常运转了。最后，“莫米”号被转到费城海军船厂，退役了。第一次世界大战结束后，它的柴油发动机换成了普通蒸汽机。20 多年后，它又参加了第二次世界大战。战后，美国海军把它移交给中国国民党海军，改名为“峨眉”号。

尼米兹被调离“莫米”号之后，遇到了一个重大转折。当时他已被提升为海军少校，并于 1917 年 8 月 10 日被任命为大西洋舰队潜艇部队司令塞缪尔·罗比森海军上校的工程副官。从某种意义上说，这个新职务是对尼米兹的舰船知识和后勤补给经验的肯定，同时对尼米兹职业生涯的发展也极为重要，因为罗比森不仅是一个卓越的领导者，而且后来成了尼米兹的良师益友和保护人，两人结下了终身友谊。正是在罗比森的帮助和指导下，尼米兹调整了事业方向，从没有发展空间的工程技术专业逐步向高级指挥岗位转变。工程副官不仅要关心机器，还要关心人，更加需要关心组织建设而不是设备保养。

罗比森是一位很和蔼的老将，其主要任务是领导年轻的美国海军潜艇部队做好跨过大西洋与协约国军队并肩战斗的准备。在协助罗比森工作时，尼米兹充分发挥自己的才能，他的后勤保障经验也得到了很好的运用。1917 年年底，他们在康涅狄格州①的纽伦敦建立了潜艇基地，把停泊在国家码头外的老巡洋舰"芝加哥"号辟为宿舍。1918 年 2 月，罗比森被提升为少将，不久便带着尼米兹前往欧洲调查访问。

在这次出访中，他们参观了英国的一些海军基地和船厂，包括笨重的 K 级潜艇及为跟随大舰队巡航而设计的蒸汽轮机潜艇。他们对爱尔兰海中著名的弗内斯潜艇基地的设施尤为注意，花了很多时间与美英两国的潜艇驾驶人员进行接触，了解他们躲避深水炸弹和水面攻击的战术及方法。

一天晚上，他们坐在爱尔兰海对面的贝尔法斯特的一家饭馆里吃饭，突然看到一群年轻的美国和英国潜艇军官走进来，坐在对面的一张桌子旁。

罗比森马上喜形于色地说："让我们过去跟那些年轻军官谈谈。"尼米兹还没来得及说话，他已经走过去了。罗比森满面笑容地走到那些军官的桌子旁边，军官们抬头看见他的军衔后，拔腿就跑，转眼间全都跑出了餐馆。其中有两人还是跳窗户出去的。罗比森愣住了，他对尼米兹说："我看他们很不正派。"

"将军，"尼米兹说，"他们是不能到这里来的，所以他们不敢见你。"他提醒罗比森，爱尔兰正面临着反对英国政府的暴动，军人是不许离开驻地的。"他们不应到贝尔法斯特来，"他接着说，"这是违反规定的。"之后，他们便"微服私访"，到地中海沿岸参观了法国的反潜设施。

---

① 康涅狄格州：美国东北部新英格兰地区 6 个州之一，也是新英格兰区域中最偏南的一州。

返回苏格兰后，他们大部分时间是在斯卡帕湾[①]度过的。他们是为潜艇而来，自然要多跟潜艇的官兵们待在一起。当时，在苏格兰北部的奥克尼群岛，停泊着英国的大舰队，以及由休·罗德曼海军少将指挥的美国海军最著名的第6战斗队的无畏战舰“纽约”号、“怀俄明”号、“佛罗里达”号和“特拉华”号。罗德曼是一个比较粗暴的肯塔基人，虽然是海军军官学校1880届毕业的高才生，但语言表达能力并不强，他和他的潜艇舰队自1917年来到这里后，就在斯卡帕湾演绎了许多传奇故事。

有一天，他宣读了海军部为他认真准备的一篇短小的普通讲话稿，表示他和他的部属及潜艇愿为英国海军上将、大舰队司令戴维·贝蒂爵士效劳。贝蒂上将很严肃地说：“今天对英国和美国都是一个历史性的时刻。”然而，罗德曼完全不知道这种场合该怎么说话，他看着贝蒂，直截了当地说：“我不大相信文字的东西，你有事要我帮忙，尽管来找我好了。”结果，原本庄严的气氛荡然无存。

不过，罗德曼对罗比森和尼米兹还是很友好的，舰队的主要指挥官都参与了会晤。当然，这种例行公事的礼节对来访者来说没有什么实际意义，罗比森和尼米兹真正想要的是与潜艇人员交流。经罗德曼准许，他们与潜艇上的基层人员举行了几次座谈会，对他们躲避深水炸弹和水面攻击的战术及方法做了记录。他们还登上了最大的M－I潜艇。这艘潜艇实际上是个“四不像”，居然在甲板上载有12英寸的大炮。艇长是个海军中校，他向罗比森和尼米兹介绍了这艘潜艇的特点，并谈到这种潜艇在下潜之前要关闭所有水密门的棘手问题。艇长表示，他不清楚设计这种潜艇的意图是什么，但他听说上面正考虑用它去轰击比利时海岸。这可能是尼米兹见到的理论上“最具有攻击力”的潜艇，实际效果如何则没有得到验证。

罗比森和尼米兹此次欧洲之行搜集了大量资料，并拟定了适用于

---

① 斯卡帕湾：有3条航道通大西洋和北海，曾为英国皇家海军的重要基地。在两次世界大战中，英国据此控制北海，起了重要作用。

美国潜艇部队的几条建议。不过，美国潜艇还未正式发挥战斗作用，第一次世界大战就结束了，罗比森的调研小组也随之解散。之后，罗比森提请海军部为尼米兹晋升职务，并颁发给他一份“成绩优异”的奖状。

1918 年秋到 1919 年年初，尼米兹先是在海军作战部担任潜艇设计委员会高级成员，负责一项特殊任务，接着出任为时一年的“南卡罗来纳”号战列舰副舰长，这正是尼米兹梦寐以求的工作。在此期间，该舰两次往返欧洲接运参战美军回国，尼米兹的表现相当出色。之后，尼米兹还在华盛顿工作了 6 个月，上司发现了他的才能，但觉得他更适合海上工作，于是，海军作战部又让他回到海上去了。

尼米兹把家搬到了华盛顿，并在那里度过了 1918 年的感恩节和圣诞节。长期居无定所令尼米兹觉得很对不起妻子和孩子们。1919 年 9 月，凯瑟琳又生下了一个女孩，昵称南希。这是家人给她的绰号，实际上南希随她的祖母也取名叫安娜。

尼米兹在海上工作期间一直对罗比森将军念念不忘，并希望到他手下去工作。此时罗比森已是波士顿海军造船厂的首席军代表。尼米兹曾表示，只要罗比森能够说通航海局，无论干什么他都愿意去。罗比森也曾提议让尼米兹当他的副官，但未能如愿。

上面的命令是尼米兹不曾想到的：1920 年 6 月，海军部将他派往珍珠港①，负责用从第一次世界大战中抢救出来的物资在珍珠港建造一个潜艇基地。实际上，以少校军衔独立开展这项工作是有很大难度的，因为这项工作需要有调配物资和各种施工人员的权力，但尼米兹仅凭一张珍珠港地图和 4 名海军军士长的协助就开始了工作。

基地包括一个金工车间和一个完整的铸工车间，物资将由东海岸的 4 个船厂提供。搜集到的器具要用卡车运到汉普顿②锚地装船，渡过巴

① 珍珠港：地处瓦胡岛南岸的科劳山脉和怀阿奈山脉之间平原的最低处，与唯一的深水港火奴鲁鲁港相邻，是美国海军基地和造船基地，也是北太平洋岛屿中最大最好的安全停泊港口之一。

② 汉普顿：美国弗吉尼亚州东南部城市。

拿马运河，横跨太平洋运到珍珠港。尽管尼米兹握有“尚方宝剑”，但仍受到了各地司令官和指挥官的刁难。他们似乎很愿意借机向这位少校摆摆谱。他们声称，他们的剩余物资无论是现在还是将来都有用处。在这种情况下，尼米兹完全是靠强有力的说服本领打开了局面，他手下的几位军士长很快就对他产生了信任，尽忠职守、加倍努力地工作。他们通过当地的一些军士长和二级准尉军官，弄到了尼米兹难以搞到的非常急需的物资。这些物资的运输巧妙而迅速，有时是在夜间用卡车拉走的。往往在驻地司令官发现时，东西早已运到了珍珠港。可以说，珍珠港潜艇基地主要是靠“偷”来的物资建成的，若干年后，尼米兹对“偷”的经验还津津乐道。

新基地是在破旧不堪的海军造船厂的基础上修建的，附近只有几个原始码头，四周长满了仙人掌，不长仙人掌的地方则是茂密的热带丛林，人烟稀少，道路不畅。基地没有住房，尼米兹便让人将停泊在半岛外面的“芝加哥”号巡洋舰改作单身军官的宿舍。这是一艘已拆除了发动机的老舰，没有光荣的战史，但作为宿舍倒是挺合适的。尼米兹的住所则安在曼诺亚谷，那里离基地很远。军士长们发现交通成了一个大问题，尼米兹来回奔波相当辛苦，非常需要一部交通工具。出于好意，他们在收集物资的时候，悄悄从一个基地司令办公室的外面，将一辆军用汽车装到船上运到了珍珠港。尼米兹发现后大吃一惊，要军士们坦白交代。他们搪塞说完全是为了更好地开展工作。尼米兹向上级隐瞒了这件事，但还是狠狠地批评了那几个军士长，并罚他们去砍仙人掌。清除高达 12 英尺的仙人掌是一件很费力的事情，他们用链条套住仙人掌把它拉倒，然后再用斧头把它砍下来。后来这成了一项制度，谁要是违反了纪律，就得清除 20 平方英尺的仙人掌。

不久，人员和装备源源到来。尼米兹在潜艇基地的建设中得到了建筑工程师们的帮助。他负责全面指挥，包括预先的筹划和协调各项工作。这是他一生中最艰苦的时期，但他成功地战胜了种种困难，建立了一个像模像样的潜艇基地。他也由此获得了赞誉，并晋升为海军中校，当了基地司令官，还兼任第 14 潜艇支队的司令。

尼米兹在基地的家又成了“招待所”，时常招待一群年轻的潜艇军官，为荒凉的曼诺亚谷增添了不少欢声笑语。对尼米兹来说，同样重要的是，他终于真正拥有了一个既能招待朋友又能尽享天伦之乐的家，在之后近 10 年间，他在从事海军建设的同时，能够有较多的时间履行丈夫和父亲的责任。

他的二女儿南希开始蹒跚学步，儿子小切斯特和大女儿小凯瑟琳已到了上学的年龄。每天晚上睡觉的时候，夫妇俩就轮流为孩子们讲故事。尼米兹继承了查尔斯爷爷的幽默细胞，讲起故事来十分精彩生动。有一次，两个大孩子同时出水痘，尼米兹坐在他们身旁，长时间为他们讲故事，竟然让孩子们忘掉了身上的瘙痒。尼米兹一直很喜欢给孩子们朗读小说，早年他最喜欢读的是《奥德赛》[①] 的翻译本。多年以后，孩子们还清楚地记得他朗读的故事。

海军战争学院进修

1922 年春，已在岛上生活了 3 年的尼米兹接到了新的任命，被调往美国海军战争学院讲课和进修。他感到无比兴奋，这是他向往已久的事情。谁都知道，美国海军战争学院是专门培训海军舰长以上军官和参谋军官的学校，是海军军官心目中的圣殿。对尼米兹来说，这是他迈向高级职务的一个阶梯。

10 年前，尼米兹曾以海军上尉的身份应邀到美国海军战争学院讲授潜艇课程。那时他就开始了对海军军事理论和新战术的研究探讨，如今重返美国海军战争学院，使他能够更多地汲取知识养分，在新的高度回溯和分析海军战略战术的发展演化，在海图上展开想象的翅膀，排兵布阵，探讨应对未来战争的良方妙策，无疑是极有意义的。

尼米兹刚开始对潜艇的战斗作用估计不足，但在德国潜艇摧毁了美

---

① 《奥德赛》：据传为荷马所作，该书延续了《伊利亚特》的故事情节。这部史诗是西方文学的奠基之作，是除《吉尔伽美什史诗》和《伊利亚特》之外现存最古老的西方文学作品。

国的非武装商船之后，他意识到，潜艇在战争中可以作为一种强大的杀伤力量来使用，尤其是在阻遏重要的后勤运输线方面能够发挥很大作用。在访问英国期间，他又进一步提高了对潜艇攻击力的认识，并对自己所辖的潜艇部队进行过一些战斗编组演习。他把大部分时间和精力都花在学习研究上。白天，他听课，参加军事演习，或者把自己关在书房里写论文；晚上，他广泛涉猎有关战略战术的著作、战争史、海军史和名人传记。40 多年以后，他在给美国海军战争学院院长查尔斯·L. 梅尔森海军中将写的一封信中描绘了当时的学习情况。他写道：

我们一直以日本为演习的假想敌，所上的课程内容非常全面，因而在“二战”开始后，对于在太平洋海域发生的事件并没有始料不及之感，也不是毫无准备。当时要求每个学生都制定横跨太平洋作战的后勤供应方案，我们确实对此问题给予了足够的重视。我在战时及平时取得的战略和战术上的成就，应归功于海军战争学院。

尼米兹在美国海军战争学院接受的教育目标明确、切合实际，这让他在专业领域能够高屋建瓴、重点突出，大大提高了一个高级指挥官必备的预见能力，开阔了视野。他对太平洋的地理、战略和后勤供应问题进行了深刻思考，并接受了以航空母舰为中心的环形编队思想，为战争爆发后迅速实施各种有效的方案打下了极为有益的基础。

尼米兹在军校学习期间，美国海军正处于长期和平状态下的停滞发展甚至削弱时期。特别是在 1921 年 11 月华盛顿召开的限制海军军备会议上，美国国务卿休斯①提出了一项削减海军军备的建议：停止建造主力舰，并把现有战列舰报废；英、美、日、意、法诸国的海军舰艇吨位依次限制在5：5：3：1.7：1.7 的比例之内。同时，对于刚刚在海军中出现的航空母舰、巡洋舰、驱逐舰和潜艇，也要遵守类似的限制比例。

---

① 查尔斯·埃文斯·休斯（1862—1948）：美国政治家，曾任纽约州州长，第 44 任美国国务卿和美国首席大法官，任国务卿时主持了华盛顿会议。

美国计划报废30艘主力舰，其中15艘业已建成，15艘正在建造，还有被英、日吁请报废的舰只。军事评论家们事后风趣地说，休斯等于在不到15分钟的时间内，至少“击沉”了66艘战列舰和巡洋舰。这个数字比全世界的海军上将在几个世纪内击毁的军舰还要多。

这次会议，一般人都看作是美国外交上的胜利，而许多海军军官则认为这是美国海军建设的灾难，将严重影响美国海军的现代化进程。

国会形成决议之后，一些新设计的在建舰种被迫下马了，计划建造的舰种也大部分被取消。国会只同意拨给海军正常运作的经费，但这些经费连舰队的正常维护都无法保证。海军军官们只好把时间都花在办公室里，即使出海也受到严格限制。但不管怎样节省开支也无济于事。有一艘舰上的青年军官竟建议夜航时不开夜航灯，全然不理会碰撞的危险，由此可见海军的经费开支窘迫到了何种程度。一位高级军官极为痛心地说：“在那种情况下，铅笔头磨得比刀剑还要锋利，许多人忘记了战争正在逼近。”一些海军军官为此另谋他就，而尼米兹却全然不为所动，他摒弃各种消极因素的干扰，潜心研究海战史中的舰艇战斗编队问题，并饶有兴致地撰写有关日德兰海战的论文。

尼米兹随军旅漂泊，他的家庭也像一艘船，随着他的调动而迁移。进修期间，尼米兹将家从檀香山搬到了新港。他和凯瑟琳带着3个孩子和1只小哈巴狗波利，乘坐“阿贡尼”号运输舰先转道旧金山，然后再到新港。几经周折，他们才在新港有了一套宽敞的老房子，8间卧室、1间配膳室、1个碗碟洗涤处和够1个旅馆煮饭用的煤炉灶厨房。不过，这座房子是别人用来夏季避暑的，到了冬天就特别寒冷，尼米兹只得将它简单改装了一下。由于锅炉太小，整栋房子只有3间卧室可以供暖。寒冬一到，其他房间根本无法住人。而且，那年燃煤受罢工影响，供应严重不足，一次只能买半吨，且大多是松软的煤末。这给尼米兹一家带来了不少麻烦。每次加煤，往往会弄一身灰，甚至连家具、地上都落满一层黑灰。孩子们在这种寒冷而又污浊的环境中生活，很容易染病。小切斯特有一次就患了严重的支气管炎，咳嗽了几个星期。凯瑟琳和孩子们后来回想起在新港度过的寒冬，回想起住过的“那所鬼房子”，仍不寒而栗。

尼米兹和凯瑟琳一样为孩子的身体状况发愁，在将主要精力放在学业上的同时，他也尽可能地分担一些家务。后来他仍对新港的那段工作念念不忘，称这段经历为“我一生中非常重要的任职之一”。

潜心研究航母战斗编队

尼米兹之所以在海军发展受到极大限制的情况下，仍潜心研究海战，并对日德兰海战表现出极大的兴趣，主要是因为该海战中战斗编队的复杂性和指挥上出现的困难，可以作为战斗编队的经典案例。

日德兰海战是 1916 年英国海军大舰队与德国远洋舰队，在丹麦日德兰半岛附近北海海域发生的一次大海战。

战前，英国以“海上霸主”自居，而德国的海军力量则位居世界第二。相对而言，英国显然占有优势，德国海面舰只处于英国海军的严密封锁之下。为了突破封锁，保证海上行动自由，扭转被动局面，德军决定寻找时机与英国决战。

1916 年 5 月，德国远洋舰队司令莱因哈德·谢尔上将命令弗朗茨·冯·希佩尔指挥战列巡洋舰分舰队在斯卡格拉克海峡[①]佯动，企图诱使英国大舰队编队出海，然后以公海舰队主力进行截击并将其歼灭。英国大舰队司令约翰·杰利科得知德国舰队即将出海的消息后，率舰队前去迎击，企图将其一举歼灭。

当时，英、德双方舰队各出动百艘以上的舰只，这在以往的海战史中是从来没有过的。

英国海军大舰队被分成两个部分：一部分是包括杰利科旗舰在内的无畏舰队，由 24 艘战列舰、3 艘战列巡洋舰组成，战列舰平均分为 3 个分舰队，每个分舰队又划分为 4 艘一组的战列舰中队，而且都有自己的指挥官；与战列舰舰队相伴的巡洋舰舰队，包括 8 艘老式的装甲巡洋舰、

① 斯卡格拉克海峡：位于日德兰半岛和挪威南端、瑞典西南端之间，是北海的一部分。

8 艘轻巡洋舰、4 艘驱逐领舰、51 艘驱逐舰以及 1 艘布雷舰。另一部分是大舰队的侦察舰队，由大卫·贝蒂指挥的战列巡洋舰分舰队负责，包括本队的 6 艘战列巡洋舰和第 13 小舰队的 14 艘轻巡洋舰、27 艘驱逐舰；此外，第 5 战列舰中队的 4 艘崭新的伊丽莎白级快速战列舰可以随时增援。与此同时，大舰队还拥有空中侦察能力，“恩加丁”号——由旧轮船改装的水上飞机母舰，是历史上第一艘参与海军作战行动的原始“航母”。

英国舰队出发时，呈几个长方形方队，不利于战列舰发挥战斗力。战列舰舰队往往会在交火之前排成一路纵队来迎战敌舰，这就需要每个纵队领航的舰只引领其率领的舰艇左转或右转来排成合适的队形，而要把这样庞大的配有几个支援梯队的长方形队形变成战斗纵队队形相当麻烦，这也是日德兰海战中英舰损失惨重的原因之一。

德国远洋舰队同样分成主队和侦察舰队，其中，战列舰编队包括 16 艘无畏舰和 6 艘老旧的前无畏舰，还有 6 艘轻巡洋舰和 31 艘驱逐舰伴随主队；侦察舰队由英国人的老对手希佩尔指挥，包括 5 艘从多格滩逃出来的战列巡洋舰，以及 5 艘轻巡洋舰和 30 艘驱逐舰。德军没有舰载机，但有速度惊人的海军飞艇作为侦察舰。

德国远洋舰队排成若干较短的平行纵队前进，机动性更高，也有利于旗舰与属舰之间的信息传递。一般来说，舰队采用方阵容易受到攻击，而且不容易躲过鱼雷，既怕与己方的军舰相撞，又怕敌舰纵向冲击。

5 月 31 日凌晨 2 时许，德侦察舰队由希佩尔指挥从亚德湾①出航北上，主力舰队随后跟进。当天 14 时许，双方侦察舰队在斯卡格拉克海峡附近海域遭遇。英侦察舰队向东南方向疾进，企图切断德舰退路；德侦察舰队转向回驶，企图将英舰引向德舰队主力。15 时 48 分，双方呈同向异舷机动态势开始交战。英战列巡洋舰“不倦”号和“玛丽王后”号被击沉，旗舰“狮”号受伤；德舰损失轻微。一个小时后，德军谢尔上将率远洋舰队主力赶到，英侦察舰队北撤，等待与杰利科的大舰队主力会合。谢尔在不明英舰队主力出海的情况下，率舰队追击英侦察舰

① 亚德湾：德国西北部北海的辽阔海湾，位于下萨克森州。

队。18 时许，英侦察舰队摆脱德舰追击，与舰队主力会合。

1916 年，第一次世界大战，日德兰海战情形

两军主舰队交战时，英国舰队以每 4 艘战列舰成一行、6 行并列的队形向南航行前进。每行相距 2000 码①，每舰相隔 500 码。实际上，这种队形是不符合战斗要求的，因为只有少数炮能向前射击，只有各舰依舷侧排成一行，容许每舰的舰头炮群和舰尾炮群同时瞄准，才能发挥最大的火力。而要把战列舰部署成舷侧单行，至少需要 4 分钟时间，而且实施这种动作的先决条件是敌舰正好在前面，并且已经知道敌舰的准确距离。如果敌人迫近左侧翼或右侧翼，则用另一机动动作，使舰队可以将进攻的兵力列成舷侧单行。

由于英、德两支舰队以快车的速度在烟雾中互相迎头冲刺，很显然，仍处于方阵阵形的英军是无法躲避的。杰利科费尽九牛二虎之力，才避免了战舰相撞，又躲过鱼雷的袭击，并保持同德舰交火。在发动机产生的烟雾中，焦头烂额的杰利科最需要的是更准确的侦察、更及时的报告及比轻巡洋舰瞭望镜看得更远的设备，而能做到这一点的只有侦察机（为什么人们后来会想到使用舰载机，这就是经验教训），而他的“航母”因缺少护卫舰在战前就撤离了。等到他知道德舰的航向和方位

---

① 1 码 =0.9144 米。

时，时间已经过去了十几分钟。而当他做“T”字形的战术机动动作时，德舰已经迫近。

谢尔见自己面对的竟是英国整个主力舰队，果断命令各舰转向右舷。根据这项命令，德国各舰都倒转航向，进行 180 度的急转弯，撤出了战斗，然后在薄雾中消失了。在转向的过程中，他们以舷炮来了一次齐射，以损失 1 艘轻巡洋舰和 2 艘驱逐舰的代价，将英军 3 艘战列巡洋舰、2 艘巡洋舰和 3 艘驱逐舰击沉。

此时，杰利科唯恐自己的舰只被德军丢在后面的水雷（其实德国海军一条水雷都没有带）或驱逐舰发射的鱼雷击中，忙令舰队倒转航向。在短暂的平静中，他把大舰队改编成 6 个纵队，并把航向改为西南，意欲使他的舰只在德国远洋舰队之间形成一道障碍。而德舰撤离的方向正好与其基地方向相反，不能再一直撤下去，谢尔决定不惜一切代价，反戈一击，杀开一条血路。很快，谢尔的舰队出现在杰利科舰队的左舷，令英军猝不及防。不幸的是，谢尔的舰队不是冲向英国主力舰队的尾部，而是直接撞入英国主力舰队的中央，战场上又一次形成了对英国舰队有利的“T”字形作战态势。谢尔的舰队只得打一阵后再逃。

当天夜里，德国远洋舰队以所有驱逐舰为掩护，冲向杰利科主力舰队的尾部，在天亮之前杀开一条血路，并通过合恩礁水域雷区，回到了基地。令人不解的是，德军在逃跑突围时，总是能以较小的代价，击沉英军更多的战列舰。海战结束后，交战双方都宣称自己是胜利者，以至于如何评判它成了世界海战史上的一段著名公案。

对尼米兹来说，谁胜谁负并不重要，他更关心的是大规模舰队的战斗编队。经过美国海军战争学院众多学者的反复研究，这个难以处理的编队问题解决了。罗斯科・麦克福尔海军中校首先设计了一个方案（尼米兹是该方案的主要倡导者和推行者），这个方案就是名噪一时的“环形编队方案”，即把担任护卫任务的巡洋舰和驱逐舰，围绕战列舰摆成向心的若干环形队形。这种摆法的好处在于，便于集中防空火力，并能在旗舰的信号指挥下统一行动，可以有效地改变整个舰队的前进方向。尼米兹对此评价道：“环形队形非常机动，给我们的印象很深刻。”

这里还需说明一下当时的大背景。1921 年 6 月 21 日，美国空军准将威廉・米切尔[①]所率的 7 架双引擎轰炸机编队进行了轰炸战舰的试验，轰炸目标是日德兰海战中的幸存者——德国老式无畏战舰“奥斯特弗里斯兰德”号。这个 2.25 万吨的庞然大物被拖到弗吉尼亚角的海面上。试验时，每架轰炸机都携带大批特制的 2000 磅炸弹，第一枚炸弹在舰旁爆炸，接着是 5 枚炸弹连续爆炸，有的直接命中，有的贴近舰身爆炸，无畏战舰先是舰艏翘起，然后缓缓地倾覆沉没。据说几个海军军官目睹这一悲壮场面后，不禁热泪盈眶。

尽管一些官员认为这个试验缺乏现实性，因为目标舰位置固定，又无防空能力，但人们不得不面对一个事实，航空母舰连同它的舰载飞机不仅是进行侦察的优越工具，而且是进攻战中的攻坚武器。很多人对航母的战斗力有了新的认识。美国海军认为这是一个创举，就把一艘运煤船改装成小型航空母舰“兰利”号，并于 1922 年正式服役。

1921 年 8 月 10 日，美国建立了内战以来第一个航空局。航空局把根据《华盛顿条约》准备报废的 3.3 万吨的战斗巡洋舰“列克星敦”号和“萨拉托加”号改装成航空母舰，并于 1927 年编入现役。威廉・米切尔准将已着手开发舰载机，并让飞行员进行起飞和降落实验，实验结果证明了这一构想的可行性。同时，人们通过日德兰海战，发现战列舰在防空和防水下袭击方面存在很多漏洞，它在战斗中不仅改变作战队形的速度比较慢，而且可能需要配置大批巡洋舰和驱逐舰来掩护。航空母舰必将取代战列舰，成为海军的主力舰只。

美国海军战争学院院长威廉・西姆斯海军少将，就是从战列舰调出来的军官之一。他在一些场合发表演说称，未来将以航母为核心取代战列舰组成编队。他认为，舰载飞机的攻击半径远远超过了战列舰的炮火射程。在海战中，两支相隔数百里、彼此看不见对方的舰队，只能用航空母舰上的飞机进行攻击和反攻击。

---

① 威廉・米切尔（1879—1936）：美国著名的空军理论家，著有《空中国防论》，他的理论对许多国家的空军建设和作战理论产生过重要影响。

西姆斯的演说受到了不少人的抨击，但尼米兹却非常赞同这一观点，并积极研究舰队战斗编队问题。当时，一些海军高级指挥官不喜欢让他们的战列舰在队形包围之中孤零零地行进，尼米兹则坚信环形编队的有效性，并积极进行推广说服工作，他的工作得到了罗比森将军的大力支持。罗比森认为，麦克福尔海军中校设计的环形队形容易变化，机动性强，易于掌握。为了避免遭到潜艇袭击，整个编队可以迅速驶向相反的方向或向一侧机动。只要与基准舰保持一定的方位和距离，整个编队就可以一起行动。在展开成“一”字战斗队形时，一艘指定的战列舰带头离开环形编队，巡洋舰和驱逐舰就能向编队的两端机动。

事实会怎样呢？这还需要在实践中检验。

当时，罗比森已经坐上了海军作战部的第二把交椅，并兼任战列舰舰队司令。就任之前，他设法选拔了一些他喜欢的年轻军官。尼米兹在海军战争学院进修结束后，接到了前往圣佩德罗“加利福尼亚”号战列舰报到的命令。他要单独横跨大陆，昼夜兼程，赶在1923年6月30日报到。那天，罗比森接替埃伯利在旗舰“加利福尼亚”号上升起了将旗，同时任命尼米兹为他的副官、助理参谋长和战术官。

尼米兹为能够再次在罗比森手下工作感到高兴，在罗比森的支持下，他和部属多次进行环形编队实验，获得了大量的数据。他们分析认为，环形编队还存在一些缺点，主要是难以保存编队位置。除了在基准舰正前方、后方或横向的舰只外，保持编队队形是一项艰巨而又花费时间的任务，不仅需要经常变换航向，而且要经常变换航速。这在没有完备通信雷达的情况下，是无法做到的。

又经过几次实验后，尼米兹开始思考将航空母舰和舰队编在一起的问题，航母“兰利”号成了他的实验工具，并最终取得了令人满意的结果。尼米兹后来说：“我认为那时的战术演习，为在第二次世界大战中使用航空母舰的航空兵大队以及以后派生出来的各种特混编队的航行队形奠定了基础。”

尼米兹把实验结果写成了一份建议书，经罗比森签发后送到海军部，建议以航母为核心组成全新的战斗编队。然而，航空局拒绝了这一要求，理由是飞机起飞和着陆的技术问题尚未彻底解决。直到 1924 年，飞行员和航空母舰仍靠信鸽进行通信联络。但尼米兹始终坚持自己的观点，加之罗比森将军和米切尔将军支持并施加了压力，“兰利”号航母最终在 1924 年 11 月被划归战列舰舰队。

第六章　厚 积 薄 发

组建后备军官训练团

美国海军在 20 世纪 20 年代初进行了一次较大规模的调整，尽管国会限定了海军经费开支，但长期驻防在西海岸的战列舰主舰队还是有一批新型舰艇加入现役。同时，在大西洋和加勒比海活动的侦察舰队也增添了一些新舰艇。战列舰舰队和侦察舰队合在一起称为联合舰队。由于它几乎是美国海军的全部家当，所以又称为美国舰队。而一直驻守在菲律宾的亚洲舰队，由于规模小，只能算是联合舰队的一支分舰队。也就是说，联合舰队司令官罗比森将军管理着美国海军的全部家当，同时也说明美国海军当时的规模并不是很大。

尼米兹以中校衔充任罗比森的副官，大部分时间是随战列舰舰队在海上活动及往返于西海岸各港口间。这样一来，家庭事务和照顾孩子的重担都落在了凯瑟琳身上。小切斯特被称为家里的“灾星”，病才治好，他又在车库里摔了一跤，碰破了头盖骨。尼米兹不得不留下来照顾他。但小切斯特的头盖骨还没痊愈，脚又被烫伤了。尼米兹想让家人相对安稳一点，于是，当战列舰舰队在圣佩德罗港口停泊期间，他让凯瑟琳在圣佩德罗租了一所房子，此处正好离罗比森夫人的住处不远。这样，两家人可以常在一起共叙往事。罗比森和尼米兹在圣佩德罗上岸期间，还经常带着他们心爱的狗，一起长途步行到山里去。不过，打猎肯定是不行的，一来山上野生动物很少，二来宠物狗根本不会去追捕猎物，因为它们都被养得太肥，别说追捕猎物，就是走路都要被人抱着。

凯瑟琳要照顾一大家子，非常辛苦，也非常节俭，她养成了不乱花一个铜板的习惯。他们家中唯一的奢侈品就是那台以分期付款买来的洗衣机。

这一期间，尼米兹的主要工作是对舰队进行战术训练和环形编队实验。1925 年春夏之交，美国联合舰队进行了保卫夏威夷群岛的演习。而后战列舰舰队和侦察舰队的一个巡洋舰分舰队一起出发，经萨摩亚①前往澳大利亚、新西兰和塔斯马尼亚岛②进行一次实习性的友好访问，于 8 月下旬回到美国西海岸。

同年 10 月，罗比森被正式任命为海军最高作战指挥官——美国舰队总司令。他继续任命尼米兹为他的副官、助理参谋长和战术官。

当时，为了充实国防力量，美国海军部提议在一些大学中组织学生成立“海军后备军官训练团”，由军方资助学生上学，平时在学校进行训练，寒暑假则去部队实习，毕业后任命为海军后备军官。自 1926 年 7 月起，海军部先后在哈佛大学、西北大学、华盛顿大学、耶鲁大学、佐治亚理工学院和加利福尼亚大学建立了相应的训练机构。海军部航海局宣布，“将各任命一名海军上校或海军中校到这些学校去，担任海军科学和战术专业的教授，负责给参加海军军训的学生上课。每所大学还将派遣一名正式委任的军官当助手。所有委派到各大学的军官都视为该校的教员，其中，海军科学和战术专业的教授将享受系主任的待遇”。每个训练单位有 50 ~ 60 名学生，讲授的课程有航海技术、领航学、射击学、军法和国际法、战术和战略、电学和工程学等。

尼米兹对此并没有太大的兴趣，因为他是一个彻底的正规海军军官论者。不巧的是，海军部偏偏让他去加利福尼亚大学伯克利分校组织海军后备军官训练团。他是经海军学者、阿尔弗雷德 · 塞耶 · 马汉传记的未来作者威廉 · 普利斯顿海军上校推荐，由海军部选中的。普利斯顿是一位颇有影响力的军官，他对尼米兹日益增长的声誉十分关注。就这

---

① 萨摩亚：波利尼西亚群岛的中心，曾经是德国的殖民地。

② 塔斯马尼亚岛：澳大利亚联邦唯一的岛州，以秀丽风光和朴素人文为特色，有“澳大利亚版的新西兰”之称。

样，尼米兹成为6名被指定的军官之一。接受这一任命，尼米兹的心情是非常复杂的。尽管他不认为这对自己的事业发展会有多大帮助，但还是打算积极努力地创造好成绩。

1926年秋天，尼米兹在加利福尼亚大学伯克利分校建立了海军后备军官训练团。协助他工作的是欧内斯特·冈瑟海军少校和4名军士长。

起初，尼米兹曾担心能否招够学生，因为训练团的学员没有额外补助，却要在完成规定课程外，参加军事训练和修习海军专业课程。招生广告贴出以后，身着白色海军军服的尼米兹常常心神不宁地在校园里转来转去，借以物色和动员学生。但结果出乎他的意料，报名人数比规定人数多出20名，最后他只好忍痛删去一些人。

参加后备军官训练团的学生可以领到制服，但没有学位、工资或津贴。除了学习本校规定的课程外，他们每周要出3次操并学习额外增加的海军课程。此外，他们还得参加夏季的航海训练，训练期间每天发1美元津贴。4年的学员生活结束后，他们将被正式任命为美国海军后备役少尉。

对此，大学里的教授们心理很不平衡，他们靠多年执教和著书立说才慢慢由讲师爬到副教授、教授的位置，而这些只有学士学位的年轻军官却可以享受跟他们一样的待遇，其中尼米兹作为一位只获得过非正式大学学士学位的41岁的海军中校，却在一所大学里担任系主任职务。这使得一些自命不凡的教员多少有些忌妒。

尼米兹从未想到自己作为一名海军军官，会投身到这样一个既陌生又有点不友好的环境中来，做一个加利福尼亚大学的教员。但不管别人怎么想怎么做，他都已经拟订好了计划，准备在加利福尼亚大学伯克利分校领航课中讲授航海天文，这一计划被该校天文系主任视作“戗行”行为，此人在系主任会议上大发雷霆地说：“在这个学校里，除了我选择的人以外，谁也不准讲授天文课！”

尼米兹知道原因所在，他不急不恼地问那位系主任：“那么请你亲自给海军军官讲授他们必修的天文课好吗？”

那位主任粗暴地说，他的系里正要开设这门课。

尼米兹闻言不卑不亢地说：“那很好，我们一个星期只有几个小时用于军事课，如果把天文课交给学校开设，那就得多给我们一些其他课程的讲课时间。”

尼米兹对教学计划做了大量耐心细致的说服和宣传工作，受到了学生们的广泛欢迎，同时也赢得了一部分教职员工的认可。在授课中，他那诙谐的性格和见多识广的阅历不仅赢得了学校教员的好感，更受到了学生们的爱戴。

航空系主任鲍德温·伍茨每次因事外出，总是请尼米兹代课。他说：“你能给我的学生讲许多他们应当知道的东西。”

尼米兹渐渐对加利福尼亚大学伯克利分校产生了好感，也渐渐爱上了教学工作。每节课开始时，他总要测验一下学生预习的情况。讲授之前，他都先让学员抽纸签，纸签上写着当天课程中的各种难题，让学员把答案写在考卷上。然后，他用 20 分钟解答问题，30 分钟讲课。讲课时允许学生自由提问，课后将考卷迅速评出分数。

尼米兹以其杰出的交际能力及对教育工作的一腔热情逐渐打开了局面，赢得了学校多数同行的尊敬，后来还被邀请去参加学校晋级委员会和教员选拔调查委员会的工作。他给两个委员会带去了一套新的但不全是学究性的权衡工作表现和成就的标准。

已担任海军第 13 军区司令的罗比森，对尼米兹自己摸索出来的一套教学方法很感兴趣。1928 年，当他就任尼米兹的母校——美国海军军官学校的校长之后，决定采用尼米兹的教学方法，坚持天天测验、天天记分的制度。罗比森之后的几任校长也继续推行尼米兹的教学方法。其影响甚至延续到“二战”结束之后，直到 1970 年，美国海军军官学校才重新采纳普通大学的教学法。

在加利福尼亚大学伯克利分校工作期间，尼米兹长期漂泊的小家终于可以相对稳定地“抛锚”在一个固定的地点。他享有名副其实的假期，这是深受家人欢迎的。尼米兹过去的假期都是在新旧工作交接的时候，通常要把家从一个地方搬到另一个地方，而且往往要跨越整个大陆甚至走得更远。现在，每年夏天他都有几个星期的时间来度假，或按照孩子们的喜好和全家人的意见去野营。

尼米兹对待学生平易近人，既像师长，又像朋友。他与学生们一起打手球、网球。周末时，他常常邀请一些学生到家里吃饭。而学生们也没有忘记他们的老师，训练团的年轻人成立了海军军官俱乐部，每逢举办舞会，他们都会邀请尼米兹夫妇参加。

尼米兹的女儿南希此时刚上小学，而小切斯特和小凯瑟琳正处于茁壮成长的阶段，在学习上迫切需要父亲的点拨和指引。尼米兹不遗余力地尽到了一个父亲的责任。他总是设法激励和增强他们的自信心，并引导他们对他的事业产生兴趣，一旦孩子们流露出这种爱好，他就会大加表扬，然后全力给予支持，有时热心到了令人啼笑皆非的地步。

一天晚饭后，小凯瑟琳想要了解一下日德兰海战的情况，尼米兹顿时来了兴致。要知道，他在美国海军战争学院曾花费几个月时间精心研究和撰写有关这次战斗的论文。

当小凯瑟琳找到《大英百科全书》J 卷回到餐厅的时候，发现餐桌上除了盐瓶和胡椒瓶外，收拾得十分干净。这有些异乎寻常，因为尼米兹通常在晚餐后会把第二天早饭用的餐具摆好放在桌上，于是她问道："这是怎么回事?"

"你不是要准备有关日德兰战斗的一份材料吗?"

"噢，是的，写半张纸就行了。"

"我来给你讲讲有关日德兰战斗的事情。"

尼米兹摆好了大讲特讲的架势，示意女儿坐下，然后用盐瓶和胡椒瓶作为象征德国舰队和英国舰队的道具，从头至尾描述和分析了这次战斗的整个过程，足足讲了两个小时。小凯瑟琳尽管兴致不高，但还是耐心听完了父亲的讲述，并零零星星地做了笔记。她一生都无法忘记这个故事，只是从此不再在父亲面前提这场战斗，不然，她又得再听两个小时。

1927 年 9 月，尼米兹被任命为临时海军上校，次年 1 月 2 日被正式任命为海军上校。

1929 年 6 月，尼米兹出色地完成了海军后备军官训练团的创建工作，当他将加利福尼亚大学伯克利分校海军后备军官训练团移交给好友布鲁斯·卡纳格的时候，训练团的学员已发展到 150 名，由 6 名现役军官和 6 名军士长负责训练。

执掌“奥古斯塔”号

结束组建后备军官训练团的工作后，尼米兹又重新回到了海上，以上校衔（永久军衔）担任第 20 潜艇支队司令。

1929 年年底，当他回到驻地圣地亚哥时，收到了老朋友、海军军官学校同班同学威廉·弗朗的一封信。弗朗在信中说，同学比尔正在编辑《美国海军军官学校 1905 年级 25 周年年鉴》，并准备于次年出版。他希望班上的每一位校友给他寄一张照片和一份简历，以便登在年鉴上。尼米兹觉得这是一件很有意义的事情，他马上按要求写了一份自述材料寄过去，还在自述的末尾附上了一段朴实、深情的文字：

回顾我生活中的不同阶段，我很难找到一个比现在更富有吸引力的工作。我喜爱委派给我的每一项任务，因为我对每一项任务都竭尽可能进行深入的钻研，并注意在实践中培养兴趣。我在海军的生活非常愉快，其他任何职业都比不上我现在的工作。我的大女儿凯瑟琳·万斯，现年 16 岁，快念大学了。我的儿子小切斯特·威廉，现年 15 岁，希望在 1931 年春天能考上美国海军军官学校。我的第三个也是最后一个孩子是一个女孩，叫安娜·伊丽莎白，现年 10 岁。我的妻子、孩子、海军军官的职业和健康的身体，使我成为一个幸福的人。

这原本没有什么不妥之处，但是，过了不到两年，即 1931 年 6 月 17 日，他的小女儿玛丽·曼森·尼米兹出生了。他的朋友们知道后，联想到他在自述中说的“我的第三个也是最后一个孩子是一个女孩”这句话，都跟他开玩笑，弄得尼米兹不得不四处解释并道歉。

1930 年，福雷斯特 · 谢尔曼[①]海军少校提出了一个新的主张，建议以航空母舰为中心，编成环形特混编队队形和序列。“特混”一词成为海军舰队编队的一个最新名词，因当时航空母舰正处于试验阶段，能否正式加入舰队编组序列中尚存在争议。尼米兹是非常赞同这一主张的，尽管“兰利”号原始航母服役后的防护、预警、攻击力都不够，一直是重点保护对象，但尼米兹坚信以航母为核心的特混编队是未来海军编队的发展趋势。事实也是如此，“二战”期间，几乎所有参战国的海军都采用了美国式的特混环形编队。这种编队至今仍为北大西洋公约组织[②]的海军所沿用。这说明尼米兹不仅是个技术副官、战术专家，还是个有远见的战略专家。

1931 年 6 月 17 日，也就是尼米兹的小女儿出生那一天，他被任命为拥有 35 艘退役驱逐舰的圣地亚哥驱逐舰基地司令，终于结束了长期“潜水”的生活，露出了海面，他把供应舰“参宿七星”号当做自己的旗舰。

圣地亚哥基地位于美国西海岸，迷人的风光、辽阔的海岸吸引着热爱大海的尼米兹夫妇。尼米兹又把家从圣地亚哥的一套公寓搬到了“参宿七星”号上。

前任司令的妻子曾请人对舰内的起居室进行装饰，显得极为舒适和别具特色，他们搬进来算是捡了个现成的。孩子们睡在用帘子隔开的铺位上。海图室兼作小切斯特的卧室。这个货真价实的舰艇之家，令人想起了查尔斯爷爷的汽船旅店。这一大家子的起居由一名厨师、一名仆从和两名食堂服务员服侍。小玛丽的尿布和衣服通常晒在甲板晾衣服的线上，像飘飞的彩旗，显得不太和谐。

---

① 福雷斯特 · 谢尔曼（1896—1951）：美国海军上将，“二战”期间历任“黄蜂”号航空母舰舰长、太平洋舰队空军参谋长、太平洋舰队副总参谋长、海军作战部副部长。战后担任过地中海第 6 舰队司令、海军作战部部长。

② 北大西洋公约组织：是美国与西欧、北美主要发达国家为实现防卫协作而建立的一个国际军事集团组织，拥有大量核武器和常规部队，是西方的重要军事力量。这是“二战”后西方阵营在军事上实现战略同盟的标志，也是美国这个超级大国在世界范围内确立领导地位的标志。

“参宿七星”号上老鼠成患，这些老鼠胆子很大，白天也在房间里窜来窜去，搅得这个幸福的家庭不得安宁。为此，尼米兹破例允许陆上基地一只名叫库里欧的猫登上“参宿七星”号，到舱房“执行”捕鼠任务。可库里欧似乎老了，它没有抓到什么老鼠，却在饭桌下面生了7只小猫。

南希在那段时间也很出名，她把大部分时间花在机器房或木工房里。有人送给南希一把刀刃锋利、刀把轻巧，用来投掷玩的菲律宾匕首，但“参宿七星”号的甲板和舱壁都是钢板，没有投掷匕首的地方。南希到处寻找，终于在厨房外面发现了一个冰箱包装箱，于是就把它当做靶标。不久，将军要到舰上来视察，尼米兹先在舰上巡视了一遍，发现冰箱包装箱被人戳得千疮百孔，就大声问道：“谁干的?”水兵、服务员、食堂员工都连连摇头，为南希打马虎眼。尼米兹一下子就猜到是谁了，南希回家后，他厉声对她说：“跟我来!”然后把她带到包装箱那里，问她：“这是你干的吗?”

“是的。”南希很干脆地答道。

“你以为这样好看吗?”尼米兹见南希如此坦白，便转身走了，没有再斥责她。

尼米兹的家庭生活简单而平凡，但他的事业却蒸蒸日上，不断地从一个岗位转到另一个岗位，从一艘舰转到另一艘舰，由一个基地去另一个基地，所到之处总是能够做出突出的业绩。

尽管工作繁忙，尼米兹依然很重视社交，一有空闲，他就和凯瑟琳一起参加各种社交活动，与老朋友叙叙旧，同时结识新朋友。他认为，良好的人际关系是搞好工作的基础。在圣地亚哥，有一次，尼米兹夫妇出席海军第11军区组织的舞会，闹了一出极具喜剧效果的笑话。

那天舞会的主持人是军区司令的妻子汤姆斯·琼斯·森夫人，这是一位冷若冰霜、态度傲慢的贵妇人。凯瑟琳称她为“将军夫人的典型化身”。

尼米兹和凯瑟琳穿好了礼服打算去参加舞会，并在动身前草草吃完晚饭。

“你知道，”尼米兹说，“这是我当学员时的礼服。我刚把上衣上的金镶边拆了，我认为没有几个上校还保存着他们的学员礼服。”夫妇俩迈着轻盈的步履，在小凯瑟琳恶作剧式的夸赞声中走出门去。

夜半时分，睡在甲板上的小凯瑟琳被走近的铿锵脚步声惊醒了，她看见风度翩翩的父母走进舰舱，母亲一直掩着嘴笑，而父亲则一个箭步穿过饭厅进了卧室。凯瑟琳兴奋地告诉女儿：舞会开始不久，森夫人的长柄眼镜掉在地上，尼米兹弯腰去捡，结果把裤子后面绷破了，他只得靠墙一直站到晚会结束。

小凯瑟琳大笑道：“是的，父亲相当幽默。”

尼米兹第二天继续发挥幽默，早餐时，他对小凯瑟琳说：“我要给森夫人打个电话，告诉她昨晚见义勇为的行为让我破费了 90 美元。”

1931 年秋天，小切斯特横跨大陆去参加美国海军军官学校的入学考试。小凯瑟琳在加利福尼亚大学念书，南希大部分时间都在学校里。欢闹的“参宿七星”号一时空空荡荡，显得特别清静。

不过，尼米兹的工作仍是繁忙的。他总是尽可能地去发现基地的新问题，并提出一些改进意见，甚至对有些方面的探讨超出了他的职责范围。

1932 年 2 月 7 日，哈里·亚纳尔海军上将举行了一次以日本为假想敌的别开生面的演习。这位热心航空事业的将军，此时已看到了航空母舰在未来海战中的地位和作用。他率领一支以 2 艘航空母舰（“萨拉托加”号和“列克星敦”号）和 4 艘驱逐舰为基干组成的拥有 200 艘军舰的庞大特混编队，远程奔袭珍珠港，以检验美国海军基地珍珠港的防御能力。

亚纳尔坐在旗舰“萨拉托加”号的指挥室里，率领编队高速向西行驶。在距瓦胡岛还有 24 小时航程时，天空中恰好乌云低垂，亚纳尔的编队借着天气的“掩护”，神不知鬼不觉地直逼珍珠港……轰炸机群的飞行员很快发现，世界上最大的海军基地毫无防备地暴露在机翼下方。“空袭”开始了，舰载机没有遭到任何防守飞机的拦截，“攻击者”完全掌握了制空权，完全有能力将每一艘停泊于港内的舰艇炸沉。

“我相信，从航空母舰上起飞的舰载机，能够轻而易举地炸沉停泊在港口内的每一艘舰艇。”亚纳尔通过这次“袭击”得出了这样一个肯定的结论，但他此后并没有从这次演习中吸取足够的经验教训。

尼米兹对和平时期的军事训练始终很重视，并对每次训练和演习都进行分析总结。他对亚纳尔的结论很感兴趣，并进行了一番研究。不过，他认为珍珠港没那么脆弱。

尼米兹在驱逐舰基地度过了一年。在他担任过的所有职务中，他认为这是一个最难“深入钻研和培养兴趣的工作”，毕竟这些旧驱逐舰已经退役了，很难发现值得研究的东西。很快，尼米兹迎来了他海军生涯无数次调令中的又一次重要任命——1933 年夏，他被调任“奥古斯塔”号重巡洋舰舰长，并随舰前往中国上海组成亚洲舰队，以“奥古斯塔”号为旗舰。

尼米兹等待这样的机会已经很久了，尽管这与家庭生活相冲突，但他仍十分兴奋，他对在大海里指挥舰艇历来兴趣浓厚。他匆匆处理了家中的事务，便前往“奥古斯塔”号报到。

“奥古斯塔”号重巡洋舰赫赫有名，前两任舰长詹姆斯 · O. 理查森和罗亚尔 · 英格索尔都声名远播，不知是“奥古斯塔”号成就了两位舰长，还是舰长们成就了“奥古斯塔”号，以至于尼米兹一登上该舰便备感自豪，他眼前所见，不是茫茫无际的大洋，而是触手可及的光明前景。

不过，“奥古斯塔”号并没有尼米兹想象的那么美好，它刚刚经过两个月的截尾检修，舰上的清洁状况很差；新调到“奥古斯塔”号上工作的约 100 名官兵，在礼节、工作效率和清洁卫生方面，也无法与“休斯敦”号相比。尼米兹上舰后进行了一系列的整顿，使官兵们的精神面貌焕然一新，一艘脏乱的旧军舰变成了一艘熠熠生辉的一流旗舰。

“奥古斯塔”号从西海岸的西雅图①出发，穿越太平洋，经过 21 天的航行，于 1933 年 11 月 9 日凌晨抵达中国上海黄浦江港。11 月 14 日 17 时，亚洲舰队司令弗兰克·B. 厄珀姆将军离开即将退役的“休斯敦”号，在“奥古斯塔”号舰上升起了他的将旗。

亚洲舰队旗舰的任务，是在中国沿海“炫耀国威”，即访问港口，鸣炮致敬，与当地官员和外国船上的官员进行互访。它通常在春秋两季游弋在上海附近，冬季停泊在马尼拉，夏季折返中国青岛港。

1934 年夏天，凯瑟琳带两个女儿到日本长崎山区的云仙避暑。已婚军官的家属一般随旗舰行动，但由于外国人在青岛生活费用昂贵，而上海七八月份的天气又特别热，所以凯瑟琳做了些变动。

尼米兹大部分时间都在舰上度过，他对舰队的管理十分高效。一个高级官员的突出表现并不在于事必躬亲，而在于充分调动下属的积极性和责任感。尼米兹通过巧妙的层层下达的方式，尽力使每个军官和士兵们相信：他们卓越的表现，不是为了尼米兹，也不全是为了“奥古斯塔”号甚至整个海军，而首先是为他们自己，为他们自己的尊严和荣誉。

为了使舰员们能够出类拔萃，尼米兹首抓青年军官，他以美国海军军官学校 1931 年和 1932 年毕业的 6 名少尉作为骨干，组成了一个强有力的班子，并毫不留情地把不称职的军官和士兵调走。同时，他还通过华盛顿的朋友物色合适的人才。他知道，如果没有同心协力、精明强干的官兵支持，他纵有三头六臂，也难以将宏愿化为现实。

尼米兹培训军官的一个原则是，一个人能负多少责任就给他多少责任，分配给每个人的任务常常要比他们自己认为能够担负的责任多一些。人尽其才，各尽其责。为了充分锻炼新手，他把上一级军官行使的职权交给他们，再让上一级军官执行更高职权，直到最高一层。权力下放的好处在于，他能够集中精力思考有关指挥、行政管理等重大问题。他始终不变的一个信条是，从不越俎代庖做下级可以完成的事。他曾

---

① 西雅图：位于美国华盛顿州，在美国西北部太平洋沿岸，是美国高科技的重要基地。

说：“在驾驶舱指挥掌舵，那是少尉的工作。”

在中国驻泊初期，他经常在海里放上一个箱子，亲自监督年轻军官轮流把舰停泊在箱子旁边，就像靠码头那样。他对下级军官掌握技术的程度了如指掌，有时他会突然把某个少尉或中尉叫到指挥塔，然后说：某某先生，把舰开出去。军官们操作时，他从不高声说话。假如有谁出了重大差错，他可能会说：“唉，如果我来做的话，我也会这样干。”

有一次，一位名叫奥戴尔 · D. 沃特斯的海军少尉开舰进港时，一时心慌忘记减速，不得不把舰退了回去。尼米兹一言不发地看完整个过程，等舰停稳后才说：“沃特斯，你知道你错在什么地方吗?”

“知道，长官。”沃斯特红着脸回答，“我进港太快了。”

“很好。”尼米兹点点头说，“你知道下回该怎么做了。”

对于自己指挥上的失误，尼米兹也毫不避讳，公开指出来让大家共同吸取教训。有一次，“奥古斯塔”号在狂风巨浪中需要加油，向抛锚停泊的“佩科斯”号油轮靠拢。尼米兹亲自上舰指挥并动手驾驶。临近“佩科斯”号时还比较顺利，水手长已将锚绳掷向油轮，不料大风突然转向，向舰艏方向袭来。“奥古斯塔”号高大粗壮的舰艏开始向“佩科斯”号驾驶舱的吊架撞去。尼米兹试图让水手长将绳索放开，把舰倒退出去，但这样做已经来不及了，因为铁锚还挂在“佩科斯”号上。

“你看怎么办?”尼米兹问身边的汤普森少尉。

“让我来拉住 3 号绳吧。”汤普森回答。

“好，就这么办!”尼米兹果断地说。

汤普森拼命拉紧 3 号绳，被绳索拉紧的“奥古斯塔”号终于不再摇晃了，安全地靠在“佩科斯”号油轮旁边。

尼米兹扭头又问少尉：“汤普森，我错在哪里?”

“长官，你过分自信，错误地估计了劲风对漂浮在水上的舰身的影响。”

“那么，当时应该怎么办呢?”

“保险的做法是像刚才那样，放下右舷锚，并把它放开。”

“很好!”尼米兹用手指着少尉说，“汤普森，永远不要忘记这个教训!”

在中国港口，尼米兹还给舰上的军官安排了一系列有关中国历史、地理的讲座，并进行讨论。这一做法激起了军官们对中国历史和旅游胜地的兴趣，不少人还到中国内地去旅游。军舰抵达马尼拉不久，尼米兹便开始组织射击训练，为了在短期内完成两年的射击训练计划，他主张昼夜训练。他是当时美国少数几位坚持这种训练方法的舰长之一。“奥古斯塔”号在尼米兹的带领下，各项技术比赛和体育比赛均名列前茅，并先后赢得了1934年的射击奖杯、巡洋舰系统的“铁人”运动奖以及美英海军橄榄球对抗赛冠军。

1934年6月，“奥古斯塔”号访问日本，于6月4日抵达横滨港。时值日本海军上将东乡平八郎逝世，6月5日举行公葬那天，在东京湾停泊的外国军舰都派代表上岸参加殡仪活动。尼米兹与东乡平八郎有过一面之缘，并对其军事才能和人品十分敬佩，他一直无法忘记初访日本时见到东乡平八郎的情景。为了表达深切的哀悼之情，尼米兹特意从“奥古斯塔”号选派一支由身材高大的水兵和海军陆战队队员组成的精干队伍到悼念队列中，这支“特别”的队伍在殡仪行列中十分引人注目。出于国际礼仪，港湾里的外国军舰和日本军舰都下半旗志哀，并鸣炮19响。

直到当天下午，尼米兹的心情还没有平静下来，这时发生了一件让他觉得很丢面子的事情。当时，一艘“中华民国”挂少将旗的军舰“宁海”号，在东京湾里与日本的“比睿”号相遇，双方各放礼炮19响致敬，但气氛却显得相当紧张，因为中国和日本是敌对国，稍有失误就会引来极大的麻烦。当“宁海”号进港时，尼米兹的“奥古斯塔”号鸣炮19响。按惯例，鸣第一炮时，“奥古斯塔”号要在舰艏挂一面中国国旗。受紧张气氛的影响，一个军官拿出旗帜一看，竟是一面日本太阳旗而不是“中华民国”青天白日旗，他一下子惊呆了。包装外面写有“中国”二字，旗子似乎被工厂搞错了。不过，通信兵和甲板军官把日本的太阳旗和每天在上海常见的“中华民国”的青天白日旗混淆，显然是一个不小的错误。

19 发礼炮放过后，“奥古斯塔”号又将“中华民国”国旗挂在舰艄再鸣一次礼炮，但气氛已被破坏，而且这件事把日本人和中国人都得罪了。“奥古斯塔”号受到了在港几国舰员的嘲笑，尼米兹马上派了一名军官到“比睿”号和“宁海”号舰上道歉，并对发生的误会进行解释。

尽管善后工作做得不错，但这次错误实在太严重了。为此，尼米兹一反常态，把犯错的通信兵和甲板军官斯图尔特·麦卡菲海军中尉狠狠地斥责了一番，还把他们调离驾驶室，任何情况下都不许再调回来。这是尼米兹对部下最严厉的惩罚。

通过这件事，尼米兹决定整顿风纪，但是，他的心太软，实在做不到苛刻地对待部下。“奥古斯塔”号返抵青岛不久，他抓住了几个违法乱纪的水兵，区别不同情况进行了处理。其中，一个名叫伍利的三级射击控制兵行为不轨，在岸上执行巡逻任务时，穿着半身军装待在酒吧间楼上一个歌舞女郎的房子里，被军官抓住了。他被控在岸上执行巡逻时军容不整和玩忽职守。

“伍利，”尼米兹一脸严肃地说，“你自己还有什么可说的?”

“唉，上校，情况是这样的，”伍利一本正经地答道，“我在岸上巡逻时，在街上挂破了军衣。我知道执行巡逻任务必须着装整齐，谁挂破了衣服都是不好的事。这位年轻的妇女是我的一个朋友，她要我到她屋里去帮我缝补挂破的军衣。这就是我在那里没有穿上衣的原因。她在帮我缝军衣，所以我就待在那里等着。”

尼米兹禁不住笑了起来，他明知这个士兵在编故事，但他认为这是一个机智的回答，因而仅给予口头警告处分。

另一个被抓到的士兵是陆战队刘易斯·普勒上尉的手下，他被指控在值更时睡觉。通常情况下，军官往往会为自己管辖的士兵说情，比如：“上校，这个被指控犯了某个法令的人，任务完成得很好。他在舰上是一个可以信赖的人，有时会在岸上出点问题，但一般说来，他行为端正，在舰上是有贡献的。”这是人之常情，已成惯例。因此，尼米兹先问普勒有何意见，没想到普勒的回答出人意料，而且十分坚决。他说："上校，我的意见是把他开除。他在岗上睡觉就不能当陆战队队员，我不想再要他了。"

这个回答大大出乎尼米兹的意料，他同意了普勒的意见，并且从此对其刮目相看。他向上级报告说："普勒上尉在舰上的工作成绩优异。"后来，普勒在瓜达尔卡纳尔岛①（以下简称瓜岛）登陆作战中一举成名，被称为"骄傲"的海军上校。普勒退休前荣升中将，是美国历史上最杰出的海军陆战队队员之一。

尼米兹对部下是宽容的，很多人都记住了他并敬佩他。1935 年 4 月，尼米兹在"奥古斯塔"号任期届满，奉命调回国内担任航海局局长助理。

临行前，"奥古斯塔"号的官兵在上海一家俱乐部为尼米兹举办了一个隆重的送别晚会。这是一个自发的军人式的送别会，大家一起回顾了共同度过的朝夕相处的岁月，赞扬这位即将离任的海军上校的人品与业绩。尼米兹多次被感动得热泪盈眶。

第二天下午，当尼米兹怀着依依不舍的心情走下"奥古斯塔"号舷梯的时候，12 名青年军官身着礼服，头戴三角帽，组成一支英姿飒爽的仪仗队，站在一只救生艇旁准备护送他们敬爱的舰长搭乘"林肯总统"号轮船。尼米兹又惊又喜，内心无比激动，不停地向为他送行的官兵们挥手致意。

救生艇慢慢划向轮船。尼米兹请这些送行的军官上船和他一起喝杯酒。离别的时刻终于到来了，青年军官们满含热泪为他们离任的舰长欢呼。尽管分别了，但他们与尼米兹的关系并未结束，后来尼米兹仍然不忘关心和帮助他们。若干年后，他们中间有几人又回到了尼米兹身边，和他一起并肩战斗，并当上了将军。

---

① 瓜达尔卡纳尔岛：简称瓜岛，位于南太平洋所罗门群岛的东南端，是西南太平洋岛国所罗门群岛最大和最主要的岛屿。第二次世界大战期间美、日两军曾在此发生激战。

第七章　官 运 亨 通

供职海军航海局

深秋时节，尼米兹和夫人凯瑟琳以及小女儿玛丽一到东海岸，就先去看望住在科德角韦尔弗利特[①]的凯瑟琳的父母。当时，凯特（小凯瑟琳的爱称）大学毕业后仍在外祖父母家里闲着，凯瑟琳很担心她，觉得应该关心关心她。另外，女儿南希在布鲁斯特附近一所名叫锡·派因斯的私立学校念书，也要去关照一下。处理完这些家庭事务后，尼米兹夫妇才动身去华盛顿报到。尼米兹之所以这般不紧不慢，是因为他认为现在的职务——海军航海局局长助理是一个不太重要的闲职，他对这种坐办公室的工作有点失望。他无法想象，在和平年代，航海局有多少人挤破了头想进去。

尼米兹在华盛顿的西柯克斯街租了一幢房子。这幢房子的四周树木环绕，秋风刮过，落叶堆积，堵塞了水沟和下水道。尼米兹不敢让自己太清闲，每个周末都像清洁工人那样清扫落满草坪的秋叶。

1935 年冬，尼米兹一家又搬入新居，新居离他的老朋友布鲁斯·卡纳加上校的家很近。他们同在海军部工作，因而可以共用一辆海军部的汽车上班。他们往往在行至离办公室还有一二英里时停下车来，步行一段路，追忆他们共同生活、战斗过的青年时光，这是十分惬意的事

---

① 科德角韦尔弗利特：位于马萨诸塞州境内，科德角是海岸度假胜地，韦尔弗利特则盛产牡蛎。

情。航海局局长阿道弗斯·安德鲁斯海军少将是尼米兹的老乡，但他们并不亲近。安德鲁斯比较高傲，有时甚至像参议院议员一样不把总统放在眼里。不过，他对尼米兹还是很信任的，每次他被罗斯福总统召去办事的时候，都把局里的事务交给尼米兹处理。另外，海军部部长克劳德·斯旺森经常生病，尼米兹也经常代他行使职权。这样一来，尼米兹有很多东西需要学习，不得不延长工作时间。但这对他来说是非常有价值的，他不仅熟悉了海军部的工作细节，而且管理水平得到了进一步提高。

尼米兹酷爱散步，在圣地亚哥的时候，他就喜欢长距离步行去拜访老朋友。为了避开华盛顿的酷暑，尼米兹的 3 个女儿 8 月份都住在韦尔弗利特的外祖父母家里。尼米兹一有空闲就去看望她们。他平常喜欢穿当时并不流行的百慕大短裤，套着齐膝的长筒袜，头戴一顶半新半旧的毡帽，漫无目的地长途跋涉。他认为走路不仅可以增强体质，还可以愉悦性情。一路上他随意挥洒自己得克萨斯式的幽默，留下了不少妙趣横生的故事。

此外，尼米兹很喜欢花和野生的蘑菇，而散步正好可以满足他这一喜好。每当经过居民的花园看到自己喜欢的鲜花，他便会毫不犹豫地闯进人家的草坪，即使主人用惊疑的眼光看着，他也全然不顾。当他获得了一些心爱之物后，才回过头来，厚着脸皮与主人搭讪。当然，他总是对主人隐瞒他高级军官的身份。对此，南希下结论说：“爸爸是个不会讨人嫌的人。”

回华盛顿后，凯瑟琳仍然坚持“闲散”会出问题的理论，把几个女儿都打发到学校去了。对尼米兹夫妇来说，华盛顿的生活平淡无味，但有足够的时间去看体育比赛、听音乐，还能经常在华盛顿的郊区徒步旅行。

在徒步旅行时，尼米兹通常会带上一根手杖，这并非用来支撑身体，而是用作摘取果实的工具。两个女儿都目睹过他的这种不良行为，凯特说他“只要在篱笆外边够得着，就昧着良心去偷摘水果”。每次他攀援树枝摘取别人的水果，都令一同散步的儿女感到很难为情。

有一次，尼米兹和朋友散步，经过一个农家小院，无意间看到一棵树上结满了成熟的樱桃，樱桃树枝恰好露在篱笆外面。尼米兹旧习难改，毫不犹豫地用手杖把樱桃拉了下来。当他们津津有味地品尝樱桃时，主妇走了出来，高声责骂他们是惯偷。尼米兹感到十分后悔，但他仍不急不恼，耐心地听这位妇女发泄怨气，然后开口夸奖这种樱桃是好品种，以一个行家的口吻与这位妇女切磋庭院种植樱桃的妙处，接着又把她的房屋和场院称赞了一番。那个妇女的气逐渐消了，开始微笑起来，最后，这位妇女在他的甜言蜜语下邀请他们进入院中再摘些樱桃。

尼米兹的幽默感还表现在儿童式的恶作剧上。有一次，尼米兹和海军军官乔治·鲍恩施米特在华盛顿罗克·克里克公园里的偏僻小径上漫步，突然发现转弯处有两个人的模糊脚印。他们循迹搜去，看到一辆轿车停在前面不远处，车门上面露出两个人的头顶。鲍恩施米特小心翼翼地走开了，而尼米兹却悄悄地走过去，突然把头伸进车里说："今天天气真好，不是吗?"正在车上小声交谈的两个人被吓了一跳，而尼米兹则若无其事地走开了。

1936 年秋天，南希到乔治·华盛顿大学念书，玛丽也进了布朗学校的幼稚园。小切斯特从美国海军军官学校毕业时，尼米兹夫妇正在华盛顿，他们出席了儿子的毕业典礼。小切斯特在短期休假后便去"印第安纳波利斯"号巡洋舰报到。尼米兹特意向他表示了祝贺。凯特进修结束后被调到公共图书馆总馆借阅部工作，不久便由音乐部助理晋升为主任。她愉快地跑回家，看见父亲正在修剪草坪，便大声对他说："我得到一份长期的工作了！你看怎么样?"尼米兹立马从口袋里掏出一张 5 美元的钞票，高兴地说："拿去，跑到拐角处去买瓶杜松子酒，我们庆祝一下。"

这段时间，尼米兹并不是特别清闲，他只是不太喜欢航海局这样的机关工作，对海军部内部成员的钩心斗角极为厌恶，他怀念"奥古斯塔"号那种痛快淋漓的工作方式和巡洋舰官兵们之间的忠诚和友爱。不过，他在机关工作期间还是很有收获的，不仅更多地接触到军界上层，而且官运亨通。

1938 年春，尼米兹被选拔为晋升海军少将的预备对象，同时他还高兴地得知，如果考核通过，他将被调去担任海上一支巡洋舰舰队的指挥工作。当时，尼米兹觉得自己得先去彭萨科拉[①]接受飞行训练，这是他认为自己最应该补上的一课。但是，刚到 5 月份，他就接到了新的任命：回圣地亚哥担任第 2 巡洋舰支队司令。

7 月 9 日，尼米兹在他的旗舰“特伦顿”号上就职，来自东海岸的普雷斯顿·默塞尔海军上尉担任他的副官。7 月 30 日，尼米兹被授予临时海军少将衔。

然而，就在仕途一帆风顺的时候，尼米兹偏偏患上疝气病不得不住院开刀。这一意外事件再次使他失去了到海上工作的良机。他住进医院后立即进行了外科手术，住院期间，他变得灰心丧气、烦躁不安。一来，他不堪忍受闲着无事的生活，二来他因为身体虚弱而失去了一个宝贵的机会，在这种情况下，他觉得上面有可能让他提前退役甚至退休。

正所谓祸福相依，磨难挫折往往伴随着幸运和机遇。尼米兹因病丢了巡洋舰支队司令的职务，病愈后却当上了他更梦寐以求的第 1 战列舰支队司令。这让他兴奋不已，工作的激情被重新点燃了。8 月 17 日，他在停泊于长滩的新旗舰“亚利桑那”号上正式就职。当军舰在港口停泊的日子里，每天清晨，尼米兹总是与副官默塞尔上尉一起精神抖擞地从家里长途步行到码头。

在此期间，尼米兹结识了不少新朋友，但他也没有忘记过去的朋友。每逢节日或朋友生日、晋升的日子，他都会寄贺卡或写信表示祝贺。他派专人负责保管这些资料，上面记录着那些朋友晋升或获奖的日期等。尼米兹的口碑极佳，朋友们都对他的友好情谊和超常的记忆力推

---

① 彭萨科拉：美国佛罗里达州西北部城市、军港，临墨西哥湾。

崇备至。只有一次，他一时认不出一个朋友，没能马上叫出对方的名字。

这年秋天的一个傍晚，尼米兹一家正在长滩滨海寓所欢度周末。小切斯特毕业两年后就结婚了，他和他的妻子琼回来欢度周末。当时，由于刚游泳回来身上冷飕飕的，尼米兹兴之所至，钻进厨房为全家调制鸡尾酒。当他忙碌一阵，端着托盘进屋的时候，门铃响了，打开门后，他看见一个满头白发的老人站在门口。

房间里的气氛一下子变得尴尬而又沉寂，显然谁都不认识这个陌生的不速之客。尼米兹走上前去，仔细打量了客人一番，但完全想不起他究竟是谁。

“尼米兹将军是住在这里吗？”来客问道。

“是的。”尼米兹有点不知所措。

“太好了，我是来拜访他的。”

尼米兹更加迷惑不解了，他似乎从未见过此人。为了掩饰自己的窘迫，他笑着说：“请进屋吧。一起喝杯鸡尾酒好吗？”

老人也不客气，很随意地走了进来，脸上充满了期待。他坐下来后，表情又变得非常严肃，一直沉默寡言。凯瑟琳试图和他攀谈，但又不知从何开始。当尼米兹端着酒杯再次走进房间的时候，眼中显露出兴奋的光芒。

尼米兹将酒杯递给老人。“我知道你是谁了！”他大声叫道，“你是克罗特切特军士。1906 年在菲律宾，我在‘帕奈’号当舰长时，你是水手长。”

“没错，你终于猜到了。”老人平静的脸上闪现出欣喜的神情。

“不是猜，我是从你接酒的习惯动作断定是你。”

一位将军能凭一个小小的动作回忆起 32 年前的部下及其名字，说明尼米兹是一个极其重视情谊的人。

局长碰上了“二战”

尼米兹正沉浸在新任命带来的喜悦和兴奋之中，没想到很快又迎来了新的职务调动。

20 世纪 30 年代，战火又在世界上的许多地方点燃，中国、埃塞俄比亚、西班牙等地都爆发了反法西斯局部战争。美国似乎还没有闻到硝烟的味道，也未做一些常规准备。此时，美国海军在先进的军事思想指导下已经有了长足的发展。1938 年，美国海军部提出制造新型高速艾奥瓦级战列舰。它的超排水量已突破美、英、法三国签订的第二次伦敦海军条约规定，达到 4. 5 万吨，甚至超过了现役旧航母。特混舰队的建立也已从理论变为现实，只不过现役航母尚属于改装型和小型航母，比如“兰利”号（CV－1）、“列克星敦”号（CV－2）、“萨拉托加”号（CV－3）、“突击者”号（CV－4）等。

1939 年 1 月上旬，美国舰队的大部分舰艇前往加勒比海地区参加演练。作为西海岸的海军高级军官，尼米兹被留下来负责指挥第 7 特混舰队，包括旗舰“亚利桑那”号、一艘大型航空母舰、一艘巡洋舰、几艘驱逐舰和辅助舰以及一艘油船。这支特混舰队留下来的主要任务，是进一步研究、训练海上加油及两栖登陆作战的问题。

这正合尼米兹的口味，他后来写道：“对一个新提拔的少将来说，这的确是我的好运气，去指挥第 7 特混舰队和指导各种舰只在海上各种气象条件下加油，同时在加利福尼亚海岸附近的圣克利门蒂岛进行登陆演习，以便使两栖作战的海军陆战队取得宝贵经验。但很少有人知道，一般舰队的舰艇完全不适宜完成这项任务。（我们）在损失几百只小艇后，才设计出一种完全新型的登陆艇，满足了第二次世界大战期间登陆作战的需要。”

尼米兹可以说是海上舰船加油的专家，1917 年他和迪杰少将发明了海上加油的方法，并在以后的实践中取得很大发展，到 20 世纪 30 年代末，他通过不断积累经验，设计了更为先进的方案。他认为，“依靠更为可靠而敏感的速度和舵控制器以及两艘舰上的熟练水手，加油时油船和军舰之间使用的棕缆可以取消。只要两舰等速前进，让油船开到既定的航道上，军舰开到规定的一侧，依靠油管把两舰联合起来就可以加油了。”

同时，尼米兹的第 7 特混舰队对两栖作战也进行了一些训练和演习。两栖作战是和特混编队一同产生的，尼米兹对此颇感兴趣，并且从理论上进行过一些探讨。由于 1915 年英国登陆达达尼尔海峡[①]时，曾遭受惨重失败，所以在一段时间内，一些军事专家视任何登陆作战为险途。1921 年，美国的厄尔・埃利斯上校从与假想敌日本交战的实际情况出发，提出了将海军陆战队应用于夺取日本在太平洋岛上基地的设想。富兰克林・罗斯福当选总统后，众议院海军委员会主席卡尔・文森[②]制定了一个长远的海军建设规划，经国会同意，罗斯福总统为海军舰队首次配备了具有相当规模的用于两栖作战的海军陆战队。20 世纪 30 年代中期，美国海军迎来了一个快速发展时期。

尼米兹早就断言，美日之间终究要发生武装冲突，冲突的形式将是以攻占太平洋岛屿为目的的连续水陆两栖作战。为此，他在加利福尼亚海岸附近的圣克利门蒂岛反复进行登陆演习，使用的海军陆战队第 2 旅是海军陆战队第 1 师的核心，所以这实际上是为日后在瓜岛、格洛斯特角、贝里琉岛和冲绳岛的登陆战做准备。

在海上，尼米兹常常利用在“亚利桑那”号甲板上散步的机会，和参谋人员认真研究工作，并用他那讲不完的幽默故事来活跃大家的情绪。他的热情很高，感染着周围的每一个人，他的团队是一支精干而高效的队伍。他们的工作非常艰苦，但却充满了乐趣。

就在尼米兹一头扎在训练中的时候，一纸任命书又把他与舰队分开

---

① 达达尼尔海峡：著名的土耳其海峡的一部分，是土耳其西北部连接爱琴海和马尔马拉海的要冲，也是亚洲与欧洲两个大陆的分界线，并且是连接黑海和地中海的唯一航道。

② 卡尔・文森（？—1981）：来自美国佐治亚州的知名众议员，曾担任众议院军事委员会、海军委员会主席。他是最早洞悉核动力航空母舰对未来海权扩张的重要性的人之一，并积极推动舰船建造。

了，他被任命为海军部航海局（现为海军人事局）局长。对于这一任命，不仅整个舰队的官兵感到意外，尼米兹本人也十分惊讶和不解。只有政府和军界最高层清楚罗斯福频繁地走马换将的意图，总统是在为越来越迫近的战争做准备，需要选派更多的高级指挥官轮流到海上去担负指挥任务，以便获取必要的实践经验。如果把指挥第 1 战列舰支队和第 7 特混舰队的工作作为对尼米兹能力的一次检验，那么他的成绩是非常出色的。航海局局长其实是一个相当高的职位，但尼米兹不喜欢机关工作，也不愿在华盛顿生活，他当时想，自己已经 54 岁了，也许要在这届局长任上结束军旅生涯。因此，他并不十分喜欢这个高级行政职务。

1939 年初夏，尼米兹夫妇带着小女儿玛丽，心不甘情不愿地回到了华盛顿。他们在 Q 街 2222 号顺利租到了一套公寓，他们的另外两个女儿都在华盛顿，因此，凯特下班和南希放学回家后，通常和父母一起吃饭。尼米兹又过上了正常而又相对平淡的家庭生活。有一天，尼米兹全家作为海军部的客人，乘“锡库亚”号游艇到波托马克河上游玩。当他们顺流而下时，遇到了挂着总统旗帜的总统游艇“波托马克”号。数年后，南希回忆这件事时说：“当船长来告诉我们总统游艇要经过时，我们都在舱里，父亲于是走上了甲板。‘锡库亚’号艇上的每个人都匆匆忙忙地从舱里跑出来，立正站在甲板上看总统的游艇经过。我多少有些粗暴地说了一句：‘我不知道我要不要向罗斯福致敬。’他回答说：‘你向不向罗斯福致敬是你自己的事，但你应当向总统致敬。’”南希说：“这件事给了我非常深刻的教训。”事实上，这段时间尼米兹与白宫保持着比较密切的联系，这也是后来罗斯福总统在危急时刻能马上想到尼米兹的原因之一。

尼米兹接任航海局局长的时候，正是美国海军进入大发展的阶段。1938 年，美国通过了第二个文森法案，提出了一个每年拨款 10 亿美元的海军建设计划，很多新型舰艇已经开建。为了与这一发展计划相适应，航海局的主要任务是招兵买马，集中培训，然后把训练成绩合格的士兵分配到迅速扩大的海军部队中去。其中最重要的是训练大批舰艇人员和飞行人员。航海局这个原本清闲的部门开始忙碌起来，尼米兹改革了机关办公的繁文缛节，大大提高了工作效率。由于他的大部分建议和方案必须经过国会批准，因此他经常出席众议院海军委员会的会议。在那里，他幸运地与海军委员会主席卡尔·文森建立了友谊，并得到了文森的大力支持。

1939 年 9 月 1 日纳粹德国大举进攻波兰，由此拉开了第二次世界大战欧洲战场的序幕。欧洲大陆的战火迅速蔓延，给美国海军的征召工作带来了很大影响。为了吸引应征者，尼米兹在各报纸上登广告，刊登动人的故事，宣传参加海军的种种好处。他通过扩充圣地亚哥、诺福克[①]、新港和大湖区的训练机构，以及把新兵基本训练的时间从 8 周缩短为 6 周等措施，努力加快兵员的补充。同时，尼米兹还被赋予了对美国海军军官学校、海军后备军官训练团、军官候补生学校、海军新兵训练中心以及其他训练设施的全面管辖权。

对海军而言，美国海军军官学校是培养海军正规指挥军官的重要基地，尼米兹建议把每个国会议员每年可向该校推荐 4 名学员的额度改为 5 名，从而扩大了该校编制。与此同时，他把美国海军军官学校的学制由 4 年暂时改为 3 年，规定海军后备军官训练团的毕业生可以从后备役军官直接转为现役军官，免除了 2 年的实习期。大多数刚毕业的大学生经过一个月的海上训练和三个星期的陆上训练后，即被任命为后备役海军少尉军官。为了抽调军官到海上工作，退役军官被重新征召入伍，去接替他们在岸上的行政管理工作。某些有一定特长的专家，也直接被任命为海军后备役军官。此外，尼米兹还把大专院校中海军后备役军官训练团的机构从 8 个扩充到 27 个，规定后备役飞行员以及经过挑选的准尉、军士长和学员都可以转到海军中。航海局的 V－7 号新计划，圆满解决了后备役军官的来源问题。在处理这些事务的过程中，尼米兹充分体现了政治家式的预见能力，以及知人善任、善于协调和把握全局的本领。

---

① 诺福克：美国弗吉尼亚州第二大城市和港口，位于伊丽莎白河畔，扼切萨皮克湾咽喉。

到 1941 年 5 月，航海局的文职人员从 280 名增加到了 950 名。尼米兹在对待文书及其他非军事工作上，不赞成恢复第一次世界大战期间招收海军后备人员担任日常文职工作的规定。他在报告中写道："尽管当时那个计划满足了航海局和海军部的需要，但 25 年来的事实证明，那个计划花的代价太高了。那些女文书军士和其他文职人员，有权享受海军人员的一切待遇——奖金、抚恤金、医疗费等。在她们服满后备役后，政府还得为她们花成千上万的钱。"尼米兹尤其反对再次招收女文职军士，认为她们的效率通常比男性文职人员低。而且，他很看不惯妇女穿军装。相较而言，他更喜欢使用雇员。他在报告中这样写道："包括新老雇员在内的大多数雇员在工作中忠心耿耿，自愿加班加点。他们尽全力为国防工作服务的精神，将载入史册，永志不忘。"

当然，要想管理好一个人员骤增的庞大机构并不是件轻松的事情。由于人员大幅增加，原有的办公室拥挤不堪，为了解决这个问题，尼米兹争取到了海军部在阿林顿新购置的附属建筑物内的一所楼房，让航海局的部分人员搬到那里办公。但这却给他自己带来了麻烦，作为局长，他必须在两处办公。在一个时期内，因伤亡问题给加速动员工作造成复杂局面的时候，他不得不在波托马克河上来回奔波，所幸早年坚持体育锻炼的习惯使他成为一个经得起折腾的人。

尼米兹的儿子小切斯特认为，这个职位对他父亲来说是理想的。他说："父亲是一个地地道道做航海局工作的人才，他对军需局的工作毫不关心，对海军的枪炮和技术不感兴趣。"事实上，正是在这些工作中，尼米兹增长了才干，赢得了上级的良好评价，这也是他日后取得成就的关键所在。

主动放弃高升机会

在担任航海局局长这一高级行政职务后，尼米兹因为有很多机会与白宫保持联系，得到了罗斯福总统的赏识。罗斯福对美国海军的过去和现在不仅十分了解，而且喜欢亲自选拔海军高级指挥官。罗斯福知道，无论是改革潜艇动力、海上加油，还是倡导并实践环形编队，都体现了尼米兹不仅拥有独特的战术战略思想，也具有政治家式的预见能力，而且，除了航空兵以外，他从事过海军中任何一个行当的工作。因此，罗斯福把尼米兹列为出任太平洋舰队总司令人选之一。罗斯福在 1941 年年初就有这样的打算，并在 1 月份会见过尼米兹，提出让他出任太平洋舰队司令一职的想法。这让尼米兹深感意外，因为这一职务仅次于海军作战部部长，而他此时仅仅是海军部下属局的一个少将局长。

尼米兹自信但从不自负，而且很有自知之明，太平洋舰队的前任司令詹姆斯・O. 理查森是声名显赫的海军上将，尽管他对舰队长期驻守珍珠港缺乏正确认识，被罗斯福总统勒令停职，但他的资历远比尼米兹要深。就能力而言，尼米兹具备接替理查森的条件，他在珍珠港建立潜艇基地的时候就已经为自己打下了良好的基础，但要他替代理查森出任太平洋舰队司令，对这位上将来说依然是一个无情的打击。而且，排在尼米兹前面的海军资深军官还有 50 多位，在和平时期，要超越这样一批优秀人才去出任自己所期盼的职位，必然会让自己成为众矢之的。

不过，尼米兹得知，接任太平洋舰队司令的人选中还有几人也是少将，其中一个就是尼米兹的老朋友、精明强干的赫斯本德・金梅尔少将。尼米兹内心非常渴望接任太平洋舰队司令，查尔斯爷爷在世时就给他确立了这样的目标，几十年的期盼，谁不想让它尽快变为现实呢？但尼米兹是冷静而理智的，他主动放弃了这次高升的机会。正所谓塞翁失马，焉知非福，后来发生的事情又给他带来了意想不到的幸运结局。

最终，金梅尔海军少将越过 31 名竞选军官，出任太平洋舰队司令，并晋升临时海军上将。这是一次值得庆贺的晋升，但是金梅尔并没有迎来掌声和祝贺，相反，他走马上任之后，风言风语尾随而至，而且在工作中遇到了各种无法想象的阻力。

尼米兹虽然对外交和政治不是那么敏感，但对世界军事态势却十分清楚。美国虽然一直持中立态度，但罗斯福并不愿意让几个强国重新划分势力范围。要想分一杯羹，就必须站队。这个选择不仅要有政治远见，而且要有经济和军事实力。事实上，罗斯福本人也一直在左右徘徊。在这种情况下，美国的外交活动就显得特别诡异。

早在1931年发动侵华战争之时，日本就已经做好了发动第二次世界大战的准备。美国拒绝承认凭借武力所造成的变化，严词提醒日本必须恪守条约规定。然而，欧洲一些国家并不支持美国的立场，采取绥靖政策，以牺牲中国的利益换取它们在亚太地区的利益，使日本得以继续推行其侵略政策。那时罗斯福还没有当选为总统，但他对可能爆发的战争危机看得很清楚。他上台后的首要任务除了挽救美国的经济之外，就是扩军备战。可以说，美国海军的快速发展与罗斯福的强力推动是密不可分的。直到“二战”爆发，美日之间真假难辨的外交谈判一直在紧锣密鼓地进行着。

1941年2月，坐在轮椅上的美国总统富兰克林·罗斯福

1941 年 7 月，日本宣布法国维希政府同意法属中南半岛地区（越南、老挝、柬埔寨等地）为其“共同保护领土”，美国马上意识到了问题的严重性，于是，美英两国政府和荷属东印度群岛快速做出反应，冻结了日本在这些国家的所有资产，并禁止向日本出口石油，使日本的石油资源进口面临彻底崩溃的危险。当英国的舰队驶抵新加坡，对日益严重的军事危机做出进一步的威慑后，忧心忡忡的日本政府忙派出特使前往华盛顿，试图通过外交途径缓和局势。在日本看来，美英采取的立场，将对这次世界大战产生至关重要的影响。

很显然，罗斯福仍把目光放在海洋上，他希望美国在大洋内外的一切利益不受侵害。日本与美国外交谈判的目的也很明确：迫使美方解冻它们的财产，并提供石油；缓和与西方国家的关系；侵占盛产石油的东印度地区，以保证资源供应，并请美国不要插手。美国政府的态度不仅决定着谈判的结果，也决定着美国海军的命运，当然也决定了尼米兹的命运。

当金梅尔带着罗斯福的信任和期许，赶赴珍珠港就任新职时，尼米兹则继续坐在新楼房的办公室里。当然，他并没有闲着，而是一直在思考和分析问题。他原本不愿去想外交和政治方面的问题，可眼下它们的联系实在太密切了，虽然他并不清楚美国和日本高层之间谈判的情况，也没有外交家的圆滑和政治家的故作镇定，但他有着惊人的直觉，像雷达一样搜索着瞬息万变的国际形势。他认为，为了确保向南进攻的侧翼，日本人很可能出兵占领菲律宾、新加坡甚至关岛。

此时，罗斯福在军事上采取“先欧后亚”的方针，试图在政治上安抚日本，即以牺牲中国乃至荷属东印度群岛的某些利益为条件，与日本达成暂时的妥协。因此，罗斯福直接向日本天皇呼吁，要求他将日军从法属中南半岛地区南端撤出，以求得所谓“太平洋上的平静”。但如果罗斯福的让步不能让日方感到满意，结果又会怎样呢？

1941 年夏天，尼米兹感到闷热难耐，他推开临海的窗户，似乎看到了太平洋上空乌云密布、山雨欲来的景象。他无法再静下心来，即使有闲暇时间，他也总是坐在松软的皮沙发上阅读政论报纸和杂志，或者背着手长久地面对海军地图，脑海里默默地演绎着可能发生的海上战争的战略棋局。那些星罗棋布的太平洋岛屿，像一枚枚引人注目的棋子，吸引着他深邃的目光。他通过阅读书籍、报纸、杂志，敏锐地分析问题，几乎掌握了日本的动向。

和平的外交努力能否真正奏效呢？日本特使来栖三郎向记者保证："日美会谈尽管艰巨，但仍应不失信心，如果不抱希望，我又何必不远万里前来谈判呢？"一些渴望和平的人将来栖三郎的飞临比喻为"好像是一线阳光刺破乌云，照射了太平洋的海面"。对此，尼米兹却陷入沉思之中。他的脑海中浮现出日军战舰咄咄逼人的进攻态势：如果美国与日本在东南亚的利益发生冲突，那么，美国舰队亚洲分舰队将首当其冲地成为日本攻击的目标。但是，仅仅对付那么小的一支分舰队没有太大作用，要想真正扫除障碍和威胁，美国舰队主力——太平洋舰队必然成为其最大的目标，日本有没有可能突袭美军在太平洋沿岸的海军基地，给美国海军以致命打击呢？他认为，美日之间交战不可避免，战争会在某个未曾预料的时刻突然展开，但是，以什么方式、在什么地点爆发尚难以把握。

1941 年春，海军作战部部长哈罗德·斯塔克将军把 3 艘战列舰、"约克城"号（CV－5）航空母舰、4 艘轻巡洋舰和 2 支驱逐舰中队从太平洋调往大西洋，美国用于运输船只的护航飞机也主要部署在大西洋战场。英国虽然同意派兵增援新加坡，但它需要集中大部分兵力对付德国海军。这样一来，太平洋如果成为战场，就只有美国单独抗击强大的日本海军了。不过，从整体战略来看，日本未必敢冒犯美国：首先，日本希望欧洲局势的发展，在西方更多地吸引美英力量；其次，日本如果从海上偷袭美国，在太平洋这一局部领域也许能够得逞，但必然面临与美国全面开战的风险，在战略上来讲是不合逻辑的。

不管怎样，美国在太平洋上的防御力量太薄弱了，但尼米兹没有将自己的想法报告给海军部，这毕竟只是他的一种推断。即使他的预见能力达到了如此准确的程度，他也不可能改变自己职责范围之外的事情，更不可能摆脱命运的安排。

后来的事态发展证明了尼米兹最初的预测。1941 年 12 月初，敏感的美国报纸报道了英国飞行员提供的消息：一支集结在印度洋南端的庞大的日本舰队正向暹逻湾（今泰国湾）推进，军事专家认为这支舰队将向新加坡发起进攻。而尼米兹的判断并非如此，他用红色铅笔在一张地图上画了三个箭头来表示日军的进攻方向，其中一个箭头指向中太平洋。

秋去冬来，12 月 7 日是一个晴朗的星期天，冬日的阳光穿过云层，照射到温暖的房间里。尼米兹夫妇正与小女儿玛丽、儿媳琼及孙女弗朗西斯一起欢度周末。尼米兹的两个女儿，27 岁的凯特和 23 岁的南希已经单独生活了，她们住在同一幢楼的另一单元里。儿子小切斯特此时正在菲律宾附近的一艘潜艇上服役。尼米兹和家人围坐在餐桌旁共进午餐，大家说说笑笑，房间里洋溢着幸福家庭的温馨气氛。

用餐之后，尼米兹和凯瑟琳回到自己的卧室，懒洋洋地靠在皮椅上，欣赏哥伦比亚广播公司播出的音乐节目。尼米兹是个古典音乐迷，收音机里播放的是他最喜爱的《第五交响曲》。他微闭双目，沉浸在音乐世界中。突然，疾风暴雨般的旋律戛然而止，收音机里传来播音员情绪失控的颤抖的声音："美国在夏威夷的海军基地——珍珠港遭到日本袭击……"

恍如晴天霹雳，尼米兹几乎从椅子上跳起来。尽管他对此早有预见，但仍不敢相信事情会来得这么快。快乐的周末就此结束，他要赶往航海局，了解这次灾难给美国舰队造成的损失程度及有关日军动向的情报。他并没有接到命令，也没有考虑自己这样做的动机是什么，只是出于一个高级职业军人的本能反应，就毫不迟疑地那样做了。

尼米兹迅速换上军装，抓起大衣和帽子，正准备向外走，这时，电话铃声响了，是他的助手约翰 · F. 谢弗罗斯上校打来的。上校请尼米兹在家中等候，他将开车把尼米兹送到海军部。尼米兹放下电话，站在桌前沉思片刻，然后拨通了另外几个助手的电话。

第八章　临危受命

命运转折：珍珠港突袭事件

1941 年 12 月 7 日对美国人来说是奇耻大辱的一天。自从 1814 年结束美英战争后，美国国土上几乎没有落下一颗敌人的子弹。珍珠港事件给了拥有强烈安全感的美国人以极大的心理冲击，同时也震惊了整个世界。

作为一名海军将官，尼米兹痛切的心情难以言喻，这一天他永生难忘。坐在奔向海军部的汽车里，他神情冷峻，沉默不语。这段路程显得格外漫长，时间似乎过得分外缓慢。

与此同时，从东海岸到西海岸的所有无线电台，都中断了橄榄球赛、音乐会和杂要演出的实况转播，插播珍珠港遭到日本袭击的消息。最初人们不相信，后来，随着插播的简短新闻报道越来越多，人们才不得不悲伤地相信太平洋舰队被日本轰炸机摧毁的消息。

汽车穿过不再平静的街市，向海军部高速奔驰。尼米兹心急如焚，恨不能插翅飞赴遭受重创的珍珠港，挽救和弥补那里的一切损失。他赶到海军部大楼后，首先在自己的办公室里和下属开了一个简短的会议，要求大家做好准备，随时待命，争取为珍珠港做点事情。随后，他又赶往海军部部长弗兰克·诺克斯[①]的办公室。此时诺克斯已与总部设在珍珠港的海军第 14 军区司令克劳德·布洛克海军上将通了电话，得到了确切而又惊心动魄的现场报告。在未接到总统命令之前，诺克斯正准备

① 弗兰克·诺克斯（1874—1944）：美国报社编辑和出版商，1936 年共和党副总统候选人，“二战”期间担任海军部部长。

召开海军部高层紧急会议，见尼米兹已站在办公室门口，便先向他通报了一下情况。

对于日本南下、北上两个作战取向，尼米兹早就做过分析。日本从1941年年中就开始向东南亚扩张，引起了该地区主要殖民强国的不满。为了给日本一点颜色看看，美国中断了与日本的经济贸易，其中最重要的战略物资是高辛烷石油。没有石油，日本的飞机就无法升天，舰艇也无法在海上行驶，也就无法继续对外扩张。日本的石油资源只能维持半年时间，日本军方明白，要么从中国、东南亚撤兵，停止对外扩张，外交上向美国靠拢；要么南下夺取战略资源，继续对外侵略。撤兵对军国主义盛行的日本来说是不可能的事情，北上又打不过苏联，所以南下成为日军唯一的选择。不过，南洋有美国、英国、荷兰的殖民地，进军南洋就等于向美、英、荷三国宣战。

太平洋上的珍珠港是海上交通的主要枢纽，夏威夷东距美国西海岸，西距日本，西南到诸岛群，北到阿拉斯加和白令海峡，都在2000～3000海里；跨越太平洋南来北往的飞机，都以夏威夷为中转站。日本认为，在太平洋上夺取制空权和制海权就意味着南下的道路畅通无阻，因此必须先摧毁珍珠港，于是策划了珍珠港突袭事件。

日本海军联合舰队司令山本五十六是这一偷袭计划——“Z作战计划”的策划者和组织者。有资料显示，山本五十六在1941年年初派舰队南下的时候就开始考虑袭击珍珠港了，日本特务组织还派遣了大批特工到珍珠港活动。而同一时间，罗斯福正好对太平洋舰队走马换将——改由赫斯本德·金梅尔出任总司令。历史往往是由很多个巧合缔造的，一场令金梅尔不曾意想到的巨大灾难降临到了他的头上。

1941年12月7日凌晨，当夏威夷群岛的官兵在爵士乐和令人迷醉的香槟泡沫中度过一个喧闹的周末，全都昏然入睡的时候，一支以南云忠一[①]海军中将为首，以“赤城”号、“加贺”号、“苍龙”号、“飞龙”号、“翔鹤”号、“瑞鹤”号6艘航空母舰为主体的日本舰队，正

① 南云忠一（1887—1944）：日本海军大将。日本发动太平洋战争时担任联合舰队第1航空舰队司令，因率领舰队参与偷袭珍珠港及中途岛海战而闻名于世。

以 24 节的航速，杀气腾腾地驶向珍珠港。

山本五十六画像

此时，太平洋舰队司令金梅尔在晚宴过后，回到了麦克拉帕山半山腰的寓所。他向来生活刻板，但在今天的晚宴上多喝了几杯，觉得有些头晕目眩，因而时钟刚刚敲过 11 响就上床休息了。当天是星期天，驻守珍珠港的大部分官兵都离开了战斗岗位，因此金梅尔和他的部下对日本海军的行动毫无察觉。

早上 6 时，南云忠一的机动部队接到了进攻命令，日本各航空母舰飞行甲板上的绿灯亮了，飞机一架接一架地飞离航母，不到 15 分钟，担任第一波攻击任务的 183 架飞机就全部飞离甲板，其中包括战斗机 43 架、水平轰炸机 49 架、鱼雷机 40 架、俯冲轰炸机 51 架，它们在领航机信号灯的导引下，迅速编好队形，然后绕舰飞行一周，在渊田美津雄[1]海军中佐的率领下直扑珍珠港。

此时，美军太平洋舰队停泊在珍珠港内的舰船包括战列舰 8 艘、重巡洋舰 2 艘、轻巡洋舰 6 艘、驱逐舰 29 艘、潜艇 5 艘、辅助舰船 30 艘。岸上机场停有飞机 262 架，其余的 2 艘航空母舰、8 艘重巡洋舰和 14 艘驱逐舰分别在威克岛和中途岛运送飞机，以及在约翰斯顿岛演习。

冬日的暖阳刚从云层中微微露出脸来，太平洋上波光粼粼，风平浪静。早上 7 时 49 分，渊田美津雄发出了突击信号，日军各飞行突击队立即展开攻击队形，俯冲轰炸机队率先顺着山谷进入珍珠港。7 时 55 分，日机的吼叫声、炸弹的爆炸声，撕碎了珍珠港清晨的安谧宁静。炸弹如暴雨般倾泻到美太平洋舰队基地的希凯姆机场、惠列尔机场和福特岛机场，机场立刻燃起了熊熊大火，比翼排列的数百架美机绝大部分被炸起火，成了一堆堆废铁，机库也被摧毁了。

仅仅几分钟，日军便彻底敲掉了珍珠港的防空设施，渊田美津雄向身处“赤城”号航空母舰上的南云忠一中将拍发了袭击成功的信号：“虎！虎！虎！”电波迅速传到航母旗舰，又传向东京、菲律宾、马来亚……

而此时，珍珠港上空响起了“呜……呜……呜……”的空袭警报声，睡得正香的美军被警报声给惊醒了，但他们都以为是空袭演习。岛上美军的高射炮直至 6 分钟后才零星射击，33 个高炮连仅有 4 个连开火，但击落的日机甚少。

7 时 57 分，日军的鱼雷机从几个方向突入珍珠港，在仅仅掠过水面 12 米的高度上，向福特岛东西两侧的美国军舰发射鱼雷。

直到 8 时整，美太平洋舰队司令部才把一份十万火急的奇特电文发往海军部：Air raid on Pearl Harbor，This is no drill.（珍珠港遭受空袭，这不是演习。）

---

① 渊田美津雄（1902—1976）：日本海军航空兵王牌飞行员，“赤城”号航空母舰的飞行中队长，偷袭珍珠港计划的制订人之一及空中指挥官。战后未受牢狱之灾，20 世纪 70 年代因病去世。

8 时 05 分，日军水平轰炸机从正西方向进入，再次轰炸了在福特岛东侧停泊的战列舰，同时轰炸了高炮火力集中的依瓦机场。大火和爆炸引起的烟雾，遮蔽了整个珍珠港。舰艇上的美军惊慌失措，混乱不堪。不少军舰来不及做战斗准备就沉入了海底。排在舰列最后的战列舰“内华达”号刚升起舰旗，刹那间就被日机上的机炮撕碎，大惊失色的升旗手紧接着又升起几面星条旗，结果都被打烂了。当第一条鱼雷命中战列舰“亚利桑那”号时，美国官兵还是一副难以置信的表情。战列舰“马里兰”号正在升旗，一名水兵漫不经心地看了一眼一群冲向附近机场的飞机，还以为是己方的飞机，没等他回过神来，炸弹已落在头上。“俄克拉荷马”号和“西弗吉尼亚”号被炸裂，“亚利桑那”号和 1000 名水兵也被弹药库引发的一系列毁灭性爆炸所吞没。

8 时 15 分，美军未遭日机轰炸的哈罗瓦机场起飞了 4 架战斗机，此后陆续起飞 25 架，与日机展开了空战，但由于寡不敌众、仓促应战、协同不好，要么被日军战斗机击落，要么被美军自己的高射炮击毁。同时，正在返航的美航空母舰“企业”号（VC－6）上的 18 架俯冲轰炸机，以及从美国本土飞来的 12 架“空中堡垒”式飞机，刚飞到珍珠港上空，就遭到日本零式战斗机的攻击。一名美军飞行员喊道：“不要开炮！不要开炮！这是美国飞机！”话音刚落，他的无线电波就消失了。

8 时 40 分，日军第一波攻击结束。

担任第二波攻击的日军 170 多架飞机，于 7 时 15 分起飞，8 时 46 分展开攻击队形，从瓦胡岛东部进入，8 时 55 分开始攻击美军。其中，俯冲轰炸机主要攻击浓烟滚滚的美国舰船，水平轰炸机则继续攻击各机场，战斗机担任空中掩护。与此同时，潜入珍珠港内的日本袖珍潜艇施放水雷，发射鱼雷，攻击美舰，封锁港口。在将近 2 个小时里，日军控制着珍珠港的海面和上空，随心所欲地进行轰炸扫射。

日军第二波攻击开始后，美驻岛守军已经从四处奔赴战斗岗位，开始了没有系统部署的回击，给日军造成了一定伤亡。

华盛顿时间 12 月 7 日 13 时 50 分，当日军第二波攻击的飞机飞临瓦胡岛上空时，美国国务卿科德尔·赫尔[①]才接到野村大使和来栖特使递交的最后通牒。日本政府对递交通牒的时间做过精心的设计，电文中指示野村：这份备忘录不用打字员打字，而且要在当地时间 7 日 13 时（东京时间 8 日 3 时）准时送交美方。这个时间距离日本预定对珍珠港发起攻击的时间仅早半个小时，目的是避免“偷袭”和“不宣而战”的臭名。但是，由于需要办理一些手续，野村和来栖在 7 日 13 时 50 分才将备忘录递交给赫尔，此时日本海军飞机的炸弹已经落在了珍珠港。

赫尔在接见日方代表前已经知道珍珠港遭到了偷袭，按道理，他可以不接待日方代表，但是罗斯福总统要求他收下日方的答复，冷淡地把日方代表送走。赫尔装作认真地阅读了日方的答复，然后难以掩饰愤怒地说：“在我整整 50 年的公职生涯中，从未见过这样一份充满卑鄙的谎言和歪曲的文件。”日本代表离开后，赫尔忍不住破口大骂：“无赖，该死！”

10 时整，日本飞机全部撤离珍珠港，返回母舰。得意扬扬的渊田美津雄请求南云忠一再发起一次攻击，摧毁珍珠港的修船厂和油库，并建议派出搜索机，搜寻美国的航空母舰。南云忠一没有同意，他认为这一战几乎耗尽了舰船油料，如果在这里耽搁，他的舰队就开不回去了。他下令北撤，日本舰队像一群黄鼠狼，在狠狠咬了美军一口后，悄悄地溜走了。而此时美国人几乎处在目瞪口呆之中。

此战，美军被击沉、击伤各类舰船 40 余艘，其中击沉战列舰 4 艘、重型巡洋舰 2 艘、轻型巡洋舰 2 艘、驱逐舰 2 艘和油船 1 艘；击毁飞机 265 架，数千官兵伤亡。而日军只损失了 5 艘特种潜艇、29 架飞机和 55 名飞行员。

尼米兹得知详情后，不是惊讶，而是愤怒。最令他难以忍受的是“亚利桑那”号战列舰的惨状，仅此一舰，就有 1000 多人丧生。该舰

---

① 科德尔·赫尔（1871—1955）：美国政治家，1933 年罗斯福总统上台后，他被任命为国务卿，全力支持罗斯福推行“新政”，是美国历史上在任时间最长的国务卿。1945 年获诺贝尔和平奖。

舰长，他的老朋友艾萨克·基德上校也生死不明。尼米兹向航海局募兵处处长惠廷海军上校（绰号“激进分子”）表达了自己悲愤的心情。他说：“‘激进分子’，我们损失得太惨了，我们何时能够恢复创伤？”

珍珠港事件之后，一股同仇敌忾的情绪席卷美国。当天晚上 20 时 30 分（华盛顿时间），罗斯福在秘书的搀扶下，臂戴黑纱走出白宫，向深夜里仍然聚集在白宫外面草坪上的无数民众说：“美国公民们，我向你们宣誓：我与我的同事，将尽全力把强加给国家头上的耻辱还给对方。上帝保佑美利坚！”

12 月 8 日中午，罗斯福来到国会大厦，向国会发表宣战演说。他说：“我有生以来，第一次代表全体美国人民的思想在此讲话。由于美国在昨天——12 月 7 日——这个遗臭万年的日子，遭到了日本军队突然和蓄谋的进攻，为了保卫国家的安全，我要求国会自日军进攻时起，宣布国家与日本处于战争状态……”

珍珠港事件发生的第二天，美国总统罗斯福在国会要求对日宣战

他的演说赢得了热烈的掌声。最后，参议院以 82 票对 0 票，众议

院以 388 票对 1 票通过了宣战决议。

接着，海军作战部通过电台，向驻守在巴拿马和太平洋地区的美国各级司令官下达了海军的第一号战斗命令："对日本进行无限期的空战和潜艇战。"海军部还通过报刊和广播，对驻华盛顿的全体军官发布了命令：星期二早晨必须着军装到海军部报到。同时要求严守军事秘密，不能让日本人从美国的报刊上知道美国海军的惨败和日军的战果。

12 月 9 日，海军部部长诺克斯乘飞机前往珍珠港进行短期视察，并在现场与军官们交谈。第二天，固执的海军作战部部长（代理）兼美国海军舰队总司令欧内斯特·约瑟夫·金①上将抵达华盛顿，与包括尼米兹在内的海军将领交换意见。

12 月 15 日，诺克斯返回华盛顿。当天晚上，诺克斯和罗斯福总统商谈，并做出了一系列决定，主要包括：

（1）成立一个以大法官欧文·罗伯茨为首的调查委员会，对美国防务上的失败进行调查，查清珍珠港防卫失利的原因，查明谁应受到责罚。

（2）解除在这次军事失利中负有不可推卸责任的美国海军舰队兼太平洋舰队总司令金梅尔上将的职务。

（3）美国舰队和地区舰队建制分开，负责整个海军的作战指挥工作。

（4）在新任太平洋舰队总司令到达夏威夷之前，该舰队由战列舰舰队司令威廉·派伊中将代管。

全国各地正在休假的陆、海、空军人员迅速返回各自的基地。小伙子们成群结队地涌向征兵站，甚至连最顽固的孤立主义者也呼吁进行反击。

---

① 欧内斯特·约瑟夫·金（1878—1956）：美国海军五星上将，参加过第一次世界大战，1941 年 2 月起任大西洋舰队司令，当年 12 月升任海军舰队总司令。1942 年 3 月至第二次世界大战结束，担任海军作战部部长。他是美国武装部队参谋长联席会议成员和英美联合参谋部成员。在他的影响下，航空母舰成为美国在海战中起决定作用的舰种。

征兵工作迫在眉睫。尼米兹很快便接到命令，由航海局负责组建一支战时海军。尼米兹对此早就有了心理准备，加上之前做过类似的事情，因而工作起来得心应手。但是，如今战事已起，航海局的紧急任务一件接着一件，令人应接不暇：对一些自相矛盾的情报进行鉴别、澄清；通知阵亡家属，运送遗体，还要去阿林顿公墓参加葬礼；大量的兵员服装和物资需要得到补充；向航海局询问情况的电话连续不断……尼米兹被这些事情弄得精疲力竭，茶饭不进，以至于凯瑟琳专程到海军部为他做饭。他一连几天都没有时间睡觉，夜晚回到家中，仍有激动不已的国会议员打电话来要求参加海军。尼米兹对这些人准备了同样的答复："不需要你们参军，我们需要拨款，请回去投票给我们拨款吧！"

1941 年 12 月 16 日，就在尼米兹干得热火朝天之时，传来了一个很机密的内部消息：他将出任太平洋舰队司令。

尼米兹十分兴奋，回家后就把这个消息悄悄告诉了凯瑟琳，但凯瑟琳只是笑着摇摇头，这让尼米兹疑惑不解。

晚饭时，凯特、南希、玛丽都在，还有来看望公婆的琼。除了小切斯特当时还随"鲟鱼"号潜艇在海上执行任务外，一家人算是到齐了。饭前，尼米兹不露声色，沉默不语，故意把气氛搞得十分严肃。过了一会儿，他用低沉的声音说："现在我告诉你们一个消息，但不能对外公开。"没等他说完，大女儿和二女儿就兴高采烈地齐声说道："你要去珍珠港了！"

一个秘密被戳破了，沉闷的气氛也被驱散了。凯瑟琳大声笑道："我对你说过她们会猜到的。"实际上，那时很多人都希望尼米兹出任这一职务。

笑声过后，尼米兹又严肃起来，因为担任司令对他来说意味着重大责任和光荣使命。他拿出一本便笺和一支铅笔，考虑写一份公开发表的声明。一旦他的任命公布，报界就会找上门来。最后，他在便笺上写道："这是一个重大的使命，我将全力以赴！"

担任珍珠港主官

对于一个渴望稳定的官员来说，在形势紧迫、危机四伏的时候，希望肩挑重任绝非明智之举，对此金梅尔将军已经有了血的教训。但是，尼米兹是一个自愿献身海军事业的人，作为金梅尔的继任者，在战火四起之时，这个来自得克萨斯州的性格刚毅的将军，隐隐听到了海洋的召唤声、海浪的奔腾声以及熟悉已久的水手长的哨声。只是他没想到自己会在这样的背景下重返珍珠港，这让他既热血沸腾，又激动不安。他像一艘起锚待航的战舰，只等一声令下，就冲向浩瀚的海洋。

罗斯福总统没有让他等待太久，命令很快就下来了。海军部部长诺克斯用电话传达了罗斯福的正式任命：尼米兹担任太平洋舰队司令，驻守珍珠港。另一项紧急任命是由尼米兹的助手兰德尔·雅各布斯上校接任航海局局长。尼米兹在新办公大楼下面正好遇上执行任务后回来的雅各布斯，他一把抓住这位上校说："你已经接到命令了吧？这项工作归你啦，兰德尔，你比其他高级军官更了解局里的情况。来吧，我们上楼去下达你的命令。"

12 月 17 日上午，尼米兹正式接任太平洋舰队司令，并荣升为四星海军上将。他马上到白宫出席关于重组太平洋舰队的讨论会。重新组建的太平洋舰队将以航空母舰"列克星敦"号、"萨拉托加"号和"企业"号组成的 3 支特混编队为主要攻击力量。会议还制订了以这 3 支编队去援救威克岛①的计划。

会后，罗斯福对诺克斯说："告诉尼米兹赶紧去珍珠港，坚守岗位，等战争打赢了再回家。"

当天下午，诺克斯单独找尼米兹谈话，给了尼米兹 7 天期限，包括他们谈话的这一天在内。谈话结束后，尼米兹步行回家，这是回家最快

---

① 威克岛：位于中太平洋，在关岛与夏威夷之间，为两者海上交通线的中间站，是美太平洋舰队的前哨阵地。

的办法。他一面向前走，一面盘算着怎样对凯瑟琳说。当他看到她因头痛而卧床休息时，感到提起这件事毫无益处。他在她床边坐下，脸上显露出对她的健康的关怀："这时候把我的任命告诉你，真不是时候，我已经正式受命担任太平洋舰队司令，而且必须尽快动身，希望你能理解。"

凯瑟琳高兴地对尼米兹说："所有军人的妻子都是通情达理的。你一直把担任太平洋舰队司令官视为崇高的荣誉，今天你终于如愿了，我要祝贺你。"

"但是，亲爱的，舰队被击沉了，我不得不从零开始去建设一支新的舰队，而且是在战争中建设。"他们都意识到这一重任意味着什么，作为军人和军人的妻子，他们也知道自己该如何去迎接即将到来的挑战。

"只要记住爷爷经常告诉你的话，你会成功的。"她微笑着，轻轻拍着他的手说。

晚饭后，凯瑟琳找出两只旅行箱，和尼米兹一起收拾行装。当她发现尼米兹心不在焉地把晚礼服也收进旅行箱时，就让他坐下来看着自己收拾。她在珍珠港住过，知道那儿不需要蓝军装，于是就把几套白色和卡其布军装放进旅行箱。如果以后需要去天气凉快的地方，再把蓝军装寄给他。凯瑟琳事后回忆说："我没有哭，母亲教育我，要承受命运的安排，哭是难以解决问题的，你必须经受遇到的任何事情。我把这次离别想象成如同一天的离别一样，这使我心中充溢着一种悲伤的幸福感。"

12 月 19 日，尼米兹的勤务副官哈尔·拉马尔中尉来到尼米兹家中，他的任务是护送新任舰队司令前往加利福尼亚。尼米兹不愿坐海军部为他安排的专机，认为坐火车可以弥补他数日来的睡眠不足。

大家都认为，战争期间保密是必要的，应当微服出行。因此，尼米兹和拉马尔穿上了便服，并使用化名。尼米兹选用凯瑟琳娘家的姓——弗里曼做化名，拉马尔则用温赖特做化名。

尼米兹提前离开家，是为了到海军部听取最后指示。金将军和诺克斯部长以及尼米兹的参谋班子都在那里。这是一次正式的、有点伤感的告别，和他与家里人告别的情形相似。诺克斯和尼米兹告别时，声音也在颤抖，但职务要求他们讲究礼仪。

参谋班子的成员也一一和尼米兹握手告别，既亲热又诚恳。金将军表达了自己的羡慕之意，并祝愿他取得最大的成功。接着，斯塔克交给拉马尔一个沉甸甸的帆布袋，并明确指示："不要把帆布袋放在离你很远的地方。当你离开芝加哥站时，也只有在那时，才能把它交给尼米兹将军。"

当要离开海军部时，尼米兹才隐隐感到有些不安。他想，为了取得胜利，必须主宰这场残酷的战争。这次指挥作战能否成功，主要取决于他根据对象、内容、时间等下达的决策是否正确。一路上，这位一向幽默的将军沉默不语，或许他在仔细估量自己的处境和思考自己的未来。

很幸运，他们在火车站没有遇到熟人，弗里曼先生（尼米兹）和温赖特先生（拉马尔）镇定自若地走上巴尔的摩和俄亥俄有限资本公司的火车专列。温赖特先生的任务是尽可能使弗里曼先生在旅途中，无论是精神还是身体都保持良好状态。所以，他要求弗里曼先生在火车上不能看文件，只能看看当天的报纸。

火车开动了，弗里曼先生又变回了尼米兹，他由在汽车上的一脸沉思变得轻松愉快起来。他给拉马尔讲笑话，讲新奇的故事，还顺口说一些蹩脚的双关语。

紧张不安的温赖特先生也成了拉马尔。因为尼米兹在拉马尔面前展示了自己性格的另一面，拉马尔感到很惊奇。不管笑话的效果如何，至少它创造了一个能够使人进入梦乡的氛围，而这正是尼米兹最需要的。

为了消除在平原上坐长途火车的寂寞，每停一个车站，尼米兹和拉马尔都要到站台上去散步。有一次火车进站时，尼米兹去了厕所，车厢服务员没有检查就按惯例把门锁上了。尼米兹要出来时，发现门打不开了。更糟糕的是，火车出站以后，服务员居然忘了按惯例把门打开。尼米兹敲门也没用，想从里面把门锁撬开同样无效。他曾经为海军设计和装配过机器，是全国内燃机的权威，但是那把小锁却把他难住了。一向富有幽默感的尼米兹十分沮丧。他不是敲锁，就是打门，整整敲打了

15 分钟，弄得满头大汗。

过了很久，服务员路过狭窄的过道听到砰砰的敲门声音，才拿出钥匙把门打开，发现怒气冲冲的“弗里曼先生”被锁在厕所里。

“喂，听着，假如你在里边，只要动一下门闩就能出来的。”服务员用轻蔑的目光看着被他认为是笨头笨脑的先生，没好气地说。

“噢，你认为是这样吗?”尼米兹发怒道，“好，那么试试看吧。把钥匙给我，你进去。”尼米兹关上门，锁上锁，服务员像他那样被困在里面出不来了。接着，尼米兹回到车厢里专心看了 15 分钟的文件，然后站起来摇着钥匙回到过道里，把关在厕所里又敲门又叫喊、声嘶力竭仍无济于事的服务员放了出来。

尼米兹幸灾乐祸地回到车厢。他回想起这个玩笑的前前后后，包括自己出的洋相，感到十分有趣。不过，他并没有告诉拉马尔这个故事。

在芝加哥等候换车的间隙，尼米兹理了头发，还对海军军官后备生学校进行了短暂的访问。当他获悉威克岛虽遭频繁空袭，但仍在固守的消息时，十分高兴。

重新登上火车之后，拉马尔把那个帆布袋交给尼米兹。这是有关珍珠港被袭前后的全部资料。尼米兹仔细阅读一份报告后，脑海里产生了不少疑问，同时进一步坚定了他脑海中正在形成的信念——上头错怪了金梅尔和夏威夷的其他指挥官。他看了几张被击沉和击伤的舰船照片后，就再也看不下去了，他的心再一次痛起来。他不得不起身站到车窗前，努力让自己的心情平静下来。

尼米兹一向被人们称为“昨天心情愉快，明天满怀信心的人”，绝对不会被眼前的困难击垮，过了一会儿，他的信心和决心又一点点地在心中汇聚起来。

当火车停站的时间很长时，他情绪一轻松就立即开始给凯瑟琳写信，信中充满了爱及对未来的希望。他这样写道：“现在我们正在穿过可爱的时隐时现的乡村、美丽的农场、广阔的原野和一望无际的大地，从伊利诺伊州西部向西行进。”

当列车驶过新墨西哥州时，尼米兹又给凯瑟琳写信说：“当我得到充足睡眠和休息的时候，我发现情况没有那么令人沮丧了。情况正在好转，我肯定在我到达珍珠港后，一定能够完成形势对我所要求的一切。无论如何，我深信，在未来漫长的岁月中，太平洋的战斗将要比其他地方多。我只希望我能做到不辜负你和罗斯福先生对我的期望。这是一项艰苦的工作，我需要你为我祈祷。”

他把写好的信交给拉马尔，并对他说：“拉马尔，人总要心胸开阔，否则你一定会一蹶不振。”

尼米兹认为，拉马尔是个不错的旅伴。可惜在12月22日晚上到达圣地亚哥之后，他就不得不和拉马尔分手了，各自赶往珍珠港。他要转乘“卡特琳娜”水上飞机①前往珍珠港。由于天气作怪，水上飞机直到次日16时整才起飞。尼米兹首先对机组人员不能在家里和家人欢度圣诞节表示歉意，然后又给他们讲了一个关于圣诞节的笑话。可以说，自信乐观、平易近人的尼米兹已经让他们度过了一个愉快的节日。

“卡特琳娜”水上飞机穿过低沉的云层，降落在瓦胡岛东面邻近的莫洛凯岛上。随后，它由几架战斗机护航飞往珍珠港。

艰难反击

尼米兹坐在飞机上，双目微闭，但始终无法入睡。飞机马达的轰鸣声震耳欲聋，舱内寒气逼人。他睁开眼，把脸转向舷窗，透过暴雨向下注视着那幅令人心碎的景象。他让飞机在清晨的雨中划了一个弧线，以便看清下面更多的东西。

作为主锚地的东海湾水面上覆盖着一层乌黑的柴油，“俄克拉荷马”号和“犹他”号战列舰都是底朝天，就像死亡翻白的海鲸，旁边还躺着一艘布雷舰。远处隐约可见搁浅在岸边的“内华达”号战列舰。“加利福尼亚”号、“西弗吉尼亚”号和“亚利桑那”号战列舰已了无

① “卡特琳娜”水上飞机：由美国联合飞机公司研制，在“二战”中广泛装备于美英海空军及苏联航空兵的一款水上飞机，其卓越战绩使得这款飞机成为历史上产量最大、用途最广泛的水上飞机，被用于反潜、轰炸、侦察、反舰、运送突击队等。

踪影，可能正在海底的某个地方。珍珠港内几乎看不到大型舰船。尼米兹已不再悲伤，望着眼前越来越大的岛屿，一个可怕的念头突然从他的脑海里冒出来——如果夏威夷附近的岛屿都为日本人所占领，那么，太平洋舰队就会变成一群养在盆里的鱼。

1941 年 12 月 24 日上午 7 时左右，临危受命的尼米兹飞抵目的地。此时的珍珠港一片狼藉，瓦砾成堆，焦糊的空气中弥漫着悲观失望、消极避战的低落情绪。

夏威夷基地的几位军官都前来迎接尼米兹，他们是夏威夷海军航空兵司令帕特里克·贝林格海军少将、金梅尔将军、派伊将军和他的参谋长威廉·史密斯海军上校、哈罗德·特赖恩海军上校。尼米兹和他们一一握手，从他们阴沉的脸上看到的只有忧郁和期盼。对此，他说：“我是来自得克萨斯山区小镇的切斯特·威廉·尼米兹。”他想以自己的幽默来调动大家的情绪，可惜没有成功，于是直入主题，问道：“增援威克岛有什么消息?”这是他在飞机上想到的第一个问题。威克岛虽然是弹丸之地，但是战略地位十分重要，它是美军在关岛和夏威夷之间的海上中转站，有“太平洋踏脚石”之称，这也是日军千方百计想要夺取威克岛的原因所在。

当派伊将军表示威克岛已落入敌手时，尼米兹顿时陷入了沉默。一群人默默地站在一个可以避雨的地方，海面上波涛汹涌，雨不停地下着。史密斯海军上校见尼米兹不说话，解释说，当时的部署是，在“列克星敦”号编队对马绍尔群岛进行佯攻的同时，救援的主战舰“萨拉托加”号载着海军陆战队的一个战斗机中队直奔威克岛；“企业”号编队作为预备队，同时掩护珍珠港。但“萨拉托加”号航空母舰因在中途补充燃料耽误了两天时间，日军乘机继续增兵强攻，威克岛于 12 月 23 日失守。

解围失败后，航空母舰被命令滞留在海上以躲避日军再次发动的空袭；大型舰船只有在急需补充油料和给养时才准予回港，并且只允许单艘返港，目的是在遭到日军新的袭击时少受损失。但在外海毫无目标的巡航过程中，这些大型舰只随时都有遭到日军潜艇攻击的危险。

1941 年 12 月，美国海军名将尼米兹临危受命飞抵珍珠港，图为尼米兹在太平洋舰队官兵中视察

对于太平洋舰队所面临的尴尬局面，尼米兹内心非常清楚。它们就像是失群的狼，有穴不能回，在外游荡又怕遭到猎杀。或许把舰队调往大陆港口才是安全的，但逃避对美国海军来说是一种耻辱。

威克岛失陷虽不及珍珠港惨烈，但却再次使美军官兵遭受了极大的心理打击。尼米兹很快发现，珍珠港的官兵们都在默默地注视着他，目光中不乏疑虑的神色。在早餐的饭桌上，尼米兹和派伊将军完成了交接仪式，并就目前的形势交换了意见。之后，金梅尔将军来了，他的领章上只佩戴了两颗星。这位身强体壮、精明能干的前司令官完全没有了往日的派头和傲慢。尼米兹禁不住产生了一种莫名的惋惜之情，其中可能也隐含着对自己前景的担忧。他对金梅尔说："老朋友，这件事可能发生在我们任何人身上。留下来帮助我吧！我现在比任何人都更需要你。"

尼米兹的新住处设在麦卡拉帕死火山上，他不愿意一个人住在这样宽大的房子里，他感到身心疲惫，现在又严重失眠了，但他很快就投入到熟悉新任务的工作中。上午参谋人员向尼米兹汇报需要他马上审批的报告，并提出需要他答复的问题。中午或下午他则用专门时间会见各舰舰长。尼米兹的一名参谋军官比尔·尤因回忆说："当我第一次见到尼米兹时，他站在珍珠港机关大楼的第二层。他满头白发、神态祥和，看起来不怎么像竭尽全力把国家从前所未有的困境中拉出来的领导者，而像一个退休的银行家。但当他必须当机立断的时候，他的眼睛就会在突发的激愤和毅然的决心下发出光芒。"

让人感到与众不同的是，第一次重要的参谋人员会议是以非正式的方式召开的。很多人都以为自己的海军生涯要结束了，但尼米兹却留用了他们。他说："作为航海局前任局长，我知道选调到太平洋舰队工作的人都是有才能的，我希望和你们一起坚守岗位。你们要继续发挥各自的专业特长，尽忠职守。"他既没有急于处理那些失职者，也没有过多责备那些悲观失望及持有失败主义观点的人，而是告诉大家"眼睛要向前看，不要向后看"，"要树立团结精神，齐心协力作战"。更令人意想不到的是，他把金梅尔手下失职的情报官埃德温·莱顿少校也留下了。同时，他选中了德雷梅尔将军当他的参谋长，并挽留派伊将军当他的非正式顾问。

尼米兹毫无将军的做派，他平等待人，和蔼可亲，对官兵们十分爱护。一天早上，勤务副官拉马尔告诉尼米兹，有位年轻人在外边等着想见他。尼米兹说："叫他进来。"那个水兵见到尼米兹后，突然情不自禁地痛哭起来。原来他和舰上的战友们打赌，说他能见到司令。不过，战友们认为他肯定见不到，如果能见到，就输给他几百美元。

“好，”尼米兹说，“为了拿到这笔钱，你还得有点证据才行。”

于是，他按电铃把拉马尔叫来说：“让参谋部的摄影人员到这里来。”

尼米兹和这个年轻的水兵一起照了相，并送了一张照片给他，让他带回去作为他赌赢的证据。

尼米兹是一个不动声色而充满力量的人物。他相信，谨慎小心能纠正疏忽大意，宽容大度即便在战时也是无可指责的。具备这两种长处必然会干劲十足，并注重实际。

金上将正式接任海军作战部部长后，也来到珍珠港视察和督导工作。金上将同时还兼任美国舰队总司令，这个舰队名称已不同于几年前了，现在他统辖着海军的所有舰队，包括太平洋舰队、大西洋舰队以及美国舰队亚洲分舰队。也就是说，这位才华出众、清高固执的金上将成了尼米兹的顶头上司。

金上将在港期间，尼米兹一连召开了几次正式和非正式的军事会议。眼下他面临的主要任务是明确的：

（1）保护美国大陆、夏威夷、中途岛以及澳大利亚之间的海路安全；

（2）引诱日本人离开东印度群岛；

（3）阻止日本人在太平洋的进一步扩张。

如何完成这些任务，需要认真审慎地思考。在尼米兹办公桌的玻璃板下，压着几张写着军事术语的卡片，位于中间的一张小卡片上写着：“作战目标，进攻战，突然袭击，接敌点要有优势兵力，简要，安全，运动，节省力量，协同配合。”有的人认为这是尼米兹的“战争原则”，但尼米兹解释说，这只不过是他的备忘录，可以随时检查他是否做到了这些。

在尼米兹写字台后面的墙上，挂着一长串地图，地图上用彩色铅笔勾画出了中太平洋那片不平静的辽阔水域。每天，尼米兹都会以审视的目光察看在那片吉凶莫测的水域上航行的美国舰只。在一次采访中，他在回答一位青年记者关于何时结束战争的提问时说：“我无法讲出具体日期，但我可以根据这些地图告诉你，当日本人在所有这些海区遭到打击，而且他们的攻击力量遭到摧毁的时候，战争就将结束了。”

金上将对尼米兹寄予了殷切厚望，但越是如此，尼米兹越发需要冷静从事。眼下太平洋舰队尚不具备反击能力，即使有能力进行反击，也将意味着太平洋战场的全面开战，必将牵涉亚洲分舰队，甚至连累大西洋舰队，结果很可能得不偿失。由于驻守在珍珠港的太平洋舰队及新加坡的亚洲分舰队现在并没有追捕敌人，而是仍在遭受敌人的追击，加上尼米兹又迟迟没有大动作，这不能不引起舆论界的质疑——海军在哪里？对此，尼米兹顶住了来自各方的压力，坚持不用有限的战列舰去做无谓的牺牲，而主张将航空母舰作为唯一的攻击型武器，完善编队后再做打算。同时他认为，夺岛计划还得进行下去，一是巩固家门，二是必须要有一次胜利来鼓舞士气，哪怕是微不足道的胜利。有了士气，舰队就可以重获生机。金上将建议尼米兹以远程袭击的方式向吉尔伯特群岛①和马绍尔群岛②发起进攻，这与尼米兹的意见不谋而合，他早就把目光投向了那片海域。

1941 年 12 月 31 日上午 8 时，停靠在潜艇基地码头的“茴鱼”号潜艇上，升起了尼米兹崭新的四星旗。尼米兹在升旗仪式讲话中说：“我们已经受到了一次巨大的打击，但最后胜利的结局则是毋庸置疑的。”

1942 年 1 月 2 日，海军参谋部向尼米兹提出以航空母舰袭击吉尔伯特群岛和马绍尔群岛的方案，实际上就是尼米兹与金上将商定的攻击日军基地的方案。方案刚一出台，便引起了激烈的争论。多数军官反对派航空母舰袭击日军基地，因为日本对临近珍珠港的吉尔伯特群岛、马绍尔群岛和威克岛可能遭到航空母舰的袭击早有防范。对此，一向温和的

① 吉尔伯特群岛：太平洋中西部环礁群，群岛处在美国和澳大利亚的海上交通线中间。

② 马绍尔群岛：位于中太平洋，在夏威夷西南约 3200 千米和关岛东南约 2100 千米处，由 1200 多个大小岛礁组成，分布在 200 多万平方千米的海域，形成西北—东南走向的两列链状岛群。

尼米兹坚定地说：“在我已经准备好开始行动的时候，不需要任何人来告诉我该怎么做。”

尽管如此，尼米兹对制订计划丝毫没有松懈，始终保持一丝不苟的态度。他每天上午接见来访者，以便及时了解前线情况，并从中发掘可用之才。对于他在指挥上提出的方法和创见，雷蒙德·阿姆斯·斯普鲁恩斯[①]海军少将打了个比方说：“就像在一个闷热的屋子里有人打开窗户，让新鲜空气吹了进来一样。”

在制订攻击计划的过程中，尼米兹最先想到了小威廉·哈尔西海军中将。哈尔西是一个典型的海军军官，眉毛蓬松、皮肤黝黑、身体健壮、动作急躁而鲁莽，被称为“蛮牛”，后来成为尼米兹最得力的三个将领之一，其余两人分别是“疯子”霍兰德·史密斯[②]和“怪物”里奇蒙德·凯利·特纳[③]。

1942 年年初的一个晴天，“企业”号编队从海上巡航回到珍珠港，哈尔西上了岸，风尘仆仆地闯进太平洋舰队司令部的会议室。他在会上慷慨陈词，大声痛骂失败主义情绪，给尼米兹袭击日军基地的方案以强有力的支持。

尼米兹严肃地告诉哈尔西，他准备调“企业”号编队会同“约克城”号编队掩护陆战队，对吉尔伯特群岛和马绍尔群岛发动进攻，并在萨摩亚群岛登陆。

“这么做怎么样？”尼米兹最后说，“这是一个难得的机会。”

哈尔西点头表示赞同，并自愿担当重任。

当时，太平洋舰队可以参加这次进攻的主要兵力有 3 支航空母舰特

---

① 雷蒙德·阿姆斯·斯普鲁恩斯（1886—1969）：美国海军上将，“二战”期间担任美海军第 5 舰队司令，是中途岛、马里亚纳历次海战的胜利者。

② 霍兰德·史密斯（1882—1967）：美国海军陆战队上将，外号“疯子”，他在两次世界大战中对陆军、海军和陆战队的两栖作战的指导与训练，是美国成功在大西洋、太平洋进行多次登陆作战的主要因素，也使他成为“美国现代两栖作战之父”。

③ 里奇蒙德·凯利·特纳（1885—1961）：美国海军上将，曾任航空局计划处处长、航空母舰行政军官、参谋部战略处处长、“阿斯托利亚”号舰长、美国太平洋地区两栖部队司令。参加过塞班岛战役、硫黄岛战役、冲绳岛战役、盟军东京湾受降仪式等。

混编队："萨拉托加"号编队（第 14 特混舰队），由费尔法克斯·利里海军中将指挥；"列克星敦"号编队（第 11 特混舰队），由威尔逊·布朗海军中将指挥；"企业"号编队（第 8 特混舰队），由威廉·哈尔西海军中将指挥。金将军还同意将大西洋舰队中由弗兰克·弗莱彻[①]海军少将指挥的"约克城"号编队（第 17 特混舰队）调到太平洋。

1 月 10 日，哈尔西应召去太平洋舰队司令部报到。他知道行动马上就要开始了，但他似乎一点也不紧张。尼米兹和他平时的谈话常常是从幽默故事开始的，而这一次却特别严肃。哈尔西内心很清楚，如果行动失败，这必将成为自己人生的一个悲剧。

1 月 11 日星期天一大早，尼米兹把哈尔西送到码头上，并深切地说："希望能凯旋相见，比尔。"哈尔西乘坐"企业"号航空母舰，由 3 艘重巡洋舰、6 艘驱逐舰护航，并带着一艘油船离开了珍珠港。另一艘航母"约克城"号也已起航，加入哈尔西的编队中，秘密地朝指定目标前进。

1 月 15 日，尼米兹接到命令，让他派一支陆战队袭击日军刚占领不久的威克岛。尼米兹知道这是一个冒险的决定，但他还是准备把"列克星敦"号编队派去，因为哈尔西的进攻会把日军在威克岛上的兵力吸引一部分过去。几天后，"列克星敦"号回电说已做好准备。不料派去给母舰加油的"尼奇斯"号中途被日军潜艇击沉，"列克星敦"号只得返回珍珠港。尼米兹始终与哈尔西保持着联系，并不止一次告诉他，情况比预想的要好，让他不要有任何顾忌，放手一搏。如果攻击马绍尔群岛奏效，则可直指珊瑚海[②]各岛。当然，这只是尼米兹最乐观的估计。哈尔西认为，在他发起攻击之前做此奢望，未免为时过早。

1 月 31 日，哈尔西亲率第 1 支特混舰队（"企业"号编队）向马绍尔群岛周边岛屿率先发起攻击。舰队的轰炸机和鱼雷机轮番对目标实施轰炸，第一次轰炸持续了 40 多分钟，之后又进行了第二、第三次轰炸。

---

① 弗兰克·弗莱彻（1885—1973）：美国海军上将，"二战"期间参加了珊瑚海海战、中途岛海战和瓜岛初期的海战，在战斗中任编队指挥官，颇有战绩。

② 珊瑚海：位于太平洋西南部海域，是世界上最大的海，相当于半个中国的国土面积。

中午 12 时，哈尔西不敢恋战，停止各路空袭，美舰向“企业”号航空母舰靠拢，在太阳落山前完成编队任务。

根据飞行员报告的情况，哈尔西估计，日军 2 艘潜艇、1 艘轻巡洋舰、1 艘小型航空母舰和 4 艘辅助船被炸沉，不少舰只被炸伤，岸上遭受的破坏程度也很大。美方损失 13 架飞机，“切斯特”号重巡洋舰被一颗炸弹击中，“企业”号受轻微破坏。另一边，由弗莱彻少将指挥的第 2 支特混舰队（“约克城”号编队）对马绍尔群岛外的一些岛屿及对吉尔伯特群岛的袭击则收效甚微，美方在暴风雨中损失了 6 架鱼雷机，只击沉日方 1 艘小型飞机补给舰。

2 月 4 日，美国电台广播了美海军成功袭击马绍尔群岛和吉尔伯特群岛的消息。当时，日军南云舰队正以高速向东追击哈尔西的 2 支航母编队，听到广播后才知道一切都来不及了。

2 月 5 日，“企业”号编队悬挂表示胜利的满旗回到珍珠港。

从整个战局的形势来看，这次空袭的战果十分有限，但美国人民尤其是舆论界想要知道的不是具体数字，而是海军已经采取反击行动。2 支航母编队抵港时，汽笛齐鸣，人声鼎沸，士兵、水手和船坞工人排在岸上跳跃欢呼。媒体立即把哈尔西神化为对付日本人的克星，并给了他一个响亮的绰号——“哈尔西公牛”。

尼米兹没等放下舷梯，就坐上工作吊板登上“企业”号航母，他紧握哈尔西的手高呼：“干得好！”强烈反对航空母舰出击的太平洋舰队驱逐舰编队司令罗伯特·西奥博尔德少将，跟在尼米兹后面上了舰，用手指着哈尔西的脸摇晃着说：“该死的比尔，这里没什么事，你回来干什么！”

这就是士气，也是对美国公众和舆论界的一种抚慰：“美国海军到底干起来了！”

第九章　航母会战

出师不利

太平洋舰队对吉尔伯特群岛和马绍尔群岛发起袭击有一个很明显的目的，那就是牵制日军对爪哇[①]和新加坡的进攻，至少可以打乱其向东、向东南方面进犯的计划，还可以保护连接澳大利亚的交通线。与此同时，珍珠港内的全部轻型舰只，包括从航空母舰护航部队抽调出来的舰只，都被用来保卫美国至夏威夷之间的海上运输队。帕尔米拉岛[②]和约翰斯顿岛[③]上也修建了空军基地，用来保卫从夏威夷往南去的船队。美国潜艇继续前往马绍尔群岛和威克岛一带进行侦察。

但是，太平洋的整个战局仍在不断恶化。1942 年 2 月初，在占领澳大利亚东北的俾斯麦群岛[④]的拉包尔基地几天后，日军从南部西里伯斯机场起飞的轰炸机，炸毁和重创美国巡洋舰各 1 艘；日军继续向南推进，把美国和菲律宾部队压到巴丹半岛[⑤]顶端和科雷吉多尔岛[⑥]附近；日军对泰国仰光、新加坡和荷属东印度群岛的进攻也毫无放慢

---

① 爪哇：印度尼西亚的第四大岛屿，该国首都雅加达位于爪哇岛的西北岸。

② 帕尔米拉岛：太平洋中部莱恩群岛北部岛屿。

③ 约翰斯顿岛：位于北太平洋中部，是波利尼西亚群岛的组成部分之一，属于美国无建制领土。

④ 俾斯麦群岛：西南太平洋的岛群，散布在新几内亚岛东北面的赤道南侧。

⑤ 巴丹半岛：在菲律宾吕宋岛西南部，介于马尼拉湾和苏比克湾之间。

⑥ 科雷吉多尔岛：位于菲律宾马尼拉湾口的海洋之中，是马尼拉湾的咽喉重地。

的迹象。此外，根据敌情通报，日军还打算从拉包尔经所罗门群岛[①]和新赫布里底群岛[②]，攫取横卧在美国与澳大利亚交通线之间的新喀里多尼亚[③]。

在此背景下，美国参谋长联席会议决定紧急派出2万名官兵增援太平洋战场，其中大部分兵力担负新喀里多尼亚的防务。

2月9日，尼米兹收到美国舰队总司令部的一份电报，电文的主要内容如下：

> 鉴于日军正在西南太平洋大举进攻，因而就敌军在夏威夷作战半径内能够投入战斗的各种舰只而言，太平洋舰队显然并不少，肯定不比日军弱。但是，如果不继续努力消灭敌军舰只和基地，敌军在西南太平洋一旦得逞，你们从澳大利亚到阿拉斯加的力量显然就比敌人弱了。你们对托管地的攻击行动本身就是掩护和保护中途岛及夏威夷一线，同时也就解除了对西南太平洋的压力……请从上述前提分析形势，并考虑从北面和东面对托管地以及威克岛采取积极行动，不然就改变战斗方式。

尼米兹立即召开会议商讨对策。太平洋舰队的参谋人员对总司令部的指示感到十分惊愕，多数人认为，航母如果没有足够的护卫舰和补给舰，尤其是缺少加油船，那么，它的作战半径就会缩短一半。他们在太平洋舰队所控制的范围内，找不出任何攻击目标可以牵制日军在其他战区的活动，即使通过海上加油扩大攻击范围，也找不到这样的攻击目标。为此，尼米兹决定让派伊将军乘泛美航班飞赴华盛顿，向海军作战部部长金上将面呈太平洋舰队的意见。随后，海军作战部对进攻计划做

---

① 所罗门群岛：南太平洋的一个岛国，位于澳大利亚东北方、巴布亚新几内亚东方，是英联邦成员之一。

② 新赫布里底群岛：地处西南太平洋上，在夏威夷和澳大利亚之间。

③ 新喀里多尼亚：法国的海外属地之一，位于南回归线附近，处于南太平洋美拉尼西亚岛群。

了调整，按照上级要求，尼米兹把“列克星敦”号航空母舰重新编队，将所有能用上的舰船，包括海军巡逻机和陆军轰炸机、1 艘重巡洋舰和 2 艘驱逐舰，都派到新喀里多尼亚，并和澳大利亚的巡洋舰及小型护卫舰一起，组成这一防区的进攻部队。

事实上，这只是一道向南的外围防线，金上将坚持自己的观点，继续要求太平洋舰队在中太平洋海区对日军海岛据点进行间隔性袭击。尼米兹对这位能力非凡却飞扬跋扈、挑剔刻薄的上司是了解的，对他的处境也完全能够理解，因为整个战局在恶化，美国虽然加入了同盟国作战行列，但美海军在太平洋战场上几乎是孤军作战，如果不能迅速组织起反击力量，那么日军不仅可以在太平洋上肆意妄为，而且美海军亚洲分舰队也可能全军覆没。尼米兹与他的参谋人员经过认真的分析和磋商，认为现在进行间隔性袭击的条件还不成熟，日本虽然派了很大一部分兵力去东南亚，但日本联合舰队的主力依然在太平洋活动，而美太平洋舰队的各类舰只显然比日军少，即使采取进攻行动，也不大可能解除西南太平洋战区的压力。而且，用于海上作战的战列舰不太适合打了就跑的袭击行动，因为它缺乏防空和反潜能力，一旦被敌人的潜艇和飞机盯上，想跑都跑不了。战列舰的航速一般只有 21 节，而航母的航速已达到 34 节。只有航母才具备偷袭条件，它可以在离敌人较远的地方，启用大批舰载机作为攻击手段，一旦偷袭得手便可快速返航。

可是，“列克星敦”号派出去后，太平洋舰队只有 3 艘母舰可用于攻击作战，其中至少要有一艘航母护卫珍珠港，也就是说，要组织偷袭行动，最多只能动用“企业”号编队和“约克城”号编队。而这 2 支特混舰队的编队都是不完整的，其中任何一支特混舰队在这个特别防区内继续执行战斗任务，都要依靠同盟国澳大利亚和新西兰提供后勤保障，而它们的力量完全不够。除非给这支舰队补充新的力量，尤其是飞机、轻型舰只、航空母舰和快速油船队等，否则，它的进攻作战能力将十分有限。

尼米兹虽然几乎从事过海军各舰种上的所有工作，但是他没有参加过飞行训练，对航空兵的使用恰好成为他的短板，因此，他对“间隔性袭击”采取了非常慎重的态度。

根据参谋长联席会议的建议，尼米兹决定把“企业”号编队和“约克城”号编队合在一起，参加对威克岛、埃尼威托克岛①和马尔库斯岛的袭击。

这是一个艰难的抉择，重任再次落在哈尔西身上。但当哈尔西得知他的航空母舰编队被编为第13特混舰队，而且预定于2月13日星期五出发驶往威克岛时，这个直率的将军异常恼怒，立刻派参谋长迈尔斯·布朗宁上校到太平洋舰队司令部责问此事。布朗宁一闯进作战室，就劈头盖脸地质问作战参谋查尔斯·麦克莫里斯上校：“这是怎么回事，选在这个不吉利的日子出发，你们有没有为我们着想?”

麦克莫里斯上校的绰号是“歌剧中的幽灵”，他虽然不迷信，但却能够理解布朗宁的气愤。这次征途上的确有许多艰难险阻，甚至凶多吉少。为此他马上决定把哈尔西部队的临时番号改为第16特混舰队，并让布朗宁转告哈尔西，由于一艘油船迟到，他的编队得拖延几天才能出发。

但是，2月14日，哈尔西便率第16特混舰队踏上了征途。他头戴棒球帽，穿着右肩带有一个刺绣锚的油布上装。对于这次行动，他虽然没有提出异议，但内心却有自己的想法。

2月15日，尼米兹收到了美国舰队总司令部发来的一份口气缓和的电报。金上将表示对太平洋舰队在中太平洋海区偶尔对日军海岛据点进行袭击的举动比较满意。同时，他又提醒尼米兹，为应付敌人可能的突然袭击，舰只应当保留后备力量，并建议在坎顿岛②地区中部部署1艘航母。

上级有令，尼米兹不能不执行，他把弗莱彻的“约克城”号编队分离出来，调去坎顿岛驻守。

哈尔西要孤军作战了。为了尽量避免上级的干涉，整个袭击是在无

① 埃尼威托克岛：西太平洋马绍尔群岛西北端的珊瑚岛，是优良的停泊所。

② 坎顿岛：西太平洋费尼克斯群岛最大和最北端的珊瑚礁。

线电静默的情况下进行的，舰队几乎断绝了与太平洋舰队司令部的联系。这一切或许也是为了防止敌方了解美舰的动向。

2 月 24 日，风雨交加，能见度很差，但是袭击还是开始了。美巡洋舰先于日军发起攻击。天亮时，美军轰炸机飞临威克岛上空，开始实施轰炸。

3 月 5 日，第 16 特混舰队司令哈尔西终于发了一份请求派 1 艘加油船的电报。简短的附言称："部队没有，重复一句，没有遭受损失。"

尼米兹对此有些恼火，但这一做法也提醒了他，他为自己制定了一个严格遵循的指挥原则：一个司令官受命在外执行已获批准的战斗任务时，可以全权处理一切事宜，而不必请示汇报。

几天后，各种各样的消息从特别防区传到珍珠港："列克星敦"号编队的布朗将军企图袭击拉包尔日军基地，但在距离目标 350 海里的地方被日军侦察机发现。"列克星敦"号编队的战斗机立即击退了日机，但因行动已被日军发现，失去了袭击的突然性，布朗只好下令撤军。

3 月 10 日，哈尔西的第 16 特混舰队返回珍珠港。哈尔西本人也承认，此次袭击收效不大，日军仅有少数建筑物和可能一个油库起火，1 艘小巡逻艇被击沉；己方则损失 2 架轰炸机。

媒体对珍珠港的兴趣开始锐减。海军部部长诺克斯就新闻记者采访问题发来电报以后，再也没有和尼米兹通过信。凯瑟琳来信说，诺克斯夫人请她吃午饭。这让尼米兹感到有点奇怪，他在回信中写道："我很高兴诺克斯夫人请你吃午饭。我近来没有收到诺克斯的任何信电，或许他不愿谈出他的想法。现在他对我恐怕已不像原来那样有兴趣了，但这是自然的。过去曾有许多人开始对我很热情，后来看到事情进展不够快，就对我失望了。再能工作上 6 个月，我就是幸运的了。大家可能希望我更快地做出成果来。"

实际上，尼米兹也一直在寻找机会，并为扩大战果做积极的准备。不幸的是，坏消息很快又传来了：2 月 15 日，新加坡被日军占领；2 月 19 日，日军舰载轰炸机空袭澳大利亚北部的主要港口达尔文港；在 2 月 27 日至 28 日的爪哇海战斗中，防区剩下的美国作战部队被打散，有

4 艘美国驱逐舰逃出，但包括“休斯敦”号重巡洋舰在内的其他舰只，在逃离爪哇海时被击沉；3 月 8 日，仰光失守，次日爪哇陷落；随后，日航空母舰又驶向爪哇南部支援对那里的入侵行动；爪哇陷落以后，日航空母舰编队进入印度洋，炮击英国远东舰队及其在锡兰（现斯里兰卡）岛上的基地。

尼米兹唯有寄希望于弗莱彻的“约克城”号编队能够取得战果，并让他配合“列克星敦”号编队的行动。此外，尼米兹对一些舰船的指挥人员进行了调整，开始酝酿下一阶段的袭击行动。

珊瑚海的战略性胜利

1942 年 3 月上旬，根据尼米兹的命令，“约克城”号编队已与“列克星敦”号编队合编，由布朗将军统一指挥。这支编队的主要任务是在珊瑚海巡逻，保护西南太平洋的交通线，并伺机袭击日军在这一带岛屿上的基地。但直到 3 月 26 日，仅有一次袭击行动取得了小小的成功。布朗把“约克城”号编队留在珊瑚海，自己随“列克星敦”号编队回港向尼米兹说明情况。

听完汇报后，尼米兹对布朗的行动成效非常不满。布朗认为，航空母舰跨过海图很不清晰的海洋去攻击敌人坚固设防的据点过于冒险，这显然与金上将的观点相违。尼米兹无奈，只得将他调任为总部设在圣地亚哥的两栖作战部队司令，并由年轻有为的奥布里·菲奇少将接替布朗任联合编队指挥官。尼米兹每次要撤换一个人，往往是只要有可能就把他往上提升。

罗斯福总统也常常这样用人，他准备将在菲律宾指挥作战的太平洋战区总司令道格拉斯·麦克阿瑟撤回本土，改任西南太平洋海区盟军最高司令，管辖澳大利亚、所罗门群岛、俾斯麦群岛、新几内亚和菲律宾。这是出于保存实力的考虑。同时，他又给尼米兹增加了一个任务——接替麦克阿瑟任太平洋战区总司令。麦克阿瑟乘 B－17“空中堡垒”轰炸机[①]飞到澳大利亚后，向外界宣布：“据我了解，美国总统命令我从日军防线突围的目的，在于组织美军对日军的反攻。第一步就是收复菲律宾。我怎么来的，就一定要怎么回去。”这位一向心高气傲的将军并不认为他是被日本人撵走的。

罗斯福在调整战区指挥官的同时，想到了一个遏制日军攻势的报复性计划，那就是不惜血本，远袭日本东京等重要城市。为了实施这一计划，从3月初起，先后有24个候选机组抵达位于佛罗里达州的埃格林空军基地[②]，为空袭日本本土做准备。最后选定执行任务的16个机组，在加利福尼亚州阿拉梅达海军航空站登上了“大黄蜂”号（CV－8）航母。

1942年4月2日，“大黄蜂”号航空母舰载着16架经过改装的B－25“米切尔”中型轰炸机[③]驶离旧金山，在重巡洋舰“文森斯”号等6艘战舰的护航下，告别巍峨的金门大桥，消失在太平洋无边的雨雾中。另一支由哈尔西率领的以“企业”号航空母舰为核心的舰队，也从珍珠港悄然出发，驶向正北方向，为“大黄蜂”号护航。哈尔西的舰队与马克·米切尔[④]海军少将的“大黄蜂”号合编后，仍为第16特混舰队，由哈尔西任总指挥。

4月18日中午，16架美B－25“米切尔”中型轰炸机出现在日本首都东京上空，机上的投弹指示灯红光闪烁，一枚枚500磅的炸弹呼啸着倾泻而下。“盛开鲜花”的城市刹那间笼罩在硝烟迷雾之中，东京街头到处是奔逃的人群。飞机还轰炸了东京以南的海军造船厂，以及一些工业设施。除了东京外，其他几个城市也相继遭到美军的轰炸。

这是总统参谋部和参谋长联席会议拟订的作战计划，执行计划的是陆军航空兵，指挥官是美国飞行员中的传奇人物、陆军航空兵中校詹姆

---

① B－17“空中堡垒”轰炸机：美国波音公司在20世纪30年代为美国陆军航空队所发展的重型轰炸机，是第二次世界大战初期美军的主要战略轰炸机。

② 埃格林空军基地：位于美国佛罗里达州瓦尔帕莱索西南方向的美国空军基地。

③ B－25“米切尔”中型轰炸机：第二次世界大战全球战场中美国研制的最为优秀的中轻型轰炸机之一。

④ 马克·米切尔（1887—1947）：美国海军上将，“二战”期间担任太平洋战区美军快速航空母舰部队指挥官。

1942年4月18日，杜立德中校奉命率领16架B－25“米切尔”中型轰炸机从“大黄蜂”号航空母舰上起飞，对日本东京等城市进行轰炸。图为杜立德轰炸机队从航母上起飞

斯·杜立德①。轰炸任务完成后，轰炸机中队的飞机飞到1100海里以外的中国机场降落。

第二天，美国各大报纸都在头版以通栏大标题报道：美国飞机轰炸东京，杜立德中校干得漂亮！

4月19日下午，白宫举行了气氛热烈的记者招待会。《洛杉矶时报》一位金发碧眼的女记者问此时满面红光的罗斯福：“请问总统先生，轰炸东京的飞机是从哪个基地起飞的？”

罗斯福眨了眨眼，以其特有的幽默回答道：“香格里拉，我想是从那里。如果不是这样，亲爱的小姐，你说又能从哪里呢？”

---

① 詹姆斯·杜立德（1896—1993）：美国空军将领、杰出的特技飞行员和航空工程师，“二战”期间率编队首次空袭日本本土包括东京在内的数座城市。他的飞机轰炸过三个法西斯轴心国的首都——东京、罗马和柏林。

美国陆军敢于跨海奔袭日本本土，这是日本人万万没有想到的，这一行动不仅使东京遭到破坏，更重要的是对日本人的心理造成了巨大的震动和打击。尽管尼米兹对于空袭东京始终持有异议，但也从中受到了鼓舞和启示：只要航母最大限度地发挥潜力，那么世界上就没有攻击不到的地方。有了这样的信念之后，他终于下定了决心。

就在“大黄蜂”号袭击东京的同时，设在澳大利亚的科雷吉多尔无线电情报站发出情报信息：日军运输船队由轻型航空母舰“祥凤”号护航，在2艘参加过袭击珍珠港的老航空母舰“翔鹤”号和“瑞鹤”号作战编队的支援下，将很快进入珊瑚海。

值得一提的是，自从美海军于1942年1月成功地从被击沉的日潜艇中打捞到日军密码本以来，珍珠港的情报处就逐渐破译了日军的电码，并用分散的情报逐渐绘制出日本联合舰队的进攻方向。经分析得知，日军把即将发动的进攻行动称作“MO行动计划”，尼米兹立即想到日军的主要目标是莫尔兹比港①。他断定，日军会首先拿下瓜岛北面的小岛图拉吉岛，用作海上预警飞机的基地。按时间推断，战斗可能在5月3日至5日打响。

莫尔兹比港对美海军和陆军来说都相当重要，若日军占领这一基地，将既能保护拉包尔以及新几内亚的军事要地，又可使澳大利亚北部的盟军航空基地不能发挥作用，如此一来，日军进攻新喀里多尼亚、斐济群岛及萨摩亚群岛时，翼侧就有了保障。

阻止日军的进攻是当务之急，刻不容缓。但对尼米兹来说，出兵不是一个能够轻易做出的决定，因为此时美国海军很难集结足够的兵力。其中，“萨拉托加”号被日潜艇击伤，在西海岸修理；“企业”号和“大黄蜂”号正在袭击东京的返航途中。可供使用的只有第8特混舰队“列克星敦”号和第17特混舰队“约克城”号航母，另有8艘巡洋舰和13艘驱逐舰。尼米兹即令“约克城”号编队的第17特混舰队迅速撤至汤加塔布岛，就地进行休整，补充油料，维修保养，补充兵员，完善

---

① 莫尔兹比港：位于新几内亚岛东南巴布亚湾沿岸。

建制，做好充分准备，以便在4月底前能返回珊瑚海参加战斗。同时，他又令驻在珍珠港的“列克星敦”号编队向南移动，与“约克城”号一同投入战斗。麦克阿瑟也将手下的小型舰队抽调出来，增援第17特混舰队。由于对弗莱彻海军少将的保守战法很不放心，尼米兹还专程飞到旧金山与金上将交换意见。

4月25日，尼米兹的参谋人员会议正在进行时，哈尔西率“企业”号、“大黄蜂”号编队圆满完成任务，兴高采烈地回到珍珠港。哈尔西原以为能有个短暂的假期进行休整，没想到尼米兹马上又让他接受新任务，并且只给他5天的时间用于补充兵员、油料和必需的物资。5天之后，他就要赶往珊瑚海，航程是3500海里。此时，派伊率领战列舰队（其中有不少新式战列舰）正好返回珍珠港，但尼米兹根本不想让战列舰参战，于是让派伊把它们带到西海岸（大西洋）隐蔽起来。

1942年，珊瑚海海战中，美国航空母舰“企业”号飞行甲板上的战机群

到4月下旬，日军第5航空战队（“翔鹤”号和“瑞鹤”号）、第5巡洋舰队（“妙高”号和“羽黑”号）从印度洋归来，回到特鲁克岛。日军进攻图拉吉岛和莫尔兹比港的计划随之开始。日军计划由后藤有公海军少将指挥以轻型航空母舰“祥凤”号为主力组成的海上掩护部队，首先支援图拉吉岛的登陆作战，而后西进，援助进攻莫尔兹比港的部队；由梶冈定道少将指挥的4000人的登陆部队从拉包尔出发，绕过新几内亚岛东端，驶往莫尔兹比港。

4月30日，日军第5航空战队、第5巡洋舰队和6艘驱逐舰作为机动部队，从特鲁克岛南下，横亘于夏威夷和新几内亚群岛之间，伺机消灭盟军水面舰只。

美太平洋舰队司令部的作战图是一幅贴在胶合板上的所罗门群岛－珊瑚海－俾斯麦群岛海图，海图上蒙着一张描图纸，由绘图军官用彩色铅笔标出美国军舰和部队的位置及行动，每天子夜时更换一张描图纸。尼米兹不时离开电话不断的办公室，到作战室查看战况变化。

第一场战斗于5月3日开始，当弗莱彻收到日军正在图拉吉岛登陆的消息时，他的“约克城”号仍然在巴特卡普角以西90多海里的海面上加油。“这是我们等了一个月的消息。”他写道。他立即中断加油，命令编队以26节的航速，向北驶往所罗门群岛中部。

5月4日拂晓，“约克城”号航空母舰到达瓜岛西南约90海里的海面上，航空母舰战斗机驾驶员凭着旧的《国家地理》杂志的介绍，向图拉吉岛附近海面上的日军发动了一系列袭击，摧毁了日军水上飞机，发回了有多少敌舰被击沉的夸大报告。弗莱彻兴高采烈地向珍珠港报告了胜利的喜讯，随后他的舰队开始向莫尔兹比港进发。尼米兹后来对所谓的图拉吉岛战斗重新做了评价：“从消耗的弹药和取得的战果来比，这场战斗肯定是令人失望的。”这一袭击行动的另一失误是暴露了美军的实力，在珊瑚海战役前，美国占有情报先机，而袭击图拉吉岛后，双方的情报算是扯平了。

日军登陆掩护编队由“祥凤”号轻型航母、8艘巡洋舰、6艘驱逐舰组成，作为攻占莫尔兹比港的先头部队。4月28日从拉包尔出发的先遣登陆部队，在“祥凤”号航母舰载机的掩护下，于5月3日未遇到抵抗就占领了小岛图拉吉。

5月4日，日军登陆部队主力从拉包尔乘14艘运兵船，在6艘驱逐舰、1艘巡洋舰的掩护下，浩浩荡荡驶向莫尔兹比港。完成图拉吉岛登陆掩护的“祥凤”号及掩护舰只向西航行，准备与登陆部队会合；同时，日军机动部队第5航空战队进驻珊瑚海。这时，前来迎击的美第17特混舰队已先于日军的机动编队进入珊瑚海，于是就发生了海战史上有名的珊瑚海海战。

5月6日，在密云的掩护下，弗莱彻和英国皇家海军少将格雷斯的重巡洋舰舰队及“列克星敦”号会合，一同加了油。珍珠港的最新情报表明，日军以2艘航空母舰提供空中掩护的入侵莫尔兹比港的部队，将于第二天穿过卢伊西亚德群岛。弗莱彻于是向西直驶珊瑚海，但他并不知道他们在那天下午就被一架到处搜索的日本水上飞机发现了。位于拉包尔的日海军中将井上成美司令部得知2艘美军航空母舰正前往截击进攻莫尔兹比港的日本舰队后，顿时乱作一团。司令部紧急命令运输船停止前进。高木武雄①少将率领的以“翔鹤”号和“瑞鹤”号为主力的机动部队收到警报时，正在瓜岛以南加油，等到他准备好将距离缩小到可以发动空袭的时候，舰队刚好碰到了浓雾。于是，他决定继续给舰队加油，待黎明再出击。

5月7日4时许，由于日军已基本得知美舰队的方位，日机动编队派出12架舰载机分为6组，在180度至270度方位之间、250海里距离内搜索美舰队。5时45分，向南搜索的日机报告：“发现敌航空母舰、巡洋舰各1艘。”6时至6时15分，先后从“瑞鹤”号起飞零式战斗机9架、轰炸机17架、鱼雷机11架，从“翔鹤”号起飞零式战斗机9架、轰炸机19架、鱼雷机13架，共78架日机，向所发现的目标飞去。等他们到达目标上空，才发现并非美军的航母编队，而是5月6日下午

---

① 高木武雄（1892—1944）：战前海军军备计划的主持者，泗水海战的胜利者。1944年成为潜艇舰队司令，同年战死，追晋海军大将。

与弗莱彻本队分开的“尼奥肖”号油船和“西姆斯”号驱逐舰，由于两舰各放大一圈，看起来很像一艘航母和一艘巡洋舰。日突击机群发现不是航空母舰后，又在附近海面反复搜索了 2 个小时，仍未找到其他目标。其中，鱼雷机未对美舰进行攻击，于 9 时 15 分开始返航，而 36 架俯冲轰炸机则于 9 时 26 分至 40 分对最初发现的目标进行了攻击。“西姆斯”号被 3 枚 500 磅的炸弹击中，其中有 2 枚在机舱爆炸，数分钟就沉没了；“尼奥肖”号被 7 枚炸弹击中，载着大火在海上漂了几天后沉没。

这时，弗莱彻的航母主力正在向西行驶，以期拦截日军的登陆舰队，但他们犯了与日军同样的错误：没有发现日军机动部队。黎明之后两个小时，“列克星敦”号上的一架巡逻机发回报告：“发现 2 艘航母和 4 艘重巡洋舰。”弗莱彻以为这是日军的航母编队，决定全力实施攻击。“列克星敦”号派出俯冲轰炸机 28 架、鱼雷机 12 架、战斗机 10 架，“约克城”号派出俯冲轰炸机 25 架、鱼雷机 10 架、战斗机 8 架，共计 93 架。飞到目标后，美军才发现是 2 艘轻巡洋舰和 2 艘炮艇，这是日军登陆的掩护部队，由于密码错误，被夸大成一支航母突击编队。不过，美军最终发现其中有值得攻击的目标——“祥凤”号航母，于是，93 架美军战斗机和轰炸机对其进行了长达半个小时的轮番进攻，“祥凤”号中了 13 枚炸弹和 7 条鱼雷。舰长井泽下令弃舰，15 分钟后，“祥凤”号沉没，只剩一团黑烟和一片油污在珊瑚海扩散开来，这是日本帝国海军开战以来损失的第一艘大型舰船。

尼米兹得知这一消息后，高兴地从珍珠港给弗莱彻发报说：“祝贺你和你的舰队圆满完成任务，望能和援军扩大战果。”

5 月 7 日上午，美、日攻击舰队刚好处于相互攻击范围的边缘，但双方由于技术原因都没有发现对方的方位，错过了先发制人的时机。相对而言，美军犯的错误更为危险，因为他们出击的舰载机偏离其主要威胁达 90 度以上，不过，美军取得的战果也更大，又敲掉了日军一艘航母。日本联合舰队犯了错误，但他们至少知道主要目标的大致位置。待日军第 5 航空战队想纠正错误的时候，却面临着时间问题：若下午 14

时起飞，18 时（日落后 2 小时）才能返航，这对飞行人员来说是一个极大的考验。最后，第 5 航空战队的原忠一中将还是派 12 架轰炸机、15 架鱼雷机于 14 时 15 分离舰，向预想的目标飞去。黄昏时分，这些飞机实际上是从美国舰队上空飞过的，但由于天气原因没有发现目标，等到返航时才发现美国舰队，但此时这些战机已抛掉了炸弹，并遭到美军“野猫”式战斗机的拦截。在茫茫暮色中，几个迷失方向的日本飞行员竟错误地试图在“列克星敦”号上降落，由于识别信号不对，被高炮手发现并将其中的一架击落入海，另外几架则慌忙逃入黑夜中。这使弗莱彻意识到，日军航母就在附近海域，而决定这场海战结果的航空母舰之间的决斗势必在第二天进行。

战斗打响以来，珊瑚海的这一夜似乎特别漫长，而“列克星敦”号显然已等不及黎明了。甲板早已清理完毕，机务人员借着黎明的微光对飞机进行最后的检查；准备室中，飞行员正一边吃着早餐后的巧克力，一边听着简报；甲板下，医疗队准备好了外用包扎品和吗啡；抢险队正一间一间地检查水密舱是否已关闭；高射炮手紧张地注视着越来越亮的天空。

珊瑚海 200 海里内相对抗的 4 艘航母（日军“翔鹤”号、“瑞鹤”号和美军“约克城”号、“列克星敦”号）上，正做着同样的准备工作，唯一不同的或许是美国飞行员吃的是巧克力，而日本飞行员吃的是米糕。

随后，“列克星敦”号迎风掉头，当 18 架侦察机中的最后 1 架消失在北方天际时，5 月 8 日的太阳正好从东方的海面升起，构成了一幅绝妙的出征图。

或许命中注定，双方搜索的飞机几乎同时发现目标。8 时 22 分，最北边的美军侦察机发回报告：敌人的航空母舰特遣舰队在“列克星敦”号东北约 175 海里的海面上，正以 20 节的速度向南行驶。仅仅几分钟以后，美国航空母舰的无线电台也收到了日本人兴高采烈的报告，显然美军也被他们发现了。随后，“约克城”号和“列克星敦”号共起飞 81 架战机，扑向日本舰队。10 时 32 分，美突击机队发现“翔鹤”号和“瑞鹤”号正朝东南方向行驶，2 艘航空母舰相距约 7 海里，各由 2 艘重巡洋舰和驱逐舰护航。正当美机利用宝贵的几分钟，在团团积云里组织进攻的时候，“翔鹤”号趁机出动了更多的战斗机，之后便躲进下着暴雨的附近云中。

美军的航空大队突然失去了攻击目标，顿时乱了阵脚。鱼雷机和俯冲轰炸机被零式战斗机冲散，且缺乏配合，鱼雷投进海里，偏离目标很远。不过，在乱打误撞之中，有 2 枚炸弹击中了“翔鹤”号，使其飞行甲板上因燃油泄漏而起火。“列克星敦”号上的飞机借着烟雾赶了过来，但难以发现厚厚的云层底下敌舰的具体位置，进攻受挫。只有 15 架轰炸机好不容易发现了一个目标，但它们只有 6 架“野猫”式战斗机保护，很容易被日军的零式战斗机冲散，鱼雷进攻再次失败，轰炸机只投中一枚炸弹。

当美军所剩的 43 架飞机返航时，发现日军能够发动更有效的进攻。由于有雷达，“列克星敦”号的战斗机指挥官发现日机仍然在东北方向 60 多海里的空中时，就知道它们的到来，并起飞战斗机进行截击。但日军第 5 航空战队的 69 架舰载机在未受美军拦截之前已经分成 3 个攻击机队，鱼雷机队首先扑向“约克城”号，由于该舰灵活地进行规避，日机的攻击未见成效。但是，因为在环形警戒序列中的 2 艘航空母舰都在自行规避，结果两舰之间的距离迅速拉大，警戒舰只也随之一分为二，从而削弱了对空防御，给日机以可乘之机。

下午，尼米兹收到了一份截抄的弗莱彻给麦克阿瑟的电报：“第 17 特混舰队有 2 枚 1000 磅的炸弹和 2 条鱼雷，击中了敌人的 1 艘航空母舰。建议你派轰炸机参战。”西南太平洋海区盟军司令问“被击坏的敌舰位于何处”，弗莱彻回答了经纬度，但仍没有得到陆军航空兵的支援。

日机乘隙对“约克城”号左舷投射了 8 条鱼雷，但均被该舰避开。随后，日轰炸机队开始对“约克城”号俯冲投弹，一枚 800 磅的炸弹击中了该舰舰桥附近的飞行甲板。

接着，“约克城”号的密码室又被一枚炸弹炸得粉碎，雷达失去了效用。美俯冲轰炸机攻击队队长比尔·奥尔特海军中校和他的报务员在攻击“翔鹤”号后返航时飞机受损，并发现自己处于飞行员的最危险的境地——在苍茫大海的上空迷失了方向，而油位指针已在零度上面晃动。不过，此时奥尔特仍可以用无线电与“约克城”号联系。

“约克城”号：最近的陆地在180海里开外。

奥尔特：我们永远到不了那里。

“约克城”号：靠你自己了。祝你顺利！

奥尔特：请向“列克星敦”号转达，我们把一枚1000磅的炸弹丢到一艘军舰上了。我们两人都报告了两三次。敌人战斗机飞来了，我改向北飞行。请告诉我你们是否收听到我的话。

“约克城”号：收听到了。靠你自己了。我将转达你的话。祝你顺利！

奥尔特：好，再见！我们的一枚1000磅的炸弹击中了一艘军舰！

这是人们最后一次听到奥尔特中校的声音。

这时，日鱼雷机队正在攻击“列克星敦”号，他们成功地运用了夹击战术，从该舰舰艏的两舷、15～70米高度、1000～1500米距离投射鱼雷。“列克星敦”号由于吨位较大，回圈半径较大，转弯不灵活，日机投射的13条鱼雷中有2条击中该舰左舷，使其锅炉舱有3处进水。当“列克星敦”号正在拼命地规避鱼雷时，日轰炸机队又开始对其进行攻击，有2枚炸弹命中目标。

美太平洋舰队司令部收到了一系列电报。其中，第17特混舰队司令报告，“约克城”号被一枚炸弹击中，穿透了几层甲板；“列克星敦”号被2条鱼雷和几枚炸弹击中，遭到小的损坏。另一份电报中说：“至少有4次，也许更多次击中了敌航空母舰，至少有3枚1000磅炸弹命中了目标，敌舰燃烧得很厉害。”不久，弗莱彻又报告：“‘约克城’号现在航速能达到30节，建议今晚尽可能把‘列克星敦’号上的飞机调到‘约克城’号上，并让‘列克星敦’号撤至珍珠港。”

尼米兹备感欣慰，他那颗终日悬着的心终于放下了。他回到静谧的住宅里，躺在沙发上舒心地出了一口长气，然后微闭双眼，静静地聆听着不远处潮汐富有韵律的起伏声。

但事实上，在日军长达13分钟的轰炸中，“列克星敦”号已产生7

度横倾，虽然该舰在调整燃油之后恢复了平衡，得以继续接纳返航的飞机着舰，同时为战斗机加油加强制空，但是，由于燃油泄漏，舰内突然发生爆炸，并引起大火，火势迅速蔓延，以致无法控制。15 时左右，舰长下令全体舰员离舰。17 时许，“费尔普斯”号驱逐舰奉命对其发射 5 条鱼雷，“列克星敦”号于 17 时 56 分沉没。已经降落到该舰的 36 架飞机也随之沉入大海。“约克城”号上虽然尚有轰炸机和鱼雷机 27 架、战斗机 12 架，但因已入夜，弗莱彻无心再战，遂率队撤离战场。第二天，日军“瑞鹤”号的飞行员为追击美舰再次进行侦察巡逻，发现海上只剩“列克星敦”号的残骸了。

尼米兹第二天到办公室才得知真相，欢悦的气氛顿时蒙上了一层阴影。他喃喃地说：“‘列克星敦’号是不该丢的！”但他很快发现周围的人一个个垂头丧气，接着又说：“记住这一点，我们丝毫也不了解敌人受损失的情况。敌人肯定也受到了重创，敌人的情况也并非称心如意。”

是的，这次海战是美日航母第一次真正近距离的正面对抗，也几乎是太平洋战争中最公平的一役。在力量相当的情况下，谁也无法完胜。对于毫无对抗经验的太平洋舰队来说，此战有得有失，只是损失比日本联合舰队要大一点。珊瑚海之战，应该说日军取得了一次战术性的胜利。不过，尼米兹宣布这次海战是“一次具有决定性深远意义的胜利”。因为此战，日军“翔鹤”号受损、“瑞鹤”号严重减员，而第 5 航空战队的这两艘航母原本要参加中途岛计划，现在已无法实现了。从这个意义上说，美军太平洋舰队取得了战略性的胜利。战后，尼米兹向金上将建议晋升弗莱彻为海军中将，并授予军功章，尽管他对弗莱彻的作战表现并不是很满意。

尼米兹曾打算让弗莱彻的舰队留在珊瑚海，等待哈尔西的第 16 特混舰队支援，那样太平洋舰队就可以寻找战机，以 3∶2 的优势与日本联合舰队决战。但他最终放弃了这一想法，因为“约克城”号遭受到破坏。面对日军即将在中太平洋发动全面攻击的局面，他不能再用一艘航空母舰去冒险，落得两败俱伤的下场。因此，他电令哈尔西故意暴露“大黄蜂”号和“企业”号正在向“约克城”号靠拢的动向，以期对日舰形成威慑，彻底打消他们追击“约克城”号的念头。

第十章　拐点之战

截获山本的情报

珊瑚海海战后，尼米兹的太平洋舰队和日本联合舰队较上了劲。几十年前，尼米兹所参加的演习和战术课题研究，都是以日本海军为假想敌，没想到这一天真的到来了。

由于受当时的技术限制，海军舰艇不可能全都配置体积庞大的雷达，对敌情的侦察通常依赖侦察机和地面情报站。尼米兹对情报工作一向十分重视，他就任太平洋舰队总司令后，不仅留用了犯有过失的情报官莱顿少校，还重建了一个高效的情报班子。他认为，情报部门就是司令官的眼睛。他的这双眼睛此时已紧紧地盯住了日本联合舰队。

那么，日本联合舰队此时在做什么呢？

珍珠港战后不久，日本陆、海军在南方各个战场上频频得手，并将由美、英、荷、澳军舰组成的“ABDA 舰队”全歼于马来亚海面，取得了巨大胜利[①]。为此，他们认为，第一阶段的作战任务已提前完成，第二阶段的作战任务应该是，在同盟国恢复实力之前，主动发起战略进攻，连续攻击盟军的薄弱点，寻机在太平洋与实力最强的美国海军展开大规模作战，尽可能缩短战争进程。

日本海军大将山本五十六曾说过：“如果要我去进行不计后果的战

---

① 马来亚海战是第二次世界大战太平洋战争开始时，发生在马来亚海域的一场海战，日军在此战中击沉 2 艘英国皇家海军战列舰，夺取了太平洋和印度洋的制海权，亦使马来半岛之失陷成为定局。

争，我可以在头半年或一年之内横行于天下，但对第二年和第三年的战争，我则全然没有信心了。”所以，他想方设法企图速战速决。在珊瑚海战役之前，他就开始在海上寻找最佳的战略位置。这恰恰与尼米兹的冷静和等待形成了鲜明对比，或许尼米兹已经预料到了对手的心机，故而采取“忍耐”的态度。美国是一个具有战争潜力的大国，但需要时间把潜力挖掘出来。而山本五十六对此是无法容忍的，他极力诱使美海军进行大规模决战。他站在地图前，对太平洋上的岛屿逐个筛选、反复研究，最终将下一个作战目标锁定在西距东京 2250 海里，东南距珍珠港 1135 海里的中途岛。

对日军来说，占领中途岛，一方面可以把中部太平洋的防御圈向东推进，并可利用岛上的海空军基地，有效地监视和警戒地处夏威夷群岛的美太平洋舰队的行动；另一方面还可以在美国中部太平洋防御圈上打开一个缺口，威胁夏威夷群岛，并将其作为日后攻占夏威夷的跳板。当然，这只是夺岛的实际意义，山本五十六的最终目的是以中途岛为诱饵，诱歼美国航母主力编队。由于中途岛对美军的战略地位极其重要，所以山本五十六不怕美国海军舰队不上钩。

1942 年 5 月 5 日，永野修身[①]海军大将奉日本天皇敕令，发布了《大本营海军部第 18 号命令》，正式下达代号为“米号作战”的中途岛作战计划。这一命令简单地指示日本联合舰队司令“与陆军协同，占领中途岛和阿留申群岛西部要地”。同时，大本营陆军参谋本部和大本营海军部签署了联合“中央协议”，规定了陆军和海军在中途岛作战中相互协作的事项。根据这个协议，陆军将派一个加强联队参加中途岛登陆作战，这些部队在完成占领后撤出，由海军部队负责守备该岛。登陆部队将于 5 月 25 日前后在塞班岛[②]集结。协议没有规定具体作战日期，只是说作战将在“6 月份前 20 天内”，与阿留申群岛的作战同时开始。

---

① 永野修身（1880—1947）：日本元帅，日本海军舰队派的主要人物，对美开战的急先锋，太平洋战争时期的日本海军一号首脑，1944 年因战局不利转任天皇首席顾问。日本投降后被捕，在战后审判时病死。

② 塞班岛：北马里亚纳群岛联邦首都。

这一计划出台后，在日军大本营及陆军部、海军部引起了激烈的争论。海军军令部认为，由于中途岛距离较远，无法得到岸基航空兵的支援，而且难以做到出其不意。退一步说，即便占领中途岛，组织防御和维持补给都是非常困难的。但在山本五十六的坚持下，海军军令部原则上表示同意，只是在战役发起时间等细节上还存在分歧。日本陆军部也反对海军的计划，主张进攻澳大利亚。东京遭到空袭后，山本五十六在军界理直气壮地说："进攻中途岛就是保卫首都东京的安全，保卫天皇陛下的安全，这是帝国军人的神圣天职！"一心想向东线进犯的山本五十六，借助杜立德航空队轰炸东京这一事实，在这场战略方向之争的论战中获胜了。日军大本营感受到了来自东面的威胁，使一切反对中途岛作战的意见烟消云散。

随后，山本五十六与他的幕僚班子一起制定了进攻中途岛的作战方案，其作战目的是：

（1）占领西阿留申群岛[①]；

（2）占领中途岛，夺取航空兵前进基地，继续向中太平洋和西南太平洋扩张；

（3）引诱并歼灭美国太平洋舰队。

为确保战役胜利，日军将首先对阿留申群岛发动佯攻，以分散、牵制美军，日军主力则隐蔽前往中途岛，夺取该岛并消灭前来增援的美国太平洋舰队。如果能够达到预期的战略目的，将极大消耗美军的有生力量，沉重打击美军的战斗意志，并能将美军在太平洋上发动战略反击的时间至少推迟到1944年以后，为日本赢得宝贵的时间，从而积累足够的力量来保持有利而稳定的战略态势。

日军计划动用约200艘舰艇（其中包括航空母舰8艘、战列舰11艘、重巡洋舰13艘、轻巡洋舰9艘、驱逐舰65艘、潜艇21艘）、飞机600余架、陆军8600人、海军2.3万人的庞大兵力来执行这一计划。战役最高指挥官为日本联合舰队司令山本五十六海军大将。全部兵力编为

① 阿留申群岛：位于白令海与北太平洋之间，自阿拉斯加半岛向西伸延至堪察加半岛。

6 个战术编队。

主力编队，由山本五十六亲自指挥，任务是掌控中途岛、阿留申群岛作战全局，间接支援北方的作战，重点支援中途岛作战，同时攻击美国舰队。

机动编队，由第 1 航空舰队司令南云忠一指挥，拥有重型航空母舰 4 艘及各类舰载飞机 261 架，任务是在登陆作战之前空袭中途岛的美军机场及各种设施，消灭岛上的美军航空兵，支援并掩护登陆作战，同时捕捉歼灭可能遭遇的美国舰队。

登陆编队，由第 2（重巡洋舰）舰队司令近藤信竹[①]指挥，任务是登陆中途岛。

北方编队，由第 5 舰队司令细萱戊子郎指挥，包括 5 支分队，拥有航空母舰 2 艘，另搭载陆、海军登陆兵 2450 人，任务是佯攻分散美军兵力，伺机夺岛，包括空袭荷兰港的美军海空基地，破坏阿达克岛的美军军事设施，攻占基斯卡岛和阿图岛。

先遣侦察编队，由第 6（潜艇）舰队司令小松辉久海军中将指挥，任务是先行侦察中途岛的美军情况及天气状况，并在开战前进至中途岛至夏威夷之间组成潜艇警戒线，以攻击驰援中途岛的美国舰队。

岸基航空部队，由冢原二四三[②]海军中将指挥，准备在占领中途岛后立即以岛上机场为基地，实施空中作战。

山本五十六设想于 6 月 6 日在中途岛登陆，整个作战计划以这一天为中心，详细安排了各部队的行动时间表。他周密地设计着自己的赌局，坚信在新的赌局中能够像在珍珠港一样，再赢一个“大满贯”。

在日本联合舰队为谋取中途岛而紧张备战的同时，美太平洋舰队司令部所在地珍珠港的一个非常隐蔽的地下室里，包括莱顿中校在内的 24 名经过严格训练的情报人员，整日埋头于文件和电讯稿之中。这是

---

① 近藤信竹（1886—1953）：日本海军大将，山本五十六的副手，历任海军军令部次长、第二舰队司令官、侵华舰队司令官、南洋作战舰队总指挥等职务。

② 冢原二四三（1887—1966）：日本海军大将，由于负伤断了一条胳膊，长期指挥陆基航空兵。

一个专门破译日军密码电报的秘密情报组织，他们的任务是在枯燥的阿拉伯数字和特殊符号、字母中寻找秘密。他们的负责人是约瑟夫·罗奇福特海军中校，一位幽默爽朗、聪明绝顶的“魔术大师”。

1942 年四五月间，日本联合舰队频繁往来的神秘电报，引起了情报小组的注意。罗奇福特的情报组在对截获的日军若干封电报进行分析后得出结论，日军将于近期在太平洋上的某个地点采取重大军事行动，但究竟在什么地点却一直没搞清楚。不过，情报组发现，日军在几封电报中都用 AF 作为代号。

那么，AF 是不是代指日军将要袭击的目标呢？它在哪里呢？情报组经过反复苦思，基本断定这个 AF 就是日军将要袭击的地点，应该是在中途岛附近。情报小组推断的理由是，长期以来，日军经常用 A 字起头的两三个字母表示美军在中太平洋海区的部署。比如以 AH 代表珍珠港，以 AG 代表攻击机从马绍尔群岛起飞，准备飞往珍珠港投弹，中途要在弗伦奇－弗里格特[①]海域由潜艇加油，并且告诫这些飞机要避开来自 AF 的空中搜索。据此，罗奇福特向尼米兹保证，AF 只能是指中途岛。

尼米兹对情报的分析处理一向很慎重，他需要更多的证据来验证。于是，莱顿中校和罗奇福特中校向尼米兹建议，让中途岛守备部队用明码给夏威夷战区司令部发出一封假电报，佯称“净水设备发生故障，岛上没有其他水源，目前饮用水严重不足”。

尼米兹采纳了这个计谋。几天后，情报组果然截获并破译了一份日军关于 AF 缺乏淡水的报告。

同时，通过对其他方式搜集到的情报进行分析，尼米兹判断日军如果发动攻势的话，中途岛将是其首要目标。他放下手头繁忙的工作，于 5 月 2 日前往中途岛视察，仔细检查了岛上的防御工事，查看了通信设施和线路，尤其关心其连接珍珠港的海底电话线路的情况，因为这条线路可以直接通话，而且没有遭到干扰和侦听的危险，一旦战斗打响，这

---

① 弗伦奇－弗里格特：位于夏威夷群岛西北大约 500 海里的一处沙洲。

将是最重要的通信线路。接着，尼米兹又与中途岛守备司令西里尔·赛马德和地面部队司令哈罗德·香农海军陆战队中校进行了交谈，香农中校提出了一系列物资需求，尼米兹问道："是否解决了这些东西，你就能守住中途岛？"香农毫不犹豫地回答："是的！"尼米兹笑着将他的要求记了下来。回到珍珠港后，他马上将赛马德和香农的军衔提升至上校，以表示对他们工作的肯定，并竭尽所能地向中途岛增调物资和人员。

珊瑚海战役后，为了迷惑敌人，尼米兹用笼统的措辞发布珊瑚海战役的消息，隐瞒了"列克星敦"号沉没的真相，又将受伤的"约克城"号送往基地抢修。他这是在与山本五十六玩心计，因为他更需要时间。

不久，尼米兹便将中途岛的守备部队增至3000人，飞机也从24架增至120架，其中包括PBY"卡特琳娜"水上飞机32架、F2A"水牛"战斗机27架、SBD"无畏"俯冲轰炸机16架、TBF"复仇者"鱼雷轰炸机17架、B-26"掠夺者"轰炸机4架、B-17"空中堡垒"轰炸机17架，并派去很有名气的海军少校唐纳德·拉姆齐为指挥官，以至于有人笑称，这么多飞机压在小小的中途岛上，只怕中途岛要有沉没的危险了！

但是，形势并没有他们想象的那样乐观。很快，罗奇福特的情报组又破获了日军的一系列情报，日本联合舰队有可能动用10艘航空母舰、海陆军共约3万人夺岛。这样一来，中途岛驻军是无论如何也守不住的。而尼米兹的太平洋舰队一共只有5艘航空母舰，其中，"列克星敦"号在珊瑚海海战中已沉入海底，"约克城"号也在此次海战中被击伤；"萨拉托加"号于1942年1月被日本潜艇击伤，在圣地亚哥刚刚修好，但该舰的飞行员正在陆上接受训练，还不能立即投入战斗；"企业"号和"大黄蜂"号在完成对日本本土的空袭任务后，便立即赶往珊瑚海附近，留在南太平洋执行巡航任务。因此，在5月中旬以前，尼米兹实际上没有一艘航空母舰可以用在中途岛方向。

军情危急。5月16日，尼米兹电令哈尔西，让他的第16特混舰队和弗莱彻的第17特混舰队，加速从南太平洋返回珍珠港；让第17特混舰队的菲奇少将直接飞往圣地亚哥，加速组建“萨拉托加”号特混舰队，并担任该舰队司令，力争在5月底6月初做好参战准备。

日军的动作比尼米兹估计的还要快。5月18日，参与中途岛登陆作战的指挥官一木清直[①]陆军大佐来到“大和”号，接受山本五十六对于作战计划的指示。至此，日军6支参战部队都已领受了作战任务。

5月20日，山本五十六发布了各部队作战部署的最后命令。考虑到还得等7天才出海，为了不白白浪费这几天时间，日本联合舰队组织了为期2天的大规模实战演习。

5月25日，“大和”号进行了一次中途岛和阿留申群岛作战的图上演习。此次演习极为生动地说明了日军狂妄自大和轻率愚蠢到了何等地步！根据演习的裁判计算，美军投中了9枚炸弹，击沉日军2艘航母。这一客观结论，先是被改为命中3弹，击沉、击伤航母各1艘，最后竟索性改为一艘也没有损失。完全可以这么说，此时此刻，日军根本没有想到过失败。当晚，山本五十六和参加图上演习的参战部队指挥官及参谋人员在“大和”号聚餐，他喝着天皇所赐的米酒，为祝愿即将到来的作战旗开得胜而干杯。至此，日军的战前准备一切就绪。

5月26日，美军第16特混舰队的2艘航空母舰在尼米兹的急切等待中，终于抵达珍珠港。当尼米兹高兴地迎接好友哈尔西时，不禁惊呆了。这位体格强壮的将军体重至少减轻了20磅，穿在身上的军服显得空空荡荡的。从他发黑的眼圈可以看出，他度过了许多个不眠之夜。6个月来，除了短暂的泊港外，哈尔西一直待在舰上，已经积劳成疾，显然不能继续带领舰队作战了。

尼米兹既心痛又失望。在哈尔西被急送入院之前，尼米兹请他举荐可以替代他的指挥官。哈尔西毫不犹豫地推荐了他的朋友和同事、巡洋舰队司令雷蒙德·阿姆斯·斯普鲁恩斯海军少将。尼米兹召见斯普鲁恩斯后，开门见山地说：“日本人计划攻占中途岛，进而攻打阿留申群岛，

---

① 一木清直（1892—1942）：曾参与“七七事变”，之后率部参加中途岛战役，被范德格里夫特所部击溃，最后自杀身亡。

我们将以太平洋战区现有部队进行抵抗。哈尔西已经住院，你将担任第16特混舰队司令并接管哈尔西的参谋班子。”斯普鲁恩斯对此感到十分意外，以他过去平凡的表现和沉默寡言的性格，是不太可能这么快就坐到这么重要的位子上的。但日后的事实证明，哈尔西和尼米兹都有超强的知人之智。尼米兹后来评价说：“斯普鲁恩斯是将军的将军，哈尔西是水兵的将军。”

夏威夷时间5月27日，夏威夷战区美军太平洋舰队基地开始活跃起来，各部队都在争分夺秒地备战。在珍珠港基地的上空及其周围，飞机在巡逻，瞭望哨在警惕地观察，哨兵也保持着高度警惕。不过，许多人心存疑惧，担心日军可能杀过中途岛，进攻瓦胡岛。

为了更确切地掌握敌情，尼米兹亲自到地下室找情报组的两位中校谈话。他命令莱顿把从电台以及其他情报来源获得的所有数字，进行细致的核对，尽可能准确地预测出战斗打响的时间。当莱顿说出日军将在6月3日进攻阿留申群岛，6月4日进攻中途岛时，尼米兹瞪大眼睛盯住莱顿。莱顿说：“我还在分析天气、海流等数据，我现在很难谈得具体。”尼米兹对他说：“我不管那么多，这是我交给你的任务，你要做指挥日军的将军，并告诉我们你的作战计划。”

“是，将军!”莱顿只好将已知的情况和盘托出，他说，“先前我已经向您报告过，日军航空母舰部队可能在6月4日早晨进攻中途岛，那我们现在就具体谈谈6月4日这一天的情况。敌军将从西北方向方位325度发起进攻，距离中途岛约175海里的地方即可观察到，时间约在中途岛时间早晨6点钟。”

尼米兹认为这些情报比气象资料重要，气象是老天决定的，人无法去改变它，只能接受，而情报却是人决定的，是双方战略战术较量的依据。尼米兹没有想到，这位中校认真起来会说得这么准确，不禁暗自庆幸没有看错人。他相信情报组的分析结果，并对他们表示感谢，随后下令把情报发往中途岛，同时通报给标图的军官。

5月27日13时45分，珍珠港基地的集合号响起来了。尼米兹登上“企业”号，举行了一次战前授勋活动。

“企业”号舰长乔治·默里海军上校被授予海军十字勋章。“一流飞行员”克拉伦斯·韦德·麦克拉斯基海军少校、罗杰·梅尔海军中尉和克利奥·多布森海军少尉等人被授予优异飞行十字勋章。最后一位是炊事值勤兵多丽丝·米勒，被授予海军十字勋章。当尼米兹给他戴上勋章时，他身体挺得笔直。他是“这次战争中太平洋舰队里接受如此崇高荣誉的第一个黑人”，显然，这是尼米兹鼓舞士气之举。

当天15时许，弗莱彻的第17特混舰队抵港，港岸又响起一片欢呼声。“约克城”号拉响汽笛长鸣。尼米兹穿着长筒靴，带上一个视察组，踩着泥水亲自检查了“约克城”号的舰身。检查之后，他温和而又果断地对视察组的成员说：“我们一定要在3天之内把这艘航母的小毛病修好。”

随后，弗莱彻向尼米兹做了口头汇报。尼米兹首先对他的身体健康表示关切，然后告诉他，尽管知道他们很累，但无法给他们休假时间，因为“第17特混舰队又要执行另一项重要而艰巨的任务”。接着，在德雷梅尔将军的协助下，尼米兹向弗莱彻介绍了日军进攻中途岛的作战计划，并宣布将斯普鲁恩斯的第16特混舰队交给他统一指挥。

当晚，尼米兹召开了中校以上军官参加的军事会议，通报敌情之后，他们就中途岛的战略部署和具体作战计划进行了商定；接着又召开了各舰队舰长、战区高级指挥官会议。他把他们在几次会上的决定以书信方式汇报给顶头上司金上将，核心只有8个字：出其不意，先发制人。

相机而动，重创山本五十六

中途岛属于波利尼西亚群岛，位于太平洋中部，处于太平洋东西航线的中间位置，故而得名中途岛，准确的位置是北纬28°12′、西经177°22′。由沙岛和东岛两个岛屿围成一个直径约6海里的圆形环礁，陆地面积5平方千米。其中，沙岛面积稍大，东西长约3000米，南北宽约2500米，地势平坦，北部有一个港口；东岛约为沙岛的一半大小，呈三角形，建有飞机场。美国于1867年占领中途岛，并从1903年起在岛上建立海军基地和海底电缆站。这里是美国在中太平洋地区重要的军事基地和海洋交通枢纽，也是夏威夷的门户和前哨阵地，其战略地位不言而喻。正因为如此，这里一切美好的东西都可能成为战争的牺牲品。

1942年5月27日，濑户内海西部著名军港柱岛锚地，朝霞映照着规模庞大的日本联合舰队。柱岛位于广岛以南，锚地周围有许多丘陵起伏的小岛，小岛上从岸边直到山顶都是农田，每座山顶上都部署着严密伪装的高射炮群，锚地之大足以容纳整个日本海军舰队，此处远离商船航道，其优越的天然条件简直像是为日本联合舰队量身定做的。开战以来，日本第1舰队和第1战列舰战队就一直停泊在柱岛，等待传统的海上决战，因为该舰队没出过远门，以至于一直征战在外的航空母舰飞行军官们，以讽刺的口吻把它们称为“柱岛舰队”。

此时，这支庞大的舰队正静静地等待出击，每艘军舰都已做好了出海准备，加满了燃油、弹药和补给品，沉重的载重将吃水线压得很低。整个锚地一片寂静，除了军舰上的旗帜在风中猎猎作响外，人们分明感受到激动的情绪弥漫在整个舰队之中。这天正是日本的海军节，37年前的今天，东乡平八郎海军大将率领的日本联合舰队在对马海峡战胜了俄国舰队。而太平洋战争开始半年以来，日本海军取得的战绩足以和37年前的辉煌相媲美，联合舰队士气高昂，官兵们都确信，此次出海将为日本海军续写辉煌篇章！

8时整，“赤城”号航母升起了起航信号，第10驱逐舰战队、第8巡洋舰战队、第3战列舰战队第2小队、第1航空母舰战队和第2航空母舰战队依次拔锚，开赴战场。

当舰队驶出锚地时，晚出发的其他部队官兵列队欢呼，挥动帽子为他们送行，每个人都深信自己将迎来另一次辉煌的胜利。舰队在中午前后通过了丰后水道①，傍晚时深入太平洋，并以环形巡航队形向东南

---

① 丰后水道：日本九州岛与四国岛之间的海峡，南接太平洋，北接濑户内海，最窄处称丰予海峡。进入濑户内海有纪伊、丰后两条水道。

挺进。

出航不久，“赤城”号飞行长、偷袭珍珠港的空中总指挥渊田美津雄，因急性阑尾炎被送进了舰上的医务室。几天后，第1航空舰队作战参谋源田实也因重感冒引发肺炎而住进了医务室。这两位优秀的航空军官因病缺阵，对不熟悉航空业务的南云忠一来说，无异于失去了左膀右臂。而联合舰队总司令山本五十六此时也正遭受着腹痛的煎熬。日本海军3位精通航空业务的人才，在大战前夕不约而同地病倒，似乎预示着这次海空决战流年不利！

接下来几天，其他部队也按计划出发了。

5月28日，细萱海军中将的北方编队从大凑起程；同一天晚上，运送中途岛登陆部队的运输船在田中赖三[①]的指挥下，从塞班岛出发，为了欺骗美军潜艇，运输船队先向西航行，绕到天宁岛[②]南面，再转而向东；几乎同一时间，栗田健男[③]的重巡洋舰支援部队也从关岛出发，在运输船队西南约40海里并肩东进；近藤海军中将指挥的登陆编队和山本五十六直接指挥的主力编队，是最后出发的部队，于5月29日清晨从柱岛起程。

稍微有点军事常识的人都知道，处于相对劣势的美太平洋舰队要想先发制人，就必须在准确的时间、准确的地点运用正确的战术。虽然现在已经没有时间给他们做更多的准备，但他们有优势——已明晰对方计划，还有一条跨海电缆，使得他们出其不意的方案有了实施的可能。尼米兹一再强调，此次作战必须遵循“盘算好了再冒险”的原则。

时不我待，美海军一支舰队被火速派往中途岛以北200海里处隐蔽待命。这一待机地点以“幸运角”为代号，他们的任务是在日军舰队

---

① 田中赖三（1892—1969）：日本海军中将。他在瓜岛战役中的优异表现使他受到后人的认可，美国历史学家称其为“顽强者田中”。

② 天宁岛：西南面临菲律宾海，东北面临太平洋。

③ 栗田健男（1889—1977）：日本海军中将，日本海军军龄最长的指挥官（34年），当过11艘驱逐舰的舰长、3任驱逐舰队司令、3任水雷战队司令、水雷学校首席教官，鱼雷战经验丰富无比。

派出舰载机攻击中途岛之际，对日军航母实施突袭。此项作战计划编号为“太平洋舰队第29－42号作战计划”。

为了尽早发现来犯之敌，美潜艇大队在中途岛以西700海里、300海里、150海里分别部署1艘、3艘、6艘潜艇，组成递进警戒线进行巡逻，并在中途岛西北海域部署2艘潜艇做机动巡逻。同时，从5月底开始，每天派出22架次水上飞机对中途岛以西700海里范围内，按不同扇面进行长达15小时的巡逻搜索，以便在日本舰队进入攻击距离之前就能发现。此外，尼米兹还特别命令正在珊瑚海活动的“坦吉尔”号和“盐湖城”号巡洋舰使用航母通常使用的无线电频率发报，实施无线电伪装，以欺骗日军的无线电监听。

5月28日清晨，斯普鲁恩斯指挥第16特混舰队的巡洋舰、驱逐舰排成单行队形离开珍珠港，接着又变成环形队形，朝西北方向驶去。11时10分，“企业”号航空母舰起锚，它依照各段航道的要求，不断地调整着自己的航向、航速，驶出珍珠港，旋即以25节的航速行驶。11时34分，“大黄蜂”号航空母舰起锚。

第16特混舰队由2艘航空母舰、5艘重巡洋舰、1艘轻巡洋舰、9艘驱逐舰组成。斯普鲁恩斯站在旗舰上，像一把笔直锋利的宝剑。这是他首次担任舰队主帅，一向冷静得近乎冷漠的他此时也激动无比，热血沸腾。

5月30日，弗莱彻指挥的第17特混舰队，由1艘航空母舰、2艘重巡洋舰、5艘驱逐舰组成，从珍珠港起航。由于“约克城”号创伤刚愈，尼米兹特意上舰做了一次简短的训话，并对舰长埃利奥特·巴克马斯特说，对舰上官兵长期在外艰苦执勤，不能回美国大陆表示歉意。他承诺此战归来，一定给全体舰员放个长假。

此番“约克城”号的任务也是到“幸运角”守株待兔，所以它出港后便朝中途岛东北约200海里处驶去。

同一天，日军“伊－121”号、“伊－123”号潜艇到达弗伦奇－弗里格特环礁，准备为执行侦察任务的水上飞机加油，结果发现那儿有2艘美舰在游弋，24小时后，美舰仍未离开，加上天气原因（刚下过一

1942 年，在日本东部海域，美军“大黄蜂”号航空母舰上，轰炸机组人员在安装弹药，准备抵御日军的攻击

场雨，海上雾蒙蒙的），日军只得取消了这一代号为“K 计划”的侦察行动。

5 月 31 日晚上，尼米兹睡得比近几周以来的任何一天都要早。临睡前，他给凯瑟琳写了一封信，信中写道：“我希望最近几天中白天的时间长一些，以便得到充分的休息。”尽管他不能违反保密规定，把自己的计划告诉她，但他仍加了这么一句话：“总有一天，我们的业绩将载入史册，而且是有意义的，但现在还不到时候。”

6 月 1 日，菲奇少将终于率“萨拉托加”号及加强的巡洋舰和驱逐舰掩护部队驶离圣地亚哥，基本算是按时完成了组建任务，但能否赶得上中途岛战役，则取决于战役进程。这支舰队的实际作用是让美军参战舰队因有了后备力量而信心更足。

6 月 2 日，弗莱彻和斯普鲁恩斯的航母编队在中途岛东北约 200 海里代号为“幸运角”的海域，与守候在这里的一支舰队会合，这样一来，这里便有了 3 艘航空母舰、8 艘巡洋舰、14 艘驱逐舰、233 架舰载机，由弗莱彻统一指挥。

6 月 3 日，当中途岛天色微明时，沿着云层边缘向西北方向巡逻的美军侦察机给中途岛发回了一份明语急电：“2 艘航空母舰和主要舰艇，方位 320 度，航向 135 度，航速 25 节，距离 180 海里。”

几分钟后，尼米兹的司令部也得到了这一消息。“客人真的来了。”尼米兹显得很兴奋，“好像有人打开窗帘一样，他的微笑和蓝眼睛使人感到心情舒畅”。因为此前他们的判断是否正确还无法验证，而电报中的数据离莱顿中校的预测误差仅为 5 海里、5 度和 5 分钟。直到这时，尼米兹心里的一块石头总算落了地，终于可以放手一搏了。

与此同时，山本五十六还在焦急地等待先遣侦察编队的消息。由于“K 计划”侦察行动受挫，山本五十六无法弄清目前美军在珍珠港究竟有多少兵力，但他仍寄希望于先遣编队潜艇所建立起的警戒线能够提供早期预警以及美军的兵力情况。可他不知道的是，美太平洋舰队与他的联合舰队几乎是同时从驻地出发，中途岛距离珍珠港大概 1150 海里，而距离日军的柱岛基地却有 2000 海里。在日军潜艇建立起警戒线之前，弗莱彻的 2 支航母编队早已通过了日军预定的警戒线。山本五十六的这一如意算盘又落空了。

6 月 3 日凌晨，在阿留申群岛方向，日军北方编队由角田觉治①少将率领的第 2 机动部队已到达对荷兰港实施空袭的阵位。在“龙骧”号旗

① 角田觉治（1890—1944）：日本海军航空队中将，出名的猛将，“二战”期间历任第 4 航空母舰舰队司令、第 2 航空队司令、天宁岛防卫司令，在天宁岛战役中战败自杀。

舰舰桥上，穿着皮大衣的舰长加藤唯雄正在向攻击队的飞行员下达登机命令。不一会儿，飞机引擎便隆隆作响，角田觉治少将焦急地拍了拍航空参谋官奥宫正武①的肩膀，问他能不能立即发动进攻。奥宫回答说："司令官，还得稍等一会儿。"他看了一下手表，时间是2时28分，天还没亮。奥宫正武知道他们的飞行员对这一带完全陌生，而且使用的地图也不是最新的，黑夜里别说去找岛上的攻击目标，能不能找到那个岛都是个未知数。

角田觉治耐下性子，让飞机熄火等待。直到2时45分，能清楚看到千米之外的"隼鹰"号航空母舰了，奥宫正武才大声喊道："司令官，现在可以起飞了！"随着一声令下，11架轰炸机和6架战斗机从"龙骧"号上起飞，12架轰炸机和6架战斗机从"隼鹰"号上起飞，在无法保持编队的情况下飞向荷兰港。途中，日军战斗机击落1架美军巡逻机。4时07分，日军轰炸机开始实施轰炸，基本没有遇到抵抗，但由于天气恶劣，第一次攻击成效不大。

这天夜里，尼米兹在办公室里的一张帆布床上休息，约5时醒来得知这一消息，认为这可能是日机飞越荷兰港上空，是巡逻机的侦察活动。有人说这是他判断失误，也有人说他是不想分散兵力，故意置之不理，真相已经成为一个谜。但毋庸置疑的是，他的目光始终盯着中途岛，他最关注的是日本联合舰队的航空母舰。

6月3日8时许，山本五十六根据预定计划，命令第1舰队司令长官高须四郎海军中将指挥第2战列舰战队"伊势"号、"日向"号、"扶桑"号和"山城"号4艘战列舰离开主力编队北上，支援北方编队的作战。

当天下午，日军机动编队以24节航速直扑中途岛，编队采取环形队形，中央是4艘航母，四周是"榛名"号和"雾岛"号战列舰、"利根"号和"筑摩"号重巡洋舰、"长良"号轻巡洋舰和12艘驱逐舰。

---

① 奥宫正武（1909—2007）：日本海军中佐，在一次飞行事故中受伤后一直在航空参谋岗位服役。

6 月 4 日凌晨，南云忠一的旗舰“赤城”号上的一个瞭望哨报告：“右舷 90 度，高低角 70 度，好像是一架侦察机的灯光。在云上，向我逼近!”

舰长青木泰二郎立刻下令拉响战斗警报，舰员们各就各位，但只见天上星光穿过云隙忽明忽暗地闪烁着，不见敌机踪影。原来，瞭望哨把星星当成了目标。过了一会儿，青木泰二郎正要下令解除警报，瞭望哨突然又大声报告：“还是那个方向发现灯光！不是星星!”对空战斗的命令立即发往各舰，结果又是一场虚惊。两次错判后，南云忠一在对各种情况进行分析之后，做出了以下判断：“敌人尚未察觉我方企图，也未发现我机动部队；敌舰大概会在我中途岛攻击作战开始之后做出反应；没有迹象表明敌机动部队在我附近。因此，我们可以先空袭中途岛，歼灭岛上岸基飞机，支援我登陆作战；然后，再转过头来迎击向我出动的海上敌机动部队，予以歼灭。”

4 时 30 分，舰长青木泰二郎下达作战命令，第一架零式战斗机在一片欢呼声中腾空而起，舰上人员狂热地挥动手臂和帽子为之送行。随后，又有 8 架零式战斗机升空，接着起飞的是俯冲轰炸机。距“赤城”号左舷大约4000米处同样灯光闪耀，这是“飞龙”号航母上的飞机正在起飞。4 时 45 分，机群编队完毕后绕舰队飞行一周，然后向东南天际飞去。

根据日军空袭中途岛的计划，“赤城”号上的水平轰炸机首先到达中途岛上空，任务之一是压制美军的高炮火力，为俯冲轰炸机以及进行低空攻击的零式战斗机扫清道路，然后再去轰炸机场和其他设施。“飞龙”号上的飞机则集中力量袭击沙岛。“苍龙”号上的飞机分成两队，第 1 中队协同“飞龙”号上的飞机在沙岛上空作战，第 2 中队轰炸东岛。至 4 时 45 分，从 4 艘航母上共起飞 108 架舰载机。

中途岛的美军虽然知道日军将于 6 月 4 日发起进攻，但并不清楚日军究竟会在该日的什么时刻、使用多少兵力进攻。因此，从 6 月 3 日夜间开始，中途岛上的美军便焦虑不安地观察着、等待着；同时派出了两个各由 6 架战斗机组成的分队，掩护 11 架 PBY“卡特琳娜”水上飞机在空中巡逻。而香农海军上校的第 6 陆战守备营的高射炮兵也日夜坚守在战斗岗位上。4 架陆军 B－26“掠夺者”轰炸机和 VT－8 分遣队的 6 架海军 TBF“复仇者”鱼雷轰炸机也在待命中。

5 时 20 分，驾驶“卡特琳娜”4V 58 号机的霍华德·艾迪中尉和副驾驶员莫里斯·史密斯少尉报告：“发现一架来历不明的飞机。”10 分钟后又发报说：“发现 1 艘航空母舰，方位 320，距离 180。”香农海军上校立即命令高射炮群“向所有判明为非我方的飞机开火”。

紧接着，“卡特琳娜”3V 58 号机的蔡斯少尉的侦察机观察员科贝尔少尉突然发现两批 45 架日机正在逼近。不一会儿，蔡斯又报告说，发现“2 艘航空母舰及主力舰只，以航空母舰为先导，航向 135，航速 35 节”。这实际上是南云忠一机动编队的一部分。

紧接着，日军的北方编队、先遣编队、登陆编队、机动编队先后被美航空兵发现。

中途岛战役正式打响了。刹那间，岛上响起了一片空袭警报声，待命中的各种战斗机迅速升空。双方的战机在空中进行了一场场面空前壮观的大厮杀。

在中途岛上空的激战中，历险最多的要数威廉·布鲁克斯少尉。那天早晨，他所在的小组把 2 架日机打起火后，他和桑多瓦尔少尉两人又冲到日军轰炸机编队的右侧，在击中 1 架日机后，2 架日本零式战斗机立刻向他们猛扑过来。布鲁克斯匆忙飞向第 6 营的高炮群上空寻求掩护，2 架敌机果然被美军的高射炮火赶跑。但是，布鲁克斯的飞机已经多处中弹。这时，他看见东边有 2 架飞机在格斗，连忙飞过去，想助战友一臂之力。当他飞近后，却发现 2 架飞机一齐向他扑来。原来，那 2 架飞机都是日机，它们假装格斗，以诱使美机上当。布鲁克斯不敢恋战，掉头便跑。突然，又有 2 架敌机从正面向他冲过来，他避开了其中一架，并勇敢地向另一架开了火。这架零式战斗机受伤后赶忙向北方逃去。当布鲁克斯在机场上空盘旋、准备降落时，看见一架日军零式战斗机正在对付一架美军飞机。这次他没有看错，尽管此时他的 4 挺机枪已有 3 挺卡了壳，但受海军陆战队团队精神的驱使，他再次飞到中途岛的上空，以仅有的一挺机枪去战斗。可惜他没能及时赶到救下自己的战友，只能眼睁睁地看着那架被击中的美军飞机打着螺旋坠入大海。无奈之下，他只好返航降落，在检查飞机受伤情况时，他发现自己的飞机上有 72 个子弹和炮弹的弹孔，他的左腿也受了轻伤。

7 时 15 分，赛马德海军上校发出解除空袭的警报，召回飞机并与参谋人员一起统计损失情况，研究下一步对策。然而，返回的美军战斗机少得可怜，26 名飞行员中有 14 名在点名时永远不会答到了，另外还有几人受了伤。能够继续作战的战斗机也只剩下 2 架。

在中途岛上空进行激烈空战的同时，地面守军也与空中的日军展开了一场生死搏斗。

6 时 30 分，香农海军上校通知所属部队："目标进入我射程之内就开火。"

6 月 4 日这一天，天空晴朗，能见度良好，十分有利于高炮部队的防空作战。沙岛和东岛上的沙袋工事以及用沙石构筑的炮兵掩体，可为炮兵提供良好的防护。

礁湖中，鱼雷艇也已出动，艇上的机枪，甚至连步枪和手枪都进入了戒备状态。

日机越来越近了，美军高炮部队严阵以待，做好了射击准备。当第一批日机进入高炮射程以内时，中途岛上的高射炮吐出一条条火舌，一发发高射炮弹在空中绽放出雾白色的"花朵"。这时，汤普森少尉发现炮弹似乎都在敌机机身稍后处爆炸，但他也看见一发炮弹直接命中目标。他抓起望远镜观察，看见那架日机脱离编队，笔直坠落下去，飞行员没来得及跳伞。

一名美国黑人炊事兵看到一架日军飞机被高炮击中坠地，忙跑到飞机残骸边，把飞行员的尸体拖了出来。赛马德海军上校和拉姆齐海军中校也马上赶了过去，他们检查了死者的衣袋，希望能找到一些有情报价值的东西，但一无所获。

从 6 时 45 分到 7 时 10 分，无论是空战还是地面反空战，都是日军占据优势，尤其是日军零式战斗机再次显示了它的优越性能，成功击退了美机的拦截。16 架美机被击落，4 架因伤在海上迫降，还有 4 架被击伤。而日军只损失2架战斗机。显然，日军的第一波攻击是成功的。

日军第一波攻击仍在进行时，日军4艘航母的飞行甲板上又挤满了飞机，这是为第二波攻击做准备，以便一发现美军舰队便可起飞迎击。第二波攻击的各类战机共103架：36架九九式俯冲轰炸机（“飞龙”号和“苍龙”号各18架），43架九七式水平轰炸机（“赤城”号17架、“加贺”号26架），24架零式战斗机。轰炸机队的领队长是“苍龙”号的飞行分队长江草隆繁[①]海军少佐，他是日本海军俯冲轰炸机头号王牌，是专为攻击美军航母而来的。

5时52分，美军在中途岛机场待命的4架挂载鱼雷的B－26“掠夺者”轰炸机、6架TBF“复仇者”鱼雷轰炸机、12架SB2U“维护者”俯冲轰炸机和16架SBD“无畏”俯冲轰炸机起飞，准备先发制人，攻击日军舰队。按尼米兹的计划，美航空兵要寻找这样的机会，即利用日舰载机起飞攻击中途岛未返航的间隙，向日军航母发起攻击。不一会儿，美军有3架PBY“卡特琳娜”水上飞机飞临日军舰队上空，它们在云层中窜进窜出，令日军负责指挥空中警戒战斗机的指挥官忙得不可开交，不断引导日军战斗机前去攻击，但却毫无战果。

6时07分，美第16、第17特混舰队总指挥弗莱彻命令斯普鲁恩斯根据巡逻飞机发回的报告，对日军舰队进行攻击。这是该战场上的重头戏，美军要不计成本地干掉日军航母。当时，斯普鲁恩斯准备继续航行，缩短与日军的距离，于9时再让飞机起飞，但参谋长米尔斯·布朗宁上校认为，如果飞机7时起飞的话，将正好在日军攻击中途岛的飞机返回着舰时到达其上空，可以抓住这一有利时机进行攻击。斯普鲁恩斯沉思片刻后采纳了他的建议，于7时02分命令“企业”号起飞14架TBD“蹂躏者”鱼雷轰炸机、33架SBD“无畏”俯冲轰炸机和10架F4F“野猫”战斗机，“大黄蜂”号起飞15架TBD“蹂躏者”鱼雷轰炸机、35架SBD“无畏”轰炸机和10架F4F“野猫”战斗机，共117

---

① 江草隆繁（1909—1944）：日本海军少佐，在日本被称为“舰上爆击机之神”，1944年在马里亚纳海战中阵亡。

架飞机组成4个战斗群，前去攻击日军航母，两舰只留下8架轰炸机和36架战斗机用以自卫。同时，他的编队以24节的航速向日舰靠近。

弗莱彻所率的第17特混舰队将派出搜索的侦察机全部收回后，立即掉头向西南急进，前去追赶斯普鲁恩斯的第16特混舰队。这时，他收到电报报告“大黄蜂”号和“企业”号上的117架飞机已经升空。经过分析双方态势，他觉得敌人还有2艘航母的方位和动向不得而知，为了保有机动兵力对付另外2艘航母及应对突发情况，他把“约克城”号上的攻击机留下来一半，命6架战斗机、17架轰炸机和12架鱼雷机编成一队，立刻起飞。这是美军派出的第5个战斗群。

7时刚过，从中途岛起飞的美军岸基飞机开始攻击日军舰队。首先是菲伯林上尉率领6架TBF“复仇者”鱼雷轰炸机对日军“飞龙”号、“赤城”号2艘航空母舰进行攻击，但在日军战斗机的拦截下被击落5架，仅1架投下鱼雷，也未命中目标。紧接着，柯林斯上尉率4架B－26“掠夺者”轰炸机对“赤城”号航母进行鱼雷集中攻击，但均被该航母规避，美机被击落2架，返回中途岛的1架鱼雷机和2架轰炸机都受了伤。

就在这时，从“利根”号起飞的日军侦察机报告在距离舰队不到200海里处发现10艘美舰。南云忠一不敢断定其中是否有航母，按正常情况推断，美军航母编队从珍珠港赶往这里，差不多需要3天时间，即使在北方编队对阿留申群岛发起攻击当天，即6月3日及时出航，现在这里也不应该出现航母编队。为此，他又令侦察机立即查明详情。不过，这架侦察机因弹射器出了一点故障，延迟30分钟才起飞。

8时09分，日军搜索机来电说：“敌舰为5艘巡洋舰和5艘驱逐舰。”接到电报后，情报参谋小野幸三扬扬得意地说：“跟我想的一样，没有航空母舰。”随手把电报递给了参谋长草鹿龙之介①少将。

草鹿龙之介对南云忠一说，在美军舰队后面似乎有1艘航母。南云忠一毕竟久经沙场，凭他的经验断定，这么庞大的舰队不可能没有航母，宁可信其有，不可信其无。

---

① 草鹿龙之介（1892—1971）：日本海军中将，联合舰队参谋长、武道家。

然而，当南云忠一下令停止换装攻击中途岛的弹药时，“赤城”号和“加贺”号上的大部分水平轰炸机都已把鱼雷卸掉，装上了地面炸弹。尽管这样也可以攻击美舰，但它在投弹过程中不能进行空中规避运动，很容易成为美军战斗机的活靶子。因此，当时真正装好弹药，可用于进攻美舰并已排在飞行甲板上准备起飞的飞机，只有“飞龙”号和“苍龙”号的36架俯冲轰炸机（爆击机），仅靠这些飞机来对付美舰是远远不够的。

而且，当时仅有的24架零式战斗机中，有17架已升空担负警戒任务，南云忠一手中几乎没有战斗机来随同这些俯冲轰炸机和水平轰炸机担负掩护进攻的任务。

南云忠一一时进退两难。就在这时，更大的麻烦出现了。第一波攻击的飞机空袭中途岛后归来，急需在航空母舰上降落，因为有些战斗机燃油耗尽，如不尽快降落就会坠入大海。

南云忠一感受到了前所未有的精神压力。他思来想去，始终举棋不定。这时，第2航空战队司令官山口多闻①海军少将沉不住气了，建议道：“我认为应立即命令攻击部队起飞。”

南云忠一认为，在没有战斗机掩护的情况下，派出攻击机太过冒险，应该首先收回空袭中途岛的飞机和执行战斗巡逻任务的战斗机，等做好一切准备之后，再让俯冲轰炸机和水平轰炸机在战斗机的可靠掩护下全力进攻。

按照一般的战术程序来看，南云忠一的这个计划是正确的，但此时情况有变，美军的舰载飞机已经从200多海里处起飞了。

最后，南云忠一做出决定，先收回空袭中途岛和执行战斗巡逻任务的飞机再出击。于是，疲惫不堪的地勤人员开始把水平轰炸机送到下边的机库，以便腾出甲板让空中的飞机降落。同时，他们按照新的命令，在机库里卸掉炸弹，装上鱼雷。当返航的飞机一架接一架地降落在飞行

---

① 山口多闻（1892—1942）：日本海军中将，率第2航空战队参加中途岛海战，在旗舰“飞龙”号遭受重创无法挽回的情况下，拒绝同僚换乘他舰撤退的要求，与“飞龙”号一同爆炸沉没入海。

甲板上的时候，机库里也在拼命地赶着给水平轰炸机重新装鱼雷。

8 时 55 分完成收回飞机的工作后，南云忠一向各舰发出了一个灯光信号，下令：“收机作业完成后，我舰队暂时向北航驶。我们计划接触并歼灭敌机动部队。”

同时，南云忠一向“大和”号上的山本五十六和指挥攻略部队的近藤海军中将报告了新的情况。他在电报中说：“8 点整，发现敌航空母舰 1 艘、巡洋舰 5 艘和驱逐舰 5 艘。距离中途岛 240 海里。我们将驶向敌人。”

当南云忠一的航空母舰编队北上的时候，舰上的地勤人员正忙于给刚刚降落的飞机加油、补充弹药，完成这一动作大约需要 1 个小时。就在这 1 个小时内，战局急转直下，出现了令人震惊的变化。

南云忠一的舰队沿 30 度航向以 30 节航速北进，以期占领有利的攻击阵位，这使得美军的 2 个机群没有找到轰炸目标，只得继续向西南搜索，这恰好与南云忠一的舰队背道而驰，越跑越远，因而始终未能发现南云忠一的机动编队。这 2 个机群的 35 架轰炸机中，有 21 架返回母舰，11 架由于燃油将尽被迫飞至中途岛降落，3 架在中途岛机场着陆时撞毁。为这群飞机担任护航的 10 架战斗机，因燃油耗尽全部在海上迫降。

“大黄蜂”号的 15 架鱼雷机比较幸运，它们发现南云忠一的航母正在向北移动，于是向其靠近，然后像小鸟一样扑向挂有旗舰舰旗的“赤城”号，结果大多数被日军战斗机击落。“企业”号的 14 架鱼雷机则与护航战斗机失散，单独飞临日舰上空，分成两组向“苍龙”号两舷实施鱼雷攻击。南云忠一动用后备战斗机进行拦击，在机枪猛烈的扫射下，美军有 10 架鱼雷机在投下鱼雷前就被击落，余下 4 架投下的鱼雷也无一命中。

中途岛遭袭之后的 2 个多小时里，尼米兹没有收到来自前线舰队的任何消息。特混舰队无线电的静默，有时令他狂躁不安。直到 8 时 35 分，中途岛岸基才发来一份令人不寒而栗的短电：“33 架鱼雷轰炸机被击落，仅剩 3 架战斗机未遭破坏。我俯冲轰炸机去向不明。”

从清晨到10时20分，美军的岸基飞机和舰载机4个机群共出动了199架次，损失各种飞机62架，却毫无收获。而南云忠一所率舰队的大部分战斗机、轰炸机在完成拦截和轰炸任务后返航，并用1个小时补充了燃料、弹药，5分钟内又可以起飞了。看来美军已经没有可乘之机，然而，就在这短暂的5分钟里，奇迹发生了！

10时24分，日军“赤城”号发出战机开始起飞的命令，飞行长摇动着小白旗，第一架零式战斗机开足马力，飞离了甲板。就在这时，瞭望哨高叫：“俯冲轰炸机！”只见3架美军轰炸机朝“赤城”号笔直俯冲下来，虽然日舰的部分机炮开始射击，但为时已晚！

两枚炸弹，一枚落在中部升降机后部，另一枚落在飞行甲板左舷后段，随着两声巨响，“赤城”号甲板炸出了大红花。由于飞行甲板上摆满了装好弹药并加好油准备出击的飞机，原本威胁不大的炸弹，引爆了甲板上满载油弹的飞机，火势迅速蔓延，转眼之间，“赤城”号航母的作战能力便完全丧失了，通信联系全部中断！南云忠一不得不易旗换舰。

这是美军“企业”号的舰载机，即麦克拉斯基海军少校率领的第5个机群的第一次攻击战果。他们晚到1个小时，却抓住了最后的5分钟。当然，这也是前面一批美军鱼雷轰炸机不畏牺牲为他们创造的条件。

麦克拉斯基的机群在攻击“赤城”号的同时，还攻击了“加贺”号航空母舰。9架轰炸机向它俯冲，各投了1枚炸弹，其中有4枚击中“加贺”号飞行甲板的前段、中段和后段。舰长冈田次作海军大佐及在这艘军舰指挥中枢的其他人员当场阵亡，舰上迅即燃起了大火。易燃的油漆把大火带到全舰各部位，诱发了弹药库以及机库里散乱放置的炸弹和鱼雷的连锁大爆炸。剧烈爆炸所产生的气浪，把人、物件，甚至舰上的钢板掀进大海。

“加贺”号中弹时，“苍龙”号的舱面人员正忙于起飞准备工作。他们望着“加贺”号上的熊熊大火，13架美军俯冲轰炸机又来光顾他们了，短短几分钟内，“苍龙”号就被3枚炸弹命中。它的机炮对轰炸机的威胁远小于战斗机，因为战斗机可以将轰炸机拦在外围，不让它靠近航母，但“苍龙”号的战斗机刚补充完燃料和弹药，还没来得及起飞。10 时 30 分，“苍龙”号也和“加贺”号一样，为浓烟大火所笼罩。所有的拯救措施均告无效后，舰长柳本柳作[①]手握军刀，一动不动地站在“苍龙”号舰板上，等待和“苍龙”号一起沉没。

10 时过后，远在千里之外的尼米兹终于按捺不住了，他焦急地询问情报官罗奇福特：“难道我们还没有这方面的任何消息吗?”

“没有!”罗奇福特肯定地说。

“用各种频率联系，甚至用明码，10 分钟内我要前线的消息。”

莱顿安慰尼米兹说：“这种情况正应了一句俗语，没有消息可能是最好的消息。”

不过，弗莱彻在收到太平洋舰队司令部的命令后，报告说美舰已向日舰队的 2 艘航母发起攻击，但没有说明具体情况和结果。尼米兹只好让情报组把破获的敌方电报说给他听。

10 时 50 分，弗莱彻发来一份正规的密码电报说：“在中途岛以北 150 海里处遭到空袭。”“约克城”号中了 3 颗炸弹后已瘫痪，但电报还可使用。尼米兹见到电文后沮丧万分，到目前为止，他还没有等到一个好消息。

“约克城”号运气不佳，它最先被日机发现并紧紧盯上。那是从日军“飞龙”号航母上起飞的飞机。在南云忠一的机动编队中，只有“飞龙”号没有受伤，舰长山口多闻颇有胆识和才干，他在接手南云忠一的空中作战指挥权之后，毫不犹豫地对美航空母舰发起了反击。

10 时 40 分，日舰的 18 架俯冲轰炸机分成 2 组，小林攻击组的 6 架飞机突破美舰后备战斗机的拦截后，向“约克城”号航空母舰投掷炸弹并命中。受伤后的“约克城”号经过抢救，继续以不到 20 节的速度航行，并向尼米兹请求援助。

---

① 柳本柳作（1894—1942）：日本海军少将，“二战”期间参加了偷袭珍珠港、威克岛海战、印度洋空袭等一系列战役。在中途岛海战中，“苍龙”号航空母舰被美军飞机击沉，他作为舰长命令舰员弃舰，自己则留在舰桥上随“苍龙”号沉入海中。

1942 年 6 月 4 日，中途岛海战，美军航空母舰“约克城”号遭到日军航母攻击

山口多闻下令搜索攻击，因为南云忠一派出的新式高速侦察机已经找到了“企业”号和“大黄蜂”号航母的位置。山口多闻报仇心切，一心想再给美舰队其他的航母以致命一击。他兴奋地给即将执行攻击任务的友永丈市、桥本敏男和森茂海军上尉下达指示说：“那艘被小林机群击中的航母可以先放一放，去搜索、攻击另外 2 艘航空母舰。如果没能发现另外 2 舰，再去攻击那艘已经起火的航空母舰，直到把它炸沉。”

结果，友永、桥本在离“约克城”号 30 海里处遇到了美军奥斯卡・佩德森海军少校的 12 架 F4F“野猫”战斗机的拦截，同时，斯普鲁恩斯也派出 6 架战斗巡逻机前去支援。经过一番激烈的空战，美军战机损失惨重。“约克城”号受到了第二次轰炸，至少被鱼雷击中 3 次。弗莱彻只得改换旗舰，登上了“阿斯托利亚”号巡洋舰。15 时许，“约克城”号开始严重侧倾并即将倾覆。伊利奥特・巴克马斯特海军上校升起蓝白色信号旗，忍痛下令弃舰。

就在山口多闻对“约克城”号进行第二次轰击时，斯普鲁恩斯下令“企业”号、“大黄蜂”号上的轰炸机和部分战斗机轮番对日军“飞龙”号进行攻击。

日军“飞龙”号因为对“约克城”号发动了两次进攻，自身又受到美机多次攻击，舰员们疲惫不堪，战斗力大减。但山口多闻仍决定黄昏时再次出击，给美舰队以致命一击。然而他不知道，斯普鲁恩斯的第16特混舰队正紧紧跟在后面，离“飞龙”号不到90海里。

15时50分，斯普鲁恩斯下令威廉·加拉赫海军少校率领“企业”号上所有能参战的俯冲轰炸机全部起飞，猛攻“飞龙”号。

这时，“飞龙”号上的所有飞机已经做好了起飞的准备，舰员们正在抓紧时间进餐，突然，瞭望哨惊呼道：“敌俯冲轰炸机就在头上了！”话音未落，只见13架美机背阳而下，朝“飞龙”号直扑过来……

尽管“飞龙”号左躲右闪，但还是被命中4弹。震耳欲聋的爆炸声响过之后，黑色的烟柱腾空而起，刹那间，舰上便什么也看不见了。舰长加来止男忙下令“飞龙”号全速前进，以躲避美机的再次轰炸，不料由此而产生的风势却助长了大火向全舰蔓延，尽管舰员们全力扑火，尽量将大火与易燃物品隔离开，但已经无法阻止火势吞噬全舰。这时，从“大黄蜂”号上起飞的15架美军轰炸机又扑了上来，并对“利根”号和“筑摩”号巡洋舰发起攻击，使得其他护航舰难以对“飞龙”号施以援手。

6月4日傍晚，尼米兹终于收到了斯普鲁恩斯发来的战报，战报称：“在上午9时至11时，第16、17特混舰队航空兵，袭击了包括大约4艘航空母舰、2艘战列舰、4艘重巡洋舰和6艘驱逐舰在内的敌军航空母舰部队。据报，其中4艘航空母舰均遭重创。”战报最后称：“美方飞机损失严重。”

当然，斯普鲁恩斯不可能对战场全局有更详细的了解，他只是就自己所知道的情况做了汇报。尽管如此，尼米兹还是兴奋不已，前几次的不幸消息给他带来的沮丧顿时烟消云散。

当晚22时许，斯普鲁恩斯又发回另一消息：

在 17 时至 18 时，第 16 特混舰队航空大队，袭击了包括 1 艘航空母舰、2 艘战列舰、2 艘以上重巡洋舰和一些驱逐舰在内的日本海军舰队。日军航空母舰多次被 500 磅和1000磅的炸弹击中，最后猛烈燃烧；至少有 1 艘战列舰 4 次被炸起火；1 艘重巡洋舰也被炸燃烧。17 时 50 分，位于北纬 30°41′、西经 177°41′，航向西，航速为 15 节的敌军舰队，与东南方驶来的驱逐舰会合。3 艘遭袭击的航空母舰，仍在燃烧并向东南方向航行……

尼米兹脸上露出了轻松的微笑。他当即让参谋长德雷梅尔将军向所有部队发出一份早已拟好的电报，并抄报金上将和迪洛斯·埃蒙斯将军。电报称：

今天参加中途岛战斗的官兵，在我们的历史上写下了光辉的一页。我为你们感到骄傲。我相信，你们将全力以赴，彻底打败敌人。

重击日本，士气如虹

日军方面，6 月 4 日 17 时 55 分，山本五十六收到了一份十分不利的电报：“飞龙”号中弹起火。看完电报他才知道，南云忠一的机动编队已经完了，但他仍不肯就此罢手，因为近藤的登陆编队和先遣部队都离美军舰队不算很远，实施夜间决战的可能性仍然存在。

此刻，山本五十六急切希望北方编队的角田觉治率领“龙骧”号、“隼鹰”号 2 艘航空母舰尽快赶来，不料角田觉治却发来电报称：“我部收回袭击荷兰港的攻击机队之后，尽速南下。……我部 4 日 15 时的位置，在荷兰港西南 120 海里处。”

角田觉治指望不上了，而山本五十六自己的主力编队离中途岛还有 460 海里，也帮不上什么忙，无奈之下，他最后只得把南云忠一的残余部队归并给登陆编队的近藤，让他实施夜袭，做最后一搏。

斯普鲁恩斯是个很有预见力的将军，他再一次把自己的舰队放在了有利的位置——离中途岛不太远，介于中途岛与日军舰队之间，既便于追击退却之敌，又能粉碎日军登陆中途岛的企图。而山本五十六对这个难缠的新对手却一无所知，当他得知美军舰队已向东疾进，而自己在拂晓前几乎不可能与美舰队接触时，实施夜间决战的最后一线希望也破灭了。

6 月 5 日，山本五十六及其幕僚们一觉醒来，几乎都意识到这一仗已经打败了，但没有一个参谋人员建议中止作战。相反，他们都在极力寻找补救办法。参谋渡边安次提出了一个方案，要求所有战列舰，包括“大和”号在内，于6 月 5 日白天逼近中途岛，用它们的主炮轰击中途岛的航空基地。首席参谋黑岛亀人①十分赞同这个方案，并立即将它整理成文，提交山本五十六和参谋长宇垣缠②。

山本五十六看完这个近乎荒唐的方案，一声不吭地听完黑岛亀人异想天开的解释后，平心静气地说：“你的建议违反了海军最基本的原则。现在进行这样的作战为时已晚，此次作战已接近尾声。在下棋时不顾死活，一味地拼杀，会造成满盘皆输，会输得精光。”

宇垣缠也毫不客气地说：“一盘棋，败局已定，还要一再逞强硬拼，只有没头脑的笨蛋才会干这样的事情。”

与此同时，尼米兹也在和他的参谋们分析战局的走向。他和情报官莱顿均考虑到日军偷袭的可能性，料定以果断、足智多谋闻名于世的山本五十六绝不会就此善罢甘休。当天晚上，太平洋舰队司令部几乎无人安睡，密切注意着有可能出现的各种意外情况，以免已经到手的胜利果实白白丢掉。但尼米兹相信斯普鲁恩斯会处理好。

---

① 黑岛亀人（1893—1965）：日本海军少将，担任过日本联合舰队首席参谋，堪称山本五十六的左右手，被称为“仙人参谋”。奇袭珍珠港、进攻比基尼岛、空袭锡兰岛的计划都出自于他，不过，他制定的中途岛作战方案因太过复杂而广受后人诟病。

② 宇垣缠（1890—1945）：日本海军中将，山本五十六的参谋长和第 5 航空军司令。对能力低的人物一向看不上眼，有“黄金假面”的绰号。著有日本最详细的战时军事日记《战藻录》。

山本五十六此时有两个选择：一是集中兵力继续攻占中途岛；二是佯装退却，诱敌来追，再做一次较量。他虽然好赌，但并不想输掉所有赌本，他的初衷本来是要干掉美太平洋舰队，如果为了夺岛而耗掉太多兵力，无疑得不偿失。参谋们看透了他的心思，认为现在除了退却，向西逃窜外，别无他法。于是，他们按照山本五十六的意图，起草了一份撤销占领中途岛的命令。

随后，日本联合舰队的各个编队分头向西行驶，完全脱离中途岛岸基飞机的攻击范围。根据中途岛美军侦察机的报告，日军在该岛以西的所有编队都在向西移动。夏威夷情报站也证实，日军第2舰队向西北方向航行。很明显，日军是在全线后撤。

美军的一些军官对斯普鲁恩斯没有猛追日舰，而是向东后撤大为不满，认为他错失了良机。尼米兹对此则不置可否，因为他还没有掌握全部情况，而且他对斯普鲁恩斯是充分信任的。“我相信斯普鲁恩斯在那里对情况的判断，比我们在这里判断得更为准确。我相信他对这件事非常理智。随着时间的推移，事情将会真相大白的。我们在这里没有资格对一个战地司令官的行动品头论足。”他向部下解释说。

事实上，山本五十六在发布撤退命令之前就已经有了新的打算，企图引诱斯普鲁恩斯的第16特混舰队进入以威克岛为岸基的日机飞行半径之内，然后予以歼灭。如果斯普鲁恩斯被胜利冲昏头脑，紧紧追击日军残部，那就中了山本五十六的圈套。

6月6日早晨8时刚过，斯普鲁恩斯判断山本五十六不会再强攻夺岛了，于是派出俯冲轰炸机和中途岛的B－17“空中堡垒”轰炸机，袭击了日军巡洋舰队，日军“三隈”号巡洋舰被击沉，“最上”号巡洋舰受重创。但美军航母编队并没有向西南追击。

山本五十六见美军没有上当，很不甘心，于6月6日下达了这样的作战命令：“在本地区作战的联合舰队各部队，应在威克岛航空兵攻击范围内接触并歼灭敌机动部队……”

这是一个富有戏剧性的命令。这一天原是山本五十六定的攻占中途岛的日子，如今他却带着受伤的联合舰队背道而驰，在距中途岛600多海里的撤退途中。实际上，这是一个以进攻方式下达的撤退命令，也许能让他保住一点面子吧。

收到撤退命令时，南云忠一心里很不是滋味，他输得最多，这一退就没有翻盘的机会了。他眼睁睁地看着自己的几艘航母慢慢下沉，几名舰长与舰艇共生死，而他却无能为力。在南云忠一新的旗舰上，军官们面对这种作战结局，都感到颜面尽失，无地自容！突然，南云忠一想到美军的“约克城”号还漂浮在海面上，他想让它永远沉入海底，于是派出一艘潜艇去将它击沉。当时有几艘美军驱逐舰在“约克城”号周围警戒，救援分队正在进行抢救。日军潜艇向“约克城”号发射了4条鱼雷，有2条击中其右舷舰底与舰侧间的接合部，把舰体炸出一个大洞。一艘驱逐舰也被鱼雷击中。美舰发现有日军潜艇来偷袭之后，立即展开反潜攻击，等赶走这个不速之客，“约克城”号的抢救行动已经不可能再进行下去了，于6月7日4时58分沉没。

6月7日早晨，海军作战部金上将给尼米兹发来一份明码祝捷电报，并做了广播，所有舰船、台站以及日军都能收听得到。电报称：“美国海军、海军陆战队和海岸警卫队，对在中途岛英勇善战、击退敌军进攻的美国海军、海军陆战队和陆军部队表示钦佩，相信战友们将会继续使敌人认清战争意味着死亡。”

太平洋舰队司令部里洋溢着欢乐的气氛，彻夜不眠的参谋人员围坐在一起吸烟休息，脸上洋溢着骄傲的神情。

埃蒙斯将军就在这时来到了太平洋舰队司令部，手中拎着一大箱系有海军蓝色和金色带子的香槟酒。他没有多说话，而是命令副官将带来的香槟酒通通打开。一时间，酒香四溢、泡沫飞溅，太平洋舰队司令部一片欢声笑语。这是尼米兹和将士们自珍珠港事件以来第一次开怀畅饮。

在庆祝之际，莱顿建议：“我们的老干将罗奇福特应该受到祝贺。”尼米兹表示同意，并让一个参谋给夏威夷情报站打电话。罗奇福特这次又迟到了。因为接到通知时，他还满脸胡须，披着吸烟服，穿着拖鞋，所以，当他到达太平洋舰队司令部时，庆祝会已经结束了，一个高级会

美国海军五星上将　欧内斯特·约瑟夫·金

议正在进行。然而，尼米兹这次对他十分宽容，满脸笑容地对他表示欢迎，把他介绍给一些他不认识的人，并对大家说："这位军官为中途岛的胜利立了一大功！"

尼米兹的赞扬是由衷的，如果说中途岛海战令人痛快淋漓，那么侦察情报站的侦察破译工作则是其中最为精彩的一部分。多年以后，尼米兹仍然直言不讳地表示，中途岛大捷实际上是"情报的胜利"。这一论断几乎得到了历史学家和军事界的一致认可。

此次海战的功臣之一斯普鲁恩斯对此也颇有感触："中途岛海战的胜利，主要原因首先在于得到了第一流的情报；其次应归功于尼米兹将军的判断和安排，他根据情报充分发挥了他的大胆、果敢、聪明和天才。"

美军在敌强我弱的情况下，取得如此辉煌的战果实属不易，其胜利的含义已超过了一次战役的局部性，而带有决定性的全局影响。

英国首相丘吉尔也对中途岛海战的成功给予了高度评价："这一值得纪念的胜利，不仅对美国，而且对整个同盟国的事业都具有重大意义，对士气的影响是广泛而及时的。这一胜利一举扭转了日本在太平洋的优势。曾经使我们在远东的军事力量遭到挫败达6个月之久的敌人所炫耀的优势，现在已经一去不复返了。"

尼米兹因指挥有方，获得了应有的荣誉，其他有功人员也得到了相应的奖励。但尼米兹不是一个易于沉醉的人，对于"约克城"号最终被日军的潜艇击沉，他悲愤地说："我们有五六艘驱逐舰在那里驱赶敌人的潜艇，而日军的一艘潜艇却还能够冲进来用鱼雷击中'约克城'号，这说明我们的反潜战术有问题。"

中途岛之战，美军损失 1 艘航空母舰、1 艘驱逐舰和 147 架飞机，阵亡 307 人；中途岛和荷兰港的设施遭到了严重破坏，阿图岛和基斯卡岛陷落。日军损失了 4 艘大型航空母舰、1 艘巡洋舰、332 架飞机，还有几百名经验丰富的飞行员和 3700 名舰员。日军的损失虽然没有美国估计的那么严重，但已足以改变太平洋战争的进程。

中途岛海战是一场决定性的战役，它与一个月以前的珊瑚海海战一起构成了太平洋战争中战略阶段的一个转折点。当然，未来的战争还相当艰巨，尼米兹以其特有的冷静和高瞻远瞩的眼光发表了如下讲话：

战争使我们懂得了许多，我们懂得了战列舰的局限性，懂得了我们需要具有迅速爬高、灵活机动的快速轻型飞机。通信联络必须现代化，运用超频波装置以备直接通话联络。

先生们，今日我们已报了珍珠港之仇！但是，只有彻底摧毁日本海军，才能带来太平洋地区乃至世界的长久和平。我们已经取得了实质性的进展，中途岛海战使我们走完了一半的历程。为此，我们深感宽慰。

第十一章 血战瓜岛

一波三折的“瞭望台”计划

1942年6月13日，弗莱彻率第17特混舰队返回珍珠港；几个小时之后，斯普鲁恩斯也率第16特混舰队回来了。军舰进入港口时升旗致敬。尼米兹及其参谋部成员站在码头上迎接舰队归来，他们登上旗舰，与指挥官和许多官兵握手，并以国家的名义感谢其取得的辉煌战绩。

中途岛海战的惨败，使日军失去了战争初期在太平洋上的制海权和制空权，也失去了战略主动，日军被迫停止了战略进攻，放弃或推迟了对斐济、萨摩亚和新喀里多尼亚等地的进攻。但日军并未意识到自己的实力已大为削弱而美军的实力和士气则大大增加的事实，仍决定继续实施对南太平洋诸岛的进攻，计划先在瓜岛修建航空基地，之后出动航空兵力，以掩护部队对新几内亚岛的莫尔兹比港的进攻，在新几内亚岛站稳脚跟后，再向东南逐步推进，进逼同盟国在南太平洋上的重要基地——澳大利亚，重新夺回战略主动权。

与此同时，尼米兹也没有因为中途岛的胜利而停止战略研究与思考，战争的间隙，正是他转换思路的良好时机。他认为当前最为重要的是，要对一切可能性加以探讨，使任何引人注目的、可供选择的方案成为决策时的依据。

在决策的过程中，他认为最好的办法往往不是听取上级的训导，而是广泛地听取下属的意见，从战斗在第一线的军人，即飞行员、炸弹投掷员和驾驶航空母舰的水兵那里获得经验和启发。在这方面，尼米兹平易近人的作风深得人心。他那诙谐机智的谈吐常常令部属们欢欣鼓舞。他在祝贺一位击毁了 3 艘敌舰的潜艇艇长时说："当几艘日本潜艇袭击他们时，他们就沉下去给潜艇统计战果。"艇长把这句话用电报告知自己的艇员，艇员们听后都非常兴奋。艇长对此评价说："这真像听到上帝讲的话一样。"

很快，尼米兹将目光投向了西南太平洋上一个奇形怪状的小岛——瓜岛。该岛东西长 150 千米、南北宽 40 千米，是所罗门群岛中最大的岛屿。第一次世界大战以来，它本为美国属地，后被日军占领。由于它雄踞澳大利亚门户，并且临近日本，地理位置极为重要。日本人常说，所罗门群岛如同一座通向日本的梯子，而瓜岛则是梯子的第一级。其中，图拉吉岛没有像瓜岛那样茂密的热带丛林和沼泽，是比较适合驻军的岛屿。日军继 1942 年 1 月进占拉包尔，在将这个港口及其附近的机场建设成南太平洋最重要的海空基地后，又于同年 5 月占领了图拉吉岛。在这种情况下，尼米兹向海军部提出了夺取瓜岛的建议。

6 月中旬，尼米兹的夫人凯瑟琳带着两个女儿移居西海岸，这样，在尼米兹定期到旧金山与金上将会晤期间，他们一家便有机会见面了。当然，见面之前，他们只能靠书信互通消息，而且内容不能涉及工作。尼米兹只向凯瑟琳透露了一点使她感兴趣的消息："再过几个星期，默塞尔将被任命为我的副官。"默塞尔一家人都是凯瑟琳的好朋友。

6 月 30 日，凯瑟琳在机场迎接乘专机归来的尼米兹，没想到因受大风影响，飞机着陆前撞在海边的一个漂浮物上，有几个人受了伤，尼米兹也受了撞伤和挫伤。

救援船只很快来了，但尼米兹不肯被先送走，他要亲眼看着困在飞机里的人全部被救出来才放心。当救援艇载着救生人员、两位军医和几名护士到来的时候，他和同机的人穿着湿淋淋的衣服一直站在机翼上，冻得瑟瑟发抖。一个来自得克萨斯州的 18 岁的二等水兵，向尼米兹大声喊道："长官，请走开，好让我们在这里干活。"尼米兹略微愣了一下，没有吭声，顺从地登上了救援艇。

当救援艇驶离飞机时，尼米兹披着一条毯子，站在艇尾注视着抢救现场。“你坐下！”舵手叫道。尼米兹坐下后，那个水兵才看清尼米兹的袖口上镶着很多金边，那么多的金边他还从未见过呢，于是红着脸向尼米兹表示了歉意。尼米兹微笑着，和蔼地说：“水兵，你忠于职守，做得对。”

这次见面，凯瑟琳见到的是一个像落汤鸡一样的丈夫。当她得知尼米兹伤势不重后，才如释重负地与他拥抱在一起。来到圣弗朗西斯旅馆后，他们又得到了一个意外的好消息——金上将因为要和陆军参谋长、参谋长联席会议主席乔治·卡特利特·马歇尔举行两三天的紧急会议，抵达旧金山的时间将要推迟。这样一来，尼米兹不仅有时间养伤，也有时间和凯瑟琳一起度假了。在难得的几天里，尼米兹与凯瑟琳一同到加利福尼亚大街漫步、逛商店、乘缆车上山看望老朋友，还抽空到马雷岛海军医院探望了因飞机失事而住院的伤员。

当然，尼米兹的假期过得并不安稳，他深知最高长官的紧急会议意味着什么，他急切地等待着结果。他向海军部提交袭击图拉吉岛的建议书后，金上将和他一道拟订了“瞭望台”作战计划，但是，该计划遭到了西南太平洋战区盟军司令麦克阿瑟的反对，麦克阿瑟建议把经过两栖作战训练的海军陆战第1师和2艘配有护航队的航空母舰调给他。他若拥有这些部队和原管辖的3个陆军师，就能突袭新不列颠岛，攻占拉包尔和俾斯麦群岛，从而迫使日军北撤700海里，退到特鲁克岛基地上去。

尼米兹对此很不以为然，认为实施麦克阿瑟的作战计划，意味着快速航空母舰要承担任务。而所罗门海域仅有2艘此类舰只，他担心麦克阿瑟要把航空母舰当作“牺牲品”。金上将也坚持逐步拿下所罗门群岛后再攻取拉包尔，以便修复机场，用轰炸机和战斗机来支援连续的进攻行动，而且金上将认为，包括陆战队、航空母舰、运输舰及大部分支援舰只在内的参战部队，只能来自太平洋舰队和太平洋海区，所罗门群岛作战的指挥工作应由尼米兹和南太平洋战区司令罗伯特·李·戈姆利[①]将军负责。

显然，海军部的“瞭望台”作战计划比麦克阿瑟的作战计划更具有可行性。但由于整个所罗门群岛位于西南太平洋海区内，是麦克阿瑟的辖区，所以他要把指挥权争过去。对此，麦克阿瑟提出了针锋相对的意见，认为在他的海区内作战的包括美国在内的所有同盟国部队，都应归他指挥。而且他的意见得到了马歇尔将军的支持。

金上将据理力争，他说，在欧洲作战的部队大部分是陆军，由陆军担任最高指挥是合理的；而即将开始的所罗门群岛战役的作战部队，大都是海军舰队和陆战队，由海军担任最高指挥也应该是合情合理的。

道格拉斯·麦克阿瑟画像

① 罗伯特·李·戈姆利（1883—1958）：美国海军中将，“二战”期间历任南太平洋部队和地区司令、夏威夷地区海军司令、欧洲水域美国海军司令哈罗德·斯塔克的参谋长。战后任驻德美国海军司令，负责解散德国海军。

性格刚愎、固执己见的麦克阿瑟在发给马歇尔的一份电报中说，海军想把太平洋海区的陆军降为次要地位，“主要是想把陆军置于海军和陆战队的管辖指挥之下”。

这种片面的说法，暴露出了麦克阿瑟的所思所想。尼米兹历来对兵种间的相互排斥和争斗十分反感，看不惯麦克阿瑟这种好大喜功的做派，但出于协作的需要，他从来不曾在公开场合表露出来，对麦克阿瑟本人也总是礼让三分。但涉及对敌作战方案问题，尼米兹认为必须坚守原则，不能忍气吞声。他对金上将表示，即使得不到西南太平洋战区陆军的支援，他也要发起对第一个目标——图拉吉岛的进攻。

此事在美军高层中闹得沸沸扬扬，若不及时平息，将会影响太平洋战争的进程。参谋长联席会议为了处理海军在麦克阿瑟辖区内行使最高指挥权的问题，确定了一条沿东经 159°，向北到赤道的南北分界线。包括图拉吉岛、瓜岛在内的东所罗门群岛，都属于南太平洋海区。尼米兹指挥的太平洋舰队，负责攻占这一辽阔地区内的图拉吉岛、圣克鲁斯岛及其邻近据点。

这次作战的代号是“一号任务”，发起攻击的时间定在 8 月 1 日。“二号任务”是攻占所罗门群岛的其他岛屿，以及包括莱城、萨拉莫阿在内的新几内亚东北海岸。在此阶段，麦克阿瑟负责全面指挥。“三号任务”将攻占拉包尔及其附近阵地，也统归麦克阿瑟指挥。然后，盟军的两条战线对拉包尔实施夹击。

这是一个商定好的折中方案，无论是麦克阿瑟还是金上将和尼米兹，都没有异议。

7 月 3 日下午，金上将一行由华盛顿飞抵旧金山。第二天早晨，会议正式开始。派伊少将、雅各布斯少将参加了会议。海军作战部作战局原局长、新任南太平洋海区两栖作战部队司令里奇蒙德·凯利·特纳海军少将也参加了会议，他将以两栖作战部队司令的身份，直接指挥部队攻占图拉吉岛。会上讨论了一些细节问题，然后以命令形式下达了“瞭望台”计划，该计划预定的首次登陆时间为 8 月 1 日。

所谓“瞭望台”，是展望未来的象征。盟军此时已经有了最终击败日军的长远构想。该计划的具体目标是进攻所罗门群岛中的图拉吉岛和瓜岛。在太平洋战场，金上将和尼米兹在一系列海军会议上，多次谈到在攻占拉包尔之后，通过特鲁克群岛、关岛和塞班岛进攻日本的问题。金上将的目标有三：一是挫败日军的南下战略；二是在美国和澳大利亚之间的航线上设一哨卡；三是在所罗门群岛上立住脚，以便将来反攻。总之，只要美军占领了瓜岛和图拉吉岛，并在岛上建立起强大的基地，就等于在南下攻击莫尔兹比港的日军侧腹部插上了一把尖刀。

在参谋长联席会议正式下达命令之前，尼米兹已经着手拟订“瞭望台”计划的具体实施方案，并于 7 月第一周大体完成了准备工作。各作战部队的指挥官也已敲定。

海军中将戈姆利代表尼米兹在南太平洋地区担任战略指挥官。弗莱彻中将因在珊瑚海海战和中途岛海战中指挥得力，声名远播，再次被尼米兹任命为“瞭望台”战役中登陆护航编队的战术指挥官，统一指挥第 16 特混舰队（“企业”号航母编队）、第 17 特混舰队（“萨拉托加”号航母编队）、第 18 特混舰队（“黄蜂”号航母编队）以及 4 月中旬成立的南太平洋部队（由戈姆利中将任司令，下辖第 61、第 62 特混编队）。特纳海军少将负责指挥两栖作战部队。亚历山大·范德格里夫特①海军少将是担负登陆任务的海军陆战第 1 师师长，他曾在尼加拉瓜参加过“丛林”作战，对两栖作战的理论颇有研究。

尼米兹认为，大机群的统一指挥导航飞行困难，不同舰载机种之间的协同作战困难，突破敌护卫舰防空炮火实施准确轰炸更加困难，这些都是造成舰载机在战斗中损失率高、机组人员死亡率高的主要原因，所以航空兵需要更有经验的指挥官。

由于时间紧迫，在一个月时间里既要集结部队、制订详细的作战计

---

① 亚历山大·范德格里夫特（1887—1973）：美国海军陆战队第一个上将，“二战”期间历任美国海军陆战队第 1 师师长、南太平洋战区海军陆战队两栖部队第 1 军军长、第 18 任海军陆战队司令。因在瓜岛战役中表现出色，成为家喻户晓的战争英雄，并被授予国会荣誉奖章。

划，又要进行两栖作战及复杂的训练和战前演练，尼米兹不得不早做准备。

美军在整军备战，日军也没有闲着。日本海军在中途岛海战中虽然丧失了 4 艘精锐的航空母舰，但对前景并没有失去信心。日本联合舰队还有大型航空母舰和不少能征善战的将士，其中包括仅有半年舰龄的最新式航空母舰“瑞鹤”号、“翔鹤”号（都已修复并补充了人员及飞机），还有完好无损的轻型航空母舰“隼鹰”号、“飞鹰”号、“瑞凤”号，2 艘水上飞机航空母舰“千代田”号和“日进”号以及 1933 年下水的舰龄最长的“龙骧”号。另外，大型战列舰“依势”号、“日向”号已经获准改装成航空母舰。在常规舰队方面，日本联合舰队的水上兵力几乎没有受到什么损失，其实力是美军太平洋舰队的 2 倍。

由于在实施“瞭望台”计划的同时，盟军各部队都有重任在肩，11 月将实施北非登陆，不可能对太平洋战场给予更多的兵力支援，而麦克阿瑟的 3 个陆军师需要镇守澳大利亚，在巴布亚阻击日军登陆作战，也不太可能调兵参战，因此，尼米兹若想增强海军陆战师，只有东拼西凑，从南太平洋各岛屿的守备部队中抽调兵力。基于此，有人给“瞭望台”取了一个绰号，叫做“小规模出击”。

然而，会议还没有结束，珍珠港便发来一份急电：夏威夷情报站破译的一份日军电报表明，日本海军特遣队已在瓜岛登陆。这一突如其来的消息改变了新战役的作战目标，攻占圣克鲁斯群岛的临时性计划被取消了，改为攻占瓜岛，而且必须争取在日军于瓜岛上建成飞机场并投入使用之前把它占领。

会议结束后，尼米兹回到圣弗朗西斯旅馆与凯瑟琳告别，然后和默塞尔中校一起飞返珍珠港。

尼米兹离开之后，凯瑟琳做了一些有意义的事情。她应邀协助并监督在奥克兰筹建一所新的海军家属医院。由于大多数内、外科医生都是后备役军官，不熟悉海军的情况，院长请求凯瑟琳给予帮助。

晚上，凯瑟琳经常在电台为义卖战争公债、红十字会募捐和其他救济工作发表讲话。圣诞节期间，她还专门给缅甸、菲律宾和澳大利亚的听众致广播祝词。她是全国联播节目中为数不多的演讲人之一。有一次，纽约向旧金山发出紧急求救，说："请尼米兹夫人帮帮忙，我们的节目出了点问题，必须找人在预告节目之外讲一分钟。她愿意帮忙吗?"凯瑟琳答应了，她以海军救济会的名义，从容不迫地即兴发表了60秒钟的讲话。

凯瑟琳内心很清楚，她所获得的荣誉应归功于自己的丈夫，一个与麦克阿瑟、艾森豪威尔一起显姓扬名的人，他已经成为那个时代家喻户晓的传奇人物。

登陆瓜岛

1942年7月25日，尼米兹在太平洋舰队司令部的会议室，召开了瓜岛登陆两栖作战战前联席会议。

出席会议的有南太平洋地区战略指挥官戈姆利海军中将、登陆护航编队战术指挥官弗莱彻海军中将、两栖作战舰队指挥官特纳海军少将、海军陆战第1师师长范德格里夫特少将，及其各自的参谋人员。

会上出现了少有的激烈争论的情况，与会的高级将领对于如此重要的战斗仓促改变计划，能否取得预期战果持保留意见。

尼米兹考虑的首要问题是，要在即将开始的对圣克鲁斯群岛、对所罗门群岛中日军占领的瓜岛和图拉吉岛的进攻战中，改变原有的防御态势。范德格里夫特作为登陆作战主力的海军陆战第1师师长，对瓜岛的情况几乎一无所知，手里只有一张陈旧的相关海域航海图，一叠传教士拍摄的年长日久的瓜岛照片，甚至小说家杰克·伦敦所写的一本关于瓜岛的短篇小说也被拿来作为制订登陆战斗计划的资料。对此他提出了不少需要商榷的细节。弗莱彻对仓促行事也有所顾虑，慎重表示"日军虽然新遭败绩，但实力犹存，美军不应该过于轻敌"。各参谋也先后发表了自己的意见。

几经考虑后，弗莱彻的参谋蒙特也开口说出了自己的想法："这次战役，其实我军准备的时间也不短，只是战斗的范围和规模比原来大，但总体的计划思路没有改变，就是要夺取一个反击日军的据点，成为进攻日本本土的跳板和桥头堡。现在各位将军和参谋所担心的事情，其实可以总结为一个问题，那就是日本海军到底还剩下多少实力。”

蒙特站起来走到会议室中占了整整一面墙的太平洋地图前，“这个问题大家只要看一看地图就能清楚，”蒙特拿起教鞭指了指日本的版图，又指了指美国的版图，“从面积来说，日本只是个弹丸小国，美国是它的多倍。打仗说到底就是拼资源，日本的资源大都来自对侵略国的掠夺。打个比喻，现在的日本只是个充了气的气球，只要我们在日本这个气球上扎一针，便能让它漏气变回原形。现在正是一个最好的时机，我们这次的攻击，就是要狠狠地扎它一针。”

“好，说得好！”尼米兹听了蒙特的话，拍起了手掌，“日本是一个气球，我们需要在它上面扎一针，这个比喻打得好。”他环视了一下自己的部下，笑了笑说，“大家是否听说过‘鸟活十年’的故事呢?”

在座的人都没有说话，只是看着尼米兹，大家都知道尼米兹讲故事的能力在海军中是有口皆碑的，但现在似乎不是讲故事的时候。

尼米兹接着说：“有个人买了一只金丝鸟，买的时候，老板说这种鸟的寿命可达 10 年。可是次日凌晨，这只鸟便死去了。那个人回到商店责问老板，老板回答道：‘这不奇怪，它正好刚满 10 岁。’如今日本的情况也是如此，貌似强大，但寿数已尽，我们应该抓住时机，击而溃之，不给敌人以喘息的余地，何况瓜岛只是一个方寸之地，我们有备而战，以突袭方式登陆应该没有问题。”

尼米兹的话表达了他攻占瓜岛的决心。将官们见状，也就不再提出异议，转而详细讨论登陆作战及支援护航的细节问题。

7 月 31 日，由特纳海军少将指挥的南太平洋登陆舰队，满载 1.6 万名海军陆战队队员，在 8 艘驱逐舰、1 个驱逐舰警戒群以及航空母舰舰载机的护航下，从斐济岛出发，进攻瓜岛。支援和护航编队统一由弗莱彻指挥，编队中的航空母舰包括“萨拉托加”号、“黄蜂”号、“企业”号。

担任这次作战全面战略指挥官的戈姆利海军中将和麦克阿瑟一样，

曾经反对“瞭望台”计划。他见日军兵力强大，而己方兵力单薄，准备工作又未就绪，现在还要将登陆地点前移，缺乏胜利的信心，因而要求推迟进攻时间，后经尼米兹说服，才同意于 8 月 7 日发起进攻。

8 月 7 日 5 时 30 分，弗莱彻命令航空母舰上的舰载机起飞轰炸瓜岛，不久，美军护航舰炮火也从海上向岛上射击。2 个小时的火力准备后，登陆部队开始发动攻势。

8 月 8 日下午，美军轻而易举地占领了萨沃岛上刚刚建成的机场，并取名为“亨德森机场”。黄昏时分，经过激战的美军又成功攻占了瓜岛以北的图拉吉岛。这是美军自 1898 年以来，在太平洋发动的首次成功的两栖登陆。

登陆似乎比较顺利，但海上的战斗却有些糟糕。

美机多次发现日本巡洋舰编队，但却没有引起足够的重视。特纳认为，巡洋舰发起水上攻击的可能性不大，日军很可能是要建立水上航空基地，以便次日发起进攻。

此时，由三川军一指挥的日本巡洋舰编队已来到美军南区巡逻队附近，并实施了鱼雷和火炮射击。美军驱逐舰发现敌情后，忙用报话机发出警报，但为时已晚。日军鱼雷射向了重巡洋舰“芝加哥”号和“堪培拉”号，两舰行动失灵，在弹雨中燃烧。“堪培拉”号于次日沉没，“芝加哥”号被 1 条鱼雷击中后向西撤退。“帕特森”号驱逐舰也被日舰击伤。夜里 1 时 50 分，日军旗舰“鸟海”号发射鱼雷又命中美军“阿斯托里亚”号巡洋舰。

接着，日军主力编队发动了第二波攻击。但是，日机一直飞到距“萨拉托加”号 50 海里处也没有发现目标，因燃油消耗过半，只得返回。而在日机来袭前从“企业”号起飞的美军 11 架轰炸机和 7 架鱼雷机，也没有找到日军主力编队，轰炸机飞往瓜岛机场着陆，鱼雷机则返回航母。同时起飞的“萨拉托加”号的 2 架轰炸机和 5 架鱼雷机则意外发现了日军的先遣编队，随即发动攻击，但仅使“千岁”号水上飞机母舰受了点轻伤。

第二天，太平洋舰队司令部仅收到一些零星的电报。尼米兹从这些电报中断定，登陆战斗进展顺利。但是，当天黄昏他又连续收到了2份棘手的电报：侦察机发现日军的一支海军部队，兵力编成不详，向瓜岛－图拉吉岛方向开进；弗莱彻的军舰需要补充油料，所辖3支航母编队正从这一地区撤出，剩下的只是没有空中掩护的海军陆战队登陆部队和两栖作战部队的运输舰只。尼米兹立即紧张起来。

日军先遣编队遭到攻击后，高速向南追击，并派出水上飞机前去搜索，但只发现一艘正在援救落水飞行员的美军驱逐舰，再无其他发现。当晚24时，山本五十六下令撤出战斗，先遣编队、主力编队即以28节航速北撤。

太平洋舰队司令部的无线电接收站，一整天只接收到戈姆利用不同频率并通过各种手段设法与特纳保持联系的发报信号，但戈姆利一直没能联系上他。基地还接收到东京广播电台发出的一份无线电公告，宣称在所罗门群岛的战斗中，日军部队已经打沉或打坏11艘运输舰和17艘“英美战舰”，其中包括几艘巡洋舰。不管消息是否属实，尼米兹听到后都极为气愤，为了控制情绪，他独自去射击场进行了很长时间的射击，直到打完差不多60发手枪子弹才停下来。

8月11日晚上，南太平洋司令部才终于转发来特纳在8月8日（珍珠港时间）晚上所发出的报告。据称，前一天夜里，在后来被称为萨沃岛战斗的行动中，日军的一支水面舰艇部队发射了炮弹和鱼雷，突破了守卫萨沃海湾入口处盟军的2支舰艇编队。特纳接着又报告说：“连续的激烈战斗进行了约40分钟。敌军损失不详……我方损失重巡洋舰‘阿斯托里亚’号、‘文森斯’号、‘昆西’号、‘堪培拉’号，‘芝加哥’号舰艏中了鱼雷；驱逐舰‘拉尔夫·塔尔伯特’号、‘帕特森’号被击坏。伤亡重大，大部分人员获救。运输和海岸部队未受到攻击。”

这是美国海军在海上战斗中最惨重的一次失败。

8月12日晚上，特纳将剩余的盟军舰艇从瓜岛地区撤往南太平洋司令部所在地努美阿[①]。由于缺少空中掩护，他别无选择，但这次撤退

① 努美阿：西南太平洋新喀里多尼亚的首府和主要港口，在新喀里多尼亚岛的西南端。

1942 年，同盟国在太平洋战场开始反击，1.6 万名美海军陆战队队员在所罗门群岛的瓜岛登陆，并控制日军的飞机场。双方在此展开了“二战”中太平洋地区最惨烈的战斗，美军利用可靠情报及支援，历经数月将日军消灭

意味着将未卸完物资的运输船队一并带走，也意味着岛上的美军将无法阻止日军以优势兵力重新夺回这些岛屿，从而导致后来大批美军被俘。

当特纳撤出的噩耗传到珍珠港的时候，尼米兹正和他的参谋人员在办公室里等待着来自南太平洋的消息。他既没有感到震惊，也没有生气，因为他知道，错不在特纳。

尼米兹仔细对照地图，查看了各部队目前所在位置，然后给麦克阿瑟发了一份电报，电报中说：“请代表太平洋舰队向澳大利亚政府，表达我们对澳大利亚兄弟在‘瞭望台’行动中遭受损失的深切同情，并对澳大利亚分舰队全体官兵的通力合作和表现表示钦佩。”当然，这里面还有更深层的含义，他希望各部队精诚协作，加快登陆的步伐。

8 月 13 日，特纳抵达努美阿后，戈姆利终于向尼米兹报告了“瞭望台”行动的详情，尼米兹以最快的速度全部转报给了金上将。戈姆利认为，日军在瓜岛的防御并没有想象的那么坚强，至于萨沃湾夜战盟军失败的原因，似乎是部队疲劳，缺乏经验，也可能是部队的部署有错误。与此同时，特纳向戈姆利报告，为了使美军在所罗门群岛站稳脚跟，急需增派支援部队。

8 月 18 日夜里，日军驱逐舰运来了 900 名日军官兵，在瓜岛美国阵地的东部登陆，并对瓜岛和图拉吉岛上的美海军陆战队阵地进行了短时炮击。8 月 21 日午夜后不久，新派来的日军部队开始进攻，经过一整天的战斗，最终被美海军陆战队消灭。由此可见，日军对岛上美军的实力估计不足，他们只顾寻找美军航母决战，却忘了保护其增援群。

8 月 20 日，日军一艘护卫航空母舰从东南方向驶来，并出动飞机在瓜岛的亨德森机场附近活动。与此同时，弗莱彻指挥的包括由“北卡罗来纳”号掩护的“企业”号在内的 3 艘航空母舰，为保护海上运输，在瓜岛的东南方向巡逻，所幸未被日军的侦察机发现。为了掩护夺取瓜岛的增援部队，弗莱彻从特鲁克群岛抽调了一部分航空母舰部队。尽管他行动谨慎，但仍被日军发现了行踪，从而导致了 8 月 24 日开始的东所罗门群岛的战斗。

8 月 24 日 9 时 05 分，日军增援编队的轻型航空母舰“龙骧”号到达马莱塔岛以北海域时，被美机发现。弗莱彻决定采取先发制人之策，立刻命令轰炸机和鱼雷机出击，日军“龙骧”号在劫难逃，很快便葬身海底，其主要运输船“金龙丸”号被击沉，旗舰“神通”号巡洋舰和另一艘驱逐舰被炸伤。不久，从圣埃斯皮里图岛起飞的 B－17“空中堡垒”轰炸机也赶来助战，将日军“睦月”号驱逐舰击沉。

鉴于缺乏空中掩护，加上所运送的部队已经损失过半，拉包尔的日军指挥部只好令增援编队返航。当天晚上，日军对岸射击群对瓜岛进行了炮击，但并没有什么显著效果。

由于东所罗门群岛海战的失利，日军无法组织大规模的增援，只好利用驱逐舰夜间高速通过“槽海”分批将援军送上瓜岛。他们以这种“老鼠运输”方式将一木支队（支队长为一木清直大佐）的余部和川口支队（支队长为川口清健少将）共6000 人送上瓜岛。

美军则依然靠“仙人掌”航空队往岛上增兵。

日将南云忠一为了报一箭之仇，急令2 个轰炸机大队攻击美舰。美军“企业”号航母在此次攻击中受伤，不得不返回珍珠港修理。这时，由弗莱彻指挥的航空母舰特混舰队正在瓜岛东南海域活动，担负对所罗门群岛海上交通线的保护任务。弗莱彻的旗舰“萨拉托加”号航母被日军潜艇发现，该潜艇发射了6 条鱼雷，其中一条鱼雷炸坏了“萨拉托加”号的锅炉舱，弗莱彻也不幸受了伤，“萨拉托加”号只好开回珍珠港修理。乘弗莱彻负伤之机，尼米兹给他放了个长假，让他好好休息。弗莱彻自知负有不可推卸的责任，于是向海军部请求将他调回岸上工作。

在以后的几天里，太平洋舰队司令部根据部队减员的情况，重新讨论和制订了作战计划。

9 月 3 日，尼米兹将所有在亨德森机场的海军陆战队航空兵、海军航空兵和陆军航空兵的64 架各型飞机，统一整编为海军陆战队航空兵第1 联队，由罗伊·斯坦利·盖格①少将任司令。

鉴于美军在太平洋地区仅有“大黄蜂”号和“黄蜂”号可以用于作战，尼米兹恳请金上将同意航空母舰在攻占拉包尔的战斗任务中不再担负支援任务。他特别“吝惜”航空兵，哪怕只是动用一个中队，他也十分不舍。

9 月 4 日，天空下着蒙蒙细雨。美军得到报告说有一支日军登上萨沃岛，于是派“利特尔”号和“格雷戈里”号驱逐舰运载一个突击营由图拉吉岛前往萨沃岛，结果没有发现日军，于是这两艘驱逐舰赶到瓜岛。当所载部队上岛后，按计划驱逐舰应返回图拉吉岛，但因当时天气恶劣，能见度极差，无法看清航标，只好停留在瓜岛附近海域。当天晚上，日军3 艘驱逐舰运送部队上岛，返回时炮击亨德森机场，美舰看到炮火闪

① 罗伊·斯坦利·盖格（1885—1947）：瓜岛“仙人掌”航空联队队长、美国太平洋舰队陆战队司令，唯一指挥过野战集团军的陆战队人员。

美国太平洋舰队陆战队司令　罗伊·斯坦利·盖格

光，料想是日军潜艇在炮击机场，就赶去迎战。此时一架美军侦察机正在上空，也以为是日军潜艇骚扰，便连投5颗照明弹，不料照明弹下方正是美舰，日舰发现美舰后立即开火，两艘美舰猝不及防，连连中弹，很快被击沉。而日舰则毫无损伤，直到美舰沉没才转舵离去。这又是一个不该发生的悲剧！

尼米兹对夺岛部队充满了担忧，他飞往旧金山向金上将汇报战况，并出席了海军部召开的一次会议。其间，金上将、尼米兹和一些参谋人员专门分析了萨沃岛战斗的情况，就情报、戒备状况、夜间部署以及指挥官擅离职守等问题进行了深刻总结。讨论内容还进一步扩大到整个太平洋海区。

这次会议还进行了一系列的人事调整。海军第14军区司令克劳德·布洛克被调走了，曾与尼米兹不和的航空局局长约翰·托尔斯被调往珍珠港任海军太平洋舰队航空兵司令，这多少令尼米兹感到郁闷。不过，由于这次见到了老朋友哈尔西，尼米兹心中的各种不快一扫而光。哈尔西的皮炎已经痊愈，吵吵嚷嚷地要求重返工作岗位。他将接替弗莱彻担任高级战术指挥官，指挥美军航母编队在南太平洋海区作战。

9 月 11 日，尼米兹和他的参谋人员及哈尔西一起回到了珍珠港。12 日，尼米兹和哈尔西一道去视察在港维修的“企业”号，并给舰上的有功人员颁奖。当两位将军到达时，全舰人员都在飞行甲板上列队欢迎他们。尼米兹走到扩音器前，招呼哈尔西往前走并对大家说：“朋友们，我要告诉你们一个好消息，比尔·哈尔西回来了！”全体舰员都向哈尔西热烈欢呼，哈尔西禁不住热泪盈眶。

美国海军五星上将　哈尔西

颁奖完毕，尼米兹又向舰上的全体官兵发表了简短的演讲。他说：“我知道，你们已被批准进行一段时间的休整，上帝都知道你们是该休息了。但是你们也知道，最近我们的舰艇和人员遭受了严重损失。我除了派你们重返战斗以外，再没有增援力量可以调派了。”

此时在瓜岛前线，日军继续大量增兵。由于美军飞机控制了瓜岛的亨德森机场，日舰白天不敢接近岛屿。9月12日晚上，日军两栖部队发动了一次突袭。21时许，随着一发红色信号弹升起，日军迫击炮发射了大量照明弹，将黑夜照得如同白昼，2500名日军端着上了刺刀的步枪，狂呼大叫着向高地冲去。在日军的冲击下，美军有些阵地被突破了，但美军105毫米榴弹炮的凶猛炮火随即倾泻而下，日军伤亡惨重。天亮后，美军在飞机的掩护下发动反击，又将阵地夺回。此战日军留下600余具尸体，而美军阵亡仅40人。

日将川口清健[①]不甘心失败，重新集结残部于9月13日晚上再次发动进攻。川口将部队分为6批，采取集团冲锋，一波接一波，猛攻不止，整个山岭爆发了惨烈的血战。美军的防线在日军的玩命攻击下被迫后移，但整个高地仍控制在美军手中。天亮后，失去黑夜掩护的日军处境更为困难，美军飞机也赶来助战，在猛烈而准确的轰炸和扫射下，日军溃不成军，只得逃入丛林。美军接着出动坦克肃清了阵地前沿的残余日军，经过这一夜的激战，日军付出了700余人的伤亡却一无所获。从西面进攻机场的冈明之助大佐的部队也未能突破美军的防线，损失了200多人，而美军的伤亡小得令人吃惊，仅4死3伤。尼米兹向范德格里夫特少将发出了嘉奖电："收到你们在岛上的战斗捷报，我们大家都感到欢欣鼓舞，谨向前线的陆战队员及陆军部队表示衷心感谢。"

两战失利后，日军大本营将东印度群岛的第38师团调来增援。与此同时，美军也将海军陆战队第7团4000人、147辆汽车、1000吨食品、400桶航空汽油及被士兵们称为"长臂汤姆"的155毫米榴弹炮送上瓜岛，岛上美军已增至1.9万人。

正当美军加紧从圣埃斯皮里图岛把海军陆战队第7团送往瓜岛时，日军潜艇钻入美国护卫舰中间，在15分钟内相继用鱼雷攻击了航空母舰"黄蜂"号、新型战列舰"北卡罗来纳"号和驱逐舰"奥布莱恩"

---

① 川口清健（1892—1961）：日本陆军少将，参与制造了"张北事件"，之后参加太平洋战争，因在瓜岛作战失利，被解职。

号。“黄蜂”号供油系统起火，被迫撤离战场，后因火势无法控制，只得用鱼雷将其击沉。“奥布莱恩”号在返航途中也因伤势太重而沉没。

尽管如此，金上将和尼米兹都认为，瓜岛之战已演变成一场消耗战，日军的损失越来越大，也越来越难得到补充，优势逐步转向美军，而现在的关键是瓜岛上的海军陆战队能否坚持到从各地调集的援军到达。瓜岛争夺战已进入最后阶段，双方都投入了新型武器和精兵强将，准备做最后一搏。

瓜岛鏖兵

鉴于范德格里夫特指挥的陆战队官兵在供应极为匮乏、岛上条件十分恶劣的情况下，依然奇迹般地守住了阵地，尼米兹准备亲临前线视察，以便对形势做出准确的判断。

尼米兹用无线电话邀请麦克阿瑟，请他到新喀里多尼亚的努美阿来，参加在戈姆利将军司令部召开的会议。麦克阿瑟复电说，他不能离开他的前线指挥部到珊瑚海这边来，请尼米兹到莫尔兹比港与他会晤。尼米兹拒绝了，麦克阿瑟只好答应派代表出席努美阿的会议。

与此同时，日本陆军部将精锐的第 2 师团（又称“仙台”师团）调往肖特兰岛集结，丸山政男①中将计划动用 6 艘驱逐舰将他的师团和配属的重炮运上瓜岛，但海军不愿将宝贵的航母和战列舰置于美军岸基飞机活动半径之内，因而拒绝了他的要求。后经陆军部派专员协调，山本五十六才保证说，即使动用他的旗舰“大和”号也在所不惜！

可以看出，瓜岛的争夺已经受到双方的高度重视。

9 月 25 日，尼米兹带领随行人员乘“科罗纳多”号水上飞机离开珍珠港。他先到努美阿与戈姆利在“亚尔古尼”号上召开会议，讨论战局。9 月 29 日，他乘坐 B－17“空中堡垒”轰炸机来到瓜岛，为作战有功人员授勋。

---

① 丸山政男（1889—1957）：日本陆军中将，“二战”期间任第 2 师团师团长，率部登陆瓜岛，指挥了对亨德森机场的几次大规模攻击，均以失败告终，不得不率残部撤离瓜岛。

下午，尼米兹冒雨视察了飞行指挥部、“血岭”和陆战队防区的一些据点。他了解到由于日军潜艇在瓜岛海域的疯狂活动，加上美军在夜间没有掌握制海权，无法向瓜岛实施增援和补给，陆战第1师因为供应日益困难，夜间又频繁遭到日军舰艇部队的炮击，士气低落，军心不安。

尼米兹问范德格里夫特：“你们打算坚守这片滩头阵地吗?”

“当然，为什么不呢?”范德格里夫特反问道。

尼米兹想起亨利·哈里·阿诺德将军的一句话：“一个人越接近战区，就越有信心。”看来此话不假。他很高兴，转而以欣赏的口气问道：“你认为整个战局的关键之地在哪儿呢?”

范德格里夫特毫不犹豫地回答：“飞机场是整个战局的关键。谁控制了机场，谁就控制了瓜岛。有迹象表明，敌人即将集结兵力重新攻占机场，因此，用有限的兵力集中扼守亨德森机场是最明智之举，而分散部队力量则会招致危机。”

当晚大雨倾盆，秋风凛冽，尼米兹住在瓜岛，和士兵一样吃着简单的食物，也尝到了潮湿的空气、蚊虫叮咬的滋味。但他所受的一夜之苦极大地鼓舞了士气。

10月12日晚，美军4艘鱼雷快艇由驱逐舰牵引到达图拉吉岛，在那里建立起鱼雷快艇基地，以挑战日军所控制的夜间制海权。陆军第164团3000人、16辆轻型坦克、12门37毫米反坦克炮和大批补给物资被送上瓜岛。至10月中旬，双方援军都登上了瓜岛，新一轮更激烈的较量即将开始。

日军的首要目标是机场。10月13日白天，日军两次出动岸基航空兵空袭瓜岛。22时，日军炮击编队进到萨沃岛以北，半小时后出动舰载机，往机场空投下大型照明弹，“金刚”号和“榛名”号战列舰先以曳光弹标示弹着点，随后356毫米主炮开始齐射，每次炮弹落地都引发一片大火，经过80分钟炮击，机场成为一片火海。美军则以设在隆格角的127毫米岸炮还击，但因日舰位于射击死角而毫无作用。美军鱼雷快艇出击迎战，又被日军的驱逐舰击退，没有取得战果。

这次炮击共击毁美军战斗机42架、B－17“空中堡垒”轰炸机6

1942 年，太平洋战争，美军士兵趁着瓜岛战事的间歇清洗

架，击伤 31 架飞机，美军阵亡 41 人，机场轰炸机主跑道被摧毁，只有战斗机跑道勉强可用，储存的航空汽油几乎全被烧光。

此次，日本联合舰队倾巢而出，近藤信竹指挥 4 艘战列舰、5 艘轻型航母、10 艘巡洋舰和 29 艘驱逐舰，封锁了所罗门群岛的所有入口。

10 月 14 日夜间，日军第 8 舰队由三川军一①中将亲自指挥，以"鸟海"号、"衣笠"号重巡洋舰为核心的编队，突入铁底湾，再次炮击亨德森机场，共发射了约 750 发 203 毫米炮弹。10 月 15 日夜间，日军又以"妙高"号、"摩耶"号重巡洋舰编队炮击亨德森机场，共发射

① 三川军一（1888—1981）：日本海军中将，"二战"期间历任第 3 战队司令、第 8 舰队司令、航海学校校长、第 2 南遣舰队司令、西南方面舰队司令、第 13 航空舰队司令、第 3 南遣舰队司令。参加过偷袭珍珠港、中途岛海战、萨沃岛海战等战役。

了1500余发203毫米炮弹。

由于机场几近瘫痪，美军的制空权、制海权都已易手，岛上部队后援困难。为解决航空汽油紧缺的问题，戈姆利将军派C－47运输机从圣埃斯皮里图岛空运燃料，但一次运送的燃料只能供12架战斗机飞行1个小时；后又派“琥珀鱼”号潜艇运来9000加仑的航空汽油和10吨炸弹，但仍不能满足需要。“仙人掌”航空队想尽一切办法组织运送物资行动，但是除10月16日一艘供应舰送上瓜岛12条鱼雷、4万加仑航空汽油外，其余行动均未成功。

尼米兹了解到这些情况后，于10月15日晚召开了一次特别会议，出席会议的所有军官都发表了意见，大家一致认为戈姆利不称职，南太平洋司令部的气氛令人无法容忍。当一个军官冒昧地对戈姆利将军本人进行批评时，尼米兹马上制止了他，认为这样的发言是“叛变”，他反对对个人的“攻击”。尼米兹对这位军官提出批评后，话题一转说：“好吧，我要对你们进行一次民意测验。”他向每一个军官问道：“现在是调走戈姆利将军的时候吗?”然后依次指着他们，让他们做出回答。所有军官都干脆地答道：“是的!”尼米兹最后采纳了大家的意见，决定更换指挥官。

10月16日，哈尔西收到了一封密信，里面装着太平洋战区总司令部发来的一份电报：“在你抵达努美阿后，即接替戈姆利出任南太平洋海区兼南太平洋部队司令。”哈尔西有点不敢相信自己的眼睛，他又看了一遍电报，不由得失声大叫：“这可真是一个最烫手的土豆!”

哈尔西于10月18日到任后，将范德格里夫特召到努美阿，听取有关瓜岛情况的汇报，范德格里夫特表示他还能坚持，但必须得到增援。哈尔西立即回答：“我会把我的全部家当都给你!”

随后，哈尔西下令陆军第164步兵团增援瓜岛机场，并由“大黄蜂”号航母特混编队护航。作为太平洋战区总司令，尼米兹现在可以调动南太平洋战区海陆空所有部队和装备，而不必事先报经参谋长联席会议同意。他给了哈尔西最大限度的支持，先后调去了“印第安纳”号战列舰、24艘潜艇、74架各种飞机和陆军第25师及已修好的“企业”

号航母。

当范德格里夫特从努美阿返回瓜岛的时候，日军正发起新的攻击。此时，瓜岛上的日军已达2.3万人，大炮近百门，并拥有强大的海空支援。百武晴吉[①]中将已对岛上作战做了全面部署，他在10月16日开始清除美军的外围据点，并打算于22日分两路发起总攻。其中，丸山政男中将亲率第2师团主力主攻“血岭”，另一路由须摩吉少将指挥的2个团向美军陆战1团3营的阵地发起冲锋。

对于日军的行动，美军早有察觉，并对其可能进攻的线路进行了目标测定，所以开战后，阻击的炮火射击异常准确、猛烈，几乎覆盖了日军的全部进攻队形。

丸山的部队历尽艰难，直到10月24日16时才到达指定位置，比预定的时间足足晚了2天，百武已经6次推迟进攻时间了。日军正要发起总攻，突然下起了倾盆暴雨，根本无法看清目标，丸山不得不再次推迟2个小时。等到日军真正开始总攻时，美军早已严阵以待，陆军第164团装备了新式半自动步枪，火力极强，日军几乎是迎着雨点般的子弹冲锋，结果第一次冲锋被美军击退了。丸山随即组织了第二次冲锋，日军踏着同伴的尸体如潮水般涌来，美军以密集火力射击，但日军仍不顾一切拼死进攻，在个别地段取得了突破，而美军则坚守不退，很多地段都发生了惨烈的白刃肉搏战。黎明时分，丸山再次被迫放弃进攻。

10月25日晚，丸山孤注一掷，发起了最后的攻击。日军拍着枪托有节奏地用英语叫道：“为天皇讨还血债！美国海军陆战队，到明天就死！”美军毫不示弱地回骂：“为罗斯福讨还血债！让天皇见鬼去！”接着，日军发起了自杀性的冲锋，但是面对美军的铁丝网前密集的子弹，备显苍白无力。丸山指挥残兵败将一次次发起攻击，但日军付出惨重代价而取得的局部性突破，随即被美军的纵深火力所消灭。该夜，日军一共发起7次攻势，但都被美军一一击退，天亮时留下的尸体达2500具。

---

① 百武晴吉（1888—1947）：以监听破译敌军密码著称，曾破译苏联红军的密码。1942年5月任驻拉包尔的第17军司令，受命夺取瓜岛惨败，战后死于精神错乱。

丸山见败局已定，只得下令撤退。这是日军第2师团首次战败，精锐的“仙台”师团几乎遭到了灭顶之灾。

在瓜岛争夺机场的战斗进行之时，圣克鲁斯群岛海战也在激烈进行之中。

10月10日，日本联合舰队从特鲁克倾巢而出，准备与美军舰队决战。日军舰队兵分两路：一是先遣部队，由近藤信竹中将指挥，下辖的航母编队包括航母2艘（“隼鹰”号和“飞鹰”号）、驱逐舰4艘、舰载机98架，战列舰编队包括战列舰2艘、重巡洋舰4艘、轻巡洋舰1艘、驱逐舰12艘。二是机动部队，由南云忠一中将指挥，下辖的航母编队包括航母3艘（“翔鹤”号、“瑞鹤”号和“瑞凤”号）、重巡洋舰1艘、驱逐舰8艘、舰载机171架，战列舰编队包括战列舰2艘、重巡洋舰3艘、轻巡洋舰1艘、驱逐舰7艘。两路人马由近藤信竹统一指挥。

10月22日，日军“飞鹰”号航母因主机故障，由2艘驱逐舰保护返回基地。至10月24日，日舰一直在所罗门群岛以北海域活动，等待战机。由于陆军在瓜岛的作战一再推延，山本五十六向百武中将发电催促，如不迅速占领机场，舰队将因燃料耗尽而不得不返回。但陆军在10月24日、25日的进攻均告失败，山本五十六决定，不管瓜岛上的战斗结局如何，日本联合舰队仍将与美军舰队决战。

美军此时在南太平洋地区共有3个舰队：一是托马斯·金凯德①少将指挥的第16特混舰队，包括航母1艘（“企业”号）、战列舰1艘、巡洋舰2艘、驱逐舰8艘、舰载机82架；二是尼古拉斯·莫雷尔少将指挥的第17特混舰队，包括航母1艘（“大黄蜂”号）、巡洋舰4艘、驱逐舰6艘、舰载机87架；三是威利斯·李②少将指挥的第64特混舰

① 托马斯·金凯德（1888—1972）：美国海军上将，被称为“海战指挥家”。“二战”期间历任第6巡洋舰舰队司令、北太平洋方面军司令、盟军西南太平洋战区海军司令兼第7舰队指挥官，参加了珊瑚海海战、中途岛海战、圣克鲁斯海战、新几内亚战役、莱特湾海战，立下了卓越战功。战后任大西洋预备舰队司令。

② 威利斯·李（1888—1945）：美国海军中将，“二战”期间历任太平洋舰队第6战斗舰战队指挥官、第64特混舰队指挥官、快速战列舰指挥官、作战发展部队指挥官。

队，包括战列舰 1 艘、巡洋舰 3 艘、驱逐舰 6 艘。

10 月 23 日，美军的巡逻飞机在圣埃斯皮里图岛以北 650 海里处发现了日军航母编队。当晚，圣埃斯皮里图岛的美军岸基航空兵派出数架水上飞机携带鱼雷前去攻击，但没有找到日军航母。

10 月 24 日上午 10 时许，第 16、第 17 特混舰队在圣埃斯皮里图岛东北 270 海里处会合，哈尔西命令金凯德率部前往圣克鲁斯群岛以北，阻截驶向瓜岛的日军舰队；第 64 特混舰队则前出到瓜岛海域，阻击日军对瓜岛的增援及对机场的炮击。

日军机动部队司令南云忠一认为，美军在图拉吉岛和圣克鲁斯群岛都部署了航程较远的水上飞机，一旦日军进入距这些岛屿 650 海里的范围内，就有可能被发现。为了不重蹈中途岛战役的覆辙，南云忠一决定尽量隐蔽自己，几天来只要被美军发现就率部北撤。山本五十六对南云忠一这种过分谨慎的做法极为不满，命令他不顾天气和敌情，坚决投入战斗。但在“筑摩”号遭到美军的水上飞机攻击后，南云忠一仍再次率部北撤。山本五十六随即发出指示：“陆军计划于今夜攻占机场，敌军舰队明日在瓜岛海域出现的可能性极大，联合舰队务必将其歼灭。”于是，南云忠一不得不掉头南下。

双方舰队的距离在迅速缩小，但彼此都不知道对方的具体位置，只能派出侦察机全力搜索。

10 月 25 日早晨 5 时，哈尔西向金凯德发出命令：“进攻！进攻！再进攻！”

10 时许，美军的一架水上飞机在航母特混编队西北 360 海里处，发现了日军的 2 艘航母，但因为雨大云厚，很快日舰便消失了踪影。

10 月 26 日凌晨 3 时，金凯德命令“企业”号航母出动 16 架侦察轰炸机，以两机为一组，分扇区搜索，每机携带一枚 500 磅重的炸弹，一旦发现目标就立即实施攻击。

不久，美军的一个机组在距“企业”号 85 海里处遇到了日军的一架侦察机，双方打了个照面，擦肩而过。

5 时许，美军的另一个机组发现了日军机动编队的“瑞凤”号航母，日军立即起飞 9 架战斗机进行拦截，同时，“瑞凤”号一面施放烟幕，一面规避。美机迅速躲入云层，巧妙地避开了日机的拦截，然后突然从云中俯冲而下，向“瑞凤”号投下了炸弹，其中2枚炸弹命中，将“瑞凤”号的飞行甲板炸开了一个直径15米的大洞，使其无法再回收飞机。“瑞凤”号舰长只好起飞剩下的所有飞机，然后在2艘驱逐舰的保护下向北撤退。

在美机攻击“瑞凤”号时，南云忠一也得到了美军舰队准确位置的报告，遂于5时25分派21架轰炸机、20架鱼雷机和21架战斗机朝美军舰队飞去。

金凯德接到发现日舰的报告后，于5时30分命令“大黄蜂”号发起第一波攻击，15架轰炸机、6架鱼雷机和8架战斗机扑向日军机动编队；6时许，“企业”号发起第二波攻击；6时15分，“大黄蜂”号发起第三波攻击。

日美双方的攻击机群正巧在途中相遇，12架日军战斗机突然出列，迅速抢占有利高度，冲向美军的飞机，随即爆发了一场疾风骤雨式的空战，美军损失鱼雷机、战斗机各3架，日机则损失4架战斗机。

由于双方的航母编队靠得太近，飞机在空中交战时，美军雷达无法分辨敌我，“企业”号只得迅速躲入附近的雷雨区，这样才没有被日机发现，而在晴朗天空下的“大黄蜂”号则成为日机集中攻击的目标。尽管空中有38架战斗机掩护，但“大黄蜂”号的战斗机引导官缺乏经验，将战斗机部署得离母舰太近，还没来得及上升到一定高度，日军轰炸机就已经临空轰炸了，有1枚炸弹命中，在飞行甲板后部爆炸；还有1架日军轰炸机被防空火力击伤后，一头撞在“大黄蜂”号的飞行甲板上，机上携带的2枚炸弹一起爆炸。随后，日军鱼雷机开始攻击，有2条鱼雷击中机舱。接着，“大黄蜂”号又被3枚炸弹击中，机舱进水，电力中断，通信断绝，舰体四处起火，渐渐倾斜，失去机动能力。日机离去后，舰员迅速扑灭大火，“大黄蜂”号由“北安普敦”号巡洋舰拖曳返航。

就在日机攻击“大黄蜂”号时，美机也对日军航母发起了攻击。7时30分，实施第一波攻击的15架轰炸机到达日军舰队上空，除在日军战斗机的拦截下，被击落、击伤各2架外，其余飞机均突破成功，向南云忠一的旗舰“瑞鹤”号俯冲投弹。“瑞鹤”号一边以全部防空火力对空射击，一边竭力规避，这时，一组美机以200米高度从舰艏方向突入，投弹命中，“瑞鹤”号连中4弹，飞行甲板、机库、炮塔都被炸起火，通信中断，南云忠一只得转移到“岚”号驱逐舰上。另外，美军实施第一波攻击的6架鱼雷机与轰炸机失去联系，且未能找到日军航母，于是攻击了日军的“铃谷”号巡洋舰，但没有击中。

美军第二波攻击因途中遭遇日军攻击机群，发生了空战，队形被打乱，随后分为两队，一队3架轰炸机攻击了日军“雾岛”号战列舰，另一队4架鱼雷机攻击了“筑摩”号巡洋舰，但都没有命中。第三波攻击也没有找到日军航母，在攻击日军机动部队的战列舰编队后返航。

日军于6时45分发起第二波攻击，“翔鹤”号出动19架轰炸机、5架战斗机，“瑞鹤”号出动16架鱼雷机、4架战斗机，进攻“大黄蜂”号。此时“大黄蜂”号已经烈焰冲天，浓烟滚滚，日机见状，转而攻击“企业”号。“企业”号和伴随的“南达科他”号战列舰都装备有4联装40毫米机炮，而且使用最新式的近炸引信炮弹，防空火力很强。日军“翔鹤”号的机群首先发起攻击，结果在俯冲时就被击落一大半，只有两弹命中“企业”号，一中飞行甲板，一中机库，另将“史密斯”号驱逐舰击伤。随后，日军“瑞鹤”号的鱼雷机群投入攻击，但在攻击前就被美军的战斗机和防空炮火击落7架，余下的9架从左右两侧对“企业”号实施鱼雷夹击，但均被“企业”号规避。

日军先遣部队司令近藤于7时14分下令“隼鹰”号航母起飞17架轰炸机、12架战斗机，向“大黄蜂”号发起攻击。日机发现“大黄蜂”号已奄奄一息，便转而准备攻击附近的巡洋舰，这时，美军另一艘航母“企业”号突然从雨区驶出，日机随即蜂拥而至，此时天空中布满乌云，在一定程度上阻拦了日机向“企业”号的接近。“企业”号利用刚才两次空袭的间隙，集中了2艘航母的战斗机全力保护自己，日机刚钻出云层开始俯冲，就遭到了凶猛的拦截，攻击队形完全被打乱，并被击落8架。剩余的日机又失去了目标，只好攻击“南达科他”号战列舰和“圣胡安”号巡洋舰，这两舰各中一弹，受了轻伤。

至中午时分，日军取得了很大战果，但自身损失也不小。近藤决定调整部署，以利再战，他命令受伤的“瑞凤”号和“翔鹤”号北撤；先遣部队和机动部队的两支战列舰编队向南搜索，以扩大战果；“隼鹰”号和“瑞鹤”号在战列舰编队后面跟进，负责提供空中支援。

美军方面，金凯德见部队损失惨重，便率舰队向东撤退，“大黄蜂”号航母在“北安普敦”号的拖曳下以8节航速缓缓而行。

下午，日机又对“大黄蜂”号进行了4次攻击，先后命中1条鱼雷和2枚炸弹，“大黄蜂”号主机舱进水，多处起火，舰长莫雷尔见无可挽回，只得下令弃舰。

10月27日凌晨，美军从圣埃斯皮里图岛起飞的水上飞机用鱼雷攻击了返航中的日军舰队，击伤其1艘驱逐舰。近藤不敢久留，率领舰队撤往特鲁克。

圣克鲁斯群岛海战，是太平洋战争中美日双方的第4次航母大战，日军取得了战术上的胜利，但日军飞机的攻击远不及战争初期那么机警、老练；而美军正好相反，无论是航母、舰载机还是经过充分训练的飞行员的补充都源源不断。美军越来越强大，日军则越来越衰弱。从这个角度来看，美军是用战术上的失利换取战略上的胜利。

1942年12月初，美军海军陆战队第2师和陆军第25步兵师被运上瓜岛，接替疲惫不堪的海军陆战队第1师。这支英勇顽强的部队，在4个月的激战中因伤病减员达7800人。看着满身硝烟的部下，范德格里夫特激动地说：“完全可以这么说，4个月前的今天开始的这场不大不小的战斗，通过你们的努力，已经成功地挫败了敌人在太平洋上的重要目标！”尽管瓜岛争夺战的最后胜利是在其他部队手中完成的，但瓜岛的辉煌胜利首先应归功于陆战1师。战役结束后，陆战1师荣获由罗斯福总统颁发的“优异部队”称号，它成为获得这一荣誉的第一支部队。12月9日，亚历山大·帕奇①少将从范德格里夫特手里接过了瓜岛地面

① 亚历山大·帕奇（1889—1945）：美国陆军上将（追晋），公认的优秀部队训练者，同时也是一位精力充沛并关心下属的指挥官。“二战”期间历任美洲师少将师长、第7集团军司令、第4集团军司令。

部队的指挥权。

1942 年 8 月至 1943 年 2 月的瓜岛战役，是太平洋战场的转折点。图为美军登陆瓜岛

陆战 1 师则撤到澳大利亚休整。从此，陆战 1 师在其师徽上写下了 GUADALCANAL（即瓜达尔卡纳尔），以纪念血战瓜岛的辉煌战绩。陆战 1 师也因瓜岛之战而名垂青史。

尼米兹认为，南太平洋部队不怕危险的精神主要在于南太平洋海区司令的英明领导。战斗结束后，他赞誉哈尔西：“智勇双全，神机妙算。”

第十二章　猎杀敌帅

"K 号作战"

瓜岛海陆大战之后，所罗门群岛的日军转入局部防御。此时，美军基本控制了瓜岛的制海权和制空权，可以顺利地向瓜岛运送援军和物资。12 月初，美军"仙人掌"航空队得到了 5 个陆战队航空兵中队、4 个海军航空兵中队和 1 个陆军航空兵中队，飞机数量达 200 余架，不仅牢牢掌握着瓜岛地区的制空权，还在所罗门群岛其他岛屿岸基航空兵和航母舰载机的支援下，不断空袭日军"东京特快"的起点站——肖特兰岛，使得日军的舰船和物资损失越来越严重。

1942 年 12 月 7 日，在珍珠港被突袭一周年之际，尼米兹举行了一次记者招待会。会上，有一位记者请尼米兹对战争什么时候能结束做一个"官方的估计"。尼米兹回答说："我不想用日期来回答你的问题，但我可以用地图回答你。"说着，他用手指着墙上的一大排地图，讲解道："等日军在所有那些地区被穷追猛打到无处躲藏，有生力量被摧毁时，战争就结束了。"

金上将对南太平洋海区的战事进展有点焦躁不安，觉得美军为瓜岛付出的代价太大了，他特别反对从所罗门群岛一步步地推进到拉包尔的二号任务。如果能绕过所罗门群岛和俾斯麦群岛，进行侧翼包抄，夺取阿德默勒尔蒂群岛，将是很理想的进程。但尼米兹和哈尔西都不赞成他的计划，理由是盟军兵力有限，难以越过俾斯麦群岛和所罗门群岛上相互支援的日军基地。而且，即使盟军攻占了拉包尔或阿德默勒尔蒂群岛，他们的运输线仍会受到卡维恩、布喀、凯塔、布因和加斯马塔等基地的日军的阻挠和控制。尼米兹始终坚持依靠陆基打海战，尤其是在日军海上力量占优势的情况下，不能再以牺牲航母来换取某地的胜利。尼米兹在“所罗门海区未来战斗”的备忘录中，明确提出了下一阶段的作战原则和方针，比较客观的一步是拿下离亨德森机场 290 千米的蒙达角日军机场。他预言，随着美军制空力量逐渐取得优势，盟军的攻势可能加快。从这一战略角度出发，瓜岛美军的主要任务是尽快肃清岛上之敌，然后再夺取下一个陆基，为太平洋舰队的反击战提供保障。

金上将和尼米兹还谈到了太平洋舰队的未来。美国海军已经建成和正在完工的 22 艘航空母舰及其护卫舰和两栖作战舰，将成为一支史无前例的大部队。尼米兹打算以这样一支舰队横越太平洋，打开太平洋的交通中轴线。这些地方没有大片陆地，只有数百个大岛屿和环礁，可以选择许多目标为登陆地带和作战基地。虽然选择的目标和夺取目标的方式有所不同，但金上将和尼米兹都已开始考虑对日反攻问题。

1943 年 1 月，同盟国首脑会议在卡萨布兰卡举行，会上讨论了非洲、地中海、太平洋战局及尔后对轴心国作战问题。会议上，金上将据理力争，认为美国不应过分迁就英国进攻西西里岛的计划，而要重视美国在太平洋地区的战略目标。罗斯福总统和丘吉尔首相在听取了有关太平洋战场的汇报之后，肯定了金上将的建议。

在这一有利形势下，尼米兹和几个参谋人员一起对辖区的几个主要岛屿进行视察。在中途岛为他们举行的欢迎宴会上，尼米兹以海军上将的名义向部属授勋授奖。一位年轻的上尉被授予海军十字奖章，尼米兹仔细打量这名上尉并问道：“你是得克萨斯人吗?”“是的，将军!”上尉答道。尼米兹哈哈笑着说：“我一看就知道。”他为自己的准确判断而得意，这也是他接近下属的一种方式。

不过，他最关心还是有关瓜岛的最新消息。因为不久前，日军大本营根据御前会议精神，向联合舰队司令山本五十六和第 8 方面军司令今村均下达了撤离瓜岛的命令。撤退将于 1943 年 1 月 4 日开始，行动代号为“K 号作战”，并制订了周密的计划：首先，第 17 军收缩战线，在准备总攻的掩护下进行撤退的各项准备；其次，直到撤退开始前，仍必须以各种方式继续对瓜岛提供补给，以维持部队的战斗力，并在运送补给品的同时先撤离行动不便的伤病员；再次，迅速在中所罗门群岛修建航空基地，加强对瓜岛的空中作战；最后，动员尽可能多的船只，在1月下旬至2月上旬以各种手段将瓜岛的部队撤出，这一切行动必须严格保守机密。

鉴于瓜岛美军不断向日军发动进攻，日军如不增加新的生力军，岛上的部队不仅无力保住现有阵地，而且无法保障主力部队2万多人的撤离。为此，日军采取了以攻为退的策略，从第38师团的第230联队中抽调约700人，由矢野桂二中佐指挥，代号“矢野部队”，于1月14日登上瓜岛。对外则宣称将派第6、第51师团进入瓜岛，于2月中旬发起总攻，一举夺回瓜岛。“矢野部队”是第4次总攻的先锋。

为保障瓜岛部队顺利撤出，分散美军的注意，日军于1943年1月15日组织了一次牵制行动，代号为“东方牵制行动”。参与行动的有“利根”号重巡洋舰、伊－8号潜艇和第802航空队的部分飞机，由原忠一少将统一指挥。

1月19日，原忠一率领“利根”号从特鲁克出发，22日到达马绍尔群岛的贾卢伊特岛。原忠一与各参战部队指挥员研究行动计划并稍事休整后，于23日从贾卢伊特岛出发，前往坎顿岛西北400海里水域活动，并进行无线电佯动。

1月20日（东京时间），视察组的海军部部长诺克斯、尼米兹及参谋人员一行抵达圣埃斯皮里图岛，受到从努美阿飞来与他们会合的哈尔西将军和航空局局长斯鲁·麦凯因将军的欢迎。哈尔西刚从新西兰回来，在那里进行了正式访问，并视察了美军部队和装备。两个视察组在圣埃斯皮里图岛上交换了意见，并对日军最近的动向做了一些分析。

当天晚上，日军的伊－8号潜艇对坎顿岛进行了炮击。第802航空队由1月19日起，从马金岛出动水上飞机对豪兰岛和贝克岛进行侦察，并从1月21日起连续多日对这两个岛屿进行空中监视。

1月22日晚，诺克斯、尼米兹都在“柯蒂斯”号上休息，他们都认为日军是在玩捉迷藏，不可能马上组织起大规模的攻势。抵达努美阿后，他们即对瓜岛下一步的行动进行了部署：

（1）在4月1日之前，彻底清除瓜岛上的日军，完全控制该岛的制空权和制海权；

（2）以瓜岛为支援基地，协助所罗门群岛的作战计划，特建议，不要搞永久性的设施，减少不必要的营建工程，一切以向前推进的前提为原则；

（3）攻占新乔治亚岛上的蒙达角日军新机场，为南太平洋部队进攻所罗门群岛中的布干维尔岛打下基础。

1月27日，美军一批前往瓜岛换防的部队由一艘运输船运载，从努美阿起航。为保障航行中的安全，哈尔西派出了包括航母和战列舰在内的5支编队担任掩护，其中负责近距离掩护的是由罗伯特·吉芬①少将指挥的第18特混编队，包括3艘重巡洋舰、3艘轻巡洋舰和6艘驱逐舰。

美国海军中将　罗伯特·吉芬

① 罗伯特·吉芬（1886—1962）：在太平洋战争时期指挥战列舰和巡洋舰特遣舰队，参加了瓜岛战役的最后阶段、阿留申群岛战役、吉尔伯特和马绍尔群岛战役，以及突袭中太平洋的日本基地的战斗。

日军在瓜岛附近海域部署有大量潜艇，1 月 29 日，他们发现美军第 18 特混编队在伦内尔岛海域航行，于是迅速通报基地，日军随即从蒙达角机场起飞 10 多架鱼雷机前去攻击。日机临空时，美军的航行队形是：3 艘重巡洋舰在右，3 艘轻巡洋舰在左，成双纵队；6 艘驱逐舰在前方呈伞形队形。这种队形的后方和两侧都未布置防御舰只，不适合防空作战。当天黄昏，美舰雷达发现 60 海里外的日机后，吉芬既未改变队形，也未做任何防空准备。日机分成两队，先由 2 架飞机进行佯攻，随后退出战斗。吉芬以为战斗已经结束，仍以原队形继续航行。

天黑后，日机突然投下照明弹，接着发动攻击。美舰以猛烈炮火对空射击，数架日机被击落，其中一架在“芝加哥”号左前方中弹坠海，燃起的火焰将“芝加哥”号照得一清二楚，结果引来日机的集中攻击，“芝加哥”号被 2 条鱼雷命中，机舱进水，主机无法运行。吉芬率领其余军舰向东转向，同时减低航速，以减少航行中的舰尾浪花，并下令禁止射击。日机失去目标后，不仅打开航行灯，还发射曳光弹，企图引诱美舰开火，但美舰不为所动，一炮不发。日机在黑夜中找不到目标，盘旋几圈后只得返航。

次日，吉芬率 4 艘巡洋舰向埃法特返航，“路易斯维尔”号巡洋舰则拖带“芝加哥”号在 6 艘驱逐舰的保护下，以 4 节的航速驶往圣埃斯皮里图岛，并由“企业”号航母派出 10 架战斗机担任空中掩护。下午，日军派出 12 架鱼雷机前去攻击“企业”号，为“芝加哥”号做空中掩护的战斗机有 6 架被调去拦截，并击落 3 架日机，但其余 9 架日机迅速摆脱美机的拦截，转而攻击“芝加哥”号。“芝加哥”号因航速太慢，难以实施有效机动，被 4 条鱼雷命中，20 分钟后沉没；另有 1 艘驱逐舰被击伤。9 架日机中则有 7 架被击落。

尼米兹于 1 月 28 日乘专机回到珍珠港，因疟疾发作住进了医院。他禁止将他生病住院的消息传出去，命令下属把将旗仍悬挂在太平洋舰队司令部。对于有着 6 艘驱逐舰、10 架战斗机保护的“芝加哥”号重型巡洋舰被击沉，他既感到痛心，又觉得不可理解。幸运的是，日机仅集中攻击第 18 特混编队，没有攻击美军 4 艘满载部队的运输船，因而运输船顺利抵达瓜岛。

这次战役史称“伦内尔岛海空战”，美军 1 艘巡洋舰被击沉，1 艘驱逐舰被击伤；日军损失飞机 15 架。

上述行动造成了日军即将发动大规模进攻的假象，甚至在哈尔西陪同诺克斯、尼米兹视察瓜岛期间，3 位久经沙场的高级将领都没有察觉到日军即将撤退的意图。

为了压制美军的航空兵力，日军将东南太平洋地区的约 100 架陆军飞机和约 200 架海军飞机集结到拉包尔，从 1 月 25 日以后，对美军在瓜岛和圣埃斯皮里图岛的机场进行多次空袭。日军原计划于 1 月 30 日和 31 日两天，对瓜岛实施大规模空袭，然后乘美军航空力量遭到削弱之际组织撤退，但因天气不佳，空袭计划被迫延期。1 月 31 日晚，拉包尔反而遭到了美军的空袭，日军好不容易集结起来的宝贵的飞机，一下子损失了 50 架。这使日军不敢再等待空袭计划的实施，决定立即组织撤退。

2 月 1 日 9 时 30 分，桥本信太郎①少将率领 20 艘驱逐舰从肖特兰岛出发，进行第一次撤退行动。当天 13 时许，桥本编队被美军的侦察机发现，美军判断这是日军为发动总攻而向瓜岛运送的增援部队，于是出动飞机进行阻击。美军 36 架轰炸机于 16 时许临空轰炸，日军担任空中掩护的 18 架零式战斗机全力迎战，击落美机 4 架，并将美军攻击机群击退。不过，桥本的旗舰“卷波”号被炸弹炸伤，被迫返航。其余 19 艘驱逐舰于深夜到达瓜岛的埃斯佩兰斯角附近海域，以 8 艘驱逐舰担任警戒，11 艘靠岸接运撤退人员。在日军撤退过程中，美军的鱼雷艇和飞机多次前来攻击，但都被日军的警戒舰只击退。在交战中，日军“卷云”号在规避鱼雷艇发射的鱼雷时被水雷炸伤，后因损坏严重，由“夕云”号驱逐舰用鱼雷击沉。2 月 2 日凌晨，桥本编队接载 5414 人开始返航，虽然途中遭到了美机空袭，但并无损失，于当天中午安全回到

---

① 桥本信太郎：日本海军中将，在瓜岛撤退作战中率领驱逐舰部队执行接载任务，成功从瓜岛撤出部队，后在海战中战死。

肖特兰岛。

2月4日9时30分，日军由20艘驱逐舰组成的第二次撤退编队从肖特兰岛起航赶往瓜岛，途中遭到美军由31架战斗机和33架轰炸机、鱼雷机组成的大机群攻击。日军护航的战斗机和驱逐舰奋力抗击，此战中，美机被击落10架，日军“舞风”号被炸伤，由“长风”号拖带返航，但其余18艘驱逐舰到达瓜岛的埃斯佩兰斯角海域，以8艘驱逐舰担任警戒，10艘驱逐舰在离岸5000米处接运人员撤退，共接载5004人，于次日凌晨返航。在日军接运人员的过程中，美军虽然出动鱼雷艇前去攻击，但却没有发现日军编队，无功而返。

2月7日，日军由小柳富次少将指挥18艘驱逐舰进行第三次撤退，由于雷雨大作，美军只派出15架轰炸机进行空袭。日军除一艘驱逐舰被击伤，在另一艘驱逐舰的护卫下返航外，其余16艘驱逐舰顺利驶抵瓜岛。这次撤退的人员中有百武晴吉和第17军军部人员，许多人因为极度虚弱，甚至连攀登驱逐舰上绳梯的力气都没有，只好由驱逐舰上的水兵连背带拽地拉到舰上。海滩上还有数百名奄奄一息的重伤病员无法接运上舰，水兵只好给他们留下手榴弹，用以自尽。这一次日军又顺利接走2639人。

在此次撤退中，日军为确保撤退计划的顺利实施，还组织过一次电子欺骗。当美军航空兵基地不断呼叫在所罗门群岛以北活动的一号警戒巡逻机时，日军设在拉巴维尔的无线电特别小队乘一号机没有及时答复，以同样频率、音量，冒充一号机与基地进行联络，随即发出一份早已准备好的假情报：日军舰队航母2艘、战列舰2艘、驱逐舰10艘，方向东南。美军以为日军正大举来袭，忙紧急调动机动部队和航空兵前去拦截。日军趁着美军通信频繁而混乱之际，顺利撤回肖特兰岛。

日军3次撤退，共接走13 057人。美军对此竟然一无所知，直到两天后，美军在瓜岛上找不到日军踪影才恍然大悟。日军大本营原本深感担忧的撤退行动，因为计划周密、准备充分、伪装逼真、行动果断，竟意外地取得了成功。在美军掌握着制海权、制空权的不利条件下，日军能够撤出1.3万余人实属不易，成为太平洋战争史上罕见的奇迹。

2 月 9 日，病榻上的尼米兹收到了一个令人振奋的消息：帕奇将军的部队从瓜岛西部登陆，发现岛上一片死寂，没有一个活着的日本兵。美军就此完全占领瓜岛，成为瓜岛长达 6 个月激烈争夺战的最后胜利者。至 1943 年 2 月底，美军在瓜岛的地面部队已达 5 万人，补给充足，士气旺盛。至此，日军的防线终于开始崩溃了。

猎杀山本五十六

美军于 1943 年夺回布纳岛和瓜岛之后，太平洋战场短期内处于相对稳定的状态。

初夏的珍珠港晴空如洗，微风轻拂，碧波荡漾。每天吃完早饭后，尼米兹都会在这美丽的海岸上散步或跑步，然后在 7 点 30 分到办公室阅读夜间收到的文件和电报。凡是送给他审阅或他可能想看的文电，都要标上太平洋舰队总司令的代号“00”。

1943 年 4 月 14 日早上 8 时刚过，太平洋舰队司令部的情报参谋莱顿海军中校拿着一份标有“00”字样的文件，快步走进尼米兹的办公室。这是太平洋舰队无线电情报分队凌晨刚刚截获并破译的日军机密电报。

无线电情报分队（原为情报组）队长罗奇福特被调任为外交武官后，由威廉·戈金斯海军上校接任，莱顿是他的助手。情报分队已经逐步掌握日军各作战单位的战时无线电呼号，摸索出了日军密码的变化规律，并成功破译出了日军的部分密码，其中就有日本海军运输调度所使用的密码，可从中洞悉日军运输船队的航线及中途停泊港等情报。前一晚，莱顿又破译出一份绝密电报，其内容如下：

联合舰队司令长官定于 4 月 18 日视察 RXZ、RXP 和 RYZ，日程安排如下：

8 时，乘坐一式陆上攻击机由 6 架战斗机护航，从 RR（拉包尔）起飞；

10 时，到达 RXZ（巴拉尔），换乘猎潜艇前往 RYZ（肖特兰）；

……

16 时，从 RXP（布因）起飞返回 RR；

17 时 40 分，回到 RR；

如遇天气不佳，本视察日程向后顺延一天。

尼米兹明白这是老对手、日本联合舰队司令山本五十六的视察日程安排，于 4 月 13 日 20 时由日军东南舰队司令和第 8 舰队司令联名发给巴拉尔、肖特兰和布因的基地、航空队和守备队主官。尼米兹想，山本在南太平洋瓜岛争夺战刚结束不久，涉险亲飞前线视察，肯定大有文章。

尼米兹看完电报，微笑着对莱顿说："你的意见，干掉山本？"

莱顿点点头，他认为按照这个行程安排，山本将进入太平洋舰队瓜岛岸基机场战斗机作战半径内，正是干掉山本的绝佳机会。

作为运筹全局的战略家，尼米兹并没有因为这个天赐良机而忘乎所以，他要先分析干掉山本的利弊。首先，山本死后日本海军是否还有比他更出色的将领来代替他，如果有的话，他又要重新了解新对手，岂不是弄巧成拙？其次，要分析实施行动计划的可能性，付出多大成本才能完成这个艰巨的任务。最后，干掉山本的计划还要报经海军作战部甚至参谋长联席会议批准，因为此事不仅涉及南太平洋战局，还将影响盟军在太平洋的各个战场。

莱顿见尼米兹沉默不语，以为他不同意自己的建议，于是解释道："山本是日本海军中的佼佼者，犹如鹤立鸡群，甚至是一只凤凰。由于在偷袭珍珠港中的高超指挥，他成了除天皇之外，最受日本军民崇拜的人物，如果干掉他，将给日本的士气民心一个沉重打击！"

事实上，莱顿对山本的调查是非常细致深入的。

山本于 1884 年 4 月 4 日出生在日本新潟县西北长冈市一个破落的武士家庭，出生时他的父亲 56 岁，故给他取名五十六。他原本姓高野，后来被过继给长冈的武士贵族山本家，这才改姓山本。1901 年，山本

山本五十六

以第2名的优异成绩考入江田岛海军兵学校，1904年刚毕业即以少尉候补生的资格，参加日俄战争中的对马海战，在海战中失去了左手的食指和无名指，因而得到了“八毛钱”的雅号。对马海战的胜利使他对当时的联合舰队司令东乡平八郎十分崇拜，矢志要像东乡平八郎那样建功立业。1914年至1916年，山本在日本海军大学深造。1919年至1921年，他赴美国哈佛大学攻读英语，选修燃油专业，回国后在海军大学任教官。1923年，山本奉命前往欧美考察各国海军，在旅欧途中曾到赌场一展他的高超赌技，成为有史以来第2个因赌技太高而被著名的摩洛哥赌场谢绝入场的人。山本曾自夸可以在赌桌上为日本赢得一艘战列舰。他赌博的格言是“要么大赢，要么大输”。这一点对他的军事思想也有重大影响，他偷袭珍珠港的计划，也正充溢着孤注一掷的赌博思维。1925年，山本出任日本驻美国大使馆海军武官，由于日本在日俄战争后就将美国视为潜在的最大敌人，所以这一职位的人选通常是由海军中最有前途的优秀军官来担任，以便对美国有一个比较客观的了解。1928 年山本回国后，历任巡洋舰舰长、航空母舰舰长、海军航空本部技术部长、第 1 航空战队司令、海军航空本部部长、海军省次官，1939 年 8 月升任联合舰队司令，不久晋升为海军大将。

山本曾数次赴美，或求学或考察或任职，对美国的经济和军事潜力有极为深刻的理解。他认为美国是一个具有战争潜力的大国，曾准确预测日本即使通过偷袭珍珠港重创美军太平洋舰队，也只能保持一年到一年半的优势，所以，在第二次世界大战之初，他是竭力反对与美国开战的，是日本海军中坚定的反战派人士，为此几乎遭到激进少壮派的暗算。但山本是一个极端虔诚的军国主义者，他在担任第 1 航空战队司令时积极参与对中国的侵略，曾指挥第 1 航空战队“赤城”号和“加贺”号航母的舰载机对中国城乡进行过野蛮的轰炸。他还积极扩充海军航空兵的实力，使之成为日本海军在战争中最具打击力的利器。当日军大本营与英美开战的战略方针确立后，他便一改初衷，赌性大发，试图通过类似于希特勒发动的“闪击战”来偷袭美国，以求速战速决。他竭尽全力策划、组织和推动对美国的作战方针，实施了震惊世界的偷袭珍珠港计划。正是由于偷袭珍珠港时的出色指挥，他被日本海军誉为“军神”，在日本政界和军界成为仅次于天皇和首相东条英机的三号人物，也被美军视为珍珠港事件的罪魁祸首。

莱顿对日本海军所有大将级别的将领情况了然于胸，他向尼米兹逐一列举、分析了每个将官的资历、经验、能力和胆识，最后补充了一句：“至少现在没有人能取代他，山本对于日本海军，就像您对于美国海军那样重要！”

其实，尼米兹何尝不想干掉山本这个精明而狡猾的对手，只因牵涉过繁，他不能不谨慎行事。大约一个半小时后，一份内容很长的请示电报被送到海军作战部部长金上将手中，接着又由威廉·莫特海军少将送交到罗斯福总统手中。罗斯福正准备去吃午餐，他让莫特用电话通知陆军总参谋长马歇尔将军、海军部部长诺克斯将军一起来吃午餐。

这顿午饭吃得不太顺利。起初，他们都有些犹豫，因为西方世界有一个不成文的惯例，战争中不得暗杀对方的国王和统帅。但事实上，在第二次世界大战中，无论德国还是英国，都组织过对敌方首脑和统帅的暗杀活动，倒是美国始终坚持这一惯例，所以罗斯福对此有些犹豫。金上将指出，山本要去的地方是前线，在作战区域内，一名海军大将和一名普通的士兵一样，都是合法的射击目标！何况山本还是毫无信用、偷袭珍珠港的元凶，早已失去了国际法的保护，即使他活到战争结束，也要接受军事审判。

海军部部长诺克斯在征求了随军主教关于截杀敌方统帅是否道德的问题之后，也表示赞同。罗斯福终于下了决心，干掉山本！他还为此次行动取了一个最恰当的名字——“复仇行动”。

第二天下午，尼米兹接到总统指示后，立即着手制订具体的行动计划。他首先要考虑的是执行此次任务的战机性能，在咨询陆军航空部队司令亨利·哈利·阿诺德[①]将军和专家们后，他选定 P－38“闪电”战斗机作为参战机型。这是美军第一种双引擎战斗机，最大时速 667 千米，最大航程 3640 千米，装备着 1 门 20 毫米机炮和 4 挺 12.7 毫米机枪，机炮配弹 120 发，每挺机枪配弹 500 发，火力相当强劲，各项综合指标都胜日军零式战斗机一筹，而且现在瓜岛的亨德森机场就驻有装备这种飞机的第 339 战斗机中队。

4 月 16 日傍晚，南太平洋战区指挥官哈尔西接到命令后，立即发急电向所罗门群岛航空部队司令马克·安德鲁·米切尔[②]通报了山本的日程安排，要求他按行动计划出动 P－38 战斗机中队，想尽一切方法将山本击毙。他在命令最后特别指出：“罗斯福总统非常重视此次战斗，战斗结束速报华盛顿。此份电报不得转抄和保存，立即销毁!”

---

① 亨利·哈利·阿诺德（1886—1950）：美国空军五星上将，绰号“快乐的阿诺德”。“二战”期间历任美国陆军航空兵司令、主管航空兵事务的陆军副参谋长、陆军航空队司令等职，被誉为“美国现代空军之父”。

② 马克·安德鲁·米切尔（1887—1947）：美国海军上将。“二战”期间历任“大黄蜂”号航母舰长、第 58 快速航空母舰特遣舰队司令，参加了中途岛海战、所罗门群岛战役、菲律宾海海战、莱特湾海战及攻占琉黄岛和冲绳岛的战役。“二战”后任大西洋舰队总司令。

美国海军四星上将　米切尔

米切尔是美国海军航空兵的一员骁将，曾任“大黄蜂”号航母舰长。接到命令后，他立即召集包括第339战斗机中队队长约翰·米歇尔少校和小队长托马斯·兰菲尔中尉在内的有关人员，讨论、研究和制订战斗计划。他们起先计划在山本从巴拉尔乘坐猎潜艇到肖特兰途中实施攻击，但很快就有人提出异议，因为当地日军有不少猎潜艇，无法确定山本乘坐哪一艘，退一步说，即使击沉了山本乘坐的猎潜艇，也难以保证将其击毙。最后他们选择了空中截击山本座机的方案，但这对截击空域、时间以及双方飞行速度计算都要求极高，稍有差错就会失去这一千载难逢的机会。所幸山本向来以守时著称，这为截击行动增添了几分成功的把握。米切尔特意看了看米歇尔：“这就要看你的了！”截击距离长达600千米，没有出色的飞行技术是根本不可能完成任务的。出于对自己中队的信任，米歇尔肯定地点了点头：“我们随时可以！”

会议结束后，米歇尔回到自己的帐篷，与情报参谋乔·麦奎甘上尉一起挑灯工作，研究绘制截击航线图。瓜岛第347战斗机大队大队长维克塞洛上校随后也来到帐篷，米歇尔指着航线图对维克塞洛说："明天天气预报是晴天无风。从拉包尔到布干维尔岛的卡希利机场，航程约563 千米，一式陆上攻击机巡航时速 290 千米，如果不是顶风，山本的座机会提前 5 ~ 10 分钟到达。我们在他降落前 10 分钟飞过海岸，如果一切顺利，我们飞入布干维尔岛时就能很快发现山本。我估计山本的座机飞行高度不会超过 3000 米，因为这样的高度飞行比较舒适。此时我断定山本将从西面飞来，正降低高度准备降落……"麦奎甘打断他的话："你凭什么肯定他从西面飞来?"米歇尔分析道："经过近 2 个小时的长途飞行，飞行员肯定希望尽快着陆，所以肯定是选择最近的航线从西面飞来。再说，如果他不是从西面过来，我就直接插到岛东，在东面搜索。如果也没有发现，我们干脆直扑机场，在飞机着陆前将其击落!"

"不错，我们可以把攻击定在几个关键时段，总会有机会的。"维克塞洛同意了米歇尔的计划。

商定好细节后，米切尔将作战计划电告哈尔西和尼米兹，尼米兹复电说："完全同意！并以个人名义预祝好运和取得胜利!"哈尔西复电则强调："要不惜一切代价击毁目标，然后火速撤离战场，避免更多行动。整个'复仇行动'要保持绝对秘密。"

午夜时分，米歇尔在机场简易会议室召集飞行员布置战斗任务。他挑选了 18 人，在飞行员经过保密宣誓后宣布了具体的作战计划，兰菲尔等 6 人为攻击组，从低空不惜一切代价击落山本的座机。米歇尔亲自指挥 12 人作为掩护组，在高空牵制日军的护航战斗机，掩护攻击组截击山本。米歇尔最后说，此次战斗没有后备队，如果兰菲尔遇到麻烦，无法投入攻击，掩护组的霍姆斯和海因两人立即接手攻击任务。

随后，米歇尔向参战飞行员宣布了作战计划：尽管瓜岛与布干维尔岛直线距离仅 480 千米，但为了避开日军雷达，战机不仅要采取低空飞行，还需要绕道，首先以 265 度航向飞行 55 分钟，航程 294 千米，再转为 290 度航向飞行 27 分钟，航程 141 千米，最后再以 305 度航向飞行 38 分钟，航程 192 千米，这样一来，总共飞行 2 个小时，总航程 627 千米。

4 月 18 日清晨，晴空如洗。瓜岛的亨德森机场上一片忙碌，18 架

P－38“闪电”战斗机为了增加航程，全部加装了大容量的机腹副油箱。米歇尔召集飞行员，强调飞行途中必须严格保持无线电静默。

7时30分，飞行员依次登机，P－38“闪电”战斗机的引擎“隆隆”作响。因P－38“闪电”战斗机不仅在机翼下挂了副油箱，还特意新装了特种远程机腹副油箱，以增加航程，飞机几乎是超负荷了。为此，飞行员不得不使用襟翼来增加升力，尽管如此，飞机还是几乎要滑行到跑道尽头才离地升空。

米歇尔最先起飞，驾机在低空盘旋，等待后续飞机起飞编队，与计划完全一致。7时35分，升空飞机编队完毕，只是攻击组的麦克拉纳汉的飞机在起飞时供油管阀门松脱，飞机无法控制而未能起飞；穆尔的飞机起飞后发现副油箱无法供油，这样便不可能飞到目的地，只得返航。这样一来，攻击组就只剩下4架飞机了，米歇尔随即用手势通知霍姆斯和海因加入攻击组。为了不被日军雷达发现，编队一直保持超低空飞行。

此时，远在拉包尔的山本五十六正早早起床准备行装。他这一行程安排曾遭到很多人的反对，陆军第8方面军司令今村均①以2月间自己前往布因视察途中座机遭遇美军战斗机的经历，力劝山本五十六取消此行；驻肖特兰岛的第8航空战队司令城岛高次海军少将甚至专程来拉包尔劝阻山本五十六，但山本五十六不为所动。他的副官渡边海军中佐草拟了视察日程安排后，要求第8方面军派专人送交，但通信军官表示现在的密码4月1日刚刚启用，又是极难破译的5位乱码，美军根本不可能破译，绝对安全，因此最后还是用无线电发了出去。没想到美军破译专家只用数小时就将其破译，这一电报无形之中也就成了山本五十六的催命符。

山本五十六平时习惯穿白色军装，出于安全考虑，副官提醒他换上草绿色军装。山本五十六想到布干维尔岛上有不少陆军官兵，为了表示对陆军官兵的敬意，他听从了副官的意见。

---

① 今村均（1886—1968）：日本陆军大将，参与策划了“七七事变”。太平洋战争爆发后，指挥爪哇战役。1942年任日本第8方面军司令，指挥拉包尔作战。

山本五十六一行驱车抵达拉库纳机场后，分别登上第 705 航空队的 2 架三菱一式陆上攻击机。与山本五十六同乘编号 323 号飞机的有联合舰队军医长高田六郎海军少将、秘书福崎升海军中佐和航空参谋樋端久利雄海军中佐，驾驶员是王牌飞行员小谷立飞行兵曹长和林信一二等飞行兵曹。与联合舰队参谋长宇垣缠中将同乘编号 326 号飞机的有联合舰队主计长北村元治海军少将、通信参谋今中薰海军中佐、航空参谋室井舍治海军中佐、舰队气象长友野海军大尉，驾驶员是谷本一等飞行兵曹和林浩二等飞行兵曹。担任护航的是第 204 航空队的 6 架零式战斗机和 2 架攻击机。

9 时 34 分 17 秒，日机飞行编队出现在卡伊里湾以北 35 海里上空。

此时，美军 P－38“闪电”战斗机群经过 2 个小时的飞行后，已经到达布干维尔岛莫依拉角，继而一边以小角度爬升向岛西飞去，一边开始进行机炮和机枪试射。此时天高云淡，视野良好，根据计划，11 分钟后他们将遇到山本五十六。米歇尔带着机群盘旋上升，拉开间距开始搜索。

9 时 44 分，离预计时间只有 1 分钟了，空中毫无动静。米歇尔心里开始焦急起来，这 1 分钟对他来说太漫长了。就在这时，一名飞行员突然打破无线电沉默，兴奋地呼叫：“发现目标！发现目标！左前方 10 点钟方向！”米歇尔循声望去，果然发现了 2 架一式陆上攻击机和 6 架战斗机编队，“猎物”真的来了！山本五十六以他一贯的守时作风，准点来赴这次死亡之约！

米歇尔按捺住内心的狂喜，大声下令：“全体注意！投副油箱，掩护组爬高！”于是，12 架掩护组的战斗机加大油门，急速跃升，爬升到 6000 米高度，而兰菲尔的攻击组则留在 3500 米高度，直盯着日军 2 架一式陆上攻击机。

此时，山本座机正准备降低高度着陆，突然，1 架零式战斗机出列，向右急转——远处 10 多架 P－38“闪电”战斗机正向北飞来，它迎上去拦截，正好冲入米歇尔的掩护组机群中。兰菲尔的攻击组则朝日军的一式陆上攻击机猛扑过去，瞬间，兰菲尔离山本座机只有 1500 米了。2 架一式陆上攻击机见势不妙，急剧下滑，企图以超低空摆脱美军的攻击。但是兰菲尔的攻击组哪肯放过，紧盯不放。这时，身处高空的零式战斗机意识到自己上当了，其中 3 架零式战斗机不顾一切地俯冲下来，但为时已晚。

兰菲尔离山本座机越来越近了，就在两机几乎撞上的瞬间，兰菲尔按下了 20 毫米机炮钮，山本五十六的座机被击中，燃起了大火，转眼之间化为一团火球，坠入布干维尔岛茂密的丛林中。

另一架一式陆上攻击机上的日本联合舰队参谋长宇垣缠透过机舱的舷窗，看到了可怕的一幕：黄中透白的火焰笼罩了山本座机的机翼和机身，飞机拖着浓烟向下坠落。宇垣缠如同坠入无底深渊，一句话也讲不出来，只是拉着航空参谋室井舍治，用颤抖的手指向那架飞机。

就在这时，美机的炮弹从宇垣缠座机旁掠过，显然他们也被美机盯上了，飞行员驾机拼命地曲折飞行，以躲避攻击。当飞机急转之后，宇垣缠看见冲天的黑烟从丛林中升腾而起。这时，又一架美军P－38“闪电”战斗机冲了过来，它第一次射击就准确击中了宇垣缠的座机，这架日机在美机的猛烈射击下，剧烈地颤抖着，机尾和机翼全被打断，室井舍治和几名机组人员浑身是血倒在机舱里，飞行员竭尽全力驾着飞机向海面飞去，企图在海上迫降，但终于控制不住，一头栽进了海里。

短短 3 分钟内，日军的 2 架一式陆上攻击机全被击落。此时，卡希利机场上尘土飞扬，显然日机正在起飞，米歇尔不敢恋战，下令立即返航。这时，他看到一架 P－38“闪电”战斗机已经负了伤，被日军零式战斗机咬住不放，形势相当危急，忙和雅各布森上前支援，赶跑了日机，但负伤的 P－38“闪电”战斗机还是拖着浓烟坠入海中，此机飞行员是攻击组的海因。

返航途中，兰菲尔迫不及待地向瓜岛报告：“我打下了山本！”

着陆时，兰菲尔飞机的燃料已经全部耗尽，他是以滑翔方式落地的。还没等他爬出座舱，机场的飞行员和地勤人员就一拥而上，兴高采烈地拍打着他的肩膀和后背。事后，兰菲尔回忆说：“就像一个橄榄球中卫，在一场至关重要的比赛中踢进了一个决定胜负的好球！”

机群回到基地后，米切尔立即向哈尔西报告：“米歇尔率领的

P－38战斗机机群于9时30分到达卡希利上空，击落由零式战斗机严密掩护的2架一式陆上攻击机及3架零式战斗机。1架P－38战斗机没有返航。4月18日似乎是我们的节日！”

接到报捷电报时，哈尔西正与特纳海军少将进行会谈，特纳闻讯欢呼，哈尔西却说：“这算什么，我希望将这个家伙用铁链拴着牵到宾夕法尼亚大街上，让人们唾骂！”哈尔西嘴里虽这么说，但内心却充满了喜悦之情，他给米切尔发去贺电说：“祝贺你和米歇尔以及他的猎手们作战成功！看来，装鸭子的口袋里还有一只孔雀！”从此，伏击山本之战便以“猎杀孔雀”而闻名。

4月18日注定是美国的节日：一年前的1942年4月18日，杜立德率领的B－25轰炸机轰炸了东京；一年后的1943年4月18日，日本海军最出色的统帅山本五十六被美军击毙。

当天，太平洋舰队作战纪要中写道：日本联合舰队总司令山本五十六，可能于今天在布因地区上空被P－38战斗机击毙。由于日本对山本五十六的死讯一直保密，美军很长时间无法确定山本五十六是否已被击毙。

作为击毙山本的功臣，兰菲尔中尉被晋升为上尉，并获得了最高荣誉国会勋章。但为了不暴露破译密码的机密信息，兰菲尔被立即送回国内，直到战争结束才公开了他的战功。同时，美军还煞费苦心地制造伏击山本五十六是常规巡航中一次巧合的假象，所罗门航行队接连几天出动飞机在布干维尔岛附近巡航，机群在航行时还特意穿越日军雷达监视区域。

山本五十六的座机被击落后，布干维尔岛阿库村的日军立即出动搜寻，他们在丛林中开出一条小路，寻找座机残骸。两天后，由陆军少尉浜砂盈荣指挥的搜索小队发现了山本五十六的尸体。只见现场飞机两翼折断，机身被打得千疮百孔，四周散布着飞机部件和数具尸体，其中一具坐在飞机坐垫上，手握军刀，姿态还相当威严，胸口佩戴着勋章的绶带，肩章上是3颗金质樱花的大将军衔，此时就算不去查看其口袋中的笔记本，单从左手缺了两根手指，都能准确无误地判断此人就是山本五十六。随后赶来的医护人员检查了山本五十六的尸体，确定有两颗子弹击中了他，一颗从颧骨打进，从太阳穴穿出；另一颗从后背射入，穿透左胸。山本五十六在飞机坠毁前就已身亡。他之所以仍保持威严的姿态，是由飞机坠地后唯一的幸存者高田军医摆放的，但高田最终也因伤势过重又无人救护而身亡。另一架坠落在海上的一式陆上攻击机中有3人获救，其中之一是身受重伤的联合舰队参谋长宇垣缠。

4月20日，海军搜寻队在浜砂一行的带领下，用预先准备好的担架，将尸体抬回布因。当天晚上，山本五十六的尸体停放在卡希利机场军官营房前的帐篷里，驻岛日军对其进行了吊唁和守灵。次日，山本五十六及同机的10人一起被火化，山本五十六的骨灰先被送到特鲁克，再由其副官渡边中佐护送，搭乘“武藏”号战列舰返回日本。

就在“武藏”号抵达日本的5月21日，日军大本营公布了山本五十六的死讯，并追授元帅军衔。6月5日，日本为山本五十六举行了国葬——因为山本五十六所崇敬的东乡平八郎也是在这一天举行葬礼的。日本联合舰队司令一职，先由副司令近藤信竹海军中将代理，6月25日才由古贺峰一①海军大将正式接任。古贺峰一是山本五十六生前指定的联合舰队司令一职的继任者，但他的能力与胆识根本无法与山本五十六相提并论。

日军将山本之死列为“甲级事件”，并开始进行调查。他们也曾怀疑过密码被破译，于是故意拍发草鹿任一②中将前往前线视察的电文作为试探，但被美军识破，因而在电文提及的时间和航线上没有美机出现。因此，日军认为密码绝对可靠，山本之死纯属偶然。

山本之死，对于日本海军乃至全国军民而言，不亚于损失了一艘超级战列舰。对美国而言，此次胜利是珍珠港情报分队的无线电破译人员、司令部参谋人员和战斗机部队共同努力的结果，也是军事史上一次完美的远途奔袭。

---

① 古贺峰一（1885—1944）：日本海军元帅（追授），“二战”期间历任第2舰队、中国方面舰队、横须贺镇守府的长官。1943年接任联合舰队司令，后在飞机事故中遇难。

② 草鹿任一（1888—1972）：日本海军中将，太平洋战争期间历任第11航空舰队司令、东南舰队司令。1945年9月6日，代表南太平洋战区的日本海军向盟军无条件投降。

第十三章　势 如 破 竹

伦多瓦较量

1943 年春季，南太平洋和西南太平洋海区的战争处于拉锯状态，美、日海军舰队相互攻击，各有胜负。尼米兹的南太平洋海上部队继续不间断地对新乔治亚岛和科隆班加拉岛上的日军机场进行夜间攻击，但收效不大。

海军作战部部长金上将对太平洋战局进展缓慢不满，专门和尼米兹、哈尔西举行了一次会晤，重点讨论如何加快战争的进程。金上将认为，第一阶段步步为营的战术耗时多、代价大，不如借用麦克阿瑟的“蛙跳战术”，跳过所罗门群岛和俾斯麦群岛，直接在阿德默勒尔蒂群岛登陆，以切断日军拉包尔的主要补给线。

尼米兹和哈尔西则认为，虽然美军在太平洋战场的实力逐渐增强，但要跳过日军密集防御的所罗门群岛和俾斯麦群岛，直接在阿德默勒尔蒂群岛登陆，目前还不具备这样的物质条件。退一步说，即便顺利占领了阿德默勒尔蒂群岛，美军的补给线也将受到日军的威胁，驻岛部队会陷入被动的境地。尼米兹特别强调，进攻目标不应超过岸基航空兵的作战半径。哈尔西根据这一原则，确定以距离瓜岛约 160 海里（航空约 288 千米）的新乔治亚岛为目标，因为日军在该岛西北部的蒙达地区建有机场，如能占领便可以在下一步进攻中发挥作用。金上将原则上同意了他们的意见，并要求他们尽快制订行动计划。

3 月 15 日，金上将发布命令，对各战场海军部队进行统一编制：

大西洋和地中海的美军舰队被授予偶数番号，太平洋美军舰队则被授予奇数番号。于是，哈尔西的南太平洋舰队改称第 3 特混舰队，中太平洋舰队改称第 5 特混舰队，两支舰队均由尼米兹指挥；西南太平洋舰队改称第 7 舰队，由麦克阿瑟领导。尼米兹建议暂不把珍珠港的几艘战列舰和支援舰编为舰队，仍称为第 50 特混舰队。

第 50 特混舰队是一支活动范围很广、配置很强大的核心舰队，下辖部队的司令职位就有 3 个：航空母舰部队司令、两栖作战舰队司令和两栖作战部队司令，而特混舰队司令一职更是令人眼馋。

尼米兹对这一人选做了反复考虑。一天早晨，尼米兹和斯普鲁恩斯一起去办公室，路上，他对斯普鲁恩斯说："中、南太平洋舰队的高级指挥官将有一些变动，我很想让你去前线任其中一职。可惜的是，我现在需要你留在这里。"斯普鲁恩斯镇静地回答道："是啊，战场需要为大。从我个人的希望来说，我想争取去前线再和日本人打一仗，但你需要我留在这里，我也得服从啊。"

尼米兹的话打动了斯普鲁恩斯，着实让他心痒痒了一天。第二天他刚平静下来，尼米兹又旧话重提说："我对这个问题考虑了一夜。斯普鲁恩斯，你真走运，我最后还是决定让你去。"

4 月 8 日，尼米兹写信告诉金上将："鉴于第 50 特混舰队已经得到加强，我倾向于任命斯普鲁恩斯担任特混舰队司令，晋升其为海军中将。"

正式任命下来后，斯普鲁恩斯十分惊讶，他将统率中太平洋地区的部队，其中当然包括第 50 特混舰队。斯普鲁恩斯选定了老朋友查尔斯·穆尔海军上校担任他的参谋长，并向尼米兹提出了下属 2 个司令官的人选。金上将和尼米兹都同意了他提出的人选，任命霍兰德·史密斯为两栖作战部队司令，里奇蒙德·凯利·特纳为两栖作战舰队司令。由于斯普鲁恩斯对航母军官不大了解，因此，尼米兹推荐查尔斯·波纳尔海军少将担任航母舰队司令。

人事安排妥当后，尼米兹和史密斯飞往努美阿，视察圣埃斯皮里图岛和瓜岛，然后与哈尔西及其参谋人员讨论进攻新乔治亚岛的作战计

美国海军少将　查尔斯·波纳尔

划。此前，哈尔西已经攻占了位于瓜岛与新乔治亚岛之间的拉塞尔群岛，这是一个很好的跳板。

为了下一步夺取新乔治亚岛，美军不断组织对日军机场、港口的空袭及对其补给运输线的攻击和布雷。在行动中，他们发现日军在伦多瓦岛的防御相当薄弱，而伦多瓦岛北面距离新乔治亚岛西南仅 9000 米，如果在伦多瓦岛上建立火炮阵地，发射的炮火不仅可以非常有效地掩护登陆部队作战，而且远程炮火甚至可以打到蒙达机场。因此，哈尔西决定首先攻占伦多瓦岛，并请第 50 特混舰队的两栖作战舰队司令特纳作为登陆指挥官。

就在哈尔西进行战役准备时，盟军设在布干维尔岛上由澳大利亚陆军上尉唐纳德·肯尼迪指挥的海岸监视哨报告说，日军正在加紧向新乔治亚岛运送部队和物资，而且还在蒙达角以西约 7000 米处加紧修建机场。一旦这个新机场建成，将严重威胁美军即将开始的登陆作战，为此，哈尔西决定提前发起进攻。

6 月 29 日，美军登陆编队从瓜岛出发，于当天深夜驶入伦多瓦岛和新乔治亚岛之间的布兰奇水道。次日凌晨，美军派出快速运输船和扫雷艇各 1 艘，运载第 169 步兵团的 2 个连在布兰奇水道中的 2 个珊瑚礁登陆，以控制水道。日出后，美军第 172 步兵团开始换乘登陆艇，向伦多瓦岛发起冲击。

部署在蒙达角的日军岸炮部队起初以为美军是要进攻蒙达机场，于是准备等美军舰队再靠近一些才开火，直到美军换乘完毕并开始冲击，他们才搞清美军的企图，匆忙射击。美军驱逐舰立即开火，压制日军岸炮，掩护登陆部队向海岸冲击。交战中，美军“格温”号驱逐舰后甲板中弹，只好后撤至运输船停泊区，但美军其他驱逐舰很快将日军的炮火压制下去，第 172 步兵团在舰炮的有力支援下，顺利登陆。

因伦多瓦岛距离日军布干维尔岛机场不过 20 分钟的航程，特纳预计登陆开始不久就会遭到空袭，所以特意从瓜岛派来战斗机进行空中掩护。出乎他意料的是，日军并没有出动飞机，原来日军已将布干维尔岛上的飞机全数撤往拉包尔，所以直到中午前后，才有 27 架日机姗姗来迟，而且一到战场就遭到美军 P－38“闪电”战斗机拦截，大多被击落。

15 时许，美军登陆编队将所有物资卸载完毕，在 16 架战斗机的掩护下起锚返航。半个小时后，日军的 25 架鱼雷机和 24 架战斗机向编队发动攻击。尽管美军战斗机全力拦截，但还是有多架日机突破拦截，对美军登陆编队进行了攻击，特纳的旗舰“麦考利”号运输船被击中，机舱和货舱进水，失去机动能力，特纳和指挥部人员只好转移到“法伦荷尔特”号驱逐舰，船员则大部分被接到“利布拉”号运输船上，“麦考利”号由“利布拉”号拖带继续航行。此役日军损失 17 架飞机。

17 时许，日军的 8 架飞机再次对美军登陆编队进行空袭，但除了损失 4 架战机外，没有取得战果。

后来，日军意识到伦多瓦岛对新乔治亚岛防御的重要性，多次从拉包尔出动飞机对岛上进行空袭，并派“夕张”号巡洋舰和 9 艘驱逐舰对岛上的美军阵地进行炮击，但美军仍按计划于 7 月 1 日在岛上建立起火炮阵地，并开始对蒙达机场实施炮击。

7 月 2 日，伦多瓦岛上的美军开始进攻，相继占领了蒙达角以东的罗维亚纳珊瑚礁和蒙达角东南的安巴安巴珊瑚礁，并在蒙达角东部的赞纳纳地区登陆。

7 月 3 日，哈尔西命令沃尔登 · 安斯沃斯海军少将指挥 3 艘巡洋舰、9 艘驱逐舰，掩护 7 艘快速运输船运载地面部队 2600 人在蒙达角以北的赖斯湾登陆。安斯沃斯编队于 7 月 4 日午夜驶抵赖斯湾，经过舰炮火力准备，登陆部队趁着夜色开始冲击，天亮后全部顺利上岸。

眼看情势危急，拉包尔的日军陆海军最高指挥官、第 8 方面军司令今村均陆军大将和东南舰队司令草鹿任一中将经过协商，决定从布干维尔群岛等地抽调 4000 名陆军官兵，由海军用驱逐舰分批送到科隆班加拉岛，然后再用小型舰艇转运至蒙达角。

7 月 4 日 18 时 40 分，金冈国三海军大佐率领“长月”号、“皋月”号、“新月”号和“夕风”号驱逐舰，运载 1300 多名陆军官兵和 15 艘摩托艇，从布因起航，经希瓦泽尔岛、科隆班加拉岛东岸，于 7 月 5 日凌晨驶入库拉湾，不久即发现左侧约万米距离之外有炮火闪光，这是美军两栖作战舰队的安斯沃斯编队正在进行对岸火力准备。由于美军编队占有较大优势，日军不敢展开对战，而是趁夜色接近美军至 6000 米距离后实施鱼雷偷袭，“长月”号发射 6 条鱼雷，“新月”号和“夕风”各发射 4 条鱼雷，然后立即掉头返航。

美舰雷达刚发现西北方向出现可疑目标，日舰发射的鱼雷就已经悄然临头了！“斯特朗”号驱逐舰被 1 条鱼雷击中，机舱进水，舰体右倾，迅速失去机动能力，半小时后沉入海中。安斯沃斯派出 2 艘驱逐舰前来救援，遭到日军岸炮的射击。它们立即分头行动，一艘压制日军岸炮掩护救援，一艘靠近“斯特朗”号接下 214 名舰员。随后，安斯沃斯编队仍按原定计划为登陆部队提供舰炮火力准备，并炮击了附近的巴洛科和韦拉两地的日军阵地，之后经新乔治亚海峡返回图拉吉港。

日军增援编队实施的鱼雷偷袭虽然得手，击沉美军 1 艘驱逐舰，但运送增援部队的任务却没有完成。而美军 7 月 5 日凌晨已在赖斯湾登陆，蒙达机场的局势进一步恶化，岛上日军迫切需要支援。今村均慌了，急命第 3 驱逐舰战队司令秋山辉男海军少将增援。秋山亲自指挥 10 艘驱逐舰运送 2400 名陆军官兵和 180 吨补给品，于 7 月 5 日中午从布因出发，转经肖特兰岛后分为 3 队：第一运输队由“望月”号、“三明”号和“滨风”号 3 艘驱逐舰组成；第二运输队由“天雾”号、“初雪”号、“长月”号和“皋月”号 4 艘驱逐舰组成；掩护队由“新月”号、“凉风”号和“谷风”号 3 艘驱逐舰组成。其中，“长月”号、“皋月”号和“新月”号刚结束 7 月 4 日的运输任务，当天下午从布因驶往肖特兰岛加入这一增援编队。

日军的增援编队刚一出海，盟军的海岸监视哨便发现了他们。根据海岸监视哨的报告，哈尔西立即命令刚返回图拉吉港的安斯沃斯编队出海截击。安斯沃斯率领 3 艘巡洋舰、4 艘驱逐舰起锚出航，以 29 节的高速通过新乔治亚海峡，驶往库拉湾。

7 月 6 日 1 时 48 分，日军掩护队发现右前方出现可疑目标，秋山判断是美军编队，随即率掩护队将航速增至 30 节，并命令刚与掩护队分开的第二运输队掉头向掩护队靠拢，准备集中兵力进行海战。

1 时 57 分，美军编队与日军掩护队距离缩短至 6200 米，安斯沃斯下令开炮，美舰火炮由雷达导引，射击相当准确。巡洋舰主炮的第一次齐射就命中了秋山的旗舰“新月”号，秋山当场被弹片击中身亡，“新月”号舵机失灵，只得退出战斗；“凉风”号前主炮中弹，机炮的弹药箱起火，舰体多处被击穿；“谷风”号锚链舱中了一弹，幸未爆炸，但粮食舱进水。不过，由于美舰没有使用无焰火药，火炮炮口在射击时产生大量的火焰，在夜色中非常显眼，成为日舰理想的瞄准点。日舰虽然连连中弹，但并未丧失战斗力，于是迅速发射鱼雷进行还击，“凉风”号和“谷风”号将鱼雷管中的 16 条鱼雷全部射出。

此时美军编队正以单纵队航行，“尼古拉斯”号和“奥邦农”号驱逐舰为前卫，“檀香山”号、“海伦娜”号和“圣路易斯”号巡洋舰居中，“勒金斯”号和“雷德福”号驱逐舰断后。队列中央的“海伦娜”号因被日舰瞄准，先后被 4 条鱼雷击中，前甲板被炸断，舰体大量进水。

日舰“凉风”号和“谷风”号发射完鱼雷后，见美舰炮火既猛又准，深知如果进行炮战根本不是对手，于是果断施放烟幕向西北方后撤。

安斯沃斯失去这两个目标后，又发现日军第二运输队正迎面驶来，忙指挥编队进行转向机动，终于占领了舰队海战最理想的“T”字横头阵位，使各舰均可集中火力对日军第二运输队进行攻击。日军第二运输队航行在前面的“天雾”号和“初雪”号遭到美舰集中攻击，由于位置不利，只有前主炮能发挥作用，相当被动。其中，“天雾”号连中4弹，“初雪”号也被3发炮弹命中，日军不敢恋战，分别向左、右转沿科隆班加拉岛海岸后撤。跟在后面的“长月”号和“皋月”号见美舰火力猛烈，立即掉头后撤，直接驶往岸边卸载。这4艘日舰借助海岸雷达杂波的掩护，有的后撤驶出美舰雷达的有效范围，美舰雷达失去目标，安斯沃斯只得命令“尼古拉斯”号和“奥邦农”号驱逐舰去救援受伤的“海伦娜”号，其余各舰迅速撤出战斗。

为保证运输编队的航行安全，日本海军第8舰队司令鲛岛具重①海军少将决定亲率巡洋舰编队护航，加强运输编队的护航力量，并伺机消灭企图截击运输编队的美军舰艇，为日后的作战创造有利条件。

7月9日，日军3个编队从布因出航，运送1200名陆军和85吨补给物资。日军编队进入库拉湾后，鲛岛命运输队驶往科隆班加拉岛的韦拉港，卸下所搭载的人员和物资，自率主队和警戒队继续南下寻找美舰，但一直行至新乔治亚岛西北的博利角附近海域，仍未发现美军舰队。鲛岛只好在指挥编队炮击了岸上的美军阵地后，悻悻返航。

此后10多天，双方又在韦拉海湾交战，不过，美军这一次是完胜。

---

① 鲛岛具重（1889—1966）：日本海军中将，太平洋战争时期历任第4舰队司令、第8舰队司令，在俾斯麦群岛和所罗门群岛一带海域与盟军鏖战。

避实就虚的“蛙跳作战”

1943 年 5 月，美军参谋长联席会议制订了“打败日本的战略计划”，决定在太平洋上，主要从两个方向发起战略大反攻：一是在中部通过吉尔伯特群岛和马绍尔群岛至加罗林群岛，然后北上直捣日本本土，此为主攻方向，由尼米兹指挥；二是西南经由新几内亚和菲律宾直捣东京，由麦克阿瑟指挥。

在太平洋战争进入第二阶段时，有人提出了一个独特的问题，那就是如何使舰队在广阔的大洋上作战而不依赖后方基地。也就是说，舰队一面要攻克岛屿，一面要横跨海洋前进，不必返回后方补充油料和维修。对此，陆军勤务部队计划官勒罗伊·卢茨少将经过一系列调查，提出了建立军种联合后勤机构、参谋机构的建议，受到陆军参谋长马歇尔的肯定和重视。马歇尔提出，目前在太平洋海区，舰队司令部应当和战区司令部分开。尼米兹担任太平洋战区总司令，像艾森豪威尔和麦克阿瑟将军那样，将负责整个太平洋战区的指挥工作。而由另一名将军，比如哈尔西，去担任太平洋舰队司令，负责指挥舰队。金上将和尼米兹都认为建立联合后勤部、参谋部的建议可取，表示同意。

经过一段时间的实地考察和研究，尼米兹于 1943 年 9 月 6 日宣布成立珍珠港联合参谋部。参谋部下设 4 个处：计划处（J－1）、情报处（J－2）、作战处（J－3）和后勤处（J－4）。陆军勤务部队司令官利维将军主管与勤务部队有密切联系的后勤处。新成立的情报处，在工作上和金上将指示建立的太平洋战区联合情报中心密切配合，但仍独立开展工作。尼米兹对这个情报处情有独钟，青眼有加。莱顿中校曾经要求调去作战部队工作，也被他一口回绝。

除机构调整外，太平洋中、南战区为发动新的攻势，正在集结兵力。按计划，到秋季，尼米兹将有 11 艘快速航空母舰、8 艘护卫航空母舰、5 艘新战列舰、7 艘老战列舰（可用于轰击海岸）、8 艘重巡洋

德怀特·戴维·艾森豪威尔画像

舰、4 艘轻巡洋舰、66 艘驱逐舰、27 艘进攻运输舰和油船，以及 9 艘用于运输的商船。他还将拥有一支经过扩建的陆军第 7 航空队和太平洋舰队所有未配属到南太平洋的太平洋舰队的舰载飞机。“埃塞克斯”号（CV－9）新航空母舰已于6 月上旬抵港。这些主要是为中太平洋战场准备的，种种迹象表明，美军准备在太平洋大干一场了。

中、南太平洋战区的下一个目标是进攻马绍尔群岛。在发动进攻之前，需要确定的第一个问题是：要攻占马绍尔群岛的哪些岛屿？太平洋舰队作战参谋计划同时在夸贾林、马洛伊拉普、沃特杰、米利和贾卢特等5 个岛屿登陆。斯普鲁恩斯马上表示反对，认为中太平洋经过两栖作战训练的兵力不足，无法同时进攻5 个防御坚固的据点。如果把美国舰队分成5 路去支援登陆，只会被高度集中的日军舰队各个击破。但是，如果不依靠航母上的飞机支援，要攻占马绍尔群岛会有很大困难，因为它超出了岸基飞机的作战半径，两栖作战部队将得不到岸基飞机的空中支援。

尼米兹的几员大将和参谋班子经过几次讨论，都没有取得一致意见。华盛顿和珍珠港的作战指挥官都在考虑有关吉尔伯特群岛登陆的问题。吉尔伯特群岛上修建机场后，拍摄马绍尔群岛的照片及支援对马绍尔群岛的进攻就方便了。而且，埃利斯群岛的富纳富提基地和菲尼克斯群岛的坎顿基地的轰炸机，都可以飞到吉尔伯特群岛上。在努库费陶和纳努芒阿群岛上的战斗机机场又可以补充富纳富提，贝克岛上的战斗机机场则可以补充坎顿。所有这些基地和吉尔伯特群岛都可以得到夏威夷南面交通线的支援，这样就形成了一条完整的后勤补给链。

因参谋长联席会议决定让麦克阿瑟保留老部队陆战第 1 师，用于格洛斯特角登陆；而哈尔西的南太平洋部队从 6 月底就在中所罗门群岛的新乔治亚岛登陆，如此一来，攻打吉尔伯特群岛便成为当务之急。

新乔治亚群岛位于所罗门群岛中部，是日军南太平洋主要海空基地新不列颠岛的屏障。攻占该岛的最大好处是可以得到蒙达机场。6 月 29 日，哈尔西开始进攻新乔治亚岛以北的伦多瓦岛。

这就发生了前述的伦多瓦登陆战。不过，哈尔西的两栖作战部队登上伦多瓦岛后，又面临着一个更大的难题：怎样穿过礁石丛林，夺取新乔治亚岛上防守坚固的蒙达机场。

7 月 3 日，美军 1 个加强团在蒙达机场以东 10 千米处的海滩登陆，未遇到任何抵抗。5 日，美军第 43 步兵师的 2 个步兵团和陆战团的部分兵力在莱斯湾登陆，形成对蒙达机场的两面夹击态势。但是，新乔治亚岛上的热带丛林，比瓜岛的丛林更茂密、更潮湿，这对美军而言无疑是一种磨难。安东尼・库里斯上士随着他所在的连队在丛林中艰难行进了 12 小时，结果只前进了 11 千米，他描述道：

我们时而四肢着地翻过山梁，时而连滚带爬地滑下山坡，涉过无数条小溪，其中 3 条比较大的溪流是泅渡过去的，虽是热带丛林，但溪水依然冰凉彻骨，没完没了地在荆棘丛中用砍刀辟路前进、连绵不断的淫雨、蚊虫叮咬，这些没有尽头的折磨几乎达到了人体所能忍受的极限。丛林的险恶以及沉重的单兵负荷、饥饿、干渴，还有不时射来的冷枪，每一天是怎样挨过来的，连自己都说不清。晚上每个人都疲乏到了极点，根本没有警戒和设岗，在丛林中倒头就睡，嘴巴里还在喃喃说着上帝保佑就进入了梦乡。

与此同时，坚守蒙达机场的日军在佐佐木少将的指挥下，早已将蒙达机场周围建设成被美军称为“蒙达硬骨头”的坚固防御体系，火力点和工事全部是在珊瑚礁上深挖 1.5 米，再用水泥和木头垫高，并加以巧妙伪装，使之成为名副其实的堡垒。日军凭借这些工事顽抗。

哈尔西不愿新乔治亚岛上的战斗演化为一场旷日持久的相持战，于是命陆军第 15 军军长奥斯卡·格里斯沃尔德少将登岛督战，并让参加过瓜岛战役的约翰·霍奇少将接替赫斯特担任第 43 师师长，指挥对蒙达机场的进攻。尽管如此，美军 3.2 万名步兵和 1700 名海军陆战队员仍进行了长达一个月的丛林战，才取得战果——新乔治亚岛的日军在美军的巨大压迫下放弃了蒙达机场。8 月 4 日攻占蒙达机场后，第 15 军军长格里斯沃尔德向哈尔西发出了捷报：“我军今天从日军手中夺取并全面占领了蒙达，谨将它奉献给您!”

哈尔西的下一个重要目标是科隆班加拉岛，这是日军防守最坚固的基地之一。在尼米兹的建议下，哈尔西决定参照金凯德的阿留申群岛作战计划，越过重点设防的科隆班加拉岛，避实就虚，在远离通道、防御力量不强的韦拉拉韦拉岛登陆。这一战术叫“蛙跳”式，是麦克阿瑟的部队率先采用的，也称“越岛作战”，区别于美军在战争初期所进行的逐个岛屿争夺的“逐岛作战”，也就是以封锁手段监视或围困某些日军严密防御的岛屿，跳过这些岛屿，进攻日军防御薄弱的岛屿。

韦拉拉韦拉岛位于科隆班加拉岛和肖特兰岛之间，两边距离几乎相等，都是90多海里，岛上多山，地势崎岖，而且没有比较适宜船只停泊的锚地。日军认为该岛军事价值不大，加上临近的科隆班加拉岛和肖特兰岛都有机场，如果美军要在韦拉拉韦拉岛登陆，将遭到来自这两个岛屿岸基航空兵的夹击，所以日军没有在韦拉拉韦拉岛上部署守备兵力，只在该岛东北部的霍拉纽设立了兵站，作为向科隆班加拉岛等地进行海上运输的中转站。此时岛上只有兵站人员近百人，以及百余名在韦拉海战中因军舰沉没而就近上岸的幸存者。

南太平洋两栖作战部队司令威尔金森海军少将被任命为此次登陆战的指挥官。威尔金森计划投入的地面部队包括陆军第35步兵团、第64野战炮兵营、第25骑兵侦察队、海军陆战队第4防御营、海军工程兵第58营和海军基地勤务大队等部，共约4600人。登陆编队由7艘快速运输舰、3艘坦克登陆舰和12艘步兵登陆艇组成，由12艘驱逐舰、2艘猎潜艇担负护航任务。登陆作战代号“乐天行动”。这一计划随即获得了哈尔西和尼米兹的批准。

8月14日，南太平洋的威尔金森部队开始进攻韦拉拉韦拉岛。快、中、慢3个编队分别在凌晨、中午、下午3个时间段出发，经布兰奇水道和吉佐海峡北上。8月15日晨，快速编队最先抵达韦拉拉韦拉岛海域。

早晨7时前，首批登陆部队已顺利上岸，随后是中速编队的12艘步兵登陆艇分批靠岸。这时，日军侦察机发现了美军的登陆行动，立即从布因机场派出6架九九式轰炸机、48架零式战斗机前来攻击，美军雷达及时发现了这批日机，立即从瓜岛起飞数十架战斗机前去迎击。

8时许，双方战斗机在登陆海域上空展开了激烈空战。日军6架九九式轰炸机在零式战斗机的大力掩护下，突破美军战斗机的拦截，对正在行进中的慢速编队进行了攻击。日机狡猾地从东面低空进入攻击海域，借助初升太阳刺眼的光芒掩护，使得美军舰船上的高射炮手难以瞄准，结果包括威尔金森的旗舰在内的 2 艘驱逐舰和 1 艘坦克登陆舰都被击伤。

9 时许，步兵登陆艇终于完成了卸载，坦克登陆舰随即开始驶近登陆海滩。

11 时许，日军从布因机场再次起飞 11 架九九式轰炸机和 48 架零式战斗机，于 12 时许飞抵登陆海滩上空。美军驱逐舰雷达首先发现日机，立即指引战斗机前去拦截。此次担负空中掩护的美军战斗机表现出色，无一架日机突破拦截实施投弹。

18 时许，日军第三次派出 8 架九九式轰炸机、32 架零式战斗机前来空袭，美军战斗机和舰艇部队协同作战，对空火力相当猛烈。日机仅向登陆海滩投下了炸弹，使海滩几处起火，而停泊在海面进行卸载作业的舰船并没有损伤。

美军登陆部队上岸后，一面向纵深推进，一面在滩头构筑环形防御阵地。出乎意料的是，日军无论是兵站人员还是上岛的陆海军幸存者，都没有发动夜袭，使美军度过了一个难得的夜晚。

天亮后，由于韦拉拉韦拉岛在日军飞机的作战半径范围之内，日军飞机多次来袭，美军登陆部队的物资卸载作业受到了不小的影响，但这些袭扰性质的空袭并不能阻止美军登陆，美军逐步向岛上扩展，并开始修建机场。

至 8 月底，美军在岛上已拥有 6300 名官兵和 8626 吨物资，他们建立起坚固的登陆场，并稳步向北推进。

与此同时，金凯德的北太平洋部队也开始进攻基斯卡岛。他比威尔金森气派多了，动用了近百艘舰艇、2.9 万名美军和 5300 名加拿大官兵。把日军从阿留申群岛赶走后，金凯德晋升为海军中将。对于下一步如何行动，他心里没谱，但又不好直接向尼米兹请示，于是就派了一个尼米兹的老部下去侧面打听消息。尼米兹托人给金凯德捎去一块“克里拜吉”牌盘，让他原地休整，隐含的意思当然是要他自己拿主意。

制定“复苏行动”

在太平洋南、北两线反攻均取得可喜进展的情况下，尼米兹更加繁忙了，因为“蛙跳”之后就是攻坚战。

8 月 5 日，尼米兹以原第 50 特混舰队为班底，正式组建中太平洋舰队，又称美国海军第 5 特混舰队（下称第 5 舰队），并任命斯普鲁恩斯为司令。有“歌剧幽灵”之称的麦克莫里斯海军少将接替斯普鲁恩斯担任太平洋舰队参谋长。第 5 舰队除了两栖作战部队和两栖作战舰队外，还增设了陆基航空兵部队，由约翰·胡佛海军少将任司令。

美国海军少将　麦克莫里斯

任命下达后，尼米兹遭到了非议，其中来自陆军的意见最大，因为自陆军第 27 师接替陆战 1 师后，没有一个陆军军官被任命。而各部队对西进吉尔伯特群岛的登岛计划也意见不一。两栖作战舰队司令特纳和两栖作战部队司令霍兰德·史密斯对命令界限认识不清，两人对两栖登陆作战该怎么打、由谁来指挥等问题，各持己见，纠缠不休。尼米兹不得不把大部分时间花在对争议问题的协调上。

8 月下旬，尼米兹收到了罗斯福总统的一封信，信的开头写道："亲爱的切斯特，埃利诺决定要到太平洋去，我不同意她去。如果你不同意，请即告知。"战事紧张之际，尼米兹当然不希望总统夫人来，但她要来，他能拦得住吗？何况她是代表红十字会到南太平洋和西南太平洋军队医院来慰问伤病员的，尼米兹不得不勉为其难，热情接待。

8 月 23 日上午，总统夫人埃利诺·罗斯福飞抵希卡姆机场。虽然此事是严格保密的，但早饭后，消息还是传开了，许多人拿着远航俱乐部的会员证请她签名留念。

当晚，尼米兹在自己的寓所宴请总统夫人。他发现总统夫人跟他一样富有幽默感，她讲述了一些鲜为人知的有关自己和总统的趣事，使晚宴气氛显得轻松融洽。这也给明天即将接待总统夫人而显得有些紧张的哈尔西吃了一颗定心丸。

第二天，哈尔西等人陪同埃利诺访问了好几家医院，她走访每一张病床，安慰病人，把每个病号的名字和地址记下来，以便给他们家里写信，后来她也确实那样做了。总统夫人回到夏威夷后，尼米兹陪她乘坐他的深蓝色高级汽艇游览了珍珠港。那天，艇上的水兵们知道第一夫人要来，精心擦洗了游艇，还把红木甲板重新油漆了一遍。水兵们颇为自己的准备工作而自豪，但总统夫人并未注意到水兵们为她所做的工作，她穿着高跟鞋走到艇上，很快就把新油漆踩掉了。艇长和水兵有些生气，用凶狠的目光瞪她。这时，尼米兹赶紧用身体挡住他们的视线，用手指引总统夫人欣赏艇外的景色。

官兵们对第一夫人的一举一动都十分在意，不管怎样，埃利诺还是给官兵们留下了美好而深刻的印象，他们认为她"容貌妩媚，为人真诚，态度随和，富于幽默感，是一个非常善良的、对普通人内在的善行抱有坚定的信念的人"。

总统夫人走后，尼米兹给正在拟订作战细节的吉尔伯特群岛作战计划起了一个妥帖的名字——“复苏行动”。

转眼间秋季来临，海边刮起了强劲的海风，海面掀起了层层波浪。作为太平洋战区最高长官，尼米兹十分着急，但他仍要表现出稳坐钓鱼台的样子。斯普鲁恩斯深知尼米兹的心思，所以他采取的第一个实际行动是和他的参谋长卡尔·穆尔海军上校一起到各基地进行了一次广泛的视察。他们在视察乌波卢角、坎顿岛和富纳富提岛时，研究了两栖作战部队在中太平洋岛屿登陆作战中必须跨过海岛附近珊瑚礁的问题。在努美阿，他们和哈尔西及其新任参谋长罗伯特·卡尼①海军少将进行了磋商。他们还从新喀里多尼亚飞往新西兰，视察了准备进攻塔拉瓦的海军陆战队第2师，并和师长朱利安·史密斯少将进行了交谈。返回珍珠港途中，他们视察了瓜岛，并在圣埃斯皮里图岛上短暂停留，和进攻塔拉瓦岛的部队司令官哈里·希尔海军少将讨论了登岛的一些问题。

尼米兹听取了斯普鲁恩斯的考察情况汇报，并与他一起处理高级军官们有关指挥权限划分的问题。几天以后，他通过太平洋舰队航空兵司令托尔斯的参谋长谢尔曼上校，邀请托尔斯与他们一起讨论航空母舰舰长的配备问题，使托尔斯以航空兵代表的身份成为决策者之一。

这时，南线哈尔西的部队在韦拉拉韦拉岛登陆后，封锁科隆班加拉岛就提上了议事日程，因为科隆班加拉岛的日军对美军的补给线是一个严重的威胁。为此，美军接连在科隆班加拉岛附近的多个小岛如沃德佛德岛、亚伦德尔岛等实施登陆，并在这些岛屿上建立火炮阵地，炮火覆盖了科隆班加拉岛南部的韦拉机场和锚地，再加上美军航空兵的空中封锁，科隆班加拉岛的日军遭到了严密的火力封锁，机场和港口都难以使用。

拉包尔的日军指挥部根据8月13日的大本营协议，决定于9月下旬起组织科隆班加拉岛的守军撤退，撤退行动代号为“塞号作战”。由于担心韦拉拉韦拉岛的美军攻占霍拉纽兵站，他们准备了两个撤退方

---

① 罗伯特·卡尼（1895—?）：美国海军上将，“二战”期间历任舰长、第3舰队参谋长。“二战”后出任海军作战部副部长、第2舰队司令、东大西洋和地中海地区美国海军司令、南欧北约盟军司令、海军作战部部长。

案：一是经霍拉纽撤往布干维尔岛；二是当霍拉纽失守后，则先撤往希瓦泽尔岛的宋北角，再撤至布干维尔岛。

9 月中旬，日军东南舰队开始为撤退行动集结兵力，参与撤退行动的舰艇部队由三部分组成：一是由伊集院松治海军少将指挥的袭击编队，下辖 13 艘驱逐舰；二是由种子岛海军少佐指挥的种子岛编队，包括登陆艇、鱼雷艇、驱逐艇等小型舟艇约 50 艘；三是陆军舰艇部队第 17 军海战部队，拥有各种小型舟艇约 50 艘。

9 月 20 日，草鹿任一海军中将向各部队下达了正式命令，各地日军积极进行各项作战准备。美军根据情报判断出日军即将组织大规模撤退行动，于是，梅里尔海军少将率领 2 艘巡洋舰、3 艘驱逐舰前往新乔治亚海峡，执行巡航任务，截击日军船只。

日军撤退舰船在 9 月 27 日前就已经开始在拉包尔和宋北角集结，当天 19 时，日军种子岛编队从宋北角起航，在驶抵科隆班加拉岛以北海域时，正好遇上了美军吉兰编队，美舰立即开火，击沉 4 艘登陆艇，其余日军舰只只得乘着夜色摆脱美舰的攻击，于拂晓时分抵达科隆班加拉岛北天角附近的几处偏僻港湾。直到当天天黑后，日军 11 艘登陆艇才满载着 1100 名官兵，在数艘鱼雷艇和驱逐艇的掩护下，驶离科隆班加拉岛。

9 月 28 日拂晓，日军袭击编队从拉包尔出发，经过一天的航行，于深夜时分到达科隆班加拉岛附近海域，在 29 日凌晨将 1950 名官兵转运到驱逐舰，驶离北天角与警戒驱逐舰会合。

尽管美军沃克海军上校指挥 4 艘驱逐舰接替吉兰编队一直在新乔治亚海峡巡航，但遇上日军袭击编队的机会却不多。种子岛编队不太走运，9 月 30 日，他们在第二次转运撤退的 325 名官兵返航时，遇上了沃克编队，双方交火后，日军登陆艇一沉一伤，其余舰只慌忙逃往宋北角。

但由于时间安排得比较巧妙，日军前两次转运是比较成功的。美军根据日军这几天的行动，增派柯克海军上校和拉逊海军中校各率领 3 艘驱逐舰，于 10 月 1 日进入新乔治亚海峡。这次他们终于逮着了伊集院松治的袭击编队。

10 月 2 日午夜后，伊集院编队抵达科隆班加拉岛，4 艘担负运输任务的驱逐舰驶入北天角，迅速从种子岛编队的小艇接上 1450 名官兵返航。10 月 3 日零时许，他们遭遇美军驱逐舰，双方互相以鱼雷和舰炮攻击，日军“五月雨”号驱逐舰被击伤。伊集院令编队尽快摆脱美舰纠缠，迅速撤离。种子岛编队在完成向驱逐舰的转运任务后，搭载着 670 名官兵返航，但也遭遇美军驱逐舰，其中 5 艘被击沉，其余小艇于 10 月 3 日早晨回到宋北角。

“塞号作战”结束后，韦拉拉韦拉岛上的日军也就没有必要再坚持下去了。从 9 月 15 日到 10 月 9 日，日军又将韦拉拉韦拉岛和附近岛屿上的守备部队全部撤离。

在中太平洋战场，尼米兹对第 5 舰队的作战计划进行了反复修改，并将瑙鲁岛作为攻占吉尔伯特群岛的跳板。考虑到日军从海上和空中对“复苏行动”的威胁，斯普鲁恩斯建议以“闪电的速度”拿下要进攻的岛屿，同时将舰艇迅速从滩头阵地撤出。

霍兰德·史密斯看过瑙鲁岛的照片和图表后，认为该地不易攻取。因为它几乎没有滩头可言，四周尽是悬崖峭壁，谁也无法确定拿下它有多大价值。为此，斯普鲁恩斯向尼米兹建议取消对瑙鲁岛的进攻，把目标改为较近的、距塔拉瓦岛不到 100 海里的马金岛。尼米兹是个讲民主的人，在计划最后确定之前，任何修改意见他都可以接受。他表示，要改变计划得与金上将商议。

于是，斯普鲁恩斯又到海军作战部游说，并说动了一向固执的金上将。10 月 27 日，参谋长联席会议发电给尼米兹，批准了斯普鲁恩斯提出的以马金岛代替瑙鲁岛的建议。当天，金上将和尼米兹冒着倾盆大雨，视察了中途岛附近的潜艇、航空兵部队和地面的防御设施。

为了保证 11 月 19 日（当地日期）顺利发动进攻，各项准备工作都在加紧进行。尼米兹仍每天坚持长途散步，晚间照例看书读报、听音乐或宴请客人。因此，他无论是对日常工作还是遇到紧急状况都能保持清醒的头脑，从容不迫。

行动方案确定后，尼米兹召集陆军、海军和海军陆战队高级指挥官开会，约法三章。他显得比以往任何时候都要严肃，立下军规后，他说："假使我听到有哪个海军军官不去支援岸上陆军，我就马上撤他的职。"会议的气氛很紧张，没有人再对计划提出异议，也没有人提出指挥权限问题，但这显然不是尼米兹的开会风格。他突然咧开嘴笑着说："你们听过两只松鼠围着一棵栗树跑的故事没有？"在众人惊讶的目光中，他又讲起了幽默故事。

吉尔伯特岛登陆战

1943 年 11 月中旬，尼米兹攻打马金岛的所有准备都已就绪。为了加强进攻吉尔伯特群岛的火力，不算勤务和驻防的舰艇部队，他已集结 5 艘新战列舰、7 艘老战列舰、6 艘舰队航空母舰、5 艘轻航空母舰、8 艘护卫航空母舰和 100 艘其他舰艇。此时，哈尔西的部队正在所罗门群岛西北部的布干维尔岛登陆作战，请求尼米兹派航母支援，尼米兹不得不将计划实施时间延迟一天，以便让借出的航母编队能赶上"闪电"行动（或称"电击"行动）。

尼米兹的作战部署是：用 2 支舰队运载第 5 两栖作战部队的 2 个师，分别攻占吉尔伯特群岛的两个最大岛屿——马金岛和塔拉瓦岛。

北部突击群编队有：6 艘运输舰、4 艘战列舰、4 艘巡洋舰、3 艘护航航空母舰、1 艘船坞登陆舰和 3 艘坦克登陆舰，运送步兵第 27 师前往马金岛。斯普鲁恩斯坐镇重巡洋舰"印第安纳波利斯"号、特纳坐镇战列舰"宾夕法尼亚"号，两栖作战部队司令霍兰德·史密斯也随队指挥攻占马金岛。

南部突击群编队有：16 艘运输舰、1 艘坦克登陆舰、3 艘战列舰、5 艘巡洋舰、21 艘驱逐舰和 5 艘护航航空母舰，运输第 2 陆战师 1. 8 万名官兵，分别从新西兰惠灵顿、新赫布里底群岛的埃法提岛等地出发，集结到塔拉瓦海面。

第 5 舰队的 11 艘舰队航空母舰、6 艘战列舰和 27 艘护航舰只，分为 4 个特混群，担负空袭吉尔伯特群岛周围的日占岛屿机场、轰炸马金

美国海军陆战队四星上将　霍兰德·史密斯

岛和塔拉瓦及截击日本联合舰队等任务。

11 月 17 日，第 5 舰队主力出动。斯普鲁恩斯的旗舰“印第安纳波利斯”号重巡洋舰随北路进攻部队行动。配合哈尔西行动的 2 个航空母舰编队也从所罗门群岛出发，经新赫布里底群岛准时抵达作战地区。特纳直接指挥的北路两栖作战部队从珍珠港出发，直奔马金岛。

特纳的北路两栖作战部队选择的登陆地点在布塔里塔里岛。美军舰炮和轰炸机先实施轮番轰炸，时长差不多 80 分钟，又派战机对海滩进行了扫射，然后两栖作战部队开始登陆。由于马金岛只有 800 名日军，因此登陆行动进展顺利。11 月 20 日上午，特纳在马金岛附近向斯普鲁恩斯汇报：“部队于 8 时 30 分在马金岛的红滩头登陆并继续前进，没有遇到强力抵抗。”斯普鲁恩斯将战况报告给了尼米兹。

不过，在塔拉瓦岛登陆的部队就没有那么顺利了。当时海水落潮，舰队无法靠岸，坐在“车辆人员登陆艇”上的部队不得不在暗礁上下船，冒着日军的炮火涉水上岸，人员伤亡较大。用水陆两用车远距离运送武器装备和其他物资，水陆两用车的损伤也很严重。正当涉水上岸的美军士兵抢建滩头阵地时，一排排炮弹从塔拉瓦岛上呼啸而来，使美军官兵一个个目瞪口呆。2 支突击队立即投入战斗，但火炮和供应物资均未运到。

下午 13 时左右，希尔向特纳报告："红 2 号、红 3 号滩头登陆成功。红 1 号滩头立足未稳，师后备队的一个登陆小队正在增援登陆，敌军一直在顽强抵抗。"半个小时后，他又发了一封请求调用后备队的电报，电文最后使用了"成败未卜"几个不祥的字眼。登陆才开始就要动用后备队，说明情况严重。特纳不敢怠慢，马上批准。

因为各部队间收发的电报都要转发给太平洋舰队司令部（这说明尼米兹对各部队间的磨合还存在疑虑），所以尼米兹也见到了电报中"成败未卜"的字眼。他对此深感不安——几年前威克岛失陷，最后一封电报中就用到了这句话。他静静地坐着，面无表情，过了一会儿才自言自语地说："我已经把所有的兵力都运去了，不算少了。我不知道为什么没有打好。"

尼米兹原计划用一个陆战师（陆战第 2 师）在一天内攻克该岛，但后来只派出一个加强团 6500 人。他不曾料到会出现如此复杂的情况。

19 时许，特纳向斯普鲁恩斯报告了马金岛当天的情况："进展顺利，红、黄滩头登陆部队已经会合。我军已占领约半个布塔里塔里岛。东边仍有抵抗……伤亡轻微。"

尽管美军在贝梯沃岛上遇到了日军的坚固防御和拼死抵抗，但进入夜晚以后，尼米兹又恢复了信心。他在当天太平洋舰队的"作战纪要"中写道："白天取得的进展不大，但约有 5000 人的部队已经登陆，攻占岛屿似无问题。"

实际上，登陆战的第一天，美军确有 5000 人上岸，但死伤约 1500 人。

"闪电行动"刚开始就受阻，尼米兹把目光转向了卡壳的地方——塔拉瓦岛。这个珊瑚岛出水的岛子约有 20 个，其中的贝梯沃岛长 3500 米，最宽处仅 500 米，但设防比布塔里塔里岛还坚固。岛上虽然布满了灰白色的珊瑚沙滩、翠绿的椰林和麻疯桐、飞机草、咸水湖、海鸟……

但日军在上面还排满了混凝土制成的三角体、地雷阵，还有珊瑚石礁、蛇蝮式铁丝网等障碍物。障碍物的后面是由 100 多个碉堡、机枪阵地、坦克固定火力点组成的海滩交叉火力网。日军驻兵为 2500 人，分属松尾敬公大佐的第 6 横须贺陆战队和管井武男中佐的第 7 佐世保陆战队。驻岛司令官柴崎惠次海军少将曾宣称："美国人用 100 万人的兵力，花 100 年的时间，也拿不下塔拉瓦岛。"

11 月 21 日，马金岛和塔拉瓦岛的战斗仍在继续进行。美驱逐舰一直驶近到离海滩不到 1000 米的地方向日军陆地射击；飞机则进行低空扫射，陆战队员向防波堤后面的地堡连续投掷炸药包。然而，从日军阵地附近上岸的大部分美海军陆战队员不是战死，就是被困在水际滩头。脚下，珊瑚礁利如刀山；礁盘上，日军炮弹咆哮着席卷水面，真可谓进退两难。美陆战第 2 师指挥官不得不改变打法，让士兵在坦克和舰炮的火力掩护下重新开始进攻。而日军的抵抗没有丝毫减弱，美军争夺每一个地堡都要付出血的代价。由于很难看到敌人的具体位置，美军只能凭士兵的本能摸爬滚打，利用椰木残桩、弹坑、沙丘、废工事一步一步地接近火力点，最后把炸药包塞过去。陆战队炮兵虽然提供了有力的近距离支援，但进展依然慢如蜗牛爬行。

不久，美军已上岸的坦克发挥了威力，一直开到日军火力点边上近距离开炮，日军火力点立马被炸开了花。但坦克对坚固的地堡仍无可奈何。日军的每个火力网中都有一个地下堡垒，由钢板、椰木和珊瑚沙覆盖，火力配置几乎没有死角，美军陆战队的每次进攻都被击退。最后，在新上岸的海空联络员的协助下，瑞安少校直接用电台指挥驱逐舰炮击，才将它们彻底摧毁。在岛西被包围的日军，利用夜色向美军第 6 团两个连队的接合部发动了猛攻，他们手持刺刀、手榴弹，狂呼着冲入美军阵地。双方在黑暗中展开了激烈的肉搏战。

与此同时，第 5 舰队的航空母舰也遭到了日军的空袭。日军一架鱼雷机击中了"独立"号轻型航空母舰。假如航空母舰长时间地继续局限在狭窄的海域里，被鱼雷击中的可能性还会增加。航空母舰执行保护滩头阵地的任务，不是靠近距离支援，而是设法袭击敌军舰队、岸基飞机等主要攻击目标。所以，尼米兹接受托尔斯的建议，让航母编队撤离滩头阵地。

11 月 23 日早晨，美军准备向日军阵地发起最后的攻击，没想到竟然没有遇到抵抗的敌人。原来，岛上日军的最后一支陆战队 300 人，已于前一晚全部战死。

中午刚过，斯普鲁恩斯向尼米兹报告，敌军在布塔里塔里岛和贝梯沃岛上的抵抗已全部停止。这比尼米兹预定的时间延迟了一天，但他还是非常高兴，立即回电："祝贺胜利完成任务。"

美军占领岛屿后，要等货船卸完货，进攻部队重新上船，驻防部队全部上岸后，两栖作战舰队才能撤离。尼米兹利用这几天时间，乘坐"科罗纳多"号飞机从珍珠港直飞埃利斯群岛，亲自到前线视察。抵达富纳富提岛后，尼米兹收到了斯普鲁恩斯留给他的一封信，信中劝他推迟去塔拉瓦岛。但尼米兹没有听从劝阻，直接乘坐海军陆战队的战斗机起程了。

在飞机上，尼米兹远看海天一色的珊瑚岛礁像小船一样漂浮在海面上，点缀着中太平洋的万顷碧波；近看，银光闪闪的珊瑚粉末环绕在岛礁四周，与浪花相映成趣，使人心情舒畅。然而到了岛上，他看见狐洞中的老兵们蓬头垢面，血迹斑斑，简直人鬼难分，心情又一下子沉重起来。经过几天的激战，海军陆战队员衣服污秽，眼眶下陷，满脸胡须，疲惫不堪，几乎没有任何表情。有的年轻人看起来像老头一样。尼米兹见状，动情地对士兵们说："亲爱的孩子们，你们以沉重的代价换来了一次宝贵的胜利，我为你们骄傲。你们以自己的行动向世界宣告，美国人是不可战胜的!"岛上，战前他想象的那幅珊瑚沙滩、翠绿椰林的画面无影无踪，只闻到树干被炸焦、尸体被烧焦和腐烂的恶臭味。尼米兹感慨万分，轻声对身边的人说："这是我第一次闻到死亡的味道。"

返回珍珠港途中，尼米兹在飞机上给夫人凯瑟琳写了一封信：

我从没有看见过像塔拉瓦岛这样凄凉的地方。上次大战，在法国参战的理查森将军说，这使他回忆起当时伊普雷战场上历时数周进行拉锯战的情景。成千上万的椰子树全遭破坏。日军防御工事坚固，发誓要战斗到最后一个人，只有几名负伤和晕头转向的日军被俘。虽然我军部队正在努力掩埋死尸，但没有掩埋的尸体恶臭熏天，令人作呕。当我们离开这个地方到了附近的另一个岛上，我才轻松下来吃晚饭、睡觉。但在那里，也只有在风向改变时，我们才能呼吸到一点新鲜空气。尽管那样，我们大家都在积极巩固战果，为不可避免的一场进攻战做准备。托上帝的福，我们不仅能巩固胜利，而且在修建机场后能用它来对日军发动进攻。

马绍尔群岛登陆战

吉尔伯特群岛登陆战虽然胜利了，但是美军付出的代价也是巨大的。尼米兹因此惹来了不少非议。霍兰德·史密斯将军从塔拉瓦岛视察归来，对“他的”海军陆战队在岛上受到如此严峻的考验感到心绪不安。他认为，这次胜利是用士兵们的鲜血换来的，占绝对优势的美军取得这样的战果是不能令人满意的。

特纳在研究贝梯沃岛进攻战后，于 11 月 30 日写了一份题为“塔拉瓦岛的教训”的报告，并通过“宾夕法尼亚”号旗舰送回珍珠港。尼米兹、斯普鲁恩斯和霍兰德·史密斯，谨慎地重新审查了进攻马绍尔群岛的作战方案。如果按原计划进攻夸贾林岛，那么塔拉瓦血战又会重演。因为日军在夸贾林岛的防御坚固程度与塔拉瓦岛不相上下。

斯普鲁恩斯和霍兰德·史密斯、特纳报告中的观点基本一致，认为同时对沃特杰岛、马洛伊拉普岛和夸贾林岛发动进攻，两栖作战部队和支援部队的力量都不够，建议分两步走：第一步，攻占夸贾林岛和珍珠港之间的沃特杰岛和马洛伊拉普岛；第二步，利用这两个岛上的轰炸机基地，进攻位于列岛中心的日军指挥部所在地——夸贾林岛。

在听取他们的意见之后，尼米兹设计了另一个不同的方案，即绕过沃特杰岛和马洛伊拉普岛，直接进攻夸贾林岛，这样才能得到两个机场和一个第一流的锚地。

为了迷惑日军，美军从 1943 年 12 月初开始对马绍尔群岛的外围岛屿实施空袭，其中，约翰·胡佛指挥的防卫和海岸航空兵的 475 架飞机，以吉尔伯特群岛为基地；查尔斯·波纳尔的航空母舰编队舰载机则以母舰为基地，轮番轰击马绍尔群岛。一方面压制日军飞机，摧毁岛上的机场和目标较大的军事设施；另一方面制造假象，将日军的注意力引向周边小岛。

但是，主攻夸贾林岛还面临着另一个问题，那就是即使不惜血本打下夸贾林岛，由于它周边都是敌人，谁也不能保证守得住。一旦航母编队撤出，它很可能会再落入敌手。因此，当尼米兹向他的几位战将提出这个方案时，他们无不感到惊讶。

尼米兹有他的道理，前段时间美军都是在日军防守薄弱的岛屿登陆，这样一来，日军肯定会加强这些岛屿的防备力量，而夸贾林岛的防御原本就十分坚固，加上它是个中心岛屿，日军应该不会想到美军目前会有这个胆量来攻占它，这就能达到出其不意的效果。但这一推测是否正确，尼米兹心里也没有底。

12 月 14 日，尼米兹召开了一次会议，征求第 5 舰队司令和陆军将军们的意见。

“雷蒙德，”他问，“你现在怎么考虑?”

“打外围岛屿。”雷蒙德·斯普鲁恩斯答道。

“凯利，你呢?”

“打外围岛屿。”凯利·特纳答道。

“霍兰德，还有你呢?”

“打外围岛屿。”霍兰德·史密斯答道。

尼米兹问了一圈，没有找到一个支持者。他们都从查尔斯·波纳尔拍回的马绍尔群岛的照片中看到了危险。尼米兹沉默了，会场显得十分寂静。最后还是尼米兹打破了僵局，他轻声而果断地说：“但是，将军们，我们的下一个目标还是夸贾林岛。”他说这句话需要极大的勇气，因为他不仅要面对部下的反对，还要面对社会舆论的压力。

尼米兹宣布暂时休会，让大家再好好想想。特纳和斯普鲁恩斯留下来，又与尼米兹争论了一番。特纳的态度最为坚决，他认为直接进攻夸贾林岛是重蹈塔拉瓦登陆战的覆辙，是鲁莽的行为。斯普鲁恩斯则在一旁一再肯定特纳的意见。

会议重新开始后，尼米兹把他的推测和想法给大家讲了一遍，并将情报部门提供的最新资料拿给大家看，温和地说："情况就是这样，如果你们不想干，战区就另外找人干。你们愿干还是不愿干？"

特纳是反对派中的骨干分子，他皱起了眉头，但看到尼米兹少有的正经且冷若冰霜的神情，又献媚似的笑道："我当然愿意干。"

既然反对派的骨干分子妥协了，其他人自然无话可说。这时，斯普鲁恩斯的参谋长卡尔·穆尔提出了一个补充意见，那就是在攻打夸贾林岛的同时，还要占领附近的马朱罗岛，以便让将来进驻夸贾林岛的守军有一个屏障。对于这条建议，尼米兹很乐意地接受了。

核心问题解决后，又出现了指挥权限划分问题。由于航空兵在海战中的作用越来越大，不但航空兵中高阶军衔的人越来越多，而且舰载海军航空兵和基地陆军航空兵也常常搅和在一起，容易造成指挥权限混乱。

1944 年 1 月 3 日，金上将、尼米兹和哈尔西三人在旧金山开了一次碰头会，专门解决太平洋舰队司令部和航空兵的指挥问题。最后，金上将和尼米兹决定，任命托尔斯为太平洋舰队兼太平洋战区副总司令，波纳尔接替托尔斯任太平洋舰队航空兵司令，实际上，这两个职务因航空兵的地位提高反而被分权了。同时，由当过航空兵主官的米切尔担任一个航空母舰分队的指挥官（只行使波纳尔原来的部分权力）。

金上将和尼米兹还确立了一个原则，在太平洋舰队的高级指挥官中，凡是非航空兵主官出身的，都必须任命航空兵军官担任参谋长或"二把手"；从航空兵主官升迁上来的，必须由舰艇部队军官担任"二把手"。根据这一原则，米切尔必须配备一名海军舰队军官为其参谋长，斯普鲁恩斯也不得不物色一个航空兵出身的军官来接替其参谋长卡尔·穆尔的职务。

在调整好高级指挥官后，尼米兹感到一身轻松，破天荒地在檀香山的摩亚纳公园组织了一次盛大的得克萨斯式的野餐会。出席酒会的士兵、水兵和海军陆战队员超过 4 万人。酒至半酣时，尼米兹在轻音乐声中发表了热情洋溢的演讲。他动情地说："我看到今天到这里来的许许多多的人都穿着制服，我也充分理解许多人虽身着便装，但同样投身到保卫这些岛屿的重要任务中，为赢得这场战争出力。作为得克萨斯人，我将和你们一样献身于我们的事业，竭尽全力，直到完成长期而艰巨的任务，直到日本无条件投降为止。"

酒会结束后，尼米兹回到寓所，又进一步修改了夺取马绍尔群岛的作战方案，将行动代号定为"燧发枪行动"，执行时间是 1944 年 1 月 31 日。

马绍尔群岛位于夏威夷群岛西南、马里亚纳群岛和加罗林群岛以东，是日军在中太平洋外围防御圈的主要岛屿，也是美军从南太平洋进攻马里亚纳群岛和加罗林群岛的必经之路。而夸贾林岛是位于群岛中心的第一大岛，尼米兹决定来个虎口拔牙。其具体部署是：斯普鲁恩斯任前线总指挥，依旧指挥第 5 舰队；特纳指挥两栖作战舰队；米切尔指挥舰载航空兵部队。兵分南北两路：

北路——希尔将军指挥陆军第 27 师一个营的登陆队攻占马朱罗岛，理查德·康诺利海军少将指挥北路进攻部队攻占罗伊岛及其邻近的那慕尔岛。

南路——特纳将军指挥包括海军陆战队哈里·施密特少将指挥的新建陆战第 4 师，陆军查尔斯·科利特少将指挥的第 7 师，从 40 海里以外跨过夸贾林环礁湖，直接攻占夸贾林岛。

另有海军陆战队一个团和陆军第 27 师 2 个营的登陆部队，作为预备部队，随时准备投入夸贾林岛的进攻战。若无须增援，后备队由希尔将军指挥，直接攻占埃尼威托克岛。

1 月 22 日，尼米兹站在麦克拉帕山坡上，目送满载官兵的舰艇驶离港湾，浩浩荡荡地向马绍尔群岛进发，去报两年多前的一箭之仇。当舰艇队列远去，海面上风平浪静的时候，珍珠港突然变得一片空旷，尼米兹觉得心里空荡荡的，在那儿站了很久才离去。

1 月 30 日，美军进攻部队分别驶抵夸贾林环礁，继快速航空母舰编队实施 3 天的密集轰炸之后，又以舰炮和护航舰载机进行突击。夸贾林岛遭到了太平洋战争以来最集中的火力打击，美海军舰只以及附近小岛上的野战炮向该岛发射了 3.6 万发炮弹，在炮弹弹道的上空又有成群的 B－24“解放者”轰炸机向火海扔炸弹。一位观察家形容道：“美国人恨不得把这座该死的小岛抛到 2 万英尺的高空，再撕成碎片扔下去。”

斯普鲁恩斯坐镇旗舰“印第安纳波利斯”号重巡洋舰，统率第 5 舰队（包括第 58 特混舰队）直扑马绍尔群岛的中枢海岛。这支庞大的舰队共有 375 艘舰艇、5.3 万名进攻士兵和 3.1 万名守备士兵。

由于尼米兹制造假象迷惑日军，日军大本营判断美军的下一次攻势不是从吉尔伯特群岛指向米利岛和贾卢特，就是从珍珠港指向沃特杰岛或马洛伊拉普。据美军情报部门截获的情报证实，日军正在那些岛屿上加强工事，独独忽略了夸贾林岛。显然，日军没有想到美军会直取“心脏”而不先扫清外围的障碍。

美军采取稳扎稳打、逐步搜索的方式继续前进。1 月 31 日，北路的美军不费一枪一弹，攻占了无人防守的马朱罗岛，获得了太平洋上的天然良港。星条旗第一次在日本人的战前领土上升起。

2 月 1 日，美军南路陆战第 4 师进攻夸贾林环礁的罗伊－那慕尔岛。岛上有飞机场，工事密布。为了彻底摧毁这些工事，米切尔少将把岛上每一平方米的土地，都划给第 58 特混舰队航空兵和舰载炮兵，由专人负责，严格要求必须准确炸到，不得失误。于是，美军的炮弹将该岛“犁”了一遍，岛上树拔石碎，每一寸土地都有弹坑，守岛日军死的死、伤的伤，侥幸活下来的 300 余人，躲在被炸毁的地堡和瓦砾堆中负隅顽抗。激战至 2 月 2 日下午，美军宣布完全占领罗伊－那慕尔岛。

美军主攻部队陆军第 7 师于 2 月 1 日下午按计划在“红滩”1 号、2 号阵地登陆。这支部队曾在阿留申群岛浴血奋战过，有着夺取阿图岛和基斯卡岛的光荣战绩。这次登陆行动迅速而猛烈，12 分钟内就有 1200 名官兵上岸，他们采取稳扎稳打、步步为营、逐步搜索的方式前进。至 15 时，他们的阵地已向前推进了近 900 米。

日军司令官秋山少将的司令部设在夸贾林岛，他决心依靠堑壕工事进行殊死抵抗。2 月 2 日，岛上发生了激烈的战斗。日军头上，美军战斗机掠地而过，并首次使用了火箭。地面上，一切都是太平洋岛屿战争的常规景象：美军冲锋，遇到日军火力点后卧倒，使用炸药、喷火器、坦克或炮火支援，攻下火力点后再冲锋。当天午夜时分，日军开始疯狂地尖叫呼喊，发起一次又一次的反冲击。两军混战在一起，你进我退，一直厮杀到拂晓。

2 月 3 日，日军已无力发动反攻，只能躲在地堡工事里继续顽抗。美军用步枪、机枪、手榴弹、炸药包、喷火器，把一批批隐藏在废墟、瓦砾堆和混凝土建筑物中拼命抵抗的日军逐个消灭。黄昏来临时，岛上的枪炮声已经稀疏，只有弥漫的烟雾久久不散。

2 月 4 日下午，科利特少将宣布完全占领夸贾林岛，日军有组织的抵抗已经结束。到 2 月 7 日，庞大的夸贾林环礁全部被美军攻克。

总指挥斯普鲁恩斯乘士气正旺，准备向周边岛屿发动攻势。经仔细考虑，他决定马不停蹄地挥师西北方向的埃尼威托克岛，拉开了“法警战役”的帷幕。

埃尼威托克环礁的恩吉比岛上有机场，也有日军防守，但缺少永久性工事，也许是日军没想到美军会来得这么快。经过 3 天的炮击，整个岛都被烧焦了。被舰炮轰得头昏眼花的日军，根本无法进行有组织的抵抗，很快被一小群一小群地歼灭。

占领恩吉比岛后，斯普鲁恩斯下令部队立即掉转炮口，猛轰埃尼威托克岛。出乎他意料的是，日军在该岛驻有重兵，日本陆军第 1 海上机动旅刚刚调到这里。当时，美军舰艇从距离该岛仅 30 米的地方经过，日军沉住气，一枪未发。但是，美军从几份缴获的文件中掌握了岛上日军的兵力。尼米兹得知这一消息后，于 2 月 4 日晚乘 B－24“解放者”轰炸机离开珍珠港，前往塔拉瓦岛，与斯普鲁恩斯、特纳等人商讨进攻埃尼威托克岛的问题。最终决定由希尔将军指挥原来的预备队担任主攻，同时让米切尔的第 58 特混舰队小分队策应。于是，米切尔再次把毁灭性的轰炸施加到帕里岛上，将夸贾林岛的情景又重演了一遍。多次轰炸后，美军于 2 月 22 日开始登陆。岛上蜂窝似的密布着坚固的据点，日军顽强地抵抗着，他们有时突然从后面进行射击，随即又缩了回去。激战一直持续到黄昏。最后，日军戴着防毒面具，发起了最后冲锋，但他们就像海浪撞击在岩石上，被击得粉碎。19 时 30 分，美军占领了帕里岛。

在马绍尔群岛登陆作战中，日军伤亡、被俘 1.1 万余人；美军则付出了伤亡 2200 人的代价。

至此，美军完全控制了马绍尔群岛。这意味着美军已经突破了日军的外围防御圈，其搜索范围和飞机活动范围向前扩展了 2000 海里，为进军日军防御内圈——马里亚纳群岛开辟了道路。

第十四章　屈 从 大 局

空袭特鲁克

美军相继占领吉尔伯特群岛和马绍尔群岛后，日军在太平洋的所谓“外围防御圈”已化为乌有。但若想进一步打击日军，完全控制太平洋，还得进入日军的“内防卫圈”马里亚纳群岛。在“法警战役”打响之前，尼米兹的目光便盯上了“内防卫圈”的核心点——特鲁克岛。

“特鲁克”一词，在马来语中的本意是“耸入高空的山”。特鲁克岛是特鲁克群岛中最大的岛屿，呈三角形，每边长60多千米，中间是一个直径为30～40海里的礁湖，这里可以说是一个天然的舰船停泊港。它东可支援吉尔伯特群岛和马绍尔群岛，南可威胁新几内亚群岛和所罗门群岛，西可庇护帛琉群岛至菲律宾群岛一线，北可成为小笠原群岛、马里亚纳群岛以至日本本土的屏障。1942年7月中途岛海战之后，山本五十六将他的联合舰队迁至该地。

因此，特鲁克港对于日本，如同珍珠港对于美国一样，具有十分重要的战略地位，有“日本的珍珠港”之称。另外，它还是日本所谓“绝对国防圈”链条上最重要的一环。岛上建有大型飞机场，有数百架日机构成强大的攻击力量，若称其为“太平洋上的直布罗陀”，也是当之无愧的。

1944年年初，特鲁克这个名字对于美海军航空母舰的飞行员来说，就像德国的施魏因富特和雷根斯堡对于在欧洲作战的盟军轰炸机飞行员一样，是一种凶兆。对尼米兹来说，特鲁克还是一个险恶不明的目标，他对其实际情况知之甚少。他把斯普鲁恩斯的第 5 舰队较长时间地留在离特鲁克不远的海面上，希望与日本联合舰队主力一决雌雄，但终未能如愿。因为日本联合舰队司令古贺峰一认为战局紧张，开始西退，最后退到加罗林群岛最西面的帕劳群岛。特鲁克港驻防与其重要地位已极不相称，以中林仁中将为首的第 4 舰队残缺不全，西南舰队航空兵无心恋战，纷纷告假外出。岛上守军人心惶惶，士气低落，疏于戒备。但由于特鲁克岛等 6 个主要岛屿位于环礁的暗礁之中，美舰艇部队登陆极为困难，较长时间的大规模空袭成了解决这一难题的最佳途径。

1944 年 2 月 16 日是按计划开始进攻埃尼威托克岛和特鲁克岛的日子，斯普鲁恩斯派出米切尔第 58 特混舰队的舰载机对特鲁克进行空袭，企图以此激怒日军，但日军的反应并不强烈，美军 F6F“泼妇”战斗机在第一天便夺取了制空权。

斯普鲁恩斯在第一次空袭特鲁克后，对战果做了详细估计，并向太平洋舰队司令部报告。但尼米兹从他的电报中得知的情况，甚至比从截获的日军电报中知道的还要少。

“二战”时，美军俯冲轰炸机在攻击位于特鲁克群岛一小岛上的日军无线电测向站

2 月中旬，日军在特鲁克的 3 个机场依旧有 365 架飞机，这还不包括日本联合舰队的舰载机。这意味着执行空袭任务的第 58 特混舰队面对的敌人依然十分强大，斯普鲁恩斯不得不加强空中力量。

2 月 17 日，米切尔坐镇旗舰新“约克城”号航空母舰（CV－10），率舰队到达特鲁克环礁以东 90 海里的水域。黎明前约 2 个小时，5 艘航空母舰已经做好了起飞战斗机的准备。飞行员们表情严肃，等待着即将到来的空中厮杀。

6 时 40 分，第一架 F6F“泼妇”战斗机从飞行甲板上腾空而起。白天第一波攻击出动飞机最多的是“邦克山”号航空母舰的第 18 战斗机中队，计有 22 架 F6F“泼妇”战斗机，由 S. L. 西尔伯海军少校率领，在大约 6000 米的高空负责制空。“邦克山”号的飞行大队长 R. H. 戴尔海军中校也驾驶一架 F6F“泼妇”战斗机起飞，负责协调第一波及其后的攻击。“企业”号的第 10 战斗机中队、“勇猛”号的第 6 战斗机中队和“约克城”号的第 5 战斗机中队分别起飞了 12 架；“埃塞克斯”号的第 9 战斗机中队则起飞了 11 架。4 艘轻型航空母舰“贝劳·伍德”号（CVL－24）、“考佩斯”号（CVL－25）、“蒙特里”号（CVL－26）和“卡波特”号（CVL－28）的战斗机中队被全部留下，为特混舰队进行空中战斗巡逻，同时也被视为后备兵力。

负责带队进行白昼攻击的是“企业”号的威廉·凯恩海军少校。“企业”号的 12 架战斗机和“勇猛”号的 12 架战斗机统编成 6 个小队，每队 4 架，直飞环礁北部空域。日军没有任何反应，原来，日军虽然知道美军的攻击迫在眉睫，但特鲁克只有极少几个岛屿得到预警。

8 时 05 分，凯恩率机群到达环礁大岛上空，绕默恩岛盘旋，吸引了不少日军的高射炮火，但日军的炮火偏差很大。凯恩带领机群向下俯冲，前去扫射机场，这时，第 6 战斗机中队的飞行员看到 2 架双引擎一式陆上攻击机正在起飞。小队长呼叫左前方上空 750 米有敌机。两架 F6F“泼妇”战斗机飞离编队，它们是费拉西尤海军中尉的长机和他的僚机。他们发现目标的喊声被其他飞行员忽视了。第 6 战斗机中队紧随凯恩，正急速螺旋下降，穿过炮火，扑向停在机场上的目标。

敌机是零式战斗机。费拉西尤带领卢立特海军少尉突破日机的进攻，迫使日军领队长机放弃“咬上”的2架F6F“泼妇”战斗机，冲到它们的下方。费拉西尤和卢立特很快被大批零式战斗机包围，双方开始了一场混战。朝阳将天空的云彩染成红白色，大批战机翻飞格斗，场面十分壮观。日机一架接一架地燃烧、坠落。地面上的日机遭到猛烈扫射，许多飞机刚起飞就中弹焚毁。机场设施爆炸起火，将黎明的曙光烧得金光闪耀。

这次作战使尤金·瓦伦查海军中尉成了英雄。他兴高采烈，对F6F“泼妇”战斗机大加赞赏。他说的话在美国广为报道，也集中反映了大多数海军战斗机飞行员对F6F“泼妇”战斗机的看法：“我十分喜爱这种飞机，如果她是位女子，我一定要娶她。”当然，这一天出现的英雄人物还有很多，许多飞行员都进行了2～3次出击。第18战斗机中队的西尔伯海军少校出击2次，飞行时间超过5小时。费拉西尤飞离“勇猛”号3次，飞行了8.5小时。第10战斗机中队的沃尔特·哈尔曼海军中尉飞行2次，执行了不同的任务。

战斗持续到2月19日，斯普鲁恩斯于当晚根据自己掌握的情况，向尼米兹汇报了战果：实际击沉敌舰15艘，其中有2艘轻巡洋舰和4艘驱逐舰；击沉19艘货船和5艘油船，击毁敌机200架。

在攻打埃尼威托克岛的同时，米切尔的另一支航母编队长驱直入，进到离东京仅1500海里的日本领海马里亚纳群岛南部。由于受到日军战机接二连三的夜间空袭，该航母编队未敢继续深入，不过，它不仅完成了对塞班岛、提尼安岛和关岛的轰炸及拍照任务，还击毁敌机135架。

总之，第5舰队在年初两个月战果累累，其战绩成为美国国内报纸的头条新闻。

在特鲁克岛战事正酣之际，尼米兹因参加参谋长联席会议，终于有机会回到华盛顿，与家人一起享受天伦之乐。华盛顿空气湿润，带着丝丝凉意，尼米兹与凯瑟琳及小女儿玛丽一起，漫步在熟悉的街道上，内心感慨不已。他随时都能听到新闻广播中对特鲁克岛战况的报道。儿女们向他发来贺电："欣闻攻克特鲁克的捷报，举国为之欢腾。"

鉴于第 5 舰队在战役中立下的功勋，尼米兹请示金上将，为自己杰出的部下晋级。2 月 16 日，美国参议院批准斯普鲁恩斯从 2 月 4 日起晋升为四星上将。之后，特纳、史密斯、米切尔都晋升为中将。米切尔还被正式任命为太平洋舰队快速航空母舰舰队司令。

日本联合舰队司令官古贺峰一得知"绝对国防圈"上的要冲特鲁克处境危险后，立即命令拉包尔的航空兵前去支援特鲁克。而此时，西南太平洋的麦克阿瑟正在攻打俾斯麦群岛的拉包尔。显然，空袭特鲁克在客观上有力支援了在西南太平洋进行反攻作战的麦克阿瑟和哈尔西的部队。同时，对该岛连续进行的空袭，也阻止了日军对美方即将开始的马里亚纳战役可能进行的干扰和破坏。

与麦克阿瑟之争

1944 年 2 月中旬，参谋长联席会议电召太平洋战区的两员大将尼米兹和麦克阿瑟出席会议。这次会议的主题是商讨进攻马里亚纳群岛的战略部署，此部署关系到太平洋战局的进一步发展。

3 月 11 日早上，威廉·丹尼尔·莱希①、金上将和尼米兹来到白宫，请罗斯福总统批准参谋长联席会议的战略计划和西南太平洋地区作战指挥权的划分。罗斯福在椭圆形办公室接见了他们，他满脸笑容、和蔼可亲，在仔细听取他们的汇报之后，批准了他们制订的战略计划。之后，罗斯福问尼米兹："为什么要在空袭特鲁克岛之后，又派航空母舰去进攻马里亚纳群岛？"

---

① 威廉·丹尼尔·莱希（1875—1959）：美国海军五星上将，"二战"期间担任新设置的总统参谋长职务，并主持美国参谋长联席会议。罗斯福去世后，他在杜鲁门总统任内继任原职。

美国海军五星上将　威廉·丹尼尔·莱希

尼米兹觉得气氛很好，又开始展示他的幽默天赋了。他笑着说，这个问题使他想到一件趣事。有一次，一个老年肥胖的疑病症患者要求把他的阑尾割掉，但由于年老体胖，没有一个医生愿意为他开刀。后来，他在外地找到一位高明的医生为他开刀切除阑尾。手术完成后，病人向医生询问病情。“你的情况很好。”医生告诉他。

“但是，医生，”病人说，“我有点不明白，我的嗓子痛得厉害，我住院时根本没有这个病，这是什么缘故?”

“没关系，”医生说，“我告诉你，你自己也知道你的病情很特别。因此，我的许多同事都来看我动手术。手术做完后，他们向我喝彩。为了再表演一次，我就把你的扁桃体割掉了。”

“所以，总统先生，你知道，”尼米兹说，“我们攻打提尼安岛和塞班岛，就像那位医生那样，要再表演一次。”罗斯福听罢，把头往后一仰，哈哈大笑起来。

当天，参谋长联席会议对太平洋战场的战略计划做出决定：

（1）批准 4 月 15 日进攻霍兰蒂亚；

（2）对特鲁克岛实施火力压制，不予攻占；

（3）尼米兹的部队 6 月 15 日进攻马里亚纳群岛南部的塞班岛、提尼安岛和关岛；

（4）9 月 15 日进攻帕劳群岛；

（5）麦克阿瑟的西南太平洋部队将沿新几内亚北部海岸前进，11 月 15 日开始，支援麦克阿瑟的部队进攻棉兰老岛，然后进入菲律宾。

尼米兹在华盛顿期间，海军部专门为他安排了一个大办公室和一个秘书班子。这些秘书是清一色的女兵，均来自海军和海军陆战队。她们主动要求为尼米兹服务，希望在尼米兹身边表现自己的勤恳和才干，使尼米兹改变成见，派她们去南太平洋工作。但是，尼米兹固执己见，因为他受不了年轻女人在经过他身边的时候向他“咔嚓”一下立正、敬礼。所以，整个太平洋战争期间，人们很难在尼米兹身边看见年轻漂亮的女兵。

3 月 12 日，尼米兹在旧金山与凯瑟琳及小女儿玛丽告别后，乘专机直飞珍珠港太平洋舰队司令部。刚进办公室，勤务副官拉马尔就给他送来一份麦克阿瑟的电报，电文称：“我久有此意，向阁下略尽地主之谊。我相信通过我们两人间的商谈，两个司令部之间的紧密合作将会得到进一步加强。因此，阁下如有时间来布里斯班作客，我将十分高兴，保证给予热诚接待。”

这完全出乎尼米兹的意料，因为这意味着麦克阿瑟将在一定程度上改变长期以来形成的两大军种间矛盾重重的关系。在此之前，麦克阿瑟坚决反对进一步以中太平洋为主轴发动进攻，因为他认为没有陆基航空兵的支援，向日本本土靠近将会使人员、舰艇和飞机遭受巨大损失，甚至可能导致失败。尼米兹曾邀请麦克阿瑟从布里斯班跨过珊瑚海到努美阿来参加太平洋海区的会议，但遭到了拒绝，这次参谋长联席会议麦克阿瑟也没有参加，现在他主动发出邀请，其中定有原因。尼米兹知道，麦克阿瑟对与他共同分享指挥对日作战的荣誉耿耿于怀。有关指挥权的划分，一直是华盛顿争论中棘手而敏感的问题。参谋长联席会议已经决定指挥权限维持现状，那么，麦克阿瑟之邀只能是双方怎样配合的问题。

塔拉瓦血战使麦克阿瑟反对在中太平洋中路发动攻势的思想更加坚定。此时他在雷伊泰海面拥有未投入战斗的舰艇 221 艘，包括太平洋第 7 舰队和哈尔西支援的部分舰艇。在人们对塔拉瓦血战产生负面情绪时，麦克阿瑟又派理查德 · 萨瑟兰[①]将军去华盛顿，敦促参谋长联席会议要尼米兹在攻下马绍尔群岛后，放弃由中太平洋向北发动攻势，把中太平洋部队调到西南来支援他进攻棉兰老岛，但参谋长联席会议拒绝了他的要求。

尼米兹对麦克阿瑟过强的控制欲十分反感，但是，从当前的战局来看，两个指挥部的协作有利于战事的进展。第 5 舰队将支持麦克阿瑟的部队作战，两位战区司令现在坐在一起商谈谋划是很有必要的。因此，尼米兹决定克制心中的怨愤，接受麦克阿瑟的邀请。当天，他给麦克阿瑟回电报说："对于阁下热忱的邀请，我深为感谢。今晨我由华盛顿回来时读到此电，我将以莫大的荣幸在不远的未来获得阁下的款待。我们之间的会晤将使我们在未来的战斗中获得最密切的协作。数天内，我将通知我动身的时间。"

为了这次会晤，尼米兹把斯普鲁恩斯从夸贾林岛召回来，向他传达了参谋长联席会议的新战略计划，并仔细询问了前线战况。他们又与太平洋舰队参谋部商定，如何对麦克阿瑟的霍兰蒂亚进攻战役进行支援。之后，尼米兹特意准备了一些礼物：从朋友那里弄到珍贵的兰花品种，打算送给麦克阿瑟的夫人，又派拉马尔到檀香山为小阿瑟买了印有夏威夷文的丝质运动衫，另外还买了几盒糖果。

3 月 23 日，尼米兹和他的几名参谋人员离开珍珠港前往布里斯班。当尼米兹的水上飞机滑行到布里斯班的码头时，麦克阿瑟和他的参谋人

① 理查德 · 萨瑟兰：美国陆军将领，接任艾森豪威尔成为麦克阿瑟的参谋长，1945 年参与了日本投降仪式，并在仪式上指出了日方代表签署错误的地方。

麦克阿瑟一家

员已经在此等候迎接。尼米兹对此既惊讶又感激。

麦克阿瑟将尼米兹一行安置在豪华的伦南斯旅馆，并呈上当晚在旅馆设宴招待的请柬。拉马尔收下了请柬，但尼米兹坚持参加宴会前先去麦克阿瑟的住处拜访。尼米兹很快就见到了麦克阿瑟的家人，当他要给小阿瑟赠送礼品时，麦克阿瑟说："真不巧，他已经睡觉了。""将军，"麦克阿瑟夫人说，"应该把他叫起来一会儿。"麦克阿瑟便叫人把孩子带了出来，尼米兹亲手把运动衫和一大盒糖果送给他。随后，麦克阿瑟及其夫人也极为愉快地接受了珍贵的兰花。

次日，会议在麦克阿瑟的办公室里举行，两位战区司令官和他们的参谋人员商谈了在西南太平洋进攻霍兰蒂亚的作战计划。由于彼此心存戒备，难免有距离感。尼米兹说，第 58 特混舰队的其他航母在部队登陆后第二天中午前，将撤离滩头阵地。尼米兹最担心麦克阿瑟动用他的新航母甚至第 58 特混舰队的全部航母编队。但乔治·肯尼[①]中将强调说，如果这个地区的机场到时还不能接收战斗机的话，他就无法掩护第 7 两栖作战部队的供应舰只卸货。所以，尼米兹准备把机动性最好的轻航母编队贡献出来，以这 8 艘轻航母的舰载机提供 8 天的空中掩护。麦克阿瑟向他保证，新几内亚西部福格尔科普半岛上的敌机将由达尔文机场的轰炸机对付。至于霍兰蒂亚地区的日军飞机，肯尼中将保证将派P－38“闪电”战斗机负责歼灭。但尼米兹和麦克阿瑟都清楚，无论是谁都无法确保航母的安全。尼米兹承认麦克阿瑟是一位杰出的军事人才，他既才华横溢，又狂妄自大，两者之间常常无法找到调和的余地。麦克阿瑟这样说，正体现了他武断固执的一面。

由于尼米兹事前已做好了心理准备，将私人感情与工作分开，麦克阿瑟也不好过于强求，便同意了尼米兹的援助方案，行动时间定在 4 月 21 日。当然，麦克阿瑟这样大度还有一个原因，那就是参谋长联席会议对两条路线的确认。本来美国上层对于是否进攻菲律宾一直闭口不谈，这让麦克阿瑟十分抓狂，因为他一系列战斗的最终目的就是要收复菲律宾，不管是出于什么目的。现在罗斯福总统宣布了对两条路线的确认，他终于得到了“尚方宝剑”，可以自由行动了。尼米兹在写给金上将的报告中说：“我和我的下属们在整个访问期间，受到了麦克阿瑟真诚而周到的热情款待。接待是没有什么可挑剔的。会议自始至终都开得很好，很顺利。”

4 月 1 日，第58 特混舰队袭击了帕劳群岛和沃雷艾岛、雅普岛上的日军基地，但斯普鲁恩斯通过电报向尼米兹报告，舰队已被日机发现，他们将在 48 小时内进攻加罗林的日军。此后，斯普鲁恩斯一直保持无线电静默状态。在海军部部长诺克斯的催促下，尼米兹不断发报询问情

---

① 乔治·肯尼（1889—1977）：美国空军上将。“二战”期间历任美国陆军航空兵驻澳大利亚部队司令、第 5 航空队司令、西南太平洋战区盟国空军司令、美国远东航空总队司令、驻欧洲美国空军司令部高级参谋。战后担任过美国战略空军司令、美国空军大学校长。

1944 年，尼米兹和麦克阿瑟在布里斯班讨论太平洋作战计划

况，甚至严令斯普鲁恩斯停止无线电静默状态，随时汇报战况，但斯普鲁恩斯仍只是简单敷衍一下，没有更详细地说明战况。斯普鲁恩斯对参谋长说："这一定是记者出身的诺克斯的主意。我现在无可奉告，我还要进行精确的估计，才能向上级报告。如果他们要派人来这里打一场出风头的仗，就把我撤换掉算了。"直到 4 月 6 日，第 58 特混舰队进入马朱罗环礁湖后，指挥官米切尔把初步战绩报告给斯普鲁恩斯，他才汇报给尼米兹：日军 29 艘辅助舰船被击沉、17 艘被击坏、160 架日机被击毁，还有 29 架日机不确定是否被击毁。另外，"金枪鱼"号潜艇用鱼雷击伤 1 艘日军战列舰。

接下来，美军就要对埃米劳岛发动攻击了。4 月 8 日，尼米兹带着几名参谋来到马朱罗岛，准备商讨即将开始的霍兰蒂亚战役问题。但因斯普鲁恩斯不在马朱罗岛，尼米兹只得返回珍珠港。这可能是斯普鲁恩斯怕尼米兹责备，故意避而不见。尼米兹还有自己的任务——马里亚纳群岛的作战计划需要进一步商讨细节。

4 月 13 日，米切尔奉命指挥第 58 特混舰队离开马朱罗岛，开往西南太平洋。按计划，4 月 21 日到 24 日，快速航空母舰部队在霍兰蒂亚岛外围机动，肯尼中将已经完全兑现了他的诺言，他的轰炸机、战斗机已将霍兰蒂亚岛上的日本空军基地彻底摧毁。

完成对霍兰蒂亚战役的援助后，第 58 特混舰队在返回马朱罗岛经过特鲁克岛附近时，米切尔指挥舰载飞机又对该岛进行了最大限度的轰炸，该岛的日军似乎已无还手之力。米切尔觉得，只要马绍尔群岛和阿德默勒尔蒂群岛上的岸基飞机足以压制住敌人，他的航母就可以全力投入对马里亚纳群岛其他岛屿的战斗。因此，他又派 2 支舰队分别对加罗林群岛的萨塔万岛和东加罗林群岛的波纳佩岛进行炮击。

5 月 5 日，美国舰队各大舰队的司令官及相关人员在旧金山总部举行联席会议，尼米兹带着他的作战处处长谢尔曼少将参加了会议。在那里，他又见到了老朋友哈尔西及其参谋长杰克·卡尼少将，当然，他也见到了跟他有点不对付的新任海军部部长詹姆斯·福雷斯特尔①。

这是海军高层的一次重要军事会议。会议开始时，海军作战部部长金上将照例在介绍世界战局后，传达盟军参谋长联合会议和美国参谋长联席会议的计划和决策。由于盟军在 6 月后将横跨英吉利海峡在诺曼底登陆（肯定需要大西洋舰队全力支援），进攻法国南部，并向德国推进，参谋长联席会议计划在打败德国一年之内结束对日作战。因此，太平洋各部队将投入紧张的战斗，以策应欧洲战场。接下来，会议明确了马里亚纳群岛登陆战的作战目的，在于夺取塞班岛、提尼安岛和关岛，以便美军控制中太平洋海上的交通线，为进一步攻击日军提供支援。会议还讨论了中国沿海作战和动用中国军队的问题。会议最重要的决议之一，是太平洋舰队各级司令部将采取两班轮换制。

实行两班轮换制主要是考虑到对哈尔西的安排。哈尔西所处的南太

① 詹姆斯·福雷斯特尔（1892—1949）：“二战”期间先任海军部副部长，主管海军采购事宜，对促进战时海军发展起过重要作用；后任海军部部长，参与对德国、日本后期作战的决策。战后担任首任国防部长，主张对苏采取强硬的军事方针。

平洋海区已基本由美军占领和控制，他的部队逐步降为守备部队的地位。隶属于他的陆军部队和一些军舰已经移交给西南太平洋的麦克阿瑟，海军陆战队和大部分海军部队也已调给斯普鲁恩斯。这样一来，像哈尔西这样的战将在一个职权被缩小的岗位上便显得英雄无用武之地了，而在其他战区也存在类似的情况。为了解决这个问题，金上将的首席作战官萨威·库克建议把南太平洋海区司令和第 3 舰队司令分开，由牛顿将军任海区司令，让哈尔西任第 3 舰队司令，并把他的司令部迁到珍珠港，筹划对帕劳群岛的进攻战。等到斯普鲁恩斯攻占马里亚纳群岛后，由哈尔西担任第 5 舰队司令。斯普鲁恩斯、特纳、史密斯和米切尔全都退下来，到珍珠港制订后一阶段的作战计划，他们原来指挥的部队将分别改番号为第 3 舰队、第 3 两栖作战舰队、两栖作战部队第 3 军团和第 38 特混舰队。一段时间后，斯普鲁恩斯和他的部属将轮换回到原来的指挥岗位，恢复部队的原来第 5 舰队、第 58 特混舰队番号。

这一建议得到了大家的一致同意，于是，尼米兹将他的舰队分成两套班子：太平洋舰队第 3、第 5 舰队合在一起，保留原番号。当舰队归斯普鲁恩斯指挥时，称为第 5 舰队；而归哈尔西统率时，则称作第 3 舰队。这样，一套班子进行整训，另一套班子实施作战，两套班子交替进行，两个战役之间的间隔也就缩小了。尼米兹称此为：“车还是那套车，不过赶车的人换了。”这实际上是无奈之举。尽管人才济济，各有天赋才能，但太平洋战争不是某个人的战争，所有人都要服从大局。

马里亚纳群岛战役

太平洋舰队实行两班制后，参与制订马里亚纳群岛作战计划的能手更多了，斯普鲁恩斯就是其中之一，但他对制订计划似乎并不上心，更热衷于与尼米兹一起散步和游泳，流连夏威夷美丽的夏日风光。他的参谋长卡尔·穆尔对此很不高兴，以为上司被“夺权”后变得松懈了，忘了现在正是战事最紧张的关键时期。

其实，穆尔应该知道尼米兹的习惯，在大的作战计划确定之前，他总是很随意地与高级指挥官和参谋们闲聊，甚至跟普通士兵交谈，不讲究场合，不讲究形式，这是他征求意见的常规方法。1944 年整个 4 月份，尼米兹都在做这样的事情。各部队也在进行各种演练，第一套班子的指挥官都在与自己的部队磨合，虽然表面上显得很松散，其实各项准备工作都在紧张进行之中。

这时，一个引人注目的消息从日军阵营传来：日本联合舰队司令古贺峰一大将神秘失踪了。尼米兹从情报部门提供的资料得知，古贺峰一是在美军第 58 特混舰队进攻帕劳群岛时，乘水上飞机撤离途中失事的。3 月 31 日 22 时，古贺峰一与参谋长及其随员一行，分乘 2 架大型水上飞机由帕劳岛起飞，欲飞往菲律宾的达沃，途中遭遇暴风雨，参谋长福留繁的座机拼力挣扎，终于在菲律宾的宿务岛附近海面迫降，幸免一死，但古贺峰一的座机却杳无音信。附近驻防的日机、舰艇虽然全力搜索，但一无所获。

古贺峰一之死引来了种种猜疑，有人认为古贺峰一是由于特鲁克溃败，引咎自杀；也有人判断他和山本五十六一样，是被美机击落坠亡的。无论如何，在不到一年的时间里，竟发生两起日本联合舰队司令长官座机坠毁事件，确实给日本海军带来了不小的影响。另一个巧合是，在这两次坠机事件中，舰队的参谋长都幸免一死。古贺峰一的参谋长被菲律宾抗日游击队俘获，其随身携带的一箱绝密文件也被送交美军。在缴获的文件中，有一份称为“Z 行动”的提纲，显然是日本海军的作战计划。该计划最终被送到珍珠港太平洋舰队司令部，莱顿和日文专家们连夜把文件翻译出来。该计划作战的地区一直延伸到马里亚纳群岛－加罗林群岛－新几内亚一线。

日军大本营考虑到失事后原计划可能泄密，又制订了一个名为“阿号作战”的新计划，并任命丰田贞次郎大将为联合舰队司令。但这个计划同样被尼米兹的情报部门侦知，虽然无法获知具体细节，但大方向还是很明确的。

至 5 月中旬，美军的马里亚纳战役作战计划已基本成形——绕过加罗林群岛，直取马里亚纳。攻占岛屿的任务由海军陆战队担负，陆战队第 2、第 4 师负责进攻塞班岛和提尼安岛；两栖作战部队第 3 军团（包括陆军第 3 师和暂编第 1 旅）负责进攻关岛。霍兰德·史密斯中将依然担任这次战役中步兵部队的指挥官。不过，尼米兹最感兴趣的是与日军进行大规模的海战。当他得知沿马里亚纳群岛一线反击的日本联合舰队主力编队中，有偷袭珍珠港的“翔鹤”号和“瑞鹤”号航母时，非常高兴地对史密斯说：“霍兰德，有朝一日，我在办公桌上看到击沉日军这两艘航空母舰的电报，那就是我一生中最高兴的一天。”现在，这一时刻终于要来临了。

1944 年 6 月 6 日是盟军在法国南部诺曼底登陆的日子，也是美海军第 5 舰队第 58 特混编队从马绍尔群岛出发的日子。此前，陆战队、两栖作战部队已离开珍珠港和铁底湾，在马绍尔群岛和米切尔的第 58 特混编队会合后，向马里亚纳群岛进发。斯普鲁恩斯乘坐“印第安纳波利斯”号重巡洋舰随编队出海。因征程遥远，史密斯的步兵部队和海军输送船队被称为联合远征军。

马里亚纳群岛是一个南北走向，绵延长达 425 海里的火山群岛，由大小近百个岛屿组成，较大的火山岛有 16 个，自北向南主要有第二大岛塞班岛，第三大岛提尼安岛，罗塔岛和最大岛屿——关岛。马里亚纳群岛位于琉球、台湾岛和菲律宾以东，硫黄列岛以南，加罗林群岛以北，正扼中太平洋航道的咽喉，是亚洲与美洲的海上交通要冲。它既是美军进攻日本本土和远东的必经之路，也是日本“绝对防御圈”的中心环节。守岛日军为第 31 集团军和联合舰队所属海军部队，包括陆军 2 个师、2 个混成旅和海军 3 个警备队等 7. 2 万余人。

6 月 11 日，米切尔的第 58 特混编队到达关岛以东 200 海里处，出动舰载机空袭马里亚纳群岛，几乎将这些岛屿上的日军航空兵力全部消灭。同时，米切尔派威利斯·李率领 7 艘战列舰、11 艘驱逐舰，对塞班岛和提尼安岛进行了直接舰炮火力打击，共发射 1. 1 万发炮弹，但这些军舰没有接受过对岸精确射击训练，而且炮击距离达 4000 米，发射速度又太快，致使炮弹爆炸的硝烟遮掩住了目标，炮击效果很不理想。

6 月 13 日拂晓，美军 7 艘战列舰、6 艘重巡洋舰、5 艘轻巡洋舰和

26 艘驱逐舰组成火力支援群，由奥登多夫指挥对塞班岛和提尼安岛进行了慢速精确射击，这才摧毁了日军的许多防御工事。

与此同时，美军潜艇部队对日本联合舰队主力所在地塔威塔威岛进行了严密封锁和监视。其中，3 艘潜艇在塔威塔威锚地入口，3 艘在吕宋岛以北，3 艘在棉兰老岛以南，1 艘在圣贝纳迪诺海峡东口，1 艘在苏里高海峡东口。此外，还有一些潜艇在菲律宾海和菲律宾与马里亚纳群岛之间的海域巡逻。

美潜艇“鲻鱼”号于6 月 10 日晚发现一支日军混编舰队驶离塔威塔威岛向南航行，便从艇上发报，报告了盟军指挥部。6 月 13 日，美潜艇“小银鱼”号又发现从塔威塔威岛出发的日军航母编队，并在第一时间向在塞班岛外围的斯普鲁恩斯报告。斯普鲁恩斯计算出日军舰队在 17 日前不会进入马里亚纳海域后，命令第 58 特混编队按预定计划于 14 日分头行动。于是，米切尔将第 58 特混编队一分为二：约瑟夫·克拉克海军少将指挥临编第 1、第 4 特混大队，共 7 艘快速航母、8 艘巡洋舰和 28 艘驱逐舰，北上空袭硫黄岛日军，阻止日军从北面支援马里亚纳群岛的日军；米切尔则亲自指挥临编第 2、第 3 特混大队，共 8 艘快速航母、8 艘巡洋舰和 25 艘驱逐舰，进至马里亚纳群岛以西，随时截击来犯的日军舰队，保护登陆部队的安全。

6 月 15 日，日军机动舰队驶离圣贝纳迪诺海峡。不久，美“海马”号潜艇又在苏里高海峡以东发现一支日军舰队。这说明日军有 2 支舰队正赶往马里亚纳海域。后来得知这是日本联合舰队的第 1 机动编队，由小泽治三郎①中将指挥。丰田贞次郎大将已于 13 日 17 时 30 分下令暂停在新几内亚群岛比阿岛的“浑号作战”，准备实施“阿号作战”，并命令参加“浑号作战”的第 1 机动编队和第 5 岸基航空部队火速归还建制；又从横须贺海军航空兵中抽调 120 架飞机组成八幡航空队，由松永贞市中将任司令，火速南下参战，企图以岸基飞机和航空母舰机动舰队

① 小泽治三郎（1886—1966）：日本海军中将，海军第 1 机动舰队司令，也是最后一任联合舰队司令。参加过马里亚纳海战、莱特湾海战。他是日本海军首屈一指的航空战专家。以航母为中心的特混攻击舰队便是由他首创。

与美军来一场海上大决战，一举打败美军太平洋第 5 舰队主力舰队，扭转劣势。

6 月 18 日上午 7 时 30 分，小泽的第 1 机动编队在塞班岛西南海面发现了美第 58 特混编队，与日军第 1 机动编队相比，它在总兵力上占有近3：1的优势，有 15 艘航空母舰、7 艘战列舰、21 艘巡洋舰、69 艘驱逐舰、956 架舰载机。中午，第 58 特混编队的 4 个特混大队和 1 个以 7 艘战斗舰（其中有 2 艘属最新“艾奥瓦”级战列舰）为主的第 7 支队集结完毕，斯普鲁恩斯将战役指挥权移交给指挥官米切尔。

对此，小泽并未惊慌，他对自己的“外围歼击”战术非常自信，打算充分利用日机作战半径比美机作战半径大的优势：先让马里亚纳群岛上的岸基飞机出击，杀伤三分之一的美军航母兵力，再派舰载机出击，空袭后在岛上各机场降落并加油装弹。而第 1 机动编队则始终在美军第 5 舰队的有效打击半径之外作战。不过，他并不知道，马里亚纳群岛上的大部分岸基飞机已被抢先下手的美军飞机击毁。岛上守军司令斋藤义次中将为了面子，没有向他通报这一重要情况。

但托尔斯将军认为，日军也有一个有利条件：如果小泽进入关岛周围 600 海里之内，而美军第 58 特混编队又位于小泽和马里亚纳群岛中间，那么小泽就能对美军舰队实施穿梭轰炸。当然，这也得以日军有岸基飞机支援为前提。

当天晚上，小泽刚打破无线电静默，就被太平洋舰队总部的高频测向台发现。尼米兹马上通报斯普鲁恩斯：日军机动舰队的位置为北纬 13°，东经 136°，距离关岛 600 海里。于是，米切尔将第 7 支队战列舰摆在他的 4 个特混舰队群与日军第 1 机动编队之间。

6 月 19 日凌晨 4 时 20 分，小泽再度派出 43 架侦察机，侦察美军舰队的动向。此时，斯普鲁恩斯仍不清楚小泽舰队的具体位置。黄昏时分，随第 58 特混编队行动的斯普鲁恩斯终于向太平洋舰队总部报告：凌晨 5 时 30 分，第 58 特混舰队从北纬 14°35′、东经 143°40′处向 185°方位进行了 325 海里的搜索，但未碰到敌舰。尼米兹对斯普鲁恩斯未充分认识到他与日军交战的态势，没有进行批评。事实上，斯普鲁恩斯给部队下达命令时只提出“攻占和守住塞班岛、提尼安岛和关岛”，而没有提到连续进攻日军舰队。

6 月 19 日上午，正当第 58 特混编队不断搜寻小泽舰队的行踪之际，日军第 1 机动编队的舰载机从相距 300 余海里处开始攻击美舰，小泽于 8 时 30 分派出栗田健男前卫舰队的飞机共 69 架，发动第一波攻击；8 时 56 分从主力的甲队派出最大一波攻势共 128 架作为第二波；10 时许自乙队派出 47 架飞机作为第三波；11 时许又从甲乙两队派出 82 架飞机作为当天上午最后一波，4 波共 326 架，企图以此击破米切尔的空防。

10 时许，美军雷达发现了小泽的第一批飞机。米切尔亲自通过无线电发出警报：“嘿！鲁布！”这是命令所有 F6F“泼妇”战斗机返回各自的航空母舰，准备战斗的暗语。

当小泽机群距离米切尔的旗舰新“列克星敦”号（CV－16）航空母舰还有 71 海里时，F6F“泼妇”战斗机起飞了。查尔斯·布鲁尔少校率领首批战斗机前去迎敌。他一马当先，把一架日本轰炸机打得爆炸开花，接着又击断另一架轰炸机的机翼。不久，他甩掉一架零式战斗机的跟踪，并将其击落，片刻后又击落一架零式战斗机。其他航空母舰的 F6F“泼妇”战斗机也赶来参战，它们迅猛地冲入日军机群，将 25 架日机打入海中。其余日机拼命冲向美军航空母舰，但与第二批 F6F“泼妇”战斗机发生遭遇战，有 16 架日机坠入大海，只有 1 架日机穿过层层防线，飞到美军“南达科他”号上空投弹。

11 时 39 分，规模最大的日机第二攻击波再度被美军战机拦截，F6F“泼妇”战斗机围着技术欠佳、性能落伍的日机穷追猛打。于是，空战演变成了一场空中大屠杀，至少有 70 架日机被击落。当时一名飞行员兴奋地说道：“这多像古代猎杀火鸡的战场啊！”并将当日的空战命名为“马里亚纳射火鸡大赛”。20 架日机突破重围后，直奔美舰，但有 14 架被美军第 7 支队的防空炮火击落，1 架“天山”鱼雷机撞在“印第安纳”号战列舰水线附近，但鱼雷未爆炸；另有 6 架“彗星”俯冲轰炸机在正午时分对美军第 2 支队展开攻击，一枚炸弹在新“黄蜂”号（CV－12）航母上空爆炸，2 枚炸弹在“邦克山”号近处海中爆炸，两舰受损轻微。美军第 3 支队遭到几架鱼雷机的攻击，“企业”号躲开了 1 条鱼雷，其他日机则被美军防空炮火打退。实施第二波攻击的 128 架日机中，有 97 架被击落，侥幸逃生的 31 架返回小泽舰队。

第 3 批日机弄错了坐标，只有 12 架飞到美舰上空，结果有 7 架被击落。第 4 批日机飞错了方向，只有 6 架飞抵美军舰队上空，但没有给美军舰队造成损失。

1944 年 7 月，太平洋战争，美军占领塞班岛后，在斯普鲁恩斯的旗舰上，美国海军军事行动主要领导人欧内斯特·金（中），会见了太平洋战区司令切斯特·尼米兹（左）和第 5 舰队司令雷蒙德·斯普鲁恩斯

美军的防御战打得不错。斯普鲁恩斯一直担心日军会分兵合围，所以采取防御姿态，把重心偏向掩护史密斯的部队登陆，而不是海战。但尼米兹认为，倘若第 5 舰队向西开进，使它的舰载机进入攻击日军机动

舰队的范围内，便可炸沉几艘日军航空母舰，甚至可以对小泽舰队予以毁灭性的打击。而实际情形是，如果在日军空中力量仍很强大时西进，那么美军航母也有可能被击沉。6 月 19 日凌晨，米切尔权衡利弊之后，建议让他的特混编队向西开进，“以便在清晨 5 时对敌人发起攻击”，但斯普鲁恩斯没有采纳他的意见。

在美、日舰载机还未遭遇前，6 月 19 日 8 时许，美军“大青花鱼”号潜艇发现了小泽舰队的甲队，并盯上其中最大的“大凤”号航空母舰。9 时许，“大青花鱼”号正要对“大凤”号发射鱼雷，被日军水面舰艇发现而受到攻击，加上潜艇瞄准镜发生故障，只能盲目射出 6 条鱼雷，同时下潜逃离。一名日军飞行员不顾性命，用飞机挡下其中一条鱼雷，但仍有一条鱼雷击中“大凤”号，可惜该舰装甲很厚，防御能力强大，一时未造成太大影响。

中午时分，美军“棘鳍”号潜舰闯入小泽舰队的甲队舰群中。当时，“翔鹤”号航空母舰正在进行收回飞机作业，无法机动规避鱼雷攻击，结果“棘鳍”号发射的 6 条鱼雷至少有 3 条命中，“翔鹤”号立时失去战斗能力，于当天 14 时 32 分沉没。而先前遭鱼雷命中的“大凤”号航母也出现了状况，其油气自管内外泄，弥漫了整个航空母舰的舰体，15 时由于油气浓度过高，加上舰上人员不慎引起火花，舰内燃起大火，并引爆了弹药库，随后其腹部接二连三发生大爆炸，小泽不得不放弃旗舰“大凤”号，移乘重巡洋舰“羽黑”号离开。落荒而逃的小泽这才明白己方飞行员自欺欺人地谎报战功，让自己误判美军舰队受到了严重打击，致使日军损失惨重。

6 月 20 日傍晚时分，日军“飞鹰”号航空母舰和 2 艘油船被炸沉，另有 2 艘航空母舰被炸起火，1 艘战列舰、1 艘巡洋舰被炸坏。

对于这个结果，米切尔并不满意。战斗结束后，他在正式战斗报告的结尾谈到这次痛苦的教训时，懊悔地说：“敌人跑了，它曾一度处于我方攻击范围内，遭到我军舰载攻击机的一次空袭，受了重创，但未被击沉。”

鉴于对日军分兵合击的顾虑逐渐消除，斯普鲁恩斯终于准许米切尔第二天朝日军舰队方向前进。6 月 20 日上午，小泽再次移乘其所在舰队仅存的航空母舰“瑞鹤”号，并得知了前一天空战的结果，由于大量舰载机损失，现在仅剩百余架飞机可以出击。即使如此，小泽仍打算协同陆基航空队对美舰队再进行一次打击，他正决断之时，前卫舰队司令栗田从旗舰“爱宕”号重巡洋舰向他汇报：美第 58 特混编队向己方逼近，距离不到 300 海里。

当天下午，美军“企业”号的一架侦察机发现了小泽舰队，这是自海战展开 30 个小时以来，第 58 特混编队首度发现一直躲藏在侦察距离外的日军舰队，双方舰队距离 275 海里，若发动进攻，1 个多小时后将使舰载机面临夜间降落的危险。米切尔左右为难，但为免坐失战机，他最终下令出击!

16 时 21 分，第 58 特混编队第 1、第 2、第 3 特混大队派出 216 架飞机，发动了这场海战中第 58 特混编队的唯一一次攻势。而在 16 时 15 分，日军方面也发现了美军舰队。17 时 25 分，日军舰队唯一的航空母舰“瑞鹤”号出动 7 架鱼雷机前去攻击，前卫舰队司令栗田也因为收到夜战命令而向东开进。但美机已抢先赶到日舰上空，开始攻击日舰。小泽忙下令舰队向西北各自高速逃脱，并抛弃补给舰队。美机只好先重创日军的 2 艘油轮，这 2 艘油轮后来都被迫自沉。随后，美攻击机群飞到日军舰队上空展开攻击。中型航空母舰“飞鹰”号被一条鱼雷击中，引发了大火，2 个小时后沉没；航母“隼鹰”号、“龙凤”号、“千代田”号、“瑞鹤”号，战列舰“伊势”号，重巡洋舰“摩耶”号都被炸弹炸伤；65 架飞机被毁。这时，小泽第 1 机动编队仅剩下 35 架飞机，处于进攻无力、防御无援的境地。

美军实施攻击的飞机夜间返航时，尽管航空母舰以探照灯直射天空，明如白昼，但许多飞行员无视降落信号指示官的指令，争先恐后地扑向甲板，导致了混乱与意外，差不多有 80 架飞机坠毁。

尼米兹一向支持斯普鲁恩斯的战术，但这次却对斯普鲁恩斯有些不满。1944 年 6 月，他在太平洋舰队总部的“作战纪要”中写道：攻占南马里亚纳群岛的目的顺利达到，但对有些人没有进行决定性的“海上会战”而感到失望。如果斯普鲁恩斯接受了米切尔的建议，也许就是另一种结果。

尼米兹耐住性子，对斯普鲁恩斯的战术错误没有提出严厉的批评。可是，接下来他听说陆军第 27 师在塞班岛吃了败仗，顿时火冒三丈。霍兰德·史密斯建议斯普鲁恩斯撤换该师师长，斯普鲁恩斯做了批示：“你有权下令撤销陆军第 27 师师长拉尔夫·史密斯少将的职务，任命桑德福特·贾曼少将为该师师长……”事后，尼米兹一再强调不要让家丑外扬，但最后还是闹得沸沸扬扬，海、陆军高级指挥官们也争论不休，甚至参谋长联席会议也十分重视这场争论。为减少摩擦，陆军部把拉尔夫·史密斯将军从太平洋战场调到驻欧洲部队去任职；海军部也做出姿态，把霍兰德·史密斯调到新建立的太平洋舰队海军陆战队担任司令。

顾全大局，有限让步

1944 年年中，美海军第 3 舰队快速航空母舰编队在压制马绍尔群岛、袭击特鲁克岛和帕劳群岛的战斗中获得了辉煌的胜利，加快战争进程的可能性大大增加。于是，联合参谋部作战计划官提出了一个大胆的战略设想，在航空母舰的支援下，从塞班岛北上，穿过小笠原群岛，进攻日本本土。

麦克阿瑟坚决反对这一设想，他在给陆军参谋长马歇尔的电报中称：“菲律宾是美国的领土，我们孤立无援的军队曾在那里被敌人消灭。1700 万菲律宾人几乎仍在忠于美国，而由于我们未能支援和救济，他们正处于水深火热之中，我们有义务去解救他们。”他要求马歇尔给他一次机会，让他亲临华盛顿陈述意见。

马歇尔告诫麦克阿瑟：“重新夺取菲律宾等地将付出高昂的代价，

美国陆军五星上将　乔治·马歇尔

我们必须谨慎，不能让个人感情和对菲律宾的政治考虑损害我们的远大目标，这个目标就是早日结束对日战争。”

但是，麦克阿瑟对此不予理会。7 月初，他提出了“滑膛枪手”方案——他的部队经福格尔科普半岛和莫罗泰岛，在太平洋舰队的支援下，于 1944 年 10 月 25 日在棉兰老岛登陆，1944 年 11 月 15 日在莱特岛登陆。占领莱特岛后，中太平洋部队于 1945 年 1 月 15 日在吕宋岛以北登陆，西南太平洋部队于 1945 年 2 月在吕宋岛东南和民都洛登陆。然后，西南太平洋部队在太平洋舰队的再次支援下，绕到吕宋岛北面，他的 6 个师于 1945 年 4 月 1 日在林加延湾的东西两面登陆，并向马尼拉进军。

这是解放菲律宾的全盘计划，可是，由于作战时间将会拖得很长，远不能达到迫使日本投降的目的，而且执行这个计划缺乏足够的空中支援力量。因此，尼米兹提出了另一个方案：麦克阿瑟的西南太平洋部队以太平洋舰队为后援，在棉兰老岛登陆后修建机场，使日军在吕宋岛上的航空兵部队陷于孤立。然后，西南太平洋部队和中太平洋部队会合，一起向中国海岸挺进，逼向日本本土。

麦克阿瑟对尼米兹的计划感到震惊，认为这是一个极端冒险的计划，非但置菲律宾人民生死于不顾，有违道义，就是在战略上也行不通。

两人又一次陷入战略分歧之中。尔后，尼米兹稍退了一步，提出双管齐下，双线出击的战略。但麦克阿瑟依然不愿改变计划，他给参谋长联席会议发去一份电报："我要求去华盛顿充分陈述我的意见。"难题摆到了罗斯福总统面前。罗斯福与麦克阿瑟的关系并不融洽，现在麦克阿瑟还想成为下届总统竞选人，对于罗斯福的指示，这位心高气傲的将军未必乐意接受。若真如此，事情岂不是更复杂了？罗斯福想到了一个好主意，他打算在 7 月 19 日开始的民主党年会后，到太平洋沿岸基地视察，问题可以带到那里去解决。

在白宫特工局局长迈克·赖利前来珍珠港布置安全措施时，尼米兹就猜到罗斯福总统要来视察，于是表现出高姿态，电请麦克阿瑟前来珍珠港商谈后阶段对日战略问题。当然，他在电文中并没有说明总统要来。麦克阿瑟回电说，他因公务太忙，实难成行，深感抱歉。金上将听说此事后，决定给麦克阿瑟打个招呼。这个招呼如何打呢？当时盟军最高司令部正准备把路易斯·蒙巴顿①勋爵调往西南太平洋地区，出任英国远东司令，而这位勋爵又是麦克阿瑟很不感冒的人。所以，金上将托词说，请麦克阿瑟来港商谈一下与远东司令官合作问题。但麦克阿瑟再次回电表示工作太忙，来不了。

马歇尔觉得麦克阿瑟做得有点过火了，于是以陆军参谋长的名义"命令"麦克阿瑟到夏威夷向"大人物"汇报。精明的麦克阿瑟自然知道"大人物"是谁，他不敢再找借口，只得赶在总统到达之前抵港。尼米兹很客气地欢迎了他，并邀请他住在自己的寓所里。但麦克阿瑟在

---

① 路易斯·蒙巴顿（1900—1979）：英国海军元帅，善于协调，但被指责为虚荣。"二战"期间历任盟军联合作战司令、东南亚战区盟军总司令。战后担任印度总督、北大西洋公约组织地中海舰队总司令、英国海军参谋长、国防参谋长和参谋长委员会主席。

西点军校的老同学罗伯特·理查森将军已在麦克阿瑟到来之前邀请他住在谢夫特堡军营的寓所。

7 月 26 日下午，珍珠港舰上、码头上、基地主要街道上的所有官兵一律着白色制服。尼米兹、理查森和其他高级官员都在码头等候。这时，“巴尔的摩”号巡洋舰在代蒙德·赫德处拐弯，在卡梅亚梅亚堡徐徐靠近接受领航入港，桅杆上升起了总统旗。岸上的高级军官迅速列队，在笛声、鼓声和喇叭声中登上军舰，向站在舰长舱里的罗斯福致敬。在甲板上进行简短的仪式后，罗斯福问起了麦克阿瑟。

这时，从檀香山方向传来了欢呼声、警哨声、汽车喇叭声和警卫摩托车的轰鸣声。在摩托车的护卫下，一辆有陆军四星上将标志的轿车开上码头，麦克阿瑟坐在车的后排座位上。

车子停在坡道上，麦克阿瑟下车走向罗斯福乘坐的巡洋舰。他身穿土黄色军裤和棕色飞行员皮夹克，头戴一顶菲律宾的元帅帽，在身穿白色服装的人群中非常显眼。他一边走一边向欢呼的官兵打招呼。在离罗斯福只有几步之遥时，他止步立正敬礼。罗斯福从轮椅上站起来，毫不介意地伸出了手。

“道格拉斯，”麦克阿瑟近 40 年的老朋友莱希将军问麦克阿瑟，“你来这里看我们，为什么不穿适当的衣服?”这实际上是在责怪麦克阿瑟，为什么在这么隆重的场合他要穿戴得如此与众不同。

“嗨，”麦克阿瑟故意夸张地笑道，“你没有到过我那里，那里的天气可冷呢!”

短暂的会晤之后，罗斯福、麦克阿瑟和尼米兹等人一起坐在甲板的椅子上，由摄影师给他们照相。

大约 17 时，罗斯福一行登岸，驱车前往檀香山下榻的住处。麦克阿瑟则和理查森将军一道去谢夫特堡军营的寓所。一进寓所，他就抱怨道，如果这次“受命而来”只是一次照相的公费旅行，他感到羞愧。他来回踱着方步，生了很长时间的气，直到罗斯福派人来请他去共进晚餐。

麦克阿瑟一直认为，这个时候总统召自己来和太平洋地区的海军指挥官商量如何战胜亚洲的敌人，完全是一场政治表演。但他很快发现，有人对罗斯福的称呼变了，不称“总统先生”而称“总司令”，他立刻意识到现在罗斯福是要集军政大权于一身，原来的那些总司令都只是司令，如此一来，总统便可对海陆军各部队直接发号施令了。

理查森将军已经为罗斯福安排了第二天的活动：乘车检阅部队，视察一些军事设施。途中，罗斯福和麦克阿瑟进行交谈，尼米兹坐在二人中间作为旁听者。当天晚上，罗斯福、麦克阿瑟、莱希和尼米兹一起来到挂着大幅太平洋地图的起居室里。罗斯福坐在轮椅上，指着地图上的棉兰老岛问麦克阿瑟：“道格拉斯，我们从这里再往哪里去?”

“总统先生，莱特湾，然后再到吕宋岛。”麦克阿瑟很干脆地回答。

于是，有关未来对日战略问题的讨论又开始了，只不过这次讨论是在友好、平静的气氛中进行的。尼米兹和麦克阿瑟在“总司令”面前都相当克制。在讨论过程中，罗斯福只偶尔提出自己的疑问，他说：“攻占吕宋岛需要付出的代价，我们恐怕承受不了。我认为我们似乎应当绕过它。”

“总统先生，”麦克阿瑟回答说，“我们的损失不会大，绝不会比过去大。正面进攻的时机过去了。现代化的步兵武器是致命的，正面进攻不合时宜了。只有平庸的指挥官才会这么干，优秀的指挥官打仗是不会招致重大损失的。”

尼米兹对麦克阿瑟的含沙射影不予理会，直接阐述了台湾岛有利的战略地位：有利于拦阻东印度群岛地区的石油、锡、橡胶、奎宁和其他重要物资运往日本；台湾靠近大陆，美军可以与中国军队合作，在中国大陆修建一个轰炸机基地，供进攻日本本土使用。这样也就可以切断日军的退路，将它阻挡在菲律宾，再回头围歼它就轻而易举了。

而麦克阿瑟始终将道义挂在嘴边，坚持要先解救菲律宾，然后再图谋日本本土，并一再保证能把战争成本降到最低。

罗斯福倾向于尼米兹的战略，最直接的打击远比迂回来得有力、快捷，但他又不得不考虑政治因素，尤其面临换届大选，他必须更加注意自己在盟国中的形象和影响力。因此，解救菲律宾便成为他和盟军优先考虑的方案。

尼米兹是坚持原则的人、一个纯粹的军人，但他在航海局从事行政工作的经验告诉他，军人和战争都是为政治服务的，战争是政治斗争不可调和时的一种解决方式。总统肯定会更看重政治影响，哪怕多付出一点代价和时间。所以，权衡利弊之后，他准备做出有限的让步。

经过两次会谈之后，麦克阿瑟很快就占据了上风，他不但说服了总统，而且也说服了尼米兹。

7 月 28 日晚，珍珠港基地举行了一次盛大的酒宴，参加宴会的高级将领有 36 人，除罗斯福外，将军们领章上的星徽共有 146 颗。

罗斯福对尼米兹的大度表示了赞赏："将军的骑士风范令我钦佩。为了国家的荣誉和战略需要，感谢你赞同和支持在攻取台湾岛之前，占领菲律宾。"

尼米兹表示愿与麦克阿瑟通力合作，于是，三人举杯，共饮烈性马丁尼酒。之后，罗斯福亲自宣布协商结果。

当罗斯福于 7 月 29 日离开珍珠港时，马里亚纳群岛战役已接近尾声。美军进攻塞班岛、提尼安岛和关岛的战斗取得了可喜的战绩。几个岛上的日军形势孤危，由于粮食供应断绝，他们只得以草根树皮充饥度日。曾在太平洋战争初期威震一时的联合舰队机动编队司令兼中太平洋部队司令南云忠一已切腹自尽。

美军陆战第 2、第 4 师在陆军、海军和航空兵的火力支援下，于一周内扫荡了整个提尼安岛，但他们在岛的南端悬崖绝壁处曾一度受阻，残余的日军于次日凌晨绝望地发起反击。他们从美军第 27 师的进攻地段打开一个突破口，向前冲杀 40 千米，打死美军约 400 人。最后，这批日军大部被歼，残余者亦被击溃。

美军在塞班岛上的战斗尤为惨烈。据悉，在美军强攻时，塞班岛上的 3. 2 万日本平民中有三分之二自杀身亡。尼米兹曾为此感叹道："或许这就是日本人所尊崇的气节吧。"

8 月中旬，日军在关岛上有组织的抵抗也结束了，宽阔的马里亚纳群岛全部为美军占领。但美军付出的代价是巨大的：在攻占塞班岛、提尼安岛和关岛的战役中，美军阵亡 5000 余人。

决胜莱特湾

1944 年 9 月 11 日，当盟军参谋长联席会议在魁北克匆忙议定作战日程的时候，哈尔西乘 4. 5 万吨的战列舰“新泽西”号，率领第 38 特混编队抵达菲律宾附近海域。此时正值太平洋舰队两班人马换班之际，所以，原第 5 舰队的番号改为第 3 舰队，由哈尔西任司令官；快速航空母舰第 58 特混编队改为第 38 特混编队，仍由米切尔任指挥官。

参谋长联席会议同意麦克阿瑟攻占菲律宾中部的莱特岛，并把它作为进攻吕宋岛的跳板和孤立吕宋岛上日军航空兵的基地。进攻莱特岛的日期定在 12 月 20 日。

当时，日军在萨拉莫阿和莱城一线的部队包括陆军第 51 师团、独立第 21 旅团、南海支队、冈城支队和海军第 7 巡防大队等，共 1 万余人，由第 51 师团的师团长中野英光统一指挥。中野认为莱城的战略战术价值不大，因而将防御重点放在萨拉莫阿，在莱城仅留近 2000 人把守。

9 月中旬，在大规模空袭之后，哈尔西发现菲律宾中部岛屿不过是“一个设防较差、防御能力较弱的空壳”，于是立即向尼米兹发出急电，建议取消夺取雅浦岛、帕劳群岛、塔劳群岛、棉兰老岛的计划，尽快集中陆、海军部队进攻莱特岛，由第 38 特混编队负责掩护登陆任务，等部队在岛上修建机场后再撤离。

尼米兹同意不夺取雅浦岛，但坚持进攻帕劳群岛的作战计划，他认为贝里琉岛机场和科索尔通道的锚地对进攻莱特岛有用处。不过，他还是将哈尔西的建议向魁北克的美英联合参谋部做了报告。参谋长联席会议就此问题征求了麦克阿瑟的意见，麦克阿瑟同意尼米兹的主张。于是，美参谋长联席会议决定取消雅浦岛、塔劳群岛和棉兰老岛的登陆作战计划，命令麦克阿瑟和尼米兹组成联合部队，提前 2 个月，于 1944 年 10 月 20 日在莱特岛登陆。

为此，第 7 两栖作战编队的 2. 8 万名士兵，绕过设防坚固的哈马黑拉岛，出其不意地在莫罗泰岛登陆，工兵部队在岛上及时修建了两个轰炸机机场和一条战斗机跑道，为掩护进攻莱特岛的左翼部队做准备。

在帕劳群岛的昂戈尔岛，美陆军第 81 师的两个团不费吹灰之力就征服了 1600 名日军，开通了岛上两条 2000 米长的飞机跑道。

攻占小如弹丸的贝里琉岛则是一次相当艰苦的战斗。岛上的 1 万名日军隐藏在纵横交错的岩洞中进行反抗。美军陆战第 1 师使用火箭筒、炸药包、远程喷火器等，苦战一个多月，才基本将岛上的日军消灭。此战美军伤亡 1 万人，其中死亡近 2000 人。不过，付出如此巨大的代价换取这个小岛还是值得的，因为它除去了麦克阿瑟进军菲律宾的真正威胁。

与此同时，美军兵不血刃地占领了乌利西岛，为太平洋舰队提供了一个重要的锚地和补给基地，这个基地在很大程度上取代了马朱罗、夸贾林以及埃尼威托克等基地，为中太平洋部队此后的作战提供了便利。

美军这一连串动作的目的，是打通与布罗罗地区澳大利亚第 3 步兵师的联系，建立起从海上经纳索湾至布罗罗的后勤补给线。而在布罗罗的澳军所肩负的使命是制造进攻萨拉莫阿的假象，加上美军对该地区严密的海空封锁，使该地区的日军陷入了困境。日军第 8 方面军司令今村均大将坚信，萨拉莫阿将是美军下一个进攻方向，于是从莱城抽调部队驰援萨拉莫阿——这正中麦克阿瑟下怀，因为他真正的目标正是莱城。

10 月 10 日，金凯德海军中将率第 7 舰队 738 艘舰艇，运送第 6 集团军 17.4 万人，在哈尔西第 3 舰队 17 艘航空母舰、6 艘战列舰以及 73 艘巡洋舰和驱逐舰的支援下，向莱特岛挺进。10 月 20 日，美军在莱特岛大举登陆。当天下午，麦克阿瑟在菲律宾总统奥斯梅纳的陪同下，涉水上岸。站在蒙蒙细雨中，他情绪激动地发表讲话："菲律宾人民，我回来了！托万能之主的福，我们的军队又站在菲律宾这块洒满我们两国人民鲜血的土地上了。"

日军因判断错误而措手不及，当美军先头部队在莱特岛登陆后，日本联合舰队司令官丰田副武①立即下达了“捷 1 号”作战命令。日军水面舰队在栗田健男海军中将的指挥下，分成两路出动。栗田本人带领 5 艘战列舰、12 艘巡洋舰和 15 艘驱逐舰，经南中国海、锡布延海和圣贝纳迪诺海峡驶向莱特湾。他的副手西村祥治②率 2 艘战列舰、1 艘巡洋舰、4 艘驱逐舰经苏禄海，进至苏里高海峡。两人定于 10 月 25 日早晨由南北两面同时冲进莱特湾，夹击美军的两栖舰队。同时，他令仍在琉球群岛的志摩清英中将率领 3 艘巡洋舰、4 艘驱逐舰向南航行，与西村会合；令小泽治三郎率领由 4 艘航母组成的机动编队自濑户内海南下，引诱哈尔西，企图把他从莱特岛引开。

此时，美军第 38 特混编队正在菲律宾以东海面，自北向南分别是弗雷德里克·谢尔曼的第 38 – 3 特混大队、杰拉尔德·博根的第 38 – 2 特混大队、拉尔夫·戴维森的第 38 – 4 特混大队。待在莱特湾海域的是金凯德的第 7 舰队。美军很快发现了日军作战编队，他们把小泽的机动舰队称为北路舰队，把栗田的舰队称为中路舰队，把西村和志摩的舰队称为南路舰队。

10 月 23 日清晨，美潜艇“海鲫”号和“鲦鱼”号首先在巴拉望岛以西发现日军中路编队，美军立即向哈尔西报告，然后用鱼雷攻击了日舰，太平洋战争史上最大的海战——莱特湾海战拉开了帷幕。

哈尔西接到报告后，命谢尔曼和戴维森向博根靠拢，并向 3 个大队下达了准备攻击的命令。同时，他准备从博根和戴维森 2 个大队中抽出战列舰 4 艘（包括旗舰“新泽西”号）、巡洋舰 5 艘、驱逐舰 14 艘，组成第 34 特混编队，由威利斯·李统一指挥，留在后面镇守圣贝纳迪诺海峡。

10 月 24 日凌晨，金凯德派出的巡逻队发现日军南路舰队正在接近苏里高海峡，金凯德立即命令杰西·奥尔登多夫率第 7 舰队带上全部的

① 丰田副武（1885—1957）：日本海军大将，参加过侵华战争，之后历任吴镇府司令长官和横须贺镇守府司令长官、海军省军务局局长、联合舰队司令、军令部总长。指挥过马里亚纳海战、莱特湾海战、冲绳岛战役，皆失利。

② 西村祥治（1889—1944）：日本海军中将，“二战”期间历任第 7 战队司令、第 2 战队司令，参加了第二次所罗门海战、南太平洋海战、苏里高海峡海战。

炮火支援舰只去封锁苏里高海峡。

上午 8 时刚过，日军中路舰队进入锡布延海，哈尔西立即命令当时正向乌利西航行的约翰·麦凯恩的 38－1 大队掉转航向，赶来参加战斗。哈尔西的 3 个大队连续 5 次对日中路舰队发动空袭，击沉超级战列舰“武藏”号，击伤 3 艘战列舰，重创 1 艘重巡洋舰和 2 艘驱逐舰。日军损失惨重，栗田下令舰队掉转航向，退到哈尔西的舰载机作战半径以外的地方。

1944 年，太平洋战争，乌利西环礁上往返于各小岛的美军勤务船

此时，北路舰队已到了离恩加尼奥角不远的地方。小泽为了诱敌，赶紧发出明码电报，以引起哈尔西的注意，并出动 76 架飞机攻击谢尔曼大队，将谢尔曼的“普林斯顿”号轻型航空母舰击沉。傍晚，谢尔曼报告哈尔西说，侦察机在吕宋岛北端约 180 海里处发现日军北路舰

队。哈尔西大声叫好，决定先歼灭实力最强的北路舰队。

20 时 20 分，哈尔西率领第 3 舰队的 3 个大队和刚组成的第 34 特混编队挥戈北上。此外，他又命令麦凯恩的第 38 – 1 大队不要返回莱特湾，改向北航行，以便于次日加入对日军北路舰队的攻击。同时，他电告金凯德："我率 3 个特混大队，拟于明日拂晓对敌航空母舰实施突击。"不料金凯德误读了这封电报，认为哈尔西只派出 3 个特混大队北上，而第 34 特混编队应在圣贝纳迪诺海峡执行封锁任务。

日军南路的西村舰队为了在 10 月 25 日天亮前进入莱特湾，把行动时间提前了。这样一来，南路的志摩舰队就无法与其会合。两支舰队相距 40 海里，由于不知道自己已被美军发现，它们仍然保持着无线电静默。

23 时许，西村舰队先是遭到美军鱼雷艇的攻击，接着又闯入奥尔登多夫的埋伏圈。奥尔登多夫的驱逐舰从两边发射鱼雷，战列舰和巡洋舰则从正前方发射炮弹。在三面夹击下，西村的 2 艘战列舰、1 艘巡洋舰和 3 艘驱逐舰被击沉，剩下 1 艘受伤的驱逐舰仓皇后撤。

10 月 25 日凌晨 1 时，日军中路舰队的 4 艘战列舰、8 艘巡洋舰和 2 个驱逐舰中队驶出了圣贝纳迪诺海峡，以夜航的搜索队形，小心翼翼地向莱特湾行进。上午 7 时许，中路舰队在莱特湾北面的萨马岛海域，与美军第 7 舰队的第 3 特混大队相遇，该大队由克利夫顿·斯普拉格海军少将指挥。栗田以为这是哈尔西的航母编队，立即下令攻击。斯普拉格急令驱逐舰趋前阻击，航空母舰则在烟幕的掩护下向南撤退。

接到斯普拉格遇敌的电报后，金凯德才知道哈尔西的第 34 特混编队根本不在圣贝纳迪诺海峡，而第 7 舰队的全部炮火支援舰只此时正在南面追击日军南路舰队。无奈之下，金凯德只得命斯普拉格尽力与敌周旋，延缓栗田舰队对莱特湾登陆输送队的袭击，同时命奥尔登多夫停止追击，急速返回莱特湾，支援斯普拉格。他又急电哈尔西请求支援。

栗田紧追斯普拉格不放，炮击他的航母群，一艘快速航母因多处受伤，于 9 时 07 分沉没。斯普拉格以警戒驱逐舰进行反击，击沉日军巡洋舰 2 艘。但美驱逐舰的炮火对重铠厚甲的日战列舰来说，没有丝毫威胁，相反，日舰巨炮却能把美驱逐舰打得千疮百孔。正当美舰处于极端困难的时候，突然天降大雨，这帮了斯普拉格的忙。他下令航空母舰上的飞机全部起飞，阻击日舰，但这些舰载机都没有携带穿甲弹，对付不了日军的战列舰，只炸沉了日军 1 艘重巡洋舰。不过，栗田舰队的队形已被美机打散，无法追上“猎物”了。

斯普拉格刚摆脱栗田舰队又遭到了日军自杀飞机的攻击，他的 1 艘护航航空母舰被击沉，另 1 艘被击伤。

当天凌晨 2 时，第 3 舰队的侦察机发现了日军北路舰队，哈尔西于上午 7 时展开第一波攻击，击沉日军“千岁”号轻型航母和 1 艘驱逐舰；击伤“千代田”号轻型航母，后来，该舰起火倾斜，在水中动弹不得。

上午 8 时 20 分，哈尔西接到金凯德的求援电报：“我的情况危急，只有战列舰和快速航空母舰的火力支援，才能使护航航空母舰免遭敌人打击，阻止敌人进入莱特湾。”

金凯德的电报也传到了珍珠港，尼米兹感到麻烦来了。哈尔西与第 7 舰队的配合不太默契。上午 10 时，他给哈尔西发了封简短的电报：“第 34 特混编队在哪里?”报务员为防止敌人破译，把电报改成了“第 34 特混编队在何处（重复一句）在何处? 全世界都为之惊诧”。接到电报后，哈尔西好像“挨了一耳光”，认为这是老上司对他的极大讽刺，但他立即命令米切尔率第 38 特混编队的 2 个大队继续攻击小泽舰队，这个令人嘴馋的“猎物”不能丢；他自己则亲率第 34 特混编队和博根的特混大队驰援莱特湾，用他的话说，就是“屈从了压力，挥师南下”。

米切尔率 2 个特混大队继续向北追击日军北路舰队。将近中午时，米切尔派出由 200 余架舰载机组成的突击机群，袭击了日航空母舰，“瑞凤”号和旗舰“瑞鹤”号被击沉，小泽被迫转移到一艘巡洋舰上。他的诱敌使命算是完成了，但是诱饵被吃，鱼却没有钓上来，他只得率残余舰只逃回日本。

上午 11 时许，栗田舰队编队完毕，直逼莱特湾。2 个小时后，栗田突然决定停止向莱特湾突击，下令：“全舰队北进!”这个莫名其妙的命令让他错失良机，使他没能在哈尔西的增援舰队赶到之前，发动对美军第7舰队的攻击。后来人们才知道原因，原来，栗田从截获的无线电中得知，美军护航航空母舰上的飞机正在莱特岛上着陆。这本是美军航空母舰遭到日军袭击后，为了避免飞机与航空母舰同归于尽而采取的紧急措施，但栗田却误认为这是美机的一个陆上基地，担心继续进攻会遭到美军水陆两面夹击；他更担心哈尔西南下，那样一来，他的舰队可能会被美军消灭。因此，他唯一的选择只能是逃之夭夭。

在莱特湾4天的战斗中，美军损失轻型航空母舰1艘、护航航空母舰2艘、护卫驱逐舰1艘和驱逐舰2艘，损失飞机100余架，伤亡2800多人。日军损失极为惨重，最后1艘袭击珍珠港的航空母舰“瑞鹤”号被美军击沉，另损失轻型航空母舰3艘、战列舰3艘、重巡洋舰6艘、轻巡洋舰4艘、驱逐舰9艘和潜艇6艘，损失飞机400余架，伤亡7400余人。

除了陆上基地的飞机外，日本海军航空部队几乎不存在了，美军取得了对菲律宾海域的绝对制海权和制空权。

第十五章　破关斩将

挥师硫黄岛

莱特湾战役结束后，罗斯福总统没有忘记为这次进攻战铺平道路及把进攻部队送往岛上的海军舰艇，他在给麦克阿瑟发去贺电的同时，也给尼米兹和哈尔西发来了热情的祝捷电报：

全国为你们的舰队在敌人海域内取得的辉煌胜利感到自豪。我们对你们航空兵的英勇善战和水兵的吃苦耐劳精神十分钦佩。你们和麦克阿瑟将军的精诚合作，为部队协调一致和高度发挥各兵种的作用做出了榜样。

尼米兹在军中获得了“海上骑士”的雅号。1944 年 10 月 25 日，他在自己的寓所举行晚宴，大家对莱特湾战役进行了激烈的讨论。其中有一位侃侃而谈的海军少校格外引人注目，他就是尼米兹的儿子小切斯特。他刚从潜艇艇长的岗位上卸任，准备回陆上休假，正好路过珍珠港。小切斯特对于太平洋舰队司令及其参谋人员不知道第 34 特混编队是否在圣贝纳迪诺海峡而空等了好几个小时感到十分惊讶。他当着高级官员的面，毫无顾忌地大声责问尼米兹：“为什么不知道第 34 特混编队是否在圣贝纳迪诺海峡而空等几个小时？为什么不直截了当地问哈尔西第 34 特混编队在什么地方，命令他将第 34 特混编队开往它应该去的地方?”

尼米兹温和地解释道，哈尔西和他的参谋人员远在战区几千海里之外，自己是遵循不干预现场指挥官的原则办事。

当时，有人提到“8－44号作战计划”的要求是，如果哈尔西发现有消灭日军舰队主力的机会，那就应成为他的主要任务。小切斯特却认为这是一个错误的命令，因为这等于是让哈尔西放弃滩头阵地，而去找日军舰队主力决战。事实上，这是尼米兹的本意，他时刻都想消灭日本联合舰队主力。所以，当小切斯特丝毫不留情面地说“这是你的过错”时，尼米兹只看了他一眼，冷冷地说：“这是你的看法。”

其实，尼米兹和哈尔西的思路是一致的，那就是全力消灭日本联合舰队主力，尽快挥师北上。10月25日晚上，哈尔西发给尼米兹和金上将的一份绝密电报证实了这一点。哈尔西对自己的战术解释说：

10月24日下午，我的航空母舰舰载机发现了敌军北路舰队，从而搞清了敌人海军力量的总体状况。我认为在圣贝纳迪诺海峡观望和等待是愚蠢的，因此当天夜里就率第34特混编队北上，并在拂晓时攻击了敌军北路舰队。我的估计是，敌军中路舰队在锡布延海战中已遭重创，因而不再会对第7舰队构成威胁。

10月28日，尼米兹又写信给金上将替哈尔西开脱，他说：“我从不认为，哈尔西是在知道锡布延日军兵力部署的情况下，扔下圣贝纳迪诺海峡不管的。”

尼米兹处理这件事既小心谨慎又态度鲜明，他并不认为这是一个很大的错误，但是，太平洋舰队司令部战况分析组组长拉尔夫·帕克海军上校，却在总部正式作战报告中严厉批评哈尔西。尼米兹阅后很不高兴，他把报告退给帕克，并在附去的一张纸条上写道：“帕克，你打算干什么，这样写会不会又在海军中引起一场争论呢？你把调子降低，再修改一下。”

事实上，哈尔西的冒进和战术失误，在很大程度上加快了菲律宾战争的进程。历史学家们认为，由于哈尔西的建议已经使进攻菲律宾的时间提前了，他对加快战争进程做出了贡献，战术上的小失误比起战略上的远见卓识是不值一提的。莱特湾海战对日本联合舰队来说是最后的，也是决定性的海战。这一海战的惨败，使日本海军从此丧失了作战机能，从而使一流的日本联合舰队起码在今后几十年内都不可能再现本来的面目了。

1944 年 11 月底，尼米兹和他的参谋人员，在旧金山与金上将和来自华盛顿以及其他地方的军官代表团举行会晤，进一步讨论了攻打硫黄岛和冲绳岛的问题。因进入冬季，加上哈尔西及其部属需回国休息，尼米兹不得不将进攻硫黄岛的日期由 1945 年 1 月 20 日推迟到 2 月 19 日，进攻冲绳岛的时间则由 3 月 1 日推迟到 4 月 1 日。

陆军计划在冲绳岛战役结束后，于秋天发动对九州的进攻。尼米兹认为，对日本本土的进攻肯定会有大量伤亡，实际上也没必要进攻日本本土。他确信，只要实施封锁和轰炸，即可击败日本，而硫黄岛和冲绳岛正是实施封锁的要冲之地。但进攻那些岛屿因为过于靠近日本本土，只有等日军的航空兵力量进一步遭到削弱才成为可能。会上，一项建议被批准，也就是将陆战队的战斗机飞行员随同快速起飞的 F4U “海盗”战斗机，一起配属快速航空母舰。这样，舰队的空中力量将进一步加强。金上将宣布，一支由布鲁斯・奥斯丁・弗雷泽率领的配备有 4 艘航空母舰的英国舰队，将于 1945 年年初驶抵太平洋，参加对日作战。金上将建议他们应独立作战，但下达作战命令要向尼米兹报告。如此一来，尼米兹又增加了相当于一个特混大队的兵力。

不过，尼米兹本人并不希望英国舰队介入，他写信给金上将说："我不需要保罗・里维尔式的紧急通知。这些电报就像是给占领军下达的一道作战命令，也许其用意就是要让英国舰队成为一支占领军。"但弗雷泽是他的老朋友，当弗雷泽及其参谋人员提前于 12 月 16 日抵达珍珠港时，尼米兹表现出骑士风度，热情地欢迎了他，并邀请他到自己的寓所做客。之后，他们进行了一次正式会谈，主要涉及英国舰队的后勤补给和派遣联络官的问题。尼米兹最关心的问题是英国舰队在海上的续航力问题。弗雷泽声称，他的舰队有自己的后勤部队，可以进行海上加油，并说他的舰队一个月内估计可在海上连续航行 8 天。尼米兹不相信，只能报之一笑，随后建议，如果英军深入西南太平洋腹地，袭击日本在苏门答腊的油料设施，会对战争有益。当然，弗雷泽认为这是一个不令人满意的建议，因为他自视甚高，想在冲绳岛进攻中承担重要任务。最后，尼米兹同意把他们的舰队编为第 57 特混编队，用于与进攻冲绳岛计划有关的战斗。

弗雷泽建议，皇家海军哈罗德·霍普金斯中校在尼米兹参谋部任英方联络官已经一年，应由一名中将接替。

“霍普金斯出了什么差错?”尼米兹问道。他喜爱这位年轻人，并认为他工作很出色。

弗雷泽解释说，由于英国舰队已经进入太平洋战场，海军部认为派一位较高级别的军官更为合适。

“提升霍普金斯为将军。”尼米兹微笑着建议道。

英海军部同意了尼米兹的建议，提升霍普金斯为临时海军上校，在太平洋舰队总部留任 6 个月。

12 月 19 日，尼米兹宣誓就任五星上将。他无法掩饰自己兴奋的心情，把旧领章上的星摘下来，把五颗星排成一圈，佯装眼花，开玩笑地说：“好长一会儿，我才看见了星星。”同时，罗斯福命令授予马歇尔、麦克阿瑟、艾森豪威尔和阿诺德为陆军五星上将，莱希、金为海军五星上将。

这时，从数千里之外的菲律宾传来消息，麦克阿瑟的部队为了在菲律宾西部靠近吕宋的非季风雨地带修建机场，攻占了民都洛岛；哈尔西的第 38 特混编队在护送进攻民都洛岛的部队通过苏里高海峡、棉兰老岛以及苏禄海时，派出战斗机昼夜在吕宋机场上空盘旋，压制敌机起飞。

但是，进攻民都洛岛部队的护航舰队，由于缺乏雷达警戒装置，受到日军从菲律宾中部起飞的“神风特攻队”的袭击。“神风特攻队”是由日军敢死队员驾驶的装满炸弹或炸药的自杀式飞机，以不顾一切的自杀方式攻击、冲撞美舰，尽管美军加强了空中警戒和防空火力，但是仍然损失了大批舰船。

1945 年 7 月，太平洋战争，日军航空兵组织“神风特攻队”对美国海军进行自杀式攻击，图为被击落的日军飞机

第 38 特混编队成功地避开了敌人的袭击，但由于天气持续恶劣，损失了好几艘舰船，186 架飞机中有的在舰上被撞坏，有的被吹落海中，近 800 名官兵下落不明。舰队于 12 月 24 日撤到乌利西。尼米兹在派出一个调查小组后仍不放心，也于次日飞抵该地，亲自了解航空母舰编队受台风袭击的原因。他在《调查法庭记录》上批示说，哈尔西的错误是“在战斗紧张的情况下，出于对完成军事任务的良好愿望而判断错误”。金上将又把尼米兹批示中的“良好愿望”改为“坚定的决心”，并在“判断”前加上“由于缺乏充分的情报”，使语气更温和了些。尼

米兹在提出舰队对付大风暴的意见后，又告诫指挥官们：高级军官最应明确的一项职责是，必须从部属中最小的舰艇和最缺乏经验的指挥官的条件出发考虑问题。

12 月 27 日，尼米兹从乌利西飞到莱特，与麦克阿瑟商讨有关由第 38 特混编队支援即将开始的吕宋攻克战问题。会后，他向哈尔西传达了他与麦克阿瑟达成的协议。哈尔西随即率第 38 特混编队离开乌利西，突袭吕宋和台湾岛上的机场，支援即将开始的林加延湾登陆行动。尼米兹打算完成这次任务后，将借给麦克阿瑟的舰队全部调回，准备对硫黄岛和冲绳岛发动大规模进攻。

1945 年 1 月 25 日，完成了对吕宋岛登陆作战支援任务的第 38 特混编队，返回乌利西环礁湖基地进行休整。按照轮班制，哈尔西将指挥权移交给斯普鲁恩斯，第 3 舰队随即改称第 5 舰队。同时，尼米兹开始在关岛建立前线指挥部。这都是为登陆硫黄岛准备的。

硫黄岛北距日本东京 650 海里，南距马里亚纳群岛的塞班岛 630 海里，几乎正处在两地中间，岛上的日军不但可以向东京提供早期预警，而且可以起飞战斗机进行拦截，甚至可以不断出动飞机攻击美军在塞班岛等地的机场，进而降低美军对日本本土战略轰炸的作用。硫黄岛对美军而言，简直是如鲠在喉。如果美军占领硫黄岛，所有的不利都将转化为有利：B－29“超级空中堡垒”重型轰炸机从硫黄岛起飞空袭日本本土，航程可以减少一半，载弹量则可增加一倍；战斗机从硫黄岛起飞，可以为 B－29“超级空中堡垒”重型轰炸机提供全程护航，甚至连 B－24“解放者”轰炸机也能从硫黄岛起飞空袭日本本土；更重要的是，硫黄岛还可作为 B－29“超级空中堡垒”重型轰炸机的备降机场，供受伤的 B－29“超级空中堡垒”重型轰炸机紧急降落或加油。

最初，斯普鲁恩斯和尼米兹都认为攻占这样一个弹丸小岛，不会费多大力气，但是，太平洋地区联合情报中心拿出了一份出人意料的硫黄岛战役情报报告。报告称，硫黄岛上日军共有 1.35 万人。虽然航空侦察表明，从 1944 年秋季到 1945 年初冬，日军在这一地区大量集结，但联合情报中心的情报分析员仍然指出，“没有迹象表明日军守岛部队已经得到了加强”。尼米兹看了对硫黄岛进行空中侦察所拍摄的航空照片后，才知道该岛极有可能存在不同寻常的防御系统。霍兰德·史密斯仔细研究航空照片后表示，这将是最难攻占的岛屿，并预计要付出2万人伤亡的代价。确实，日军自1944年马里亚纳群岛失守后，便大力加强硫黄岛的防御力量，岛上有陆军约1.5万人，海军7000余人，共约2.3万人，飞机30多架，并配备了大量的火炮等武器装备。

1月28日，当负责组织对日本本土战略轰炸的陆军航空兵第21航空队司令柯蒂斯·李梅[①]少将前来协商航空兵如何支援硫黄岛登陆作战时，斯普鲁恩斯向他提出硫黄岛对于战争究竟有多少价值的问题。李梅立即表示，没有硫黄岛，就无法有效地对日本本土进行战略轰炸。斯普鲁恩斯这才如释重负，决心不惜一切代价攻取硫黄岛。

2月2日，尼米兹来到乌利西，视察硫黄岛作战的准备情况。斯普鲁恩斯提议，为阻止日军对硫黄岛可能的增援，必须首先使用舰载航空兵对日本本土的关东地区机场进行压制。尼米兹同意了这一计划。随后，尼米兹又前往塞班岛，观看将在硫黄岛实施登陆作战的第5两栖军的3个海军陆战师进行临战演习。

2月10日，第5舰队司令斯普鲁恩斯以“印第安纳波利斯”号重巡洋舰为旗舰，第58特混编队司令米切尔以“邦克山”号航母为旗舰，一起率领由16艘航母、8艘战列舰、15艘巡洋舰、77艘驱逐舰组成的航母编队驶离乌利西，经马里亚纳群岛和小笠原群岛以东，直扑日本本土。这是美军自1942年4月杜立德空袭东京以来，航母编队第一次袭击日本本土。

斯普鲁恩斯计划于2月16日抵达日本外海，用16日、17日两天时间对日本本土关东地区的机场进行压制性的空袭，然后再南下参加硫黄

---

① 柯蒂斯·李梅（1906—1990）：美国战略轰炸思想的信奉者与实践者，人称“冷战之鹰”。“二战”期间指挥过驻中国－缅甸－印度地区的第20轰炸机联队、驻关岛的第21轰炸机联队，曾策划实施轰炸东京的“李梅火攻”。战后历任太平洋战区战略空军参谋长、美国空军副参谋长、美国空军参谋长。

岛战役。因为特别担心日军“神风特攻队”的威胁，他在每艘航母上只配30架轰炸机和鱼雷机，其余全部搭载战斗机。为了尽量减少被日军发现的可能，他出动多艘潜艇在编队航道前方侦察搜索，而塞班岛的岸基航空兵则以B－24“解放者”轰炸机和B－29“超级空中堡垒”重型轰炸机对编队经过的海域上空进行巡逻警戒。此外，编队自身还以多艘驱逐舰在编队前方组成搜索幕，同时以舰载机进行24小时不间断反潜警戒。由于采取了严密的防范措施，加上天气的掩护，美军第5舰队于2月16日拂晓安全抵达距东京东南125海里的海域，此地距最近的日本本土海岸仅60海里，但其仍没被日军发现。

当天，斯普鲁恩斯的舰队出动舰载机1000余架次，分成数个攻击波，对东京湾各机场进行攻击，但由于天空中阴云低垂，攻击效果并不理想。

在硫黄岛，美军投入由海军陆战队第3、第4、第5师组成的第5两栖军，共约6万人，由霍兰德·史密斯指挥；登陆编队和支援编队由特纳指挥；米切尔指挥的第58特混编队负责海空掩护。

1945年2月16日，美军进攻硫黄岛的行动正式展开。美海军将用3天时间以舰炮、舰载机及百余架轰炸机的火力，为登陆部队做炮火准备。从轰炸第一天开始，尼米兹就在关岛焦急地等候前线消息，但他从日本的新闻和电报破译中得到的信息远比自己部下提供的情报多，这让他十分忧心。

硫黄岛的战斗异常激烈，战局不太乐观。日军早已料到美军会前来夺岛，因此，以陆军第109师团为主力的守岛部队在栗林忠道[①]的统一指挥下，开凿了总长度达18千米的坑道，构筑了730多处钢筋混凝土的永久性防御工事，形成了以地下坚固工事为核心、永久性工事和天然岩洞相结合的完整防御体系。栗林还一改日军传统战术，采取近距离射击、分兵机动防御、诱伏等战术，并严禁自杀式冲锋，还发出每个士兵

① 栗林忠道（1891—1945）：日本陆军大将，“二战”期间历任骑兵第2旅团旅团长、骑兵第1旅团旅团长、第23军参谋长、留守近卫第2师团师团长、小笠原兵团长兼第109师团师团长。

至少要杀死 10 个美军士兵的号召。日军在岛上的中部高地和元山地区各建有一个机场，分别叫做千岛机场和元山机场，也叫 1 号机场和 2 号机场，并正在 2 号机场以北建造第 3 个机场。此外，由于美军迅速攻占了马里亚纳群岛，日军原计划运往马里亚纳群岛的人员、装备和物资，都被就近转运于硫黄岛。

栗林是一个出色的职业军人，曾担任过天皇警卫部队的指挥官，他意识到面对美军绝对的海空优势，滩头作战难以奏效，因而想到凭借折钵山（硫黄岛南部的一座死火山）和元山山地的有利地形，依托坚固的工事，实施纵深防御。他在海滩纵深埋设了大量地雷，以机枪、迫击炮、反坦克炮构成严密火力网，所有武器的配置与射击目标都进行过精确计算，既能隐蔽自己，又能最大限度地杀伤美军。

2 月 17 日，美军又出动两波舰载机 500 余架次，对关东地区的机场、飞机制造厂、锚泊船舶等目标进行轰炸。在两天的时间里，美军在空战中击落日机 332 架，在地面上击毁日机 177 架，给一些机场、飞机制造厂造成了一定的破坏。这次空袭的效果并不理想，但却极大地吸引了日军的注意力。当天下午，美军第 58 特混编队离开日本外海南下，参加硫黄岛作战。

同时，威廉·布兰迪①率领的由 6 艘战列舰、12 艘护航航母、5 艘巡洋舰、16 艘驱逐舰组成的火力支援编队也已接近硫黄岛。

美军水下爆破队在 12 艘登陆炮艇的掩护下，探测海滩礁脉的航道，并清除水下的水雷和障碍物。栗林以为美军登陆在即，下令大口径火炮开火，数分钟内便将 12 艘登陆炮艇击沉 9 艘，击伤 3 艘，造成艇员阵亡、失踪 44 人，伤 152 人。美军大为震惊，没想到岛上的日军竟然还有如此猛烈的火力，忙下令立即对这些刚暴露的目标进行轰击。

当天晚上，尼米兹在一张纸上写下了第 259 号战报：

---

① 威廉·布兰迪（1890—1954）：绰号“尖钉”，美国海军上将，“二战”期间任太平洋舰队第 1 两栖作战指挥组织指挥官，指挥过夺占贾夸林环礁、帛琉岛、硫黄岛和冲绳岛的重大两栖登陆作战。

米切尔中将率太平洋舰队的一支强大特混编队，正在袭击东京及东京周围敌人的飞机、空军基地和其他军事目标。这是经过长期筹划和太平洋全体官兵一心向往的一次战斗行动。太平洋舰队海上部队正在轰击硫黄岛。太平洋海区的战略轰炸机正在轰炸硫黄岛和小笠原群岛上的敌军阵地。舰队部队在第 5 舰队司令斯普鲁恩斯将军的指挥下作战。

从 2 月 16 日至 18 日，美军除了舰炮火力外，护航航母的舰载机也全力出击：有的负责空中掩护；有的负责反潜警戒；有的观测校正着弹点；有的向日军阵地投掷燃烧弹，烧掉日军阵地的伪装，使之暴露出来，以便舰炮将其消灭。同时，塞班岛的美军轰炸机也频频前来助战，对硫黄岛进行轰炸。这 3 天中，硫黄岛几乎完全被美军火力轰击的硝烟淹没，日军龟缩在坑道里无法活动。据统计，美军在登陆前共消耗炮弹、炸弹 2.4 万余吨，硫黄岛上平均每平方千米承受了 1200 吨弹药，但日军凭借坚固的地下工事顽抗，损失轻微。

2 月 19 日，美军发起了地面进攻。大病初愈的特纳亲自指挥两栖作战编队进行火力支援。舰炮火力通过压制性的急促射击，迫使日本守军钻入地下。第 58 特混编队的百余架舰载机在硫黄岛上空呼啸盘旋，火箭弹、普通炸弹和燃烧弹同时使用，并用机枪进行扫射。接着，舰队又开始以舰炮射击，岛上硝烟滚滚，铺天盖地。

尽管如此，美军仍遇到了出乎意料的强大阻力。在水际滩头，两栖坦克陷入松软的土层中无法前进；后续登陆艇不能抢滩上岸，处于坐底倾斜状态，艇内甚至灌进了海水。美军的压制炮火射击刚结束，日军的机枪、迫击炮和大口径炮便立即还击，致使美军陆战队员遭受重大伤亡。第一天登陆的 3 万人中，到天黑时已有 2400 人阵亡。

虽然登陆过程极其艰难，但登陆部队仍在向前推进。2 月 20 日，进攻中部地区的海军陆战队占领 1 号机场后，右翼部队进入东北部的丘陵地区，左翼部队则突击西南端折钵山死火山的山坡。登陆部队利用手榴弹、喷火器消灭隐蔽在山洞和岩穴中的敌人。他们用了将近 3 天的时间，才攻下这个山头。

2 月 21 日傍晚，日军开始反击。当时，约有 20 架“神风特攻队”的飞机飞临硫黄岛上空，并冲向美军登陆支援编队的护航航空母舰，击沉“俾斯麦海”号，重创“萨拉托加”号，击伤 3 艘战列舰。

消息传开后，美国报界一片哗然。报界认为，这次战斗比塔拉瓦战役更加糟糕。一家华盛顿的报纸建议：“让我们的部队喘口气吧——给日本人放毒气。”对美军来说，使用毒气显然是消灭藏于洞中的日军最为实用的方法，它可能比使用枪弹、凝固汽油弹和喷火器更为仁慈。不过，尽管美日双方均未签署宣布毒气战为非法的《日内瓦公约》，但罗斯福和尼米兹都没有下令使用毒气。尼米兹后来承认，当时由于道义上的顾虑，没有使用毒气，而“牺牲了大量优秀的陆战队员”。

1945 年 2 月 23 日，美军陆战队员在硫黄岛主峰折钵山顶竖起美国国旗。该照片获 1945 年普利策新闻摄影奖

2 月 23 日，美军陆战第 4 师以 2 号机场为目标发起总攻，但推进十分缓慢。与此同时，折钵山上发生了激烈的战斗。由于日军居高临下，美军的攻顶过程相当艰苦，经过一番血战，最后由陆战第 5 师第 28 团攻上折钵山山顶。此时，折钵山上的日军尚未肃清，近千名日军凭借工

事掩护继续抵抗，第28团的几名士兵冒着枪林弹雨，奋力将一面美国国旗插在折钵山上，该情景被当时随军采访的美联社记者乔·罗森塔尔拍摄下来。这张照片成为经典之作，也成为向全体美国人宣告胜利的象征。

2月24日后，日军的处境极为艰难。为扳回颓势，栗林忠道实施夜间反击战，企图穿越美军防线，不料被美军察觉，美军借助照明弹掌握了日军的行动。日军反击顿挫，伤亡近千人。此后，日军只能凭借地堡暗道进行小规模阻击战。

美军虽然占领了硫黄岛，但岛上的硝烟还没有完全散去，美军每前进一步都要付出血的代价，得到的每一寸土地都是来回争夺几个回合的结果。这一堪称太平洋战场上最残酷的战役，又一次引来了人们的责难。3月初，尼米兹返回华盛顿述职，在旧金山看到《旧金山调查者报》在头版发表社论，暗示硫黄岛损失惨重，原因是领导无方。它声称，只有麦克阿瑟才具备赢得战争胜利的才智，他不会像其他司令官那样损兵折将、丢弃装备。社论还指出，美军现在的领导人显然正在用美国子弟的生命做不必要的冒险。

对此，尼米兹愤愤不平，他手下的陆战队员们更是怒不可遏。在旧金山休假的一些陆战队员涌进《旧金山调查者报》报社的大楼，当着总编辑威廉·雷恩的面，要求他道歉或答复。雷恩推托说，这不过是上级的指示而已。这引起了尼米兹的注意。从此，一向具有骑士风度、对人们不公正的评议淡然处之的尼米兹，开始对批评他的指挥艺术，以及指责他与麦克阿瑟在战略方面相违背的攻击性文章有所防备了。尽管如此，他并不准备延缓彻底扫清硫黄岛和登陆冲绳岛的步伐。

3月5日，尼米兹用大部分时间会晤刚参加完雅尔塔会议回来的参谋长联席会议成员。

参谋长联席会议听取了尼米兹和谢尔曼关于下一步进攻冲绳岛的作战方案的汇报。进攻部队包括陆军第24军，这个军自进攻莱特湾以来已扩编为4个师；两栖作战部队第3军团，下辖陆战队第1、第2、第6

师。这些部队合在一起组成第10集团军，由陆军中将西蒙·波利瓦·巴克纳①指挥。第58特混编队在冲绳和九州之间的海面上进行掩护，英国太平洋舰队（第57特混编队）则在冲绳岛和台湾岛之间的海面上负责掩护。由于航空母舰必须留在这些最易遭到攻击的地区一直到战斗结束，尼米兹坚决主张快速登陆。

为了顾全大局，尼米兹忍受着来自各方面的批评，尽可能调和海、陆军之间的矛盾。在一次记者招待会上，他对海军做出的牺牲只字不提，却对陆军非凡出众的作战表现大加赞赏，并指出陆军的战术是正确的，若从侧翼发起两栖登陆，将付出更大代价且浪费时间。在这段时间里，尼米兹心情很不好，他的判断和决定正受到最坚定的拥戴者的怀疑，但他坚持认为，目前首要的是保持军种间的和谐一致。

在华盛顿期间，尼米兹一家在弗尔法克斯饭店团聚了。凯特和吉姆想趁尼米兹在华盛顿时举行婚礼，并于星期二办理了结婚证。但哥伦比亚特区有一项规定：在申请结婚和举行结婚典礼之间，必须相隔3天，而尼米兹恰好星期五有急事要飞往加利福尼亚。他给相关官员打电话希望能通融一下，结果却未能如愿。作为父亲，他不想让女儿失望，于是，他在星期四午夜12点一过，就为凯特和吉姆举行了仪式，然后于清早和凯瑟琳一起飞往加利福尼亚。

3月15日，尼米兹告别凯瑟琳，飞往珍珠港，稍事停留后又迅速赶往关岛。此时，硫黄岛的战斗已接近尾声，哈里·施密特少将宣布，日军在硫黄岛有组织的抵抗已经结束。栗林忠道深知大势已去，亲率日军300多人发起最后反击，后负伤自杀。

美军原计划5天拿下硫黄岛，结果整整打了36天，直到3月25日才将岛上的残敌基本肃清。此战全歼岛上日军2.2万余人，但美军在这一堪称太平洋岛屿争夺战中最惨烈的战役中，阵亡6821人（其中陆战队阵亡5324人），伤21865人，伤亡共计28686人，是唯一一次伤亡总

① 西蒙·玻利瓦·巴克纳（1886—1945）：美国陆军上将（追晋），“二战”期间历任阿拉斯加防区司令、第10集团军司令。1945年指挥冲绳岛战役时被敌人的榴霰弹击中阵亡，是“二战”中美军在太平洋战场上牺牲的军衔和职务最高的军官。

数超过日军的登陆战役。尼米兹称："所有词语都不能诠释战场的残酷性。在硫黄岛参战的美军中，非凡的勇气成为共同的美德。"

3 月 27 日晚上，尼米兹给凯瑟琳写信说："我对终于攻占硫黄岛的消息感到很高兴，我希望不会收到很多因为伤亡惨重而骂我的信。现在我每天都要收到两三封以'陆战队员母亲'名义写来的信，把我骂得一塌糊涂。伤亡使我痛心不已，但我又找不出减少伤亡的办法。"

夺取日本南大门——冲绳岛

1945 年 4 月 1 日，美军（应该说是盟军）在冲绳岛登陆。来自旧金山、西雅图、夏威夷、新喀里多尼亚岛、圣埃斯皮里图岛、瓜岛、塞班岛和莱特岛等地的盟军登陆编队，于拂晓时分到达冲绳岛海域，并换乘登陆艇准备作战。4 时许，特纳命令："开始登陆！"以炮火支援的各编队军舰随即展开攻击，掩护登陆部队抢滩上岸。陆战第 2 师首先在冲绳岛东南海岸登陆，实施佯动，以吸引日军的注意力，为真正的登陆部队创造有利条件。

4 月 2 日，美军一部开始向东推进，以切断日军防线。

4 月 4 日，美军 2 个陆战师横跨整个岛屿到达东海岸的中城湾，占领了岛中部地区，将日军防线一分为二。

4 月 6 日和 7 日，又发生了一次"神风特攻队"袭击事件。大约 700 架日机从九州起飞，袭击了美军第 5 舰队。在这 2 天的闪电式空袭中，美军有 3 艘驱逐舰、1 艘登陆舰被击沉，2 艘军火船被击爆炸，1 艘扫雷舰、12 艘驱逐舰受重创。其中，几架日机撞入航空母舰"汉科克"号（CV－19）和战列舰"马里兰"号，导致数以百计的水兵死亡，无数人被严重烧伤。这便是日军蓄谋已久的"菊水特攻"战。

为了不使这种自杀性攻击给官兵们造成心理恐惧，太平洋舰队总部的战报里再也没有提及"神风特攻队"的袭击事件，尼米兹也不愿意让敌人获悉他们袭击的战果。

春去夏来，尼米兹的注意力完全集中在对冲绳岛的作战上。夺取冲绳岛是要打开进攻日本本土的南大门，其重要性显然不能与争夺其他岛屿相提并论。不过，他最担心的是，美军在岛上建立机场之前，敌人的空中力量对登陆部队究竟有多大威胁。在冲绳岛东北方向的九州有55个机场，在西南方向的台湾有65个机场，而在它们之间，沿着包括冲绳岛在内的琉球群岛还有许多飞机跑道。因此，日军有可能动用本土的三四千架飞机，运用致命的“神风”式自杀战术来抗击美军的进攻部队。

这一巨大压力令尼米兹整日愁眉不展，心情抑郁。他不是那种拿士兵的生命当赌注的冷血军官，他非常爱护自己的士兵。得知有些士兵的神经系统由于战时过度紧张而崩溃后，他下令在基地医院设立专门的心理治疗机构。因此，在关岛的战地医院收留了很多精神失常的士兵。此外，尼米兹还宣布，非执勤时间的官兵都可着军服短裤。

路经关岛的哈罗德·霍普金斯发现岛上许多军官穿着短裤，感到非常奇怪，他在给太太的信中说：“这项特许令人惊异。除我之外，均不穿长袜。看见有的人穿着短裤走过来，露出那双毛茸茸的长腿，有时令人好笑，有时令人作呕，那就要看你是否能忍受了。”但尼米兹认为，这样可以让士兵精神放松，不去想战场上惨不忍睹的血腥情景。

尽管战事紧张，但尼米兹仍保持着晨练的习惯。吃早饭前，他通常不穿上衣，只穿短裤迎着朝阳跑步，把运动和日光浴结合起来。

有一天，一名“受惊的”士兵由于精神失常，只穿了条裤衩就溜出医院活动屋。他爬过篱笆，最后朝着阿加纳方向急跑。为了对这个士兵的安全负责，陆战队医官罗伯特·施瓦布中校叫来了2名护理人员和1名带武器的士兵，一起追赶溜出去的病人。恰巧这天尼米兹也只穿了一条短裤在跑步。不久，施瓦布等人远远看见有个穿短裤的人在路上跑，便一拥而上。跑步者吃了一惊，马上叫了起来：“我是切斯特·尼米兹。”护士们哈哈大笑道：“抓的就是你，你就是罗斯福总统也得回精神病房去！”正说着，一辆挂着蓝色五星将旗的吉普车开了过来，车上几个强壮的海军陆战队员马上把穿短裤锻炼者接上了车。原来他真的是五星上将尼米兹。

“我们幸好看见了五星旗，连忙溜走了。”施瓦布回忆说，“如果这辆吉普车不是恰好在这时开来，那个穿短裤的人就会被唐突地带走，送进精神病人的住房。如果他不说‘我是切斯特·尼米兹’，我们肯定会把他当做逃跑的病人。”当然，负责尼米兹安全保卫工作的8名训练有素的海军陆战队员，是不可能让别人把将军抓走的。

4月8日，美军B－29“超级空中堡垒”重型轰炸机再次突袭九州机场。李梅将军在研究轰炸地区的航空照片后，认为使用这种重型轰炸机进行空袭纯属浪费。他是中南太平洋战区唯一一位不受尼米兹指挥的陆军航空兵军官。他马上向尼米兹提出意见，并向阿诺德请示，准备把他麾下的B－29“超级空中堡垒”重型轰炸机调走。金上将与阿诺德协商后，同意让尼米兹借用B－29“超级空中堡垒”重型轰炸机到5月上旬为止。

4月13日，星期五，美国总统罗斯福在佐治亚州的温泉逝世。消息传到关岛前线指挥部，尼米兹的心情更为沉重了。“就我来说，我深深感到这是我个人的损失。”他在写给夫人的信中说，“无论我们是否喜欢他的全部言行和主张——他始终主张建立强大的海军，他始终对我十分亲切友好。我刚发出一份唁电，代表太平洋海区的全体官兵向罗斯福夫人表示哀悼。”

当天，日军发动了“菊水2号”作战。由于“菊水1号”作战中损失的飞机还没来得及补充，出击的飞机数量比第一次少，海军出动200架，陆军出动192架，共392架，其中自杀式飞机202架。由于兵力不足，日军在攻击战术上做了一些改进，先出动战斗机吸引美军的战斗机，当美军战斗机因燃料耗尽返回航空母舰时，攻击机才飞临目标上空进行攻击。与此同时，日军还开始使用一种新式武器——“樱花弹”，实际上是火箭助推的载人航空炸弹，由攻击机携带到达战区后脱离载机，再由敢死飞行员驾驶着冲向目标。该弹装有2200多磅烈性炸弹，由3台固体燃料火箭发动机推进，时速高达800千米，威力很大，美军称之为“八格弹”。这种武器给美军舰队造成了很大损失。尼米兹对此深感担忧。

接下来，海军陆战队司令范德格里夫特上将及其参谋部的2名成员抵达关岛，想去视察损失惨重的部队——陆战队第 4 师。尼米兹婉言拒绝，他说，前线战事正紧，不适宜去。范德格里夫特大发雷霆。尼米兹有口难言，容忍了下级军官对自己的无礼。他每天都写信给夫人凯瑟琳倾诉内心的痛苦："我不愿派我的人去那里进行干预——甚至我也如此——虽然上帝知道，我也多么想到那里视察一番。"有一天他还向她承认，他为每一个牺牲的官兵深感痛惜。

太平洋战争末期，美军在冲绳岛进行登陆战役。冲绳岛因其在日本本土防御中的重要战略位置，被誉为日本的"国门"，故冲绳岛登陆战又被称为"破门之战"

那么，现在最前线的战斗是什么情形呢？

冲绳岛登陆战已经打了一个多星期了，刚开始时，登陆进行得异常顺利，第一天便有 5 万名陆军部队和海军陆战队士兵登陆，先头部队夺取了两个机场。到 4 月 2 日中午，部分登陆部队已经横跨该岛，推进至东海岸。此后，第 24 军的大部分兵力从右侧迂回，向南推进，海军陆战第1师则向登陆地域以东前进。

当时，日军在冲绳岛的守岛部队为第32集团军下辖的2个师和1个混成旅，计8.6万余人，加上岛上居民编成的特编团，共约10万人，由牛岛满①陆军中将指挥。其中有6.7万人是日本陆军的精锐部队。实力强大的日军为何没有抵抗呢？原来，守岛部队采用的战术是允许美军“充分登陆”，将美军“诱至得不到海、空军火力掩护和支援”的地方，再一举歼灭。

日军的防御重点在冲绳岛南部，以首里为核心，构筑有牧港、首里两道防线，在南端八重岳、与座岳地域构筑有第3道防线。每道防线都依托丘陵地构成多层次的坚固防御阵地。由战列舰、巡洋舰各1艘和驱逐舰8艘组成的日本联合舰队第2舰队（司令为伊藤整一海军中将）以及潜艇部队，加上驻扎在九州等地的航空兵部队，担负抗击美军登陆支援与掩护任务。此外，冲绳岛及其邻近岛屿还有1个鱼雷艇中队和600余艘自杀攻击艇。

美军参战兵力为45.2万人，舰艇1500余艘，飞机2500架。第5舰队司令斯普鲁恩斯任总指挥。负责登陆的第10集团军，由陆战第3军和陆军第24军组成，辖8个师，约18.3万人。其中，步兵第81师为战区总预备队。而美英两军的航母机动部队，以及美第20、第21战略轰炸部队等，则担任掩护和支援任务。

第一次“菊水特攻”后，战斗在冲绳东北面半岛的美军陆战队以及冲绳南部的陆军部队，都遭到了日军的顽强抵抗。4月16日，攻占庆良间列岛的第77师在冲绳岛西面的伊江岛登陆，经过5天的战斗，于21日占领该岛。

但陆军第24军对南部地区的进攻却非常艰难，因为日军在冲绳岛的主力就部署在南部。4月19日，该军3个师从那霸以北约6.5千米处发动大规模进攻，凌晨5时40分，海军的6艘战列舰、6艘巡洋舰和8

---

① 牛岛满（1887—1945）：日本陆军大将，被日本军事评论家评为“优秀的战术家”。参加过南京大屠杀，后受命指挥冲绳岛战役，被称为美国陆军最难对付的敌人。

艘驱逐舰对日军阵地进行了猛烈炮击；6 时许，陆军 27 个炮兵营对日军阵地进行了长达40 分钟的炮击，共发射1. 9 万发炮弹；接着，650 架飞机也对日军阵地实施了航空火力攻击，投下大量的炸弹和凝固汽油弹。在猛烈持续的火力打击后，第 24 军发起了进攻，但日军利用坑道躲避美军的轰击，当美军炮火开始延伸、地面部队展开攻击时，才进入阵地迎战，因此，美军的攻势一次次被瓦解。此后数天，日军充分利用悬崖峭壁、深沟险谷等险峻地形构筑起坚固隐蔽的防御工事，利用洞穴、堑壕、掩蔽火力点袭击美军，致使美军的推进严重受挫。

尼米兹认为，陆军的缓慢推进，使海军支援部队遭受巨大损失，大量海军水兵被敌机杀伤。但他对于是下令调查损失惨重的原因，还是强制自己不去干扰战场上的指挥，一时拿不定主意。

同时，重新整编后的日本联合舰队第 2 舰队也突入冲绳岛以西海域，试图与岸基部队一起夹击美军登陆部队。日军参战官兵都清楚此次作战是有去无回，因此在出征前例行的诀别酒会上，很多人都情不自禁地有些失态，与以往出征前的诀别酒会有说有笑的场景截然不同，充满着赴死前的悲怆与凄然。

5 月 4 日，牛岛满见美军步步进逼，为争取主动，一反其一直以来坚持的坚守防御方针，发动了孤注一掷的总反攻，派第 2 舰队运送部分兵力到美军战线后方海岸实施登陆，配合主力从正面发动攻击。但由于燃料不足，又得不到海、空军的有力支援，其登陆部队在航行途中被美军发现，随即遭到美军驱逐舰和地面炮火的轰击，还未上岸就被消灭了。而正面主攻部队一离开坚固隐蔽的防御工事，立即遭到美军优势炮火的集中轰击，不到 24 小时，反攻就被粉碎了。

5 月 8 日，北线的美军投入了新型喷火坦克和重型坦克，它们冒着日军的枪林弹雨，碾压日军的战壕，冲入日军的阵地。喷火坦克将凝固汽油弹射入日军隐藏的山洞和坑道，日军终于支撑不住了。在夜色和烟雾的掩护下，牛岛悄然组织部队有序地撤往下一道防线，因此战斗发展成这样一种模式：日军先是凭险死守，美军在猛烈的火力支援下取得突破，接着日军后撤到下一道防线再死守。

为弥补损失的飞机，日军将水上侦察机也改装成自杀机，投入“菊水特攻”中，共出动飞机597架，其中自杀机300架，先后发动了“菊水5号”“菊水6号”作战。5月11日，米切尔的旗舰“邦克山”号（CV－17）航母在日军发动的“菊水6号”作战中被2架自杀机撞中，损伤极其严重，舰员死亡和失踪达396人，伤264人。其中一架自杀机撞上航母时的爆炸气浪弹飞进米切尔司令部所在舱室，造成舱内14名参谋军官当场阵亡。米切尔只好率司令部的其余人员转移到“企业”号航母上，不料3天后，“企业”号也遭到自杀机的撞击，失去了航行能力，米切尔不得不再易旗舰。

尼米兹终于坐不住了，他乘专机亲临前线，降落在齿栉附近一个海滩的机场上。次日，尼米兹即与斯普鲁恩斯等人视察了美军占领的部分冲绳地区。针对地面行动停滞不前的状况，尼米兹强烈要求陆战部队加快推进速度，以便尽早让支援舰队得到解脱。

此时，哈尔西刚好换班指挥第3舰队。尼米兹让已升为中将的希尔换下升为四星上将的凯利·特纳，接着将希尔的两栖作战部队和巴克纳的第10集团军置于直接指挥之下，并准备撤出作为进攻部队的第38特混编队。巴克纳声称，这不过是一次地面作战。言外之意是，冲绳岛作战是陆军的事，海军最好不要插手。尼米兹立即冷冷地回敬道：“是的，这是一次地面作战，但我每天损失一艘半军舰，所以，如果5天内不能取得突破，我将抽调别的部队来。”

尽管尼米兹顾全大局，不愿与陆军发生冲突，但对于影响战斗进程的行为，他绝不会妥协。在海军的强烈要求下，巴克纳决定将陆战第1、第6师从北线调到南线，加强正面进攻。

5月24日、25日和5月27日、28日，日军又将教练机改装成“神风”特攻机，增加特攻机的数量，并接连发起了“菊水7号”和“菊水8号”作战，总共出动飞机737架，其中，“神风”自杀机208架。

6月4日，美军陆战第6师的2个团在那霸西南的小禄半岛登陆，迂回攻击日军侧背。

6月5日，台风席卷日本九州海域，哈尔西的第3舰队遭到了严重损失，32 艘舰船受创，142 架飞机损毁。为此，哈尔西受到了军事法庭的调查。由胡佛将军主持的军事法庭认为，哈尔西违反了舰队在遇到大风暴时紧急处置的相关规定，对这次损失负有责任，建议将其撤职或勒令退役。但尼米兹认为哈尔西是民族英雄，如果在战役尚未结束时就撤去他的职务，会挫伤美军士气，长日军志气，因此没有对他进行处分。

6 月 8 日，美军第 38 特混编队再次北上，空袭日军在九州地区的航空基地。随后，哈尔西将希尔指挥的登陆编队留在冲绳海域，以编队中的护航航母舰载机协同海军陆战队和陆军航空兵，保护登陆滩头和运输船只，自己率领第 3 舰队主航母编队返回莱特湾。当第 3 舰队于 6 月 13 日抵达莱特湾时，他们已经在海上战斗了整整 92 天！而撤出的目的，是为 7 月间向日本本土发动最后一击做准备。

6 月 17 日，美军又投入预备队陆战第 2 师，该师的一个团在冲绳岛南端的喜屋武岬附近登陆，协同正面和侧翼友军围歼日军。此时，日军已十分被动，被歼灭只是时间问题了。为了避免不必要的伤亡，巴克纳用明码电报和广播向日军喊话劝降，但牛岛满不为所动，以枪炮射击作为答复。

6 月 18 日，巴克纳亲临前线督战，当他在陆战 8 团团部附近的小山上观察部队推进时，日军一发炮弹飞来，四下崩飞的弹片和尖锐的碎石片击中了他的头部，导致他当场身亡。他成为美军在太平洋战争中阵亡的军衔和职务最高的将领。

6 月 19 日，牛岛满在编号第 89 的山洞坑道里向东京发出了最后的诀别电，然后下令部下做最后的决死进攻。

6 月 22 日，第 10 集团军突破日军的最后防线，攻到了冲绳岛最南端的荒崎，并将残余日军分割成 3 个部分。日军很清楚，末日就要来临了。在坑道里，卫生兵给伤员们注射大剂量的吗啡，让他们平静地死去。罗伊 · 斯坦利 · 盖格将军乐观地宣布已经肃清了岛上日军有组织的抵抗。

海上，6 月 3 日和 21 日、22 日，日军竭尽全力，出动飞机 502 架，其中自杀机 114 架，发动了“菊水 9 号”和“菊水 10 号”作战。由于日军自杀机的疯狂攻击，美国海军的高级将领不得不一直留在冲绳海域指挥作战。相比之下，英军参战的4艘航母虽然都遭到了日军自杀机的撞击，但损伤远比美军小，这是因为英军航母具有装甲飞行甲板和设计坚固的封闭机库结构，抗损伤能力和耐撞击能力都比美军航母强得多。

虽然在岛上进攻是陆军的事，但海军也付出了极大的代价。从4月6日至6月22日，日军零星出击的飞机总数高达4109架次，其中自杀机917架次，加上10次“菊水特攻”出动的飞机，总计7851架次，其中自杀机2423架次，虽然被击落4200余架，但仍对美海军造成了巨大损失，日军击沉美军军舰33艘、击伤360余艘。尽管如此，尼米兹还是把这次战斗看作是海、陆两军的共同使命。

6月23日凌晨4时，牛岛满知道美军即将占领摩文仁坑道，于是脱下军装，换上和服，与身边的参谋们一一干杯，喝完了最后的诀别酒后剖腹自杀。他的参谋长和一些军官也随之自杀。至此，日军有组织的抵抗才告平息，但零星的抵抗仍在继续，清剿残余日军的工作一直持续到6月底。7月2日，尼米兹正式宣布冲绳战役结束。

冲绳岛一役，约10万名守岛日军中，除1.1万名被俘外，其余全部战死。美军有26艘舰艇在空袭中被炸沉，368艘舰艇被炸坏；第10集团军中有7613名陆军和陆战队士兵牺牲，近3.9万名受伤；舰队中有4900名水兵牺牲，还有相当数量的水兵受伤。

这是美军在太平洋战争中付出代价最大的战役，当然，其价值也是无法估量的。美国赢得了一个用来突击日本工业中心地带的航空基地，从而加紧了对日本本土诸岛的封锁，完成了对日本本土的战略包围。

第十六章　荣 归 祖 国

投掷原子弹之争

1945 年 5 月 7 日凌晨，德国按同盟国的要求，在仪式上宣布投降，整个欧洲获得了解放。太平洋战区的所有指挥官都为同盟国的胜利而欢欣鼓舞。世界反法西斯战争进入了最后阶段，盟军在亚洲各战场上对日军发起了反攻。尼米兹指挥的中路部队浩浩荡荡地向日本本土推进。作为太平洋战区总司令，尼米兹不仅指挥着世界上最庞大的舰队，而且统率着 6 个海军陆战队和 6 个陆军师，辖有数十个航空基地和海军基地，指挥的舰艇约 5000 艘、飞机 1.5 万余架。单他手下的陆、海军将军就有 21 人，司令部参谋人员超过 600 人。这对于准备进行本土决战的日本来说，绝对称得上是大军压境了。

但是，一直在西南太平洋奋战的麦克阿瑟又开始发难了。作为西南太平洋战区盟军司令，麦克阿瑟指挥的千军万马在西南太平洋地区战斗最为活跃，但他后来沿新几内亚海岸推进，对战局没有决定性的影响。进军日本本土是关键性的一战，于是，他向参谋长联席会议提出让陆军部队在此次任务中担任主角，建立一个由他统一指挥的联合司令部。

于是，在华盛顿，有关整个太平洋战场建立统一指挥部的老话题再度提了出来，参谋长联席会议调解这两位战区指挥官矛盾的办法历来是折中主义。尽管大多数海军将领坚持认为，只需海上和空中的力量即可击败日本，但金上将和莱希仍不得不屈从于陆军所坚持的意见，并制订了登陆九州岛的代号为“奥林匹克行动”的计划，预计于 1945 年 11 月实施；进攻东京平原的代号为“王冠行动”的计划，预计于1946年3月实施。同时拟定，在进攻日本时，麦克阿瑟将指挥太平洋地区的全部陆军地面部队和航空兵，尼米兹指挥太平洋地区的全部海军。

对于参谋长联席会议谁也不得罪的态度和做法，尼米兹早已习惯了，但他对于这个决定十分不满。他认为，将海军与陆军分开是一种消耗部队进攻力量的愚蠢行动。他直截了当地对麦克阿瑟的特使萨瑟兰说：“我现在不能答应把对于太平洋海区防务和作战计划不可或缺的陆军部队的作战指挥权交给他。”不过，尼米兹最终仍然采取了带有附加条件的退让行动。

5月11日，他将B－29“超级空中堡垒”重型轰炸机大队归还给李梅将军，并表示感谢和给予热情的赞扬。之后，他又飞往马尼拉与麦克阿瑟会谈。在两天的会谈中，他们解决了绝大部分存留的问题，为进攻日本九州、本州和其他岛屿奠定了合作的基础。他们会谈的结果——将进攻九州计划的核心部分，写进了太平洋舰队总部兼战区总部1945年5月19日的一份绝密文件中。

1945年6月18日，美国海军作战部部长金上将决定放弃原定的作战计划，不再进攻台湾，而是直接进攻日本最南端的九州。

尼米兹认为，指挥权、战略战术等问题都应服从战场需要，早日结束战争，这比起两人的个人荣耀以及两个军种之间的冲突要重要得多。他根据自己掌握的情报分析，坚信日本不久将会和德国一样，宣布无条件投降。

早在1945年2月中旬，尼米兹就得到了一个“绝密”消息。当时，弗雷德里克·阿什沃斯海军中校把金上将的一封写着“绝密”的信交给尼米兹。在这封密信中，金上将告诉尼米兹，原子弹正在试制，预计其能量相当于2万吨TNT炸药。这种炸弹将于1945年8月1日在太平洋战场使用。尼米兹很惊诧，立即把作战参谋麦克莫里斯上校叫来，让他一起听听阿什沃斯对这种新炸弹的技术性解说。尼米兹听完后，看了麦克莫里斯一眼，对阿什沃斯说：“年轻人，这是件令人兴奋的事，我甚至感到震撼。但是8月份离现在还较远，我等不了那么久。我希望能用常规的战斗尽快打败我们的敌人。请你转告金上将，他之所以告诉我这件事，相信他一定需要我支援，那时我会全力以赴。但我必须让我的战备军官汤姆·希尔上校知道这个秘密，他有责任去检查是否提供得了所需的支援。”

尼米兹猜想，金上将可能是在设想把这种炸弹用在哪里最合适，而太平洋战场是可以考虑的地方之一，但尼米兹认为，没有必要让太平洋上的某个岛屿彻底消失。他缓步走到窗前，极目眺望，然后自言自语：“请求上帝不要让我目睹这样的情景。”

令尼米兹感到欣慰的是，几个月后，太平场战场的战斗基本结束。但是，既然上面已经成立了专门委员会，这项秘密计划也在紧锣密鼓的筹备中，那么这种炸弹肯定会在某个地方派上用场。专门委员会认为，原子弹可以从两个方面威胁敌人：一是作为战略武器，如在荒岛上投放，以威慑敌方，但这样做很难结束战争；二是作为战术武器，直接打击敌人。最后，专门委员会得出的结论是：“我们必须用原子弹袭击敌人。”尼米兹知道阿什沃斯中校后来去了马里亚纳群岛，那里的陆军第20航空队第509特混大队拥有性能最好的B－29“超级空中堡垒”重型轰炸机，他们最有可能被选为投弹者。不久，尼米兹得到报告，驻岛部队正在提尼安岛西北角赶修机场和重型轰炸机跑道，并在新机场周围架设起铁丝网进行严密警戒。这意味着上级已经在为秘密计划的实施做准备了。至于在什么时候什么地方投放炸弹，那是美国总统和专门委员会决定的事情了。

直到7月25日，海军武器专家威廉·帕森斯上校飞来关岛，尼米兹才知道已经筹备了大半年时间的秘密计划叫“原子弹计划”（也是“曼哈顿计划”的后期环节），目标是直接轰炸日本本土。帕森斯上校还带来了世界上第一颗原子弹于7月16日在新墨西哥州阿拉莫戈多爆炸的影片。根据上面的指示，尼米兹、斯普鲁恩斯、李梅将军以及经过严格挑选出来的几位参谋观看了这部纪录短片。

7月26日，尼米兹与帕森斯等人一起飞赴提尼安岛。同时，“印第安纳波利斯”号巡洋舰把数百千克铀235及配套部件运到了那里。之后，舰上的官兵又接到秘密命令，立即赶往莱特湾，接受为期2周的特别训练。可惜，“印第安纳波利斯”号在途中被日军一艘神秘潜艇发射的鱼雷击中要害而沉没了。

杜鲁门（中）、丘吉尔（右一）、斯大林（左二）在波茨坦

同一天，中、美、英三国发表《波茨坦公告》，促令日本从其占领的一切领土撤出，立即无条件投降；由盟军进驻日本，直到通过自由选举建立“一个倾向和平及负责的政府”为止。对此，日本政府予以拒绝。这促使美国政府和刚接任总统不久的杜鲁门更加坚定了轰炸日本本土的决心。被选择的轰炸目标和地点需具备3个条件：一是有军事设施或军事工业重地；二是便于投放，以平地为佳；三是容易取得轰炸后的威慑效果。此外，要达到做“巨大的实验”的目标，必须选择在人口集中、没有遭到普通轰炸的城市，以便科学家们观测原子弹的功能，检测其威力。经过专门委员会反复研究，美国政府在数个预选投掷目标中确定了3个，即广岛、小仓和长崎。

7 月底，提尼安岛的陆军第 20 航空队第 509 特混大队接到命令，“于 8 月 3 日以后在能见度允许进行轰炸的气象条件下，立即到广岛投掷第一颗代号为‘小男孩’的特种炸弹”。同时，负责“原子弹计划”的莱斯利·格罗夫斯①少将的副手托马斯·法雷尔也来到关岛拜访尼米兹，向他提出援助请求，做好接受 B－29“超级空中堡垒”重型轰炸机组返回的准备，包括飞行员跳伞搜救或水上迫降救援。

身经百战的尼米兹对此感到恐惧，他认为，日本败局已定，没有必要使用这种残酷手段来迫使日本投降。几个知情参谋立刻对尼米兹展开了说服工作，他们对使日本人中毒太深的武士道精神进行了透彻的分析。最后，从事日本人心理研究的埃德温·莱顿说：“也许只有天皇能使日本人停止作战，但停战不是一件轻而易举的事。因为日本军队已成为一台快速运转的战争机器，不被彻底打坏，是不会自己停下来的。如果天皇让所有妇女剪去头发，或者叫所有的人用手走路，他们都将照办不误；如果他命令所有男人割去睾丸，也会有 99% 的人从命，但命令军队停战却是另一回事。即使天皇下令停战，这台机器也会惯性运转，除非他能用事实向人民说明，不停战投降，日本就将毁灭，而原子弹就可以提供这样的证明。”尼米兹听完，沉默了一会儿，点头答应了法雷尔的请求。

广岛是日本军事工业重镇和重要造船基地之一，也是本土防卫军第 2 总军的司令部所在地。1945 年 8 月 6 日早晨 8 时整，3 架 B－29“超级空中堡垒”重型轰炸机从高空进入广岛上空。这时，很多广岛市民并未进入防空洞，而是在仰望美机。在此以前，由于 B－29“超级空中堡垒”重型轰炸机已连续数天飞临日本领空进行训练，所以，市民对此习以为常。但这一次的 3 架飞机中，有一架已经装上了一颗 4082 千克重的原子弹，奉命轰炸广岛。

---

① 莱斯利·格罗夫斯（1896—1970）：美国陆军中将，“二战”期间曾任美国陆军工程兵建筑部副部长、美国负责研制原子弹的曼哈顿工程区司令等职。

8 时 14 分 17 秒，当装载着原子弹的 B－29“超级空中堡垒”重型轰炸机“伊诺拉·盖伊”号的视准仪对准广岛相生桥东南时，自动装置被打开了。60 秒后，原子弹从打开的舱门落入空中。这时，飞机做了一个 155 度的转弯，俯冲下来；一瞬间，飞行高度从 9600 米下降了 300 多米。这样做是为了尽量远离爆炸地点。45 秒钟后，原子弹在距相生桥约 170 米处的希玛医院的庭院上方 600 米高度上爆炸，其爆炸当量相当于 1.25 万吨 TNT 炸药。伴随着一声天雷般的巨响，顷刻之间，城市上空突然卷起一朵巨大的蘑菇状烟云，接着便竖起几百根火柱，广岛沦为焦热的火海。

“小男孩”的来访，让日本举国震惊。这一历史性的爆炸造成广岛 7 万多人死亡。在日本人民满怀悲愤的时候，日本政府仍对和平协议保持沉默。

8 月 9 日凌晨 3 时 49 分，2 架 B－29“超级空中堡垒”重型轰炸机和 2 架侦察机从美国提尼安岛空军基地的跑道上飞快地掠过，向轰炸目的地日本小仓飞去。当机组到达小仓上空时，天空中阴云翻滚，投弹人员用肉眼根本看不到目标，机长威内斯驾驶飞机用了 45 分钟在小仓上空来回飞了 3 次，最终决定放弃轰炸小仓，转而飞向第二目标——九州的长崎市。长崎上空同样云雾重重，但是飞机不可能带着核弹返回，威内斯决定采用雷达引导轰炸。当飞机做好了投弹准备的时候，空中的云雾突然散开了，天空中出现了一个清朗的大洞，轰炸员比汉透过这个大洞，看到了山谷中的一条跑道，于是果断地启动机关，把代号为“胖子”的原子弹投了下去……

当晚，美国总统杜鲁门又向外界宣布美军在日本长崎投下了一颗原子弹，并以播放纪录片的形式，向日本传递了更恐怖的信息。

8 月 11 日，日本通过第三国向美国政府表示了投降意愿，不过是有条件投降。美军知道这场心理战取得了成功，但是不接受日本的“有条件投降”方案，而是要求日本马上无条件投降。

日本投降

1945 年 8 月 13 日，美国对日本下达了最后通牒：若不马上投降，美军将在东京投放原子弹。当然，这将是一颗真正的原子弹。随后，尼米兹通过广播向太平洋战区的海军部队下达了一道命令："停止对日军进攻，继续进行搜索和巡逻，采取高度的防御和内部安全措施，警惕敌人部队和单兵的暗中捣乱和垂死挣扎。"

8 月 15 日中午，日本天皇向全国广播了接受《波茨坦公告》、发布无条件投降的诏书。当天傍晚，尼米兹向所属部队广播了一篇文告：

> 随着停止对日本采取敌对行动，全体军官在对待日本人和发表与日本人有关的公开言论时，应举止庄严，讲究礼貌。日本人仍然是背信弃义地袭击太平洋舰队、发动战争的民族，他们对我们被俘的军人弟兄进行拷打，不给吃饱并加以屠杀。但是，对日本民族与个人，冠以侮辱性的称号，则与美国海军军官身份不相称。太平洋舰队的军官应采取措施，要求下属所有人员以高标准认真看待，妥善处理，既不过于亲近，也不许虐待和辱骂。

哈尔西在他的旗舰"密苏里"号上得知这一消息后，欣喜若狂，山呼万岁。他下令马上升起"干得好"的信号旗。"密苏里"号上沸腾了，官兵们也高呼万岁，跳跃拥抱。"密苏里"号汽笛长鸣，犹如报晓的雄鸡，引来百笛齐鸣。

同日，杜鲁门总统任命麦克阿瑟为盟军最高司令，指示他负责安排和主持日本投降仪式，并占领日本。

这一消息又刺激了海军官兵，尼米兹也感到愤懑和不解，为什么海军在对日战争中出生入死，身负重任，而到了胜利时刻，却让一位陆军将领走到幕前站在中央，摘取果实。海军部部长福雷斯特尔当即提出一项建议，如果投降仪式由陆军军官主持，那么仪式则应在一艘海军军舰上举行。他进一步建议，把那艘用杜鲁门家乡的州名、由他的女儿玛格丽特命名的“密苏里”号战列舰用来举行投降仪式。这项建议还包括，如果麦克阿瑟代表盟军在投降书上签字，尼米兹将代表美国签字。他的建议极大地减轻了杜鲁门总统即将面对的压力，他大笔一挥，同意了福雷斯特尔的建议。

尼米兹接到部长的指示后，又高兴起来了。他邀请谢尔曼将军、一位陆军高级军官、一位海军陆战队高级军官和一位陆军航空兵高级军官陪同他去参加受降仪式。他还准备带他的勤务副官拉马尔中校、通信副官（负责安排五星上将的特殊通信联系）以及莱顿上校同去，因为莱顿可以当他的翻译和随身警卫。

8 月 28 日，第一批美国占领军按计划在横须贺附近的厚木机场着陆。

8 月 29 日，第 3 舰队的部分舰只，包括“密苏里”号、“南达科他”号，以及英国海军弗雷泽将军的旗舰“约克公爵”号驶抵东京湾，下锚停泊。当天 16 时刚过，尼米兹乘水上飞机到达东京湾，把将旗升在“南达科他”号上。

8 月 30 日，空降第 11 师在厚木机场着陆，麦克阿瑟的专机也于同日到达日本。当他得意地走下舷梯时，第 8 集团军司令罗伯特·埃切尔伯格将军迎上前去，与他热情地握手。麦克阿瑟微笑着说：“鲍勃，我们总算如愿以偿了。”

当天，美国海军陆战队进驻横须贺航空基地，美国海军进驻横须贺海军基地。上午 10 时 30 分，日本海军中将户冢道足正式向哈尔西的代表卡尼将军移交横须贺基地的设施。第 3 舰队和登陆部队的司令部都设在这里，哈尔西的将旗在驻地上空升起。

9 月 2 日上午 7 时左右，各国媒体新闻记者、摄影人员都乘驱逐舰来了，分别站在“密苏里”号指定的位置上。8 时刚过，尼米兹一行从“南达科他”号转乘专艇过来了。“密苏里”号主桅上升起了尼米兹的蓝色五星将旗，舰上哨子声大作，扩音器响起了《海军上将进行曲》。过了一会儿，麦克阿瑟及其参谋人员乘“布坎南”号驱逐舰抵达。“密苏里”号主桅上又升起了麦克阿瑟的红色五星将旗。这是精明的拉马尔中校的独创，在同一艘舰的主桅上升起两面五星将旗。麦克阿瑟和尼米兹握手，并高声说道：“老伙计，在这胜利的时刻，我们又走在一起了。”

上午9时，当所有的欢迎仪式和祈祷仪式结束后，乐队奏起美国国歌，麦克阿瑟和尼米兹等人轻快地迈着大步走上露天甲板。麦克阿瑟发表了简短的演讲，最后，他庄重严肃地说：“日本帝国政府和日本皇军总司令代表现在前来签字。”随即，签降仪式正式开始。日本新任外相重光葵①代表日本天皇和政府、陆军参谋长梅津美治郎②代表日军大本营在投降书上签字。随后，接受投降的同盟国代表、盟军最高统帅麦克阿瑟陆军上将，美国代表尼米兹海军上将，中国代表徐永昌上将，英国代表布鲁斯·弗雷泽海军上将，苏联代表德里维昂柯陆军中将，以及澳、加、法、荷、新西兰等国代表依次签了字。

尼米兹代表美国签字时，哈尔西和福雷斯特尔、谢尔曼都站在他的椅子后面。签字仪式结束后，他们一同返回“南达科他”号上。尼米兹立即发出了一项他早已拟好的向太平洋战区和美国本土进行广播的声明：

在太平洋海上、港口和岛屿基地所有舰艇上的全体人员，都感到欢欣鼓舞。长期而残酷的战争……现在已经结束。今天全世界爱好自由的人们都沉浸在胜利的欢乐之中，并为我们联合作战所取得的成就而感到骄傲。我们还应该歌颂那些为保卫自由而献身的人！

在关岛离我的司令部不远的一个绿色山谷中，有一块军人墓地。那一行行排列整齐的白十字架，是我们为胜利付出沉重代价的标志。在十

---

① 重光葵（1887—1957）：日本外交官，活跃于两次世界大战及战后，幕后参与甚至主导了诸多日本侵略各国、统治及外交政策制定。“二战”结束后再次担任外务大臣，任内完成了与苏联恢复邦交的工作。

② 梅津美治郎（1882—1949）：日本陆军大将，“二战”中日本在任时间最长的关东军司令和末任参谋总长，是参与日本军国主义侵华战争和制定对外扩张侵略政策的重要人物，侵华战争的罪魁之一，东京审判的28个法西斯战犯之一。

1945年9月2日，在“密苏里”号战舰上举行的日本无条件投降仪式上，尼米兹作为美国代表在日本投降书上签字

字架上，有美国陆军、水兵、陆战队员的姓名——科尔佩帕、托曼诺、斯威尼、布朗姆伯格、德佩、梅洛伊、潘吉亚——这些姓名代表我们民主制度的一个侧面。他们战斗在一起，亲如手足；他们牺牲在一起，现在又并肩安息。我们对他们负有一项庄严的使命——保证他们的牺牲将有助于人类创造一个更美好、更安定的世界。

永远的海上骑士

1945年9月3日，尼米兹及其参谋人员乘飞机返回关岛。令他高兴的是，几年前还是一片荒芜的关岛如今已变得生机盎然，纵横交错的新公路把各机场和阿普拉港连接起来，使之成为一个优良的军事基地。不过，战争的结束也意味着关岛前线司令部将不复存在，意味着快速发展起来的庞大海军将面临裁减的命运。尼米兹首先撤离，他对这里的一草一木都怀有不舍之情，临别前，他在海岸边的小路上跑了很久，直到筋疲力尽才停下来。几天以后，尼米兹处理完必要的事务，就动身飞往珍珠港。从此以后，他再也没有回过关岛。

10 月初，尼米兹飞回旧金山。当飞机降落的那一刻，他觉得百般滋味一起涌上心头，疲劳而兴奋、忧伤而充实、愁闷而愉快杂存，游子凯旋的自豪感也油然而生。当他乘车从大街经过时，成千上万的人夹道欢呼。市政督察委员会主席兼代理市长丹·加拉菲尔代表官方欢迎了尼米兹。在市政大厅，他把旧金山市的一把钥匙送给尼米兹。当着一大群人的面，尼米兹诙谐地说："为了这把钥匙，山本五十六可是付出了他的一切啊!"

10 月 5 日，尼米兹夫人凯瑟琳加入凯旋的行列，与尼米兹一起飞往华盛顿。

首都华盛顿是一片狂欢的海洋。饱受战争磨难的人们脸上露出了轻松而欣慰的微笑；那种令人窒息的紧张气氛已经烟消云散，街头巷尾到处是欢呼雀跃的人群。凯旋的艾森豪威尔、温赖特、麦克阿瑟也都受到了最高规格的礼遇。

当尼米兹飞抵华盛顿时，一向期待海军受到重视的海军部部长福雷斯特尔为了欢迎他归来，四处张罗。因为尼米兹是海军的杰出代表，海军和陆战队员在太平洋战争中做出了卓越贡献，可以说，是海军真正赢得了太平洋战争的胜利。所以，他不仅要让军政上层了解这一点，还要使全国人民都了解这一点。

为表彰尼米兹在太平洋战争中的卓著功绩，华盛顿方面决定将 1945 年的 10 月 5 日定为"尼米兹日"。这一天，尼米兹在美国国会参、众两院联合会议上发表了演讲。他说："美国拥有全世界最强大的海上力量，不应轻描淡写地赞许一通就任其消亡。"最后，他以这样一段对和平的祈盼作为演讲的结束语："愿全世界都能友好相处，但是我们一定要把橄榄枝扎根在含有优质铀 235 的肥沃土地上。我认为这不是什么挖苦话，用我们得克萨斯州山区和海军的话来说，这是一句'老实话'。"

演讲结束后，尼米兹乘坐敞篷汽车游行，沿着宾夕法尼亚大街和宪法大街驶向华盛顿纪念碑。这天，华盛顿市共有 50 多万人上街向他欢呼致意。华盛顿的橱窗、电线杆、广告栏上到处张贴着尼米兹的宣传画。上千架海军战斗机和轰炸机在游行队伍上空掠过，有的机尾拖着红、白、蓝三色烟雾，一些飞机则组成了“尼米兹”英文字的字形。

接着，尼米兹一行驶抵白宫玫瑰花园。在这里，杜鲁门总统为他授勋。尼米兹谦逊地表示：“我们只打了一场小战，却获得了最高的荣誉。”当晚，尼米兹和夫人及 3 个女儿参加了杜鲁门总统为他举行的祝捷晚宴。

第二天，尼米兹对海军部部长福雷斯特尔做了一次私人拜访。他过去与福雷斯特尔的相处并不十分融洽，但这次却被福雷斯特尔的热情所感染，也被感动了。尼米兹此举有两层意思：一是对福雷斯特尔为他所做出的努力表示感谢；二是打听对自己未来工作的安排。他对福雷斯特尔说，在金上将即将退休之际，他愿接替金上将担任海军作战部部长。福雷斯特尔是了解尼米兹的，认为他不如金上将率直但又和金上将一样固执己见，与这样的人合作，会让他这个部长很为难，甚至会让自己大权旁落。所以，他说：如果尼米兹出任海军作战部部长，将有损于他在太平洋战争中所取得的突出地位和威望。他建议尼米兹出任海军军法委员会主席或继续留任太平洋舰队司令。尼米兹没有明确表态，很客气地结束了这次没有结果的谈话。他准备过几天去拜访金上将，听取他的意见。

此后几天，民间邀请尼米兹参加庆祝活动的请柬，像雪片一样从各处飞来。那些留有尼米兹成长足迹和业绩的城市，更是无法忘记这位杰出的将军为他们付出的一切。除了旧金山外，纽约以及得克萨斯州的达拉斯市、奥斯汀市、克维尔和弗雷德里克斯堡的市政当局及普通群众，以无法拒绝的盛情向尼米兹伸出了热烈欢迎之手。

10 月 9 日，尼米兹一行飞往纽约，在那里接受另一种别开生面的仪式。尼米兹登上一辆敞篷汽车，在他后面是由获得“荣誉勋章”的老兵组成的车队。欢呼声响彻整个市区，五颜六色的纸花在空中飘舞。

百老汇大街南部的街道两旁，将近400万纽约市民发出了欢迎的呼喊。“简直令人不知所措，”尼米兹说，“我以为我是在做梦。”

在纽约市政大厅广场，有35万群众参加了集会。随后，拉瓜迪亚市长在华尔道夫－阿斯托里亚酒店举行了冷餐招待会，包括美国海军军官学校的同学在内的2000多位客人向尼米兹祝贺并敬酒。

10月10日早晨，尼米兹为医院伤病员做了第一次电视演讲，然后飞返华盛顿。一个偶然的机会，他再次见到了海军部部长福雷斯特尔，并且发现福雷斯特尔在自己任职问题上的态度有所改变。显然，尼米兹的许多朋友和同事对此事施加了影响。金上将还给福雷斯特尔送去一封保证书，说尼米兹是出任海军作战部部长“无可置疑的人选”。

但是，福雷斯特尔仍企图打消尼米兹的念头，他问尼米兹是否受得了这项工作中那些例行的约束。这种工于心计的问法大概意在暗示：你还不明白这项工作的性质和意义。尼米兹为这种笨拙的做法所激怒，他坚定而明确地答道：“我充分了解这项工作的特点，而且确信自己能当此任，并能以模范行动做出表率。”

福雷斯特尔立即改口说，如果尼米兹愿继任金上将的职务，他可向总统推荐，但要接受以下条件：第一，他的班子成员必须经尼米兹和福雷斯特尔两人同意；第二，他的任期应限定为2年；第三，他应在总的原则上同意新序列中海军部的组织体制。

尼米兹当然明白福雷斯特尔的意图，他直截了当地说，他的任期不会超过2年，且完全赞同新体制中关于作战部部长不再兼任美国舰队总司令的决定。他隐隐觉得自己受到了伤害，但还是欣然接受了福雷斯特尔的这些条件。

10月12日，尼米兹与夫人凯瑟琳在拉马尔中校的陪伴下，飞往达拉斯参加庆祝胜利大会。次日，州长斯蒂文森陪同尼米兹回到故里克维尔。在这里，他们遇到了一支由骑马的牛仔、乘坐古老马车和其他车辆的牧场主和公众所组成的欢迎队伍，或许这正是得克萨斯牛仔城的特色吧。坐上马车时，尼米兹感觉自己似乎回到了50年前，往日的情景又一幕幕浮现在眼前。那艘把他送往军校的船或许已经不在了，但正是那艘船载着他和他的梦想走上军旅生涯，实现了他 1901 年离家去安纳波利斯时立下的志愿——当上将军，衣锦荣归。

他们走进镇子时，欢呼的声浪此起彼伏，人们以各种方式向他问好。在欢迎的人群中，尼米兹看到了自己敬佩的老师苏珊·摩尔和约翰·托兰德。他和他们热情地握手，对他们过去的帮助表示感谢。八十高龄的托兰德激动地走近尼米兹，用颤巍巍的双手给他补发了高中毕业证书。随后，尼米兹来到了他的出生地弗雷德里克斯堡和他终身难忘的汽船旅店。虽然物是人非，但这里的一切还是那样亲切熟悉，恍如昨日。他与妹妹多拉及同年伙伴一同追忆往事。

在酒宴上，尼米兹致辞感激家乡人民赋予他的优良品质和坚强性格。他幽默地告诉大家："在东京的投降谈判中，我最为担心的是无法劝说得克萨斯人停止战争。但是，我们最终还是达成了令人满意的协议。"他心中充溢着家乡人民给予的温暖和荣誉感！他为自己实现了老船长查尔斯爷爷梦寐以求的希望而感到骄傲。

酒宴结束后，尼米兹在纪念第二次世界大战阵亡将士的"先驱者纪念碑"前献了花圈。当天夜里，尼米兹在奥斯汀乘专机飞往旧金山。

在告别鲜花、掌声和香槟酒之后，尼米兹忽然感到若有所失。这倒不是因为他当海军作战部部长的愿望还没有实现，而是因为他可能要从此离开大海，耳边不再有战机的鸣叫，桌上不再有突如其来的加急电报。他无法想象，往后将怎样忍受这种职业军人难以忍受的孤寂，所以，他决定马上飞回珍珠港。

1945 年 11 月初，海军作战部部长金上将向白宫建议由尼米兹接替自己的职务，并向总统表示，如不任命尼米兹上将为海军作战部部长，他必须向美国人民做出解释。11 月 20 日，杜鲁门总统宣布了和平时期高级将领的任命，艾森豪威尔上将接替马歇尔上将，任陆军参谋长；尼米兹上将接替金上将，任海军作战部部长；约瑟夫·麦克纳尼上将接替艾森豪威尔上将，任驻欧盟军最高司令；斯普鲁恩斯上将接替尼米兹上将，任太平洋舰队司令。

当尼米兹走进海军部大楼的台阶时，想起了多年前与儿子的一次交谈。儿子问他，在海军中真正想做什么工作，他回答：“我想当海军作战部部长。”对尼米兹而言，只有海军作战部部长才能真正实现他宏伟的抱负，那就是尽一切力量壮大海军、发展海军，使之成为一支保卫国家的无可替代的力量。如今，这一愿望终于得以实现。在 12 月 15 日的交接仪式上，金上将说：“在把海军作战部部长的工作交给尼米兹时，我确信会将这个重担交到优秀而可靠的人手里。”而继任的尼米兹则重复了自己在 1941 年出任太平洋舰队司令时向记者们说过的话：“我身负重任，我当尽力而为!”

海军作战部部长绝不是一种荣誉头衔，哪怕是在和平时期。尼米兹自己也承认，他担任这一职务的头几个月是一生中最感辛劳的一段时间。他每天早起晚归，连星期天也不休息。战争刚刚结束，大量士兵复员归国，海军又遭到毫无计划的裁减，部队必须不断地进行改编。尼米兹只得下令采取临时措施和变通方法以维持工作。除了作战部的本职工作外，他还要出席各种重要组织召集的社会宣传活动。深谙公共关系奥妙的尼米兹认为，这些活动是博取公众舆论支持的重要途径之一，是海军作战部部长无法推诿的工作。他四处演讲，有时还亲自撰写讲稿，以切身体会讲述他所经历的战争，讲述海军在各大战役中所遭遇的艰难困苦，使民众了解和平来之不易。他虽然不是一位能吸引听众的专业演说家，但是他说话机敏，常常妙趣横生。他的影响力越来越大，以至于杜鲁门总统撇开福雷斯特尔关于海军作战部部长只有通过海军部部长才能接触总统的规定，常常以官方和社会活动为由在白宫召见尼米兹。

有一次，一位掷蹄铁的世界冠军慕名找到尼米兹，请尼米兹签名，并希望与尼米兹一起玩这种游戏。尼米兹异常高兴，直接打电话给杜鲁门：“有一位掷蹄铁的世界冠军在我这里，如果您同意，我将把他带到白宫去。”

杜鲁门答应了。15 分钟后，尼米兹带着这位冠军来到白宫草坪。杜鲁门中断了预先的工作安排来迎接他们，三人兴高采烈地试投了各种新花样。

在任职后期，尼米兹开始为全国性的杂志撰写有关战争和海军命运的文章，他在《国家商业》上发表了《海军：为和平进行投资》一文，还在华盛顿的《新闻文摘》上发表《海军仍不可少》等文章，为海军的发展摇旗呐喊。战后，海军和其他兵种一样被大幅裁减，经费越来越少。面对海军自身存在的困境，尼米兹主张发展核动力潜艇。1946 年 9 月，他任命一个由有经验的潜艇军官组成的委员会研究反潜技术和新的潜艇设计。他还亲自与研究人员一起改建和设计新型舰艇，使之满足核时代的需要。尽管这些努力短期内没有什么明显效果，但对美国海军的长远发展产生了很大影响。

海军作战部部长两年的任期很快就过去了，尼米兹在任期内审批了优先建造核动力潜艇的项目，并发表了一系列向往和平的文章。他指出："我相信只要存在任何成功的希望，就必须运用外交手段。和平可以获得，但我们必须具有勇气、耐心和才智。"

1947 年 11 月 13 日，杜鲁门总统任命路易斯·登菲尔德为新任海军作战部部长，尼米兹则被任命为海军部部长的特别顾问，但他还是决定从海军作战部部长的职位上退休。他在这一天的日记中这样记叙他海军生涯的终结："我觉得好像如释重负，凯瑟琳和我似乎刚刚开始生活。我们有一个儿孙满堂的美满家庭，我们怎能错过这种完满而愉快的生活呢?"

他第一次以一个普通老人的身份，回到思念他的家人中间。这个家庭中的第三代已经可以与他一起散步了。62 岁的尼米兹与家人一起驱车西行，他们坐着已用了 10 年的私用"克莱斯勒"汽车，由南希驾驶着，回加利福尼亚州定居。几十年来，尼米兹的家一直像海船一样东摇西荡，这回他们终于可以寻找一个固定的港湾了。1948 年 5 月，他们找到了一所适合长期居住的住宅。房子在伯克利，坐落在圣巴巴拉路，与一些漂亮的房子并立。住宅的起居室、客厅和餐厅都朝西对着旧金山湾的蓝色海水，透过窗户可以清楚地看到金门大桥。

1950 年 6 月，杜鲁门总统宣布出兵朝鲜，并命令第 7 舰队进驻台湾海峡。杜鲁门总统亲自前往尼米兹的住处访问，请他再次出任海军作战部部长。尼米兹婉言拒绝了，但推荐了好友福雷斯特·谢尔曼将军，杜鲁门总统采纳了他的建议。

尼米兹愿意为和平而战，但不愿意为主动发起的战争而战。

十几年以后，有记者在采访他时问道："上将，你认为你还愿意为海军奋斗终身吗?"他十分爽快地答道："是的，我想会的。我仍旧在尽力而为，我并不为现在还未掌握的事物而忧愁。如果再给我一次生命，我仍将遵循我的祖父查尔斯·亨利·尼米兹的期望，在所不惜地投身于大海。"

1966 年 2 月 20 日，81 岁的尼米兹在旧金山面海的家中逝世。在弥留之际，他要求死后葬礼从简，并把他埋葬在太平洋岸边的国家公墓里。这位来自深山的海军上将，希望在公墓里可以眺望他曾经创造出盖世伟业的蔚蓝海洋。葬礼当天，当送葬队伍抵达墓地时，70 架海军喷气式飞机轰鸣而过，19 响礼炮声震撼着寒冷凝滞的空气，向这位永远的海军战士敬礼。

为了纪念切斯特·尼米兹，美国政府以尼米兹命名 20 世纪 70 年代研发的核动力航空母舰。"尼米兹"级航母共有 10 艘，分别是"尼米兹"号、"艾森豪威尔"号、"卡尔·文森"号、"罗斯福"号、"林肯"号、"华盛顿"号、"斯坦尼斯"号、"杜鲁门"号、"里根"号和"布什"号。